1권

제1회
서울교통공사
기술직

NCS 직업기초능력평가
+ 직무수행능력평가

www.sdedu.co.kr

〈문항 및 시험시간〉

평가영역	문항 수	시험시간	비고	모바일 OMR 답안분석		
직업기초능력평가+ 직무수행능력평가 (기계일반/전기일반/ 전자일반/통신일반/ 건축일반/토목일반)	80문항	90분	5지선다	기계일반	전기일반	전자일반
				통신일반	건축일반	토목일반

서울교통공사 기술직 신입사원 필기시험

제1회 모의고사

문항 수 : 80문항
시험시간 : 90분

제1영역 직업기초능력평가

01 다음 중 빈칸에 들어갈 내용으로 가장 적절한 것은?

> 일반적으로 물체, 객체를 의미하는 프랑스어 오브제(Objet)는 라틴어에서 유래된 단어로, 어원적으로는 앞으로 던져진 것을 의미한다. 미술에서 대개 인간이라는 '주체'와 대조적인 '객체'로서의 대상을 지칭할 때 사용되는 오브제가 미술사 전면에 나타나게 된 것은 입체주의 이후이다.
> 20세기 초 입체파 화가들이 화면에 나타나는 공간을 자연의 모방이 아닌 독립된 공간으로 인식하기 시작하면서 회화는 재현미술로서의 단순한 성격을 벗어나기 시작한다. 즉, '미술은 그 자체가 실재이다. 또한 그것은 객관세계의 계시 혹은 창조이지 그것의 반영이 아니다.'라는 세잔의 사고에 의하여 공간의 개방화가 시작된 것이다. 이는 평면에 실제 사물이 부착되는 콜라주 양식의 탄생과 함께 일상의 평범한 재료들이 회화와 자연스럽게 연결되는 예술과 비예술의 결합으로 차츰 변화하게 된다.
> 이러한 오브제의 변화는 다다이즘과 쉬르리얼리즘에서 '일용의 기성품과 자연물 등을 원래의 그 기능이나 있어야 할 장소에서 분리하고, 그대로 독립된 작품으로서 제시하여 일상적 의미와는 다른 상징적·환상적인 의미를 부여하는 것'으로 일반화된다. 그리고 동시에 기존 입체주의에서 단순한 보조 수단에 머물렀던 오브제를 캔버스와 대리석을 대체하는 확실한 표현 방법으로 완성시켰다.
> 이후 오브제는 그저 예술가가 지칭하는 것만으로도 우리의 일상생활과 환경 그 자체가 곧 예술작품이 될 수 있음을 주장한다. _____ 거기에서 더 나아가 오브제는 일상의 오브제를 다양하게 전환시켜 다양성과 대중성을 내포하고, 오브제의 진정성과 상징성을 제거하는 팝아트에서 다시 한 번 새롭게 변화하기에 이른다.

① 무너진 베를린 장벽의 조각을 시내 한복판에 장식함으로써 예술과 비예술이 결합한 것이다.
② 화려하게 채색된 소변기를 통해 일상성에 환상적인 의미를 부여한 것이다.
③ 평범한 세면대일지라도 예술가에 의해 오브제로 정해진다면 일상성을 간직한 미술과 일치되는 것이다.
④ 폐타이어나 망가진 금관악기 등으로 제작된 자동차를 통해 일상의 비일상화를 나타낸 것이다.
⑤ 기존의 수프 통조림을 실크 스크린으로 동일하게 인쇄하여 손쉽게 대량생산되는 일상성을 풍자하는 것이다.

⑤ D기관 C기관

03 다음 글의 내용으로 적절하지 않은 것은?

> 연방준비제도(이하 '연준')가 고용 증대에 주안점을 둔 정책을 입안한다 해도 정책이 분배에 미치는 영향을 고려하지 않는다면, 그 정책은 거품과 불평등만 부풀릴 것이다. 기술 산업의 거품 붕괴로 인한 경기 침체에 대응하여 2000년대 초에 연준이 시행한 저금리 정책이 이를 잘 보여준다.
> 특정한 상황에서는 금리 변동이 투자와 소비의 변화를 통해 경기와 고용에 영향을 줄 수 있다. 하지만 다른 수단이 훨씬 더 효과적인 상황도 많다. 가령 부동산 거품에 대한 대응책으로는 금리 인상보다 주택 담보 대출에 대한 규제가 더 합리적이다. 생산적 투자를 위축시키지 않으면서 부동산 거품을 가라앉힐 수 있기 때문이다.
> 경기 침체기라 하더라도, 금리 인하는 은행의 비용을 줄여주는 것 말고는 경기 회복에 별다른 도움이 되지 않을 수 있다. 대부분의 부문에서 설비 가동률이 낮은 상황이라면, 대출 금리가 낮아져도 생산적인 투자가 별로 증대하지 않는다. 2000년대 초가 바로 그런 상황이었기 때문에, 당시의 저금리 정책은 생산적인 투자 증가 대신에 주택 시장의 거품만 초래한 것이다.
> 금리 인하는 국공채에 투자했던 퇴직자들의 소득을 감소시켰다. 노년층에서 정부로, 정부에서 금융업으로 부의 대규모 이동이 이루어져 불평등이 심화되었다. 이에 따라 금리 인하는 다양한 경로로 소비를 위축시켰다. 은퇴 후의 소득을 확보하기 위해, 혹은 자녀의 학자금을 확보하기 위해 사람들은 저축을 늘렸다. 연준은 금리 인하가 주가 상승으로 이어질 것이므로 소비가 늘어날 것이라고 주장했다. 하지만 2000년대 초 연준의 금리 인하 이후 주가 상승에 따라 발생한 이득은 대체로 부유층에 집중되었으므로 대대적인 소비 증가로 이어지지 않았다.
> 2000년대 초 고용 증대를 기대하고 시행한 연준의 저금리 정책은 노동을 자본으로 대체하는 투자를 증대시켰다. 인위적인 저금리로 자본 비용이 낮아지자 이런 기회를 이용하려는 유인이 생겨났다. 노동력이 풍부한 상황인데도 노동을 절약하는 방향의 혁신이 강화되었고, 미숙련 노동자들의 실업률이 높은 상황인데도 가게들은 계산원을 해고하고 자동화 기계를 들여놓았다. 경기가 회복되더라도 실업률이 떨어지지 않는 구조가 만들어진 것이다.

① 2000년대 초 연준의 금리 인하로 국공채에 투자한 퇴직자의 소득이 줄어들어 금융업으로부터 정부로 부가 이동하였다.
② 2000년대 초 연준은 고용 증대를 기대하고 금리를 인하했지만, 결과적으로 고용 증대가 더 어려워지도록 만들었다.
③ 2000년대 초 기술 산업 거품의 붕괴로 인한 경기 침체기에 설비 가동률은 대부분의 부문에서 낮은 상태였다.
④ 2000년대 초 연준이 금리 인하 정책을 시행한 후 주택 가격과 주식 가격은 상승하였다.
⑤ 금리 인상은 부동산 거품 대응 정책 가운데 가장 효과적인 정책이 아닐 수 있다.

04 다음 중 직장동료의 업무와 관련된 이메일(E-mail)에 대한 답장 방법으로 적절하지 않은 것은?

① 이메일에 대한 답장을 어디로, 누구에게 보내는지 주의한다.
② 이메일 내용과 관련된 일관성 있는 답을 하도록 한다.
③ 상대방의 이해를 위해 답장에 감정 표현을 담도록 한다.
④ 이메일에 대한 답장에도 제목을 꼭 넣도록 한다.
⑤ 이메일에 대한 답장은 최대한 빠르게 보내도록 한다.

05 다음 시트에서 근무점수가 70점대인 직원의 수를 구하려고 한다. [B14] 셀에 들어갈 함수식으로 옳은 것은?

	A	B	C
1		직원 근무 평가	
2	성명	입사일	근무점수
3	박정호	2018-06-06	73
4	신정희	2021-04-01	69
5	김용태	2022-11-01	93
6	김진영	2019-05-06	65
7	유현숙	2022-01-01	69
8	최정철	2022-06-10	80
9	강창희	2021-09-11	86
10	천영주	2020-05-10	70
11	박연수	2022-05-08	63
12			
13		70점대	
14		2	

① =LEFT(C3,2,1)
② =IF(C3:C11>70,"2")
③ =IF(LEN(C3)<80,LEFT(C3,1),LEFT(C4,2))
④ =COUNTIF(C3,">=70")-COUNTIF(C3,">=80")
⑤ =COUNTIF(C3:C11,">=70")-COUNTIF(C3:C11,">=80")

※ 기획전략팀에서는 사무실을 간편히 청소할 수 있는 새로운 청소기를 구매하였다. 기획전략팀의 B대리는 새 청소기를 사용하기 전에 제품설명서를 참고하였다. 이어지는 질문에 답하시오. **[6~8]**

<사용 설명서>

1. 충전
- 충전 시 작동 스위치 2곳을 반드시 꺼주십시오.
- 타 제품의 충전기를 사용할 경우 고장의 원인이 되오니 반드시 전용 충전기를 사용하십시오.
- 충전 시 충전기에 열이 느껴지는 것은 고장이 아닙니다.
- 본 제품에는 배터리 보호를 위하여 과충전 보호회로가 내장되어 있어 적정 충전시간을 초과하여도 배터리는 심한 손상이 없습니다.
- 충전기의 줄을 잡고 뽑을 경우 감전, 쇼트, 발화 및 고장의 원인이 됩니다.
- 충전하지 않을 때는 전원 콘센트에서 충전기를 뽑아 주십시오. 절연 열화에 따른 화재, 감전 및 고장의 원인이 됩니다.

2. 이상발생 시 점검 방법

증상	확인사항	해결 방법
스위치를 켜도 청소기가 작동하지 않는다면?	• 청소기가 충전잭에 꽂혀 있는지 확인하세요. • 충전이 되어 있는지 확인하세요. • 본체에 핸디 청소기가 정확히 결합되었는지 확인하세요. • 접점부(핸디, 본체)를 부드러운 면으로 깨끗이 닦아주세요.	청소기에서 충전잭을 뽑아주세요.
사용 중 갑자기 흡입력이 떨어진다면?	• 흡입구를 커다란 이물질이 막고 있는지 확인하세요. • 먼지 필터가 막혀 있는지 확인하세요. • 먼지통 내에 오물이 가득 차 있는지 확인하세요.	이물질을 없애고 다시 사용하세요.
청소기가 멈추지 않는다면?	• 스틱 손잡이 / 핸디 손잡이 스위치 2곳 모두 꺼져 있는지 확인하세요. • 청소기 본체에서 핸디 청소기를 분리하세요.	
사용시간이 짧다고 느껴진다면?	10시간 이상 충전하신 후 사용하세요.	
라이트 불이 켜지지 않는다면?	• 청소기 작동 스위치를 ON으로 하셨는지 확인하세요. • 라이트 스위치를 ON으로 하셨는지 확인하세요.	
파워브러쉬가 작동하지 않는다면?	머리카락이나 실 등 이물질이 감겨있는지 확인하세요.	청소기 전원을 끄고 이물질 제거 후 전원을 켜면 파워브러쉬가 재작동하며 평상시에도 파워브러쉬가 멈추었을 때는 전원 스위치를 껐다 켜시면 브러쉬가 재작동합니다.

06 사용 중 충전으로 인한 고장이 발생한 경우, 그 원인으로 옳지 않은 것은?

① 충전 시 작동 스위치 2곳을 모두 끄지 않은 경우
② 충전기를 뽑을 때 줄을 잡고 뽑은 경우
③ 충전하지 않을 때 충전기를 계속 꽂아 둔 경우
④ 적정 충전시간을 초과하여 충전한 경우
⑤ 타 제품의 충전기를 사용한 경우

07 B대리는 청소기의 전원을 껐다 켬으로써 청소기의 작동 불량을 해결하였다면, 어떤 작동 불량이 발생하였는가?

① 청소기가 멈추지 않았다.
② 사용시간이 짧게 느껴졌다.
③ 파워브러쉬가 작동하지 않았다.
④ 사용 중 흡입력이 떨어졌다.
⑤ 라이트 불이 켜지지 않았다.

08 다음 중 청소기에 이물질이 많이 들어있을 때, 나타날 수 있는 증상으로 옳은 것은?

① 사용시간이 짧아진다.
② 라이트 불이 켜지지 않는다.
③ 스위치를 켜도 청소기가 작동하지 않는다.
④ 충전 시 충전기에서 열이 난다.
⑤ 사용 중 갑자기 흡입력이 떨어진다.

※ 다음은 2010년 이후 생산된 스마트폰의 시리얼넘버에 대한 자료이다. 이어지는 질문에 답하시오. [9~10]

- 스마트폰은 다음과 같이 12자리의 시리얼넘버를 갖는다.

제조공장	생산연도	생산된 주	식별자	색상	용량
AA	BB	CC	DDD	EE	F

〈시리얼넘버 부여코드〉

제조공장	생산연도	생산된 주	식별자	색상	용량
AN : 한국 BA : 중국 CF : 베트남 DK : 인도 EP : 대만	10 : 2010년 11 : 2011년 12 : 2012년 13 : 2013년 ⋮ 24 : 2024년 25 : 2025년	01 : 첫 번째 주 02 : 두 번째 주 ⋮ 10 : 열 번째 주 ⋮	ADW : 보급 DFH : 일반 BEY : 프리미엄 HQC : 한정판 IOH : 이벤트	UY : 빨강 VS : 검정 EE : 파랑 WA : 하양 ML : 초록	M : 8GB S : 16GB T : 32GB U : 64GB

09 다음 중 한국의 공장에서 2021년 서른네 번째 주에 생산된 하얀색 32GB 프리미엄 스마트폰의 시리얼넘버로 옳은 것은?

① AN2134BEYWAT
② AN1334BEYWAT
③ BA2134BEYWAT
④ AN2134BEYMLT
⑤ AN2134HQCWAT

10 다음 중 A씨가 구매한 스마트폰의 시리얼넘버로 옳은 것은?

사진 촬영이 취미인 A씨는 기존에 사용하던 스마트폰의 용량이 부족하여 2020년에 출시된 64GB의 최신 스마트폰을 구입하였다. A씨가 구매한 검정색 스마트폰은 인도의 공장에서 올해 첫 번째 주에 생산된 한정판 제품이다.

① DK2010HQCVSU
② DL2001HQCVSU
③ DK2001HQCVSU
④ DK1001HQCVSU
⑤ DK2001IOHVSU

11 다음 자료와 〈조건〉을 토대로 철수, 영희, 민수, 철호가 상품을 구입한 쇼핑몰을 순서대로 바르게 나열한 것은?

〈이용약관의 주요 내용〉

쇼핑몰	주문 취소	환불	배송비	포인트 적립
A	주문 후 7일 이내 취소 가능	10% 환불수수료, 송금수수료 차감	무료	구입 금액의 3%
B	주문 후 10일 이내 취소 가능	환불수수료, 송금수수료 차감	20만 원 이상 무료	구입 금액의 5%
C	주문 후 7일 이내 취소 가능	환불수수료, 송금수수료 차감	1회 이용 시 1만 원	없음
D	주문 후 당일에만 취소 가능	환불수수료, 송금수수료 차감	5만 원 이상 무료	없음
E	취소 불가능	고객 귀책 사유에 의한 환불 시에만 10% 환불수수료	1만 원 이상 무료	구입 금액의 10%
F	취소 불가능	원칙적으로 환불 불가능 (사업자 귀책 사유일 때만 환불 가능)	100g당 2,500원	없음

〈조건〉

- 철수는 부모님의 선물로 등산 용품을 구입하였는데, 판매자의 업무 착오로 배송이 지연되어 판매자에게 전화로 환불을 요구하였다. 판매자는 판매금액 그대로를 통장에 입금해 주었고 구입 시 발생한 포인트도 유지하여 주었다.
- 영희는 옷을 구매할 때 배송비를 고려하여 한 가지씩 여러 번에 나누어 구매하기보다는 가능한 한 한꺼번에 주문하곤 하였다.
- 인터넷 사이트에서 영화티켓을 20,000원에 구매한 민수는 다음 날 같은 티켓을 18,000원에 파는 사이트를 발견하고 전날 구매한 티켓을 취소하려 했지만 취소가 되지 않아 곤란을 겪은 적이 있다.
- 가방을 10만 원에 구매한 철호는 도착한 물건의 디자인이 마음에 들지 않아 환불 및 송금수수료와 배송비를 감수하는 손해를 보면서도 환불할 수밖에 없었다.

	철수	영희	민수	철호
①	E	B	C	D
②	E	C	B	D
③	E	D	F	C
④	F	C	E	B
⑤	F	E	D	B

※ 다음은 S공사 직원 1,200명을 대상으로 조사한 자료이다. 이어지는 질문에 답하시오. [12~13]

⟨최종 학력⟩
- 12% 고등학교 졸업
- 17% 2년제 전문대 졸업(국내)
- 36% 3년제 전문대 졸업(국내)
- 35% 4년제 대학교 졸업 이상

⟨4년제 대학교 졸업 이상⟩
- 25% 국내 수도권 외 대학교 졸업
- 45% 국내 수도권 내 대학교 졸업
- 10% 국내 대학원 졸업
- 20% 외국 대학교 졸업

⟨직원들의 월 급여⟩

구분	200만 원 이상 250만 원 미만	250만 원 이상 300만 원 미만	300만 원 이상 350만 원 미만	350만 원 이상 400만 원 미만	400만 원 이상	합계
비율	18%	35%	24%	12%	11%	100%

12 다음 중 자료에 대한 설명으로 옳지 않은 것은?

① 직원 중 4년제 국내 수도권 내 대학교 졸업자 수는 전체 직원의 15% 이상을 차지한다.
② 고등학교 졸업의 학력을 가진 직원의 월 급여는 모두 300만 원 미만이라 할 때, 이 인원이 월 급여 300만 원 미만에서 차지하는 비율은 20% 이상이다.
③ 4년제 대학교 졸업 이상의 학력을 가진 직원의 월 급여는 모두 300만 원 이상이라 할 때, 이 인원이 월 급여 300만 원 이상에서 차지하는 비율은 78% 이하이다.
④ 월 급여가 300만 원 미만인 직원은 350만 원 이상인 직원의 2.5배 이상이다.
⑤ 전체 직원이 1,000명이라 할 때, 외국 대학교 졸업의 학력을 가진 직원은 70명이다.

13 국내 소재 대학 및 대학원 졸업자의 25%의 월 급여가 300만 원 이상일 때, 이들이 월 급여 300만 원 이상인 직원 중에서 차지하는 비율은?(단, 소수점 첫째 자리에서 버림한다)

① 28% ② 32%
③ 36% ④ 43%
⑤ 48%

14 다음은 우리나라 강수량에 대한 자료이다. 이를 그래프로 바르게 변환한 것은?

〈2024년 우리나라 강수량〉

(단위 : mm, 위)

구분	1월	2월	3월	4월	5월	6월	7월	8월	9월	10월	11월	12월
강수량	15.3	29.8	24.1	65.0	29.5	60.7	308.0	241.0	92.1	67.6	12.7	21.9
역대순위	32	23	39	30	44	43	14	24	26	13	44	27

①

②

③

④

⑤

15 형과 동생의 나이는 두 자릿수이고, 형제 나이에 각 십의 자리 숫자끼리 더하면 5, 일의 자리 숫자를 더하면 11이 된다. 동생 나이의 일의 자리 숫자가 형 나이의 일의 자리 숫자보다 크고 형과 동생의 나이 차이가 최소일 때, 동생의 나이는 몇 세인가?

① 26세 ② 27세
③ 28세 ④ 29세
⑤ 30세

16 S카페를 운영 중인 민영은 이번 달에 총 7명의 직원을 새로 뽑았다. 민영은 새로운 직원의 정보를 정리하며 직원의 거주지가 '영통구'이거나 '팔달구'이면 '매탄2동점', 그 외에는 '금곡동점'에 배치하였다. [D2]셀에 수식을 입력한 후 드래그 기능으로 [D2:D8]을 채우려고 할 때, [D2]셀에 들어갈 함수식으로 옳은 것은?

	A	B	C	D
1	이름	거주지역	경력유무	지점명
2	최민준	팔달구	유	매탄2동점
3	김진서	권선구	유	금곡동점
4	이예준	권선구	유	금곡동점
5	김수빈	장안구	무	금곡동점
6	서민재	영통구	유	매탄2동점
7	조예은	팔달구	무	매탄2동점
8	박우진	영통구	무	매탄2동점

① =IF(OR(B2="장안구",B2="영통구"),"금곡동점","매탄2동점")
② =IF(OR(B2="팔달구",B2="영통구"),"금곡동점","매탄2동점")
③ =IF(OR(B2="팔달구",B2="영통구"),"매탄2동점","금곡동점")
④ =IF(AND(B2="팔달구",B2="영통구"),"매탄2동점","금곡동점")
⑤ =IF(AND(B2="팔달구",B2="영통구"),"금곡동점","매탄2동점")

17 다음 중 Windows의 [폴더 옵션]에서 설정할 수 있는 작업에 해당하지 않는 것은?

① 숨김 파일 및 폴더를 표시할 수 있다.
② 색인된 위치에서는 파일 이름뿐만 아니라 내용도 검색하도록 설정할 수 있다.
③ 숨김 파일 및 폴더의 숨김 속성을 일괄 해제할 수 있다.
④ 파일이나 폴더를 한 번 클릭해서 열 것인지, 두 번 클릭해서 열 것인지를 설정할 수 있다.
⑤ 파일 확장자명을 숨길 수 있다.

18 다음 중 Windows의 바탕화면에 있는 바로가기 아이콘에 대한 설명으로 옳지 않은 것은?

① 바로가기 아이콘의 왼쪽 아래에는 화살표 모양의 그림이 표시된다.
② 바로가기 아이콘의 이름, 크기, 형식, 수정한 날짜 등의 순으로 정렬하여 표시할 수 있다.
③ 바로가기 아이콘의 바로가기를 또 만들 수 있다.
④ 바로가기 아이콘을 삭제하면 연결된 실제의 대상 파일도 삭제된다.
⑤ 〈F2〉 키로 바로가기 아이콘의 이름을 바꿀 수 있다.

19 티베트에서는 손님이 찻잔을 비우면 주인이 계속 첨잔을 하는 것이 기본예절이며, 손님의 입장에서 주인이 권하는 차를 거절하면 실례가 된다. 티베트에 출장 중인 G사원은 이를 숙지하고 티베트인 집에서 차 대접을 받게 되었다. G사원이 찻잔을 비울 때마다 주인이 계속 첨잔을 하여 곤혹을 겪고 있을 때, G사원의 행동으로 가장 적절한 것은?

① 주인에게 그만 마시고 싶다며 단호하게 말한다.
② 잠시 자리를 피하도록 한다.
③ 차를 다 비우지 말고 입에 살짝 댄다.
④ 힘들지만 계속 마시도록 한다.
⑤ 자신의 찻잔이 보이지 않도록 숨긴다.

20 다음 〈보기〉에서 조직도를 바르게 이해한 사람을 모두 고르면?

〈보기〉
A : 조직도를 보면 4개 본부, 3개의 처, 8개의 실로 구성돼 있어.
B : 사장 직속으로 4개의 본부가 있고, 그중 한 본부에서는 인사를 전담하고 있네.
C : 감사실은 사장 직속이지만 별도로 분리되어 있구나.
D : 해외사업기획실과 해외사업운영실은 둘 다 해외사업과 관련이 있으니까 해외사업본부에 소속되어 있는 것이 맞아.

① A, B ② A, C
③ A, D ④ B, C
⑤ B, D

21 다음은 오렌지 하나 때문에 다투고 있는 두 딸을 위한 A씨의 협상 방법을 보여주는 사례이다. 사례에서 나타나는 A씨의 협상 방법에 대한 문제점은 무엇인가?

> 어느 날 A씨의 두 딸이 오렌지 하나를 가지고 서로 다투고 있었다. A씨는 두 딸에게 오렌지를 공평하게 반쪽으로 나눠주는 것이 가장 좋은 해결책인 듯해서 반으로 갈라 주었다. 하지만 A씨는 두 딸의 행동에 놀라고 말았다. 오렌지의 반쪽을 챙긴 큰 딸은 알맹이는 버리고 껍질만 챙겼으며, 작은 딸은 알맹이만 먹고 껍질은 버린 것이다. 두 딸에게 이유를 물어보니 제빵학원에 다니는 큰 딸은 오렌지 케이크를 만들기 위해 껍질이 필요했던 것이고, 작은 딸은 오렌지 과즙이 먹고 싶어서 알맹이를 원했던 것이다. 결과적으로 A씨의 해결책은 두 딸 모두에게 만족하지 못한 일이 되어버렸다.

① 협상당사자들에게 친근하게 다가가지 않았다.
② 협상에 대한 갈등 원인을 확인하지 않았다.
③ 협상의 통제권을 확보하지 않았다.
④ 협상당사자의 특정 입장만 고집하였다.
⑤ 협상당사자에 대해 너무 많은 염려를 하였다.

22 S공사의 인사담당자인 A씨는 채용설명회에 사용할 포스터를 만들려고 한다. 다음 인재상을 실제 업무환경과 관련지어 포스터에 문구를 삽입하려고 할 때, 삽입할 문구로 적절하지 않은 것은?

인재상	업무환경
1. 책임감	1. 격주 토요일 근무
2. 고객지향	2. 자유로운 분위기
3. 열정	3. 잦은 출장
4. 목표의식	4. 고객과 직접 대면하는 업무
5. 글로벌인재	5. 해외지사와 업무협조

① 고객을 최우선으로 생각하고 행동하는 인재
② 자신의 일을 사랑하고 책임질 수 있는 인재
③ 어느 환경에서도 잘 적응할 수 있는 인재
④ 중압적인 분위기를 잘 이겨낼 수 있는 열정적인 인재
⑤ 글로벌화에 발맞춰 소통으로 회사의 미래를 만드는 인재

23 ③ ㄱ, ㄷ

24 ④

25 S사에 근무하는 사원 A씨는 최근 자신의 상사인 B대리 때문에 스트레스를 받고 있다. A씨가 공들여 작성한 기획서를 제출하면 B대리가 중간에서 매번 퇴짜를 놓기 때문이다. 이와 동시에 A씨는 자신에 대한 B대리의 감정이 좋지 않은 것 같아 마음이 더 불편하다. A씨가 직장 동료인 C씨에게 이러한 어려움을 토로했을 때, 다음 중 C씨가 A씨에게 해줄 수 있는 조언으로 적절하지 않은 것은?

① 무엇보다 관계 갈등의 원인을 찾는 것이 중요해.
② B대리님의 입장을 충분히 고려해볼 필요가 있어.
③ B대리님과 마음을 열고 대화해보는 것은 어때?
④ B대리님과 누가 옳고 그른지 확실히 논쟁해볼 필요가 있어.
⑤ 걱정되더라도 갈등 해결을 위해 피하지 말고 맞서야 해.

26 해외영업부에서 근무하는 K부장은 팀원과 함께 해외출장을 가게 되었다. 인천공항에서 대한민국 시간으로 7월 14일 09:00에 모스크바로 출발하고, 모스크바에서 일정시간 동안 체류한 후, 영국 시간으로 7월 14일 18:30에 런던에 도착하는 일정이다. 다음 중 K부장이 모스크바에 체류한 시간으로 옳은 것은?

경로	출발	도착	비행시간
인천 → 모스크바	7월 14일 09:00		9시간 30분
모스크바 → 런던		7월 14일 18:30	4시간

※ 시차정보(GMT 기준) : 영국 0, 러시아 +3, 대한민국 +9

① 1시간
② 2시간
③ 3시간
④ 5시간
⑤ 7시간

27 다음은 A~J지역의 지역발전 지표에 대한 자료이다. 〈조건〉을 토대로 (가) ~ (라)에 들어갈 수 있는 값을 순서대로 바르게 나열한 것은?

〈A~J지역의 지역발전 지표〉
(단위 : %, 개)

지표 지역	재정 자립도	시가화 면적 비율	10만 명당 문화시설 수	10만 명당 체육시설 수	주택 노후화율	주택 보급률	도로 포장률
A	83.8	61.2	4.1	111.1	17.6	105.9	92.0
B	58.5	24.8	3.1	(다)	22.8	93.6	98.3
C	65.7	35.7	3.5	103.4	13.5	91.2	97.4
D	48.3	25.3	4.3	128.0	15.8	96.6	100.0
E	(가)	20.7	3.7	133.8	12.2	100.3	99.0
F	69.5	22.6	4.1	114.0	8.5	91.0	98.1
G	37.1	22.9	7.7	110.2	20.5	103.8	91.7
H	38.7	28.8	7.8	102.5	19.9	(라)	92.5
I	26.1	(나)	6.9	119.2	33.7	102.5	89.6
J	32.6	21.3	7.5	113.0	26.9	106.1	87.9

〈조건〉
- 재정 자립도가 E지역보다 높은 지역은 A, C, F지역이다.
- 시가화 면적 비율이 가장 낮은 지역은 주택노후화율이 가장 높은 지역이다.
- 10만 명당 문화시설 수가 가장 적은 지역은 10만 명당 체육시설 수가 네 번째로 많은 지역이다.
- 주택보급률이 도로포장률보다 낮은 지역은 B, C, D, F지역이다.

	(가)	(나)	(다)	(라)
①	58.6	20.9	100.9	92.9
②	60.8	19.8	102.4	92.5
③	63.5	20.1	115.7	92.0
④	65.2	20.3	117.1	92.6
⑤	65.8	20.6	118.7	93.7

※ A팀장은 오늘 점심 식사 후 팀원들에게 후식으로 음료를 사려고 한다. A팀장은 카페의 회원카드와 적립금 1,800원을 가지고 있다. 이어지는 질문에 답하시오. [28~29]

〈팀원들이 선택한 메뉴〉

- A팀장 : 헤이즐넛 시럽을 추가한 아메리카노(중) 1잔
- B주임 : 초콜릿 시럽과 시나몬 가루를 추가한 카페모카(소) 1잔
- C대리 : 포도주스(대) 1잔
- D사원 : 쿠키가루를 추가한 아인슈페너(대) 1잔
- E사원 : 바닐라 시럽을 추가한 카페라테(소) 1잔

〈메뉴판〉

(단위 : 원/개)

종류	음료	음료 크기		
		소	중	대
커피	아메리카노	1,800	2,100	2,400
	카페라테	2,200	2,500	2,800
	카페모카	2,500	2,800	3,100
	아인슈페너	2,800	3,100	3,400
주스	포도주스	-	2,800	3,200
	오렌지주스	-	2,900	3,300
	사과주스	-	2,900	3,300

〈추가메뉴〉

(단위 : 원/개)

종류	내용	가격
시럽	바닐라	300
	헤이즐넛	300
	초콜릿	400
가루	시나몬	200
	쿠키	300

※ 추가메뉴는 종류별로 음료당 한 번씩만 추가가 가능함

28 A팀장이 회원카드 혜택을 사용해 비용을 최소화하고자 한다면, 다음 중 A팀장이 결제할 총금액은?

〈회원카드 혜택〉

- 적립금은 1,000원 단위로 현금처럼 사용 가능
- 음료 1잔에 한하여 추가메뉴 1가지 무료 제공
- 주스류 주문 시 무료 사이즈 업 제공
- 10,000원 이상 주문 시 총 결제금액에서 5% 할인

① 12,445원 ② 12,540원
③ 12,900원 ④ 13,100원
⑤ 13,200원

29 A팀장이 결제하기 전, 회원카드 혜택이 다음과 같이 변경되었다고 한다. 이때 변경된 회원카드 혜택을 사용해 비용을 최소화하고자 한다면, A팀장이 결제할 총금액은?

〈변경된 회원카드 혜택〉

- 적립금은 500원 단위로 현금처럼 사용 가능
- 아메리카노 1잔당 20% 할인(추가메뉴 가격 제외)
- 중 사이즈 이상에 한하여 카페모카 1잔당 15% 할인(추가메뉴 가격 제외)
- 우유소비촉진행사로 카페라테 1잔당 200원 할인(추가메뉴 가격 제외)
- 12,000원 이상 주문 시 총 결제금액에서 7% 할인
  ※ 총 결제금액은 소수점 첫째 자리에서 반올림함

① 11,537원 ② 11,885원
③ 12,405원 ④ 12,780원
⑤ 13,010원

30 다음 글을 논리적 순서대로 바르게 나열한 것은?

(가) 결국 이를 다시 생각하면, 과거와 현재의 문화 체계와 당시 사람들의 의식 구조, 생활상 등을 역추적할 수 있다는 말이 된다. 즉, 동물의 상징적 의미가 문화를 푸는 또 하나의 열쇠이자 암호가 되는 것이다. 그리고 동물의 상징적 의미를 통해 인류의 총체인 문화의 실타래를 푸는 것은 '우리는 어떤 존재인가'라는 정체성에 대한 답을 하는 과정이 될 수 있다.

(나) 인류는 선사시대부터 생존을 위한 원초적 본능에서 동굴이나 바위에 그림을 그리는 일종의 신앙 미술을 창조했다. 신앙 미술은 동물에게 여러 의미를 부여하기 시작했고, 동물의 상징적 의미는 현재까지도 이어지고 있다. 1억 원 이상 복권 당첨자의 23%가 돼지꿈을 꿨다거나, 황금돼지해에 태어난 아이는 만복을 타고난다는 속설 때문에 결혼과 출산이 줄을 이었고, 대통령 선거에서 '두 돼지가 나타나 두 뱀을 잡아 먹는다.'라는 식으로 후보들이 홍보를 하기도 했다. 이렇게 동물의 상징적 의미는 우리 시대에도 여전히 유효한 관념으로 남아 있는 것이다.

(다) 동물의 상징적 의미는 시대나 나라에 따라 변하고 새로운 역사성을 담기도 했다. 예를 들면, 뱀은 다산의 상징이자 불사의 존재이기도 했지만, 사악하고 차가운 간사한 동물로 여겨지기도 했다. 하지만 그리스에서 뱀은 지혜의 신이자, 아테네의 상징물이었고, 논리학의 상징이었다. 그리고 과거에 용은 숭배의 대상이었으나, 상상의 동물일 뿐이라는 현대의 과학적 사고는 지금의 용에 대한 믿음을 약화시키고 있다.

(라) 동물의 상징적 의미가 이렇게 다양하게 변하는 것은 문화가 살아 움직이기 때문이다. 문화는 인류의 지식, 신념, 행위의 총체로서, 동물의 상징적 의미 또한 문화에 속한다. 문화는 항상 현재 진행형이기 때문에 현재의 생활이 바로 문화이며, 이것은 미래의 문화로 전이된다. 문화는 과거, 현재, 미래가 따로 떨어진 게 아니라 뫼비우스의 띠처럼 연결되어 있는 것이다. 다시 말하면 그 속에 포함된 동물의 상징적 의미 또한 거미줄처럼 얽히고설켜 형성된 것으로, 그 시대의 관념과 종교, 사회·정치적 상황에 따라 의미가 달라질 수밖에 없다는 말이다.

① (나) - (가) - (라) - (다)
② (나) - (다) - (가) - (라)
③ (나) - (다) - (라) - (가)
④ (다) - (나) - (라) - (가)
⑤ (다) - (라) - (가) - (나)

31 어느 버스회사에서 (가)시에서 (나)시를 연결하는 버스 노선을 개통하기 위해 새로운 버스를 구매하려고 한다. 다음 〈조건〉과 같이 노선을 운행하려고 할 때, 필요한 버스와 운전사의 최솟값을 바르게 나열한 것은?

〈조건〉
1) 새 노선의 왕복시간 평균은 2시간이다(승하차 시간을 포함).
2) 배차시간은 15분 간격이다.
3) 운전사의 휴식시간은 매 왕복 후 30분씩이다.
4) 첫차는 05시 정각에, 막차는 23시에 (가)시를 출발한다.
5) 모든 차는 (가)시에 도착하자마자 (나)시로 곧바로 출발하는 것을 원칙으로 한다.
   즉, (가)시에 도착하는 시간이 바로 (나)시로 출발하는 시간이다.
6) 모든 차는 (가)시에서 출발해서 (가)시로 복귀한다.

	버스	운전사		버스	운전사
①	6대	8명	②	8대	10명
③	10대	12명	④	12대	14명
⑤	14대	16명			

32 다음은 신입사원을 대상으로 실시한 교육에서 B대리가 신입사원들에게 해줄 조언을 적은 메모이다. 자아인식 단계에서의 성찰에 대한 조언으로 적절하지 않은 것은?

〈업무상 실수를 했다면, 반드시 그 실수에 대해 성찰하는 시간을 가져야 한다.〉
- 성찰의 필요성
  - 노하우 축적
  - 지속적 성장 기회 제공
  - 신뢰감 형성
  - 창의적 사고 개발
- 성찰 연습 방법
  - 성찰노트 작성
  - 성찰과 관련된 질문

① 앞으로 다른 일을 해결해 나가는 노하우를 축적할 수 있게 된다.
② 세운 목표에 따라 매일 노력하게 된다면 지속적으로 성장할 수 있는 기회가 된다.
③ 같은 실수를 반복하지 않음으로써 다른 사람에게 신뢰감을 줄 수 있다.
④ 성찰을 통해 창의적인 사고 개발이 가능하다.
⑤ 성찰노트 작성은 한 번의 성찰을 통해 같은 실수를 반복하지 않도록 도와준다.

33 ③ ㄷ

34 ② 48초

35 다음 〈보기〉에서 조직 내 임파워먼트를 방해하는 요소로서 대인적 차원의 장애요인에 해당하는 사례를 모두 고르면?

〈보기〉
ㄱ. 최팀장은 임파워먼트의 대상이 되는 본인의 권한 및 업무를 박대리에게 선택하도록 하였다.
ㄴ. 박부장은 새로운 업무 분장으로 인한 김대리와 이주임의 다툼을 방관하였다.
ㄷ. 김팀장은 금일 이대리와의 면담을 약속하였으나, 과도한 업무로 인해 별다른 언급 없이 퇴근하였다.
ㄹ. 대외협력부는 업무 분장 시 거쳐야 하는 절차가 과도하게 번거로워 유기적인 업무 배분이 어렵다.

① ㄱ, ㄴ
② ㄱ, ㄷ
③ ㄴ, ㄷ
④ ㄴ, ㄹ
⑤ ㄷ, ㄹ

36 S공사는 1년에 2번씩 사원들에게 봉사 의식을 심어주기 위해 자원봉사 활동을 진행하고 있다. S공사의 A부장이 자원봉사 활동 전에 사원들에게 봉사에 대한 마음가짐을 설명하고자 할 때, 적절하지 않은 내용은?

① 봉사는 개인의 의지에 따라 이루어져야 한다.
② 봉사는 의도적이고 계획된 활동이 되어야 한다.
③ 봉사는 함께하는 공동체 의식에 바탕을 두어야 한다.
④ 봉사는 적절한 보상에 맞춰 참여해야 한다.
⑤ 봉사는 상대방의 입장에서 생각하고 행동해야 한다.

37 직장인 D씨는 일을 벌이기는 잘하는데, 마무리를 잘하지 못하여 주변의 동료들에게 피해를 주고 있다. 자신이 벌인 일에도 불구하고 어려운 상황에 부딪힐 경우 회피하기에 급급하기 때문이다. 이러한 상황에서 D씨의 상사가 D씨에게 해줄 조언으로 가장 적절한 것은?

① 봉사하는 마음을 가지도록 노력해봐.
② 업무에는 책임감이 필요해.
③ 준법정신은 조직생활의 기본이야.
④ 직장예절은 원만한 조직생활에 있어 꼭 필요하지.
⑤ 정직은 신뢰 형성에 필수적인 규범이야.

38 다음 대화의 밑줄 친 ㉠에 대한 욕구에 해당하는 것은?

> A사원 : 사내 게시판에 공지된 교육프로그램 참여 신청에 관한 안내문 보셨나요?
> B대리 : 봤지. 안 그래도 신청해야 하나 고민 중이야.
> A사원 : 대리님이 꼭 따고 싶다고 하셨던 자격증 강의잖아요.
> B대리 : ㉠ 아니, 나는 아침잠이 많아서…. 너무 이른 시간이라 참여할 수 있을지 걱정이야.
> A사원 : 그런 이유로 고민할 시간도 없어요. 선착순 마감되기 전에 얼른 신청하세요!

① 안전의 욕구
② 사회적 욕구
③ 생리적 욕구
④ 존경의 욕구
⑤ 자기실현의 욕구

39 다음 〈보기〉에서 자기개발의 특징으로 옳은 것을 모두 고르면?

〈보기〉
㉠ 자기개발의 주체는 자기 자신이다.
㉡ 자기개발은 개별적인 과정이다.
㉢ 자기개발은 평생에 걸쳐서 이루어진다.
㉣ 자기개발은 생활 가운데 이루어져야 한다.
㉤ 자기개발은 특정 사람에게만 필요한 것이다.

① ㉠
② ㉠, ㉡
③ ㉠, ㉡, ㉢
④ ㉠, ㉡, ㉢, ㉣
⑤ ㉡, ㉢, ㉣, ㉤

40 다음 중 성찰에 대한 설명으로 옳지 않은 것은?

① 성찰은 지속적인 연습의 과정이다.
② 성찰은 성장의 기회가 된다.
③ 성찰은 과거의 일에 대한 반성이므로 현재의 부족한 부분을 알기에는 어렵다.
④ 성찰은 창의적인 사고를 가능하게 한다.
⑤ 성찰은 신뢰감 형성에 도움을 준다.

제2영역 직무수행능력평가

| 01 | 기계일반

01 다음 중 유압프레스 작동원리의 바탕이 되는 이론은?

① 파스칼의 원리
② 보일의 법칙
③ 토리첼리 원리
④ 아르키메데스의 원리
⑤ 뉴턴의 법칙

02 20mm 두께의 소재가 압연기의 롤러(Roller)를 통과한 후 16mm로 되었을 때, 이 압연기의 압하율은?

① 20%
② 40%
③ 60%
④ 80%
⑤ 100%

03 원형축에 비틀림모멘트를 가했을 때, 축의 비틀림각에 대한 설명으로 옳은 것은?

① 축재질의 전단탄성계수값이 작을수록 비틀림각은 감소한다.
② 축길이가 증가할수록 비틀림각은 감소한다.
③ 단면 극관성모멘트값이 클수록 비틀림각은 감소한다.
④ 축지름이 작을수록 비틀림각은 감소한다.
⑤ 비틀림각을 구하는 공식은 $\dfrac{16\,T \times L}{G \times \pi d^4}$ 이다(T : 토크, L : 축의 길이, G : 전단탄성계수).

04 균일 분포하중 $\omega = 10\text{N/mm}$가 전 길이에 작용할 때, 길이 50cm인 단순지지보에 생기는 최대 전단력은?

① 0.25kN
② 2.5kN
③ 25kN
④ 250kN
⑤ 2,500kN

05 다음 중 재료의 안전율(Safety Factor)에 대한 설명으로 옳은 것은?

① 안전율은 일반적으로 마이너스(−)값을 취한다.
② 기준강도가 100MPa이고, 허용응력이 1,000MPa이면 안전율은 10이다.
③ 안전율이 너무 크면 안전성은 좋지만 경제성이 떨어진다.
④ 안전율이 1보다 작아질 때 안전성이 좋아진다.
⑤ 일반적인 강재 안전율은 1.5~2 정도이다.

06 에탄올이 충분히 담긴 용기에 무게가 0.35kN인 쇠공이 완전히 잠겨 있다. 알코올에 잠겨 있을 때의 쇠공의 무게가 0.15kN일 때, 쇠공의 부피는?(단, 에탄올의 비중량은 $7.732N/cm^3$ 이다)

① 약 $18.56cm^3$
② 약 $20.74cm^3$
③ 약 $21.96cm^3$
④ 약 $23.13cm^3$
⑤ 약 $25.87cm^3$

07 다음 중 탄성계수(E)가 200GPa인 강의 전단 탄성계수(G)는?(단, 푸아송 비는 0.3이다)

① 66.7GPa
② 76.9GPa
③ 100GPa
④ 267GPa
⑤ 350GPa

08 다음 중 지름 80mm의 원형단면의 중립축에 대한 관성모멘트는?

① $1\times10^6 mm^4$
② $2\times10^6 mm^4$
③ $3\times10^6 mm^4$
④ $4\times10^6 mm^4$
⑤ $5\times10^6 mm^4$

09 압력용기 내의 게이지 압력이 50kPa로 측정되었고 대기압력이 120kPa일 때, 압력용기 내의 절대압력은?

① 170kPa
② 150kPa
③ 130kPa
④ 100kPa
⑤ 70kPa

10 다음 중 연성파괴에 대한 설명으로 옳지 않은 것은?

① 컵 – 원뿔 파괴(Cup and Cone Fracture)가 된다.
② 소성변형이 상당히 일어난 후에 파괴된다.
③ 취성파괴보다 큰 변형에너지가 필요하다.
④ 취성파괴에 비해 덜 위험하다.
⑤ 균열이 매우 빠르게 진전하여 일어난다.

11 다음 중 재결정에 대한 설명으로 옳지 않은 것은?

① 재결정온도는 일반적으로 약 1시간 안에 95% 이상 재결정이 이루어지는 온도로 정의한다.
② 금속의 용융온도를 절대온도 T_m 이라 할 때 재결정온도는 대략 $0.3 \sim 0.5\, T_m$ 범위에 있다.
③ 재결정은 금속의 연성을 증가시키고 강도를 저하시킨다.
④ 냉간가공도가 클수록 재결정온도는 높아진다.
⑤ 결정입자의 크기가 작을수록 재결정온도는 낮아진다.

12 다음 중 상온에서 소성변형을 일으킨 후에 열을 가하면 원래의 모양으로 돌아가는 성질을 가진 재료는?

① 비정질합금
② 내열금속
③ 초소성 재료
④ 형상기억합금
⑤ 비금속

13 다음 중 전기 전도율이 가장 높은 금속은?

① Pb
② Sn
③ Ni
④ Ag
⑤ Fe

14 다음 중 연강에서 청열 취성이 일어나기 쉬운 온도는?

① 200℃ ~ 300℃
② 500℃ ~ 550℃
③ 700℃ ~ 723℃
④ 900℃ ~ 950℃
⑤ 1,000℃ ~ 1,500℃

15 다음 중 강의 탄소함유량이 증가함에 따라 나타나는 특성으로 옳지 않은 것은?

① 인장강도가 증가한다.
② 항복점이 증가한다.
③ 경도가 증가한다.
④ 충격치가 증가한다.
⑤ 인성이 감소한다.

16 다음 중 사이클로이드 기어와 이 기어의 치형곡선에 대한 설명으로 옳은 것은?

① 피치원보다 작은 원 위의 한 점이 피치원 외부를 따라 구를 때 그리는 궤적은 하이포사이클로이드 곡선이다.
② 피치원보다 작은 원 위의 한 점이 피치원 내부를 따라 구를 때 그리는 궤적은 에피사이클로이드 곡선이다.
③ 사이클로이드 기어에 작용하는 압력각은 일정하지 않다.
④ 사이클로이드 기어의 이끝 치면에 하이포사이클로이드 곡선을 도입한다.
⑤ 사이클로이드 기어의 마모는 균일하게 발생하지 않는다.

17 다음 〈보기〉에서 경금속에 해당하는 것을 모두 고르면?

〈보기〉
㉠ Sn
㉡ Mg
㉢ Al
㉣ Fe
㉤ Ni

① ㉠, ㉡ ② ㉠, ㉢
③ ㉠, ㉣ ④ ㉡, ㉢
⑤ ㉡, ㉣

18 다음 중 특수 주조법에 대한 설명으로 옳지 않은 것은?

① 원심주조법은 형상 틀에 쇳물을 주입한 후 고속으로 회전시켜 주물을 얻는 주조법이다.
② 다이캐스팅은 생산 속도가 빨라 대량 생산에 적합하다.
③ 셸 주조법(셸 몰드법)은 얇은 셸 모양의 주형을 사용하여 주물을 만드는 방법이다.
④ 인베스트먼트법은 납형주물의 공법을 공업화한 정밀주조법의 한 방법이다.
⑤ 저압주조법은 생산성이 높고, 금속의 종류에 제한이 없다.

19 다음 중 강의 담금질 열처리에서 냉각속도가 가장 느린 경우에 나타나는 조직은?

① 소르바이트 ② 잔류 오스테나이트
③ 트루스타이트 ④ 마텐자이트
⑤ 베이나이트

20 다음 중 결정조직을 미세화시키기 위해 A_3, A_{cm}보다 30~50℃ 높게 가열한 후 공기 중에서 냉각시켜 미세한 소르바이트 조직을 얻는 열처리 방법은?

① 템퍼링(Tempering) ② 퀜칭(Quenching)
③ 노멀라이징(Normalizing) ④ 어닐링(Annealing)
⑤ 오스포밍(Ausforming)

21 다음 중 압출가공에 대한 설명으로 옳은 것은?

① 소재를 용기에 넣고 높은 압력을 가하여 다이구멍으로 통과시켜 형상을 만드는 가공법이다.
② 소재를 일정온도 이상으로 가열하고 해머 등으로 타격하여 모양이나 크기를 만드는 가공법이다.
③ 원뿔형 다이구멍으로 통과시킨 소재의 선단을 끌어당기는 방법으로 형상을 만드는 가공법이다.
④ 회전하는 한 쌍의 롤 사이로 소재를 통과시켜 두께와 단면적을 감소시키고 길이 방향으로 늘리는 가공법이다.
⑤ 소재나 공구(롤) 또는 그 양쪽을 회전시켜서 밀어붙여 공구의 모양과 같은 형상을 소재에 각인하는 가공법이다.

22 다음 중 구성인선이 발생되지 않도록 하는 노력으로 옳은 것은?

① 바이트의 윗면 경사각을 작게 한다.
② 윤활성이 높은 절삭제를 사용한다.
③ 절삭깊이를 크게 한다.
④ 절삭속도를 느리게 한다.
⑤ 세라믹공구를 사용하는 것을 피한다.

23 다음 중 다이아몬드 다음으로 경한 재료로, 철계금속이나 내열합금의 절삭에 사용하는 재료는?

① 세라믹(Ceramic)
② 초경합금(Carbide)
③ 입방정 질화붕소(CBN; Cubic Boron Nitride)
④ 고속도강(HSS; High Speed Steel)
⑤ 특수강(Special Steel)

24 다음 중 유압회로 내 이물질을 제거하는 것과 작동유 교환 시 오래된 오일과 슬러지를 용해하여 오염물의 전량을 회로 밖으로 배출시켜서 회로를 깨끗하게 하는 작업은?

① 플래싱
② 압력 오버라이드
③ 패킹
④ 매니폴드
⑤ 채터링

25 다음 중 회주철의 기호로 GC300과 같이 표시할 때, 300이 의미하는 것은?

① 항복강도[N/mm^2]
② 인장강도[N/mm^2]
③ 굽힘강도[N/mm^2]
④ 전단강도[N/mm^2]
⑤ 압축강도[N/mm^2]

26 다음 용접방법 중 고상용접에 해당하지 않는 것은?

① 확산용접(Diffusion Welding)
② 초음파용접(Ultrasonic Welding)
③ 일렉트로 슬래그용접(Electro Slag Welding)
④ 마찰용접(Friction Welding)
⑤ 폭발용접(Explosive Welding)

27 다음 중 인베스트먼트주조법에 대한 설명으로 옳지 않은 것은?

① 모형을 왁스로 만들어 로스트왁스주조법이라고도 한다.
② 생산성이 높은 경제적인 주조법이다.
③ 주물의 표면이 깨끗하고 치수정밀도가 높다.
④ 복잡한 형상의 주조에 적합하다.
⑤ 패턴을 내열재로 코팅한다.

28 절삭속도 150m/min, 이송속도 0.34mm/rev로 지름 50mm의 원형 단면 봉을 선삭할 수 있는 공작기기로 동일 재질의 동형 봉 700mm를 1회 선삭할 때, 필요한 가공시간(분)은?

① 약 1.4분
② 약 2.2분
③ 약 3.5분
④ 약 5.3분
⑤ 약 6.7분

29 다음 중 전조가공에 대한 설명으로 옳지 않은 것은?

① 나사 및 기어의 제작에 이용될 수 있다.
② 절삭가공에 비해 생산속도가 높다.
③ 매끄러운 표면을 얻을 수 있지만 재료의 손실이 많다.
④ 소재표면에 압축잔류응력을 남기므로 피로수명을 늘릴 수 있다.
⑤ 조직이 미세하여 인장강도와 피로강도가 증가한다.

30 다음 중 관통하는 구멍을 뚫을 수 없는 경우에 사용하는 것으로 볼트의 양쪽 모두 수나사로 가공되어 나사머리가 없는 볼트는?

① 스터드볼트
② 관통볼트
③ 아이볼트
④ 나비볼트
⑤ 탭볼트

31 다음 중 진원도를 측정하는 방법 중 측정한 도형을 n등분하여 구한 평균원의 중심을 기준으로 외접원과 내접원의 반경차를 진원도로 결정하는 방법은?

① 최소 영역중심법
② 최소 외접원중심법
③ 최대 내접원중심법
④ 최소 자승중심법
⑤ 최대 자승중심법

32 다음 중 동력전달용 기계요소에 해당하지 않는 것은?

① 축
② 스프링
③ 커플링
④ 베어링
⑤ 벨트

33 평벨트의 접촉각이 θ, 평벨트와 풀리 사이의 마찰계수가 μ, 긴장측 장력이 T_t, 이완측 장력이 T_s 일 때, $\dfrac{T_t}{T_s}$ 의 비는?(단, 평벨트의 원심력은 무시한다)

① $e^{\mu\theta}$
② $\dfrac{1}{e^{\mu\theta}}$
③ $1-e^{\mu\theta}$
④ $1-\dfrac{1}{e^{\mu\theta}}$
⑤ $1+\dfrac{1}{e^{\mu\theta}}$

34 다음 중 기준 치수에 대한 공차가 $\phi 150^{+0.04}_{\ \ 0}$ mm인 구멍에 $\phi 150^{+0.03}_{-0.08}$ mm인 축을 조립할 때의 끼워맞춤은?

① 억지 끼워맞춤
② 아주 억지 끼워맞춤
③ 중간 끼워맞춤
④ 헐거운 끼워맞춤
⑤ 아주 헐거운 끼워맞춤

35 다음 중 탄소강의 5대 원소를 바르게 나열한 것은?

① Fe, C, Ni, Si, Au
② Ag, C, Si, Mn, P
③ C, Si, Mn, P, S
④ Ni, C, Si, Mn, S
⑤ Li, C, Mg, P, S

36 다음 중 평벨트와 비교한 V벨트 전동장치의 특징으로 옳지 않은 것은?

① 미끄럼이 적고 속도비가 보통 크다.
② 운전이 정숙하고 충격을 잘 흡수한다.
③ 바로걸기와 엇걸기에 사용한다.
④ 작은 장력으로 큰 동력을 전달할 수 있다.
⑤ 벨트의 벗겨짐 없이 동력전달이 가능하다.

37 다음 중 피치원지름 D, 기어잇수 Z, 공구압력각 α인 평기어의 기초원피치로 옳은 것은?

① $\dfrac{\pi D}{Z}\sin\alpha$ ② $\dfrac{\pi D}{Z}\cos\alpha$

③ $\dfrac{Z}{\pi D}\sin\alpha$ ④ $\dfrac{\pi D^2}{Z}\cos\alpha$

⑤ $\dfrac{Z^2}{\pi D}\sin\alpha$

38 다음 중 리벳작업에서 코킹을 하는 목적으로 옳은 것은?

① 패킹재료를 삽입하기 위해
② 파손재료를 수리하기 위해
③ 부식을 방지하기 위해
④ 밀폐를 유지하기 위해
⑤ 구멍을 뚫기 위해

39 외경 선삭에서 가공 전과 후의 평균 지름이 100mm인 황동봉을 절삭깊이 1mm, 이송속도 0.3mm/rev, 주축 회전속도 1,000rpm으로 가공하였을 때, 재료제거율은?(단, π는 3.14로 하고 가공 전과 후의 평균 지름, 평균 절삭속도를 이용하여 재료 제거율을 계산한다)

① 30cm³/min ② 300cm³/min
③ 9.42cm³/min ④ 94.2cm³/min
⑤ 942cm³/min

40 다음 중 배관 내 순간적으로 압력차가 발생하여 충격압을 만들어 음을 발하며 진동하는 현상은?

① 서징현상 ② 공동현상
③ 수격현상 ④ 진동현상
⑤ 과열현상

| 02 | 전기일반

01 다음 중 직류 전동기의 규약 효율을 나타낸 식으로 옳은 것은?

① $\eta(\%) = \dfrac{(출력)}{(입력)} \times 100$

② $\eta(\%) = \dfrac{(출력)}{(출력)+(손실)} \times 100$

③ $\eta(\%) = \dfrac{(입력)-(손실)}{(입력)} \times 100$

④ $\eta(\%) = \dfrac{(입력)}{(출력)+(손실)} \times 100$

⑤ $\eta(\%) = \dfrac{(입력)+(손실)}{(손실)} \times 100$

02 다음 중 전기력선의 성질로 옳지 않은 것은?

① 양전하에서 나와 음전하에서 끝나는 연속 곡선이다.
② 전기력선은 전위가 낮은 점에서 높은 점으로 향한다.
③ 전기력선은 서로 교차하지 않는다.
④ 전장이 있는 곳에서 전기력선은 등전위면과 직교한다.
⑤ 전기력선은 도체 표면에 수직으로 출입한다.

03 굵기가 일정한 원통형 도체의 체적을 고정시킨 채 길게 늘여 지름이 절반이 되도록 하였을 때, 길게 늘인 도체의 저항값은?

① 원래 도체의 저항값의 2배가 된다.
② 원래 도체의 저항값의 4배가 된다.
③ 원래 도체의 저항값의 8배가 된다.
④ 원래 도체의 저항값의 12배가 된다.
⑤ 원래 도체의 저항값의 16배가 된다.

04 면적 5cm^2의 금속판이 평행하게 공기 중에서 1mm의 간격을 두고 있을 때, 이 도체 사이의 정전 용량은?

① $4.428 \times 10^{-12} \text{F}$
② $44.28 \times 10^{-12} \text{F}$
③ $2.214 \times 10^{-12} \text{F}$
④ $22.14 \times 10^{-12} \text{F}$
⑤ $221.4 \times 10^{-12} \text{F}$

05 다음 중 기전력에 대한 특징으로 옳은 것은?

① 전기 저항의 역수
② 전류를 흐르게 하는 원동력
③ 도체에 흐르는 전류의 세기
④ 전기의 흐름
⑤ 전위의 차

06 5분 동안 600C의 전기량이 이동했을 때, 전류의 크기는?

① 2A
② 50A
③ 100A
④ 150A
⑤ 200A

07 평균 반지름이 10cm이고 감은 횟수가 10회인 원형 코일에 5A의 전류를 흐르게 할 때, 코일 중심의 자기장의 세기는?

① 250AT/m
② 500AT/m
③ 750AT/m
④ 1,000AT/m
⑤ 1,250AT/m

08 다음 중 자속밀도가 $2Wb/m^2$인 평등 자기장 중에 자기장과 30°의 방향으로 길이 0.5m인 도체에 8A의 전류가 흐를 때의 전자력은?

① 8N
② 4N
③ 3N
④ 2N
⑤ 1N

09 Δ-Y 결선을 한 특성이 같은 변압기에 의하여 2,300V, 3상에서 3상 6,600V, 400kW 역률 0.7(뒤짐)의 부하에 전력을 공급할 때, 변압기의 용량은?

① 150kVA
② 160kVA
③ 180kVA
④ 190kVA
⑤ 200kVA

10 어떤 코일에 흐르는 전류가 0.1초 사이에 20A에서 4A까지 일정한 비율로 변하였다. 이때, 20V의 기전력이 발생했다면 코일의 자기인덕턴스는?

① 0.125H
② 0.25H
③ 0.375H
④ 0.5H
⑤ 0.635H

11 다음 중 케이블 연피손(시스손)의 원인으로 옳은 것은?

① 전자유도작용
② 도플러 효과
③ 히스테리시스손
④ 유전체손
⑤ 전선의 철손

12 다음 중 선택 배류기를 설치할 수 있는 전기설비로 옳은 것은?

① 가공 통신케이블
② 가공지선
③ 가공 전화선
④ 지하 전력케이블
⑤ 급전선

13 3상 3선식 배전선로에서 대지정전용량을 C_s, 선간정전용량을 C_m이라 할 때, 작용정전용량은?

① $C_s + C_m$
② $3C_s + C_m$
③ $C_s + 2C_m$
④ $2C_s + C_m$
⑤ $C_s + 3C_m$

14 상온 부근에서 온도가 10℃ 상승할 때, 구리선 저항값의 변화는?

① 4% 감소
② 4% 증가
③ 10% 감소
④ 10% 증가
⑤ 불변

15 송전단 전압이 66kV이고, 수전단 전압이 60kV로 송전 중이던 선로에서 부하가 급격히 감소하여 수전단 전압이 63kV가 되었을 때, 대략적인 전압강하율은?

① 약 1.78%
② 약 3.24%
③ 약 4.76%
④ 약 5.54%
⑤ 약 5.89%

16 다음 중 교류송전에서 송전거리가 멀어질수록 동일 전압의 송전 가능 전력이 적어지게 되는 이유로 옳은 것은?

① 선로의 유도성 리액턴스가 커지기 때문이다.
② 선로의 어드미턴스가 커지기 때문이다.
③ 코로나 손실이 증가하기 때문이다.
④ 전압강하율이 커지기 때문이다.
⑤ 표피 효과가 커지기 때문이다.

17 다음 중 옥내 배선의 전선 접속에 대한 설명으로 옳지 않은 것은?

① 접속 부위의 전기 저항을 증가시킨다.
② 전선의 강도를 20% 이상 감소시키지 않는다.
③ 접속 슬리브를 사용하여 접속한다.
④ 전선 접속기를 사용하여 접속한다.
⑤ 접속부분의 온도상승값이 접속부 이외의 온도상승값을 넘지 않도록 한다.

18 다음 중 선로 전압강하 보상기(LDC)에 대한 설명으로 옳은 것은?

① 분로리엑터로 전압상승을 억제하는 것이다.
② 승압기로 저하된 전압을 보상하는 것이다.
③ 고조파필터를 이용하여 고조파를 억제하는 것이다.
④ 선로의 전압강하를 고려하여 모선전압을 조정하는 것이다.
⑤ 서지흡수기를 이용하여 이상전압을 방지하는 것이다.

19 다음 중 수전설비의 단락전류를 제한하기 위해 계통연계기 방식을 사용할 때의 특징으로 옳지 않은 것은?

① 설치된 차단기를 교체하지 않고 계통용량을 늘릴 수 있다.
② 정전범위가 축소되어 공급신뢰도가 향상된다.
③ 전압변동이 크다.
④ 응답속도가 빠르다.
⑤ 차단기가 고장전류 차단 후 연계기는 즉시 평상시 회로로 회복된다.

20 다음 중 정격전압 7.2kV, 정격차단용량 250MVA인 3상용 차단기의 정격 차단전류는?

① 약 20,047A
② 약 20,878A
③ 약 21,239A
④ 약 21,942A
⑤ 약 22,190A

21 직류 발전기의 자극수 10, 전기자 도체수 600, 1자극당의 자속수 0.01Wb, 회전속도가 1,200rpm일 때, 유도되는 기전력은?(단, 권선은 단중 중권이다)

① 100V
② 120V
③ 200V
④ 250V
⑤ 300V

22 전기자 지름 0.2m의 직류 발전기가 1.5kW의 출력에서 1,800rpm으로 회전하고 있을 때, 전기자 주변속도는?

① 약 9.42m/s
② 약 18.84m/s
③ 약 21.43m/s
④ 약 34.32m/s
⑤ 약 42.86m/s

23 다음 중 직류 발전기에 있어서 전기자 반작용이 생기는 요인이 되는 전류는?

① 동손에 의한 전류
② 전기자 권선에 의한 전류
③ 계자 권선의 전류
④ 규소 강판에 의한 전류
⑤ 누설에 의한 전류

24 3상 동기 발전기에서 권선 피치와 자극 피치의 비를 $\frac{13}{15}$ 의 단절권으로 하였을 때, 이 단절권의 계수는?

① $\sin\frac{13}{15}\pi$ ② $\sin\frac{15}{26}\pi$

③ $\sin\frac{13}{30}\pi$ ④ $\sin\frac{15}{13}\pi$

⑤ $\sin\frac{26}{15}\pi$

25 3상 변압기의 임피던스가 $Z[\Omega]$이고, 선간 전압이 $V[\text{kV}]$, 정격 용량이 $P[\text{kVA}]$일 때, %Z(%임피던스)는?

① $\frac{PZ}{V}$ ② $\frac{10PZ}{V}$

③ $\frac{PZ}{10V^2}$ ④ $\frac{PZ}{100V^2}$

⑤ $\frac{PZ}{1,000V^2}$

26 3상 배전선에 접속된 V결선의 변압기에서 전부하 시의 출력을 $P[\text{kVA}]$라 하면, 같은 변압기 한 대를 증설하여 △결선하였을 때의 정격 출력은?

① $\frac{1}{2}P$ ② $\frac{2}{\sqrt{3}}P$

③ $\sqrt{3}P$ ④ $2P$

⑤ $2\sqrt{3}P$

27 다음 중 보극이 없는 직류기의 운전 중 중성점의 위치가 변하지 않는 경우는?

① 무부하 상태 ② 전부하 상태
③ 중부하 상태 ④ 과부하 상태
⑤ 기저부하 상태

28 다음 중 주파수 60Hz 회로에 접속되어 슬립 3%, 회전수 1,164rpm으로 회전하고 있는 유도 전동기의 극수는?

① 5극   ② 6극
③ 7극   ④ 10극
⑤ 12극

29 다음 중 반파 정류 회로에서 직류 전압 100V를 얻는 데 필요한 변압기의 역전압 첨두값은?(단, 부하는 순저항으로 하고 변압기 내의 전압 강하는 무시하며, 정류기 내의 전압 강하를 15V로 한다)

① 약 181V   ② 약 361V
③ 약 512V   ④ 약 722V
⑤ 약 932V

30 다음 중 단상 반파 정류 회로인 경우의 정류 효율은?

① 약 12.6%   ② 약 40.6%
③ 약 60.6%   ④ 약 81.2%
⑤ 약 86.4%

31 다음 중 3상 동기의 제동 권선의 역할은?

① 난조 방지   ② 효율 증가
③ 출력 증가   ④ 역률 개선
⑤ 응력 증가

32 전원 전압이 P, 부하 저항이 R일 때, 최대 전력을 공급하기 위한 조건은?(단, r은 전원의 내부 저항이다)

① $r = R$ ② $r = 2R$
③ $r = 4R$ ④ $r = 6R$
⑤ $r = 8R$

33 다음 중 선간전압이 200V인 평형 3상 전원에 1상의 저항이 100Ω인 3상 델타(△)부하를 연결할 때의 선전류는?

① $\frac{2}{\sqrt{3}}$A
② 2A
③ $\frac{\sqrt{3}}{2}$A
④ $2\sqrt{3}$A
⑤ $\frac{\sqrt{2}}{3}$A

34 다음 중 직류를 교류로 변화하는 장치는?

① 점등관(Glow Switch)
② 컨버터(Converter)
③ 인버터(Inverter)
④ 정류기(Rectifier)
⑤ 안정기(Ballast Stabilizer)

35 권수 200회의 코일에 5A의 전류가 흘러서 0.025Wb의 자속이 코일을 지난다고 할 때, 이 코일의 자체 인덕턴스는?

① 0.5H
② 1H
③ 1.5H
④ 2H
⑤ 2.5H

36 정현파 교류의 실횻값이 100V이고, 주파수가 60Hz일 때, 전압의 순시값 e는?

① 약 141.4sin377t
② 약 100sin377t
③ 약 141.4sin120t
④ 약 100sin120t
⑤ 약 141.4sin100t

37 코일의 인덕턴스 $L=200\mu\text{F}$, 공진 주파수 $f_0=710\,\text{kHz}$일 때, 공진 회로의 커패시턴스는?

① 약 320PF ② 약 250PF
③ 약 170PF ④ 약 128PF
⑤ 약 100PF

38 다음 중 △-△ 평형 회로에서 선간 전압이 220V, 부하 임피던스 $Z=6+j8\Omega$ 일 때의 선전류는?

① 약 38A ② 약 36A
③ 약 32A ④ 약 28A
⑤ 약 26A

39 $R=90\Omega$, $L=32\text{mH}$, $C=5\mu\text{F}$의 직렬회로에 전원전압 $v(t)=750\cos(5{,}000-30°)\text{V}$를 인가했을 때, 회로의 리액턴스는?

① 40Ω ② 90Ω
③ 120Ω ④ 160Ω
⑤ 200Ω

40 부하에 인가되는 비정현파 전압 및 전류가 다음과 같을 때, 부하에서 소비되는 평균전력은?

- $v(t)=100+80\sin\omega t+60\sin(3\omega t-30°)+40\sin(7\omega t+60°)$
- $i(t)=40+30\cos(\omega t-30°)+20\cos(5\omega t+60°)+10\cos(7\omega t-30°)[\text{A}]$

① 4,700W ② 4,800W
③ 4,900W ④ 5,000W
⑤ 5,100W

03 | 전자일반

01 전압이 일정한 직류전원에 저항을 연결하여 전류를 흘려줄 때, 처음 저항값을 20% 증가시키면 흐르는 전류는 처음 전류의 몇 배인가?

① 약 0.28배 ② 약 0.56배
③ 약 0.77배 ④ 약 0.83배
⑤ 약 1.20배

02 다음 중 MPU(Micro Processing Unit)에 대한 설명으로 옳지 않은 것은?

① 사람에 견주면 뇌에 해당한다고 볼 수 있다.
② MPU는 컴퓨터 시스템에서 기억장치를 포함하여 모든 CPU의 기능을 탑재한 것이다.
③ MPU는 미세한 알루미늄 줄로 연결된 수백만 개의 트랜지스터로 구성되어 있다.
④ MPU는 동시에 전송되어 등록기에 보관될 수 있는 정보의 비트 수에 따라 분류된다.
⑤ MPU에는 정보를 실행하는 많은 작업을 위한 프로그램을 넣을 수 있다.

03 30V/m인 전계 내의 60V인 점에서 1C의 전하를 전계 방향으로 90cm 이동시켰을 때, 그 점에서의 전위는?

① 87V ② 69V
③ 51V ④ 33V
⑤ 15V

04 진공 상태에서 한 변의 길이가 a[m]인 정사각형의 단일코일에 I[A]의 전류가 흐를 때, 정사각형의 중심에서 자계의 세기는?

① $\dfrac{\sqrt{2}}{\pi a}$ AT/m ② $\dfrac{I}{\sqrt{2}a}$ AT/m

③ $\dfrac{4I}{a}$ AT/m ④ $\dfrac{I}{2\pi a}$ AT/m

⑤ $\dfrac{2\sqrt{2}\,I}{\pi a}$ AT/m

05 정전용량이 $20\mu F$인 콘덴서에 $3\times 10^{-3}C$의 전하가 축적되었을 때, 콘덴서에 가해진 전압은?

① 150V　　　　　　　　　　② 200V
③ 225V　　　　　　　　　　④ 250V
⑤ 300V

06 8A의 전류가 흐르는 코일과 쇄교하는 자속수가 4Wb일 때, 전류회로에 축적된 자기 에너지의 양은?

① 8J　　　　　　　　　　　② 12J
③ 16J　　　　　　　　　　 ④ 24J
⑤ 32J

07 일정한 전기장 내에서 6C의 전하를 60cm 이동시키는 데 180J의 에너지가 쓰였을 때, 전기장의 세기[V/m]는 얼마인가?

① 30V/m　　　　　　　　　② 40V/m
③ 50V/m　　　　　　　　　④ 60V/m
⑤ 70V/m

08 캐시메모리의 적중(Hit)률이 0.99, 캐시메모리의 접근시간이 50ns, 주기억장치 접근시간이 400ns일 때, 기억장치 접근시간의 평균은?(단, 캐시 적중여부 판별에 소요되는 시간은 무시한다)

① 120ns　　　　　　　　　 ② 85ns
③ 67.5ns　　　　　　　　　④ 53.5ns
⑤ 45ns

09 다음 중 $Z_L = 4Z_0$인 선로의 전압 정재파비 S와 반사계수 ρ를 바르게 나열한 것은?(단, Z_L은 부하 임피던스, Z_0는 선로의 특성 임피던스이다)

	S	ρ		S	ρ
①	4	0.75	②	4	0.6
③	3	0.75	④	3	0.6
⑤	0	0.4			

10 다음 중 $f(t) = e^{-\alpha t} \sin wt$의 라플라스 변환으로 옳은 것은?

① $\dfrac{\omega}{(\alpha+s)^2 + \omega^2}$ ② $\dfrac{\omega}{(\alpha+s)^2 - \omega^2}$

③ $\dfrac{s}{(\alpha+s)^2 + \omega^2}$ ④ $\dfrac{s}{(\alpha+s)^2 - \omega^2}$

⑤ $\dfrac{\alpha+s}{(\alpha+s)^2 + \omega^2}$

11 R-C 직렬회로에 직류전압 15V를 인가하고 $t=0$에서 스위치를 켰을 때, 커패시터(C) 양단에 걸리는 전압 $V_c(t)$는?[단, $V_c(0) = 0$, $C = 2F$, $R = 0.5\,\Omega$]

① $15e^{-t}$V ② $-15e^{-t}$V

③ $1 - e^{-t}$V ④ $15(1 - e^t)$V

⑤ $15(1 - e^{-t})$V

12 다음 회로를 임피던스 파라미터로 나타낼 때, 그 가운데 Z_{21}의 값은?

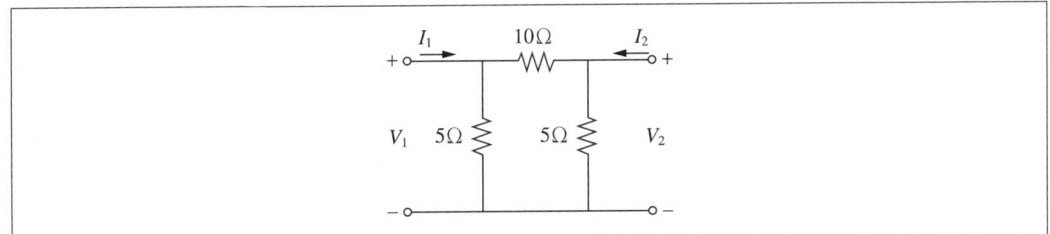

① $\dfrac{5}{4}$ ② $\dfrac{5}{2}$

③ $\dfrac{15}{4}$ ④ $\dfrac{3}{5}$

⑤ $\dfrac{12}{5}$

13 다음 중 1dB을 Neper단위로 환산한 것으로 옳은 것은?

① 약 8.686Nep/dB ② 약 7.076Nep/dB
③ 약 2.402Nep/dB ④ 약 0.521Nep/dB
⑤ 약 0.115Nep/dB

14 다음 중 단위 임펄스 함수(Unit Impulse Function) $\delta(t)$에 대한 설명으로 옳은 것은?

① $\delta(t)=\lim\limits_{a \to 0}\dfrac{1}{a}\{u(t)-u(t+a)\}$
② 임펄스 함수는 $t=\infty$에서만 값이 존재한다.
③ 폭은 거의 0이고, 높이는 거의 무한대가 되며, 면적은 1이 되는 펄스이다.
④ 단위 임펄스 함수는 단위 램프 함수(Unit Ramp Function)를 미분한 것이다.
⑤ 임의 회로망의 입력 전압으로 $\delta(t)$를 가하면 출력 전압은 입력 전압과 같게 된다.

15 다음과 같은 공진곡선에서 선택도 Q_o의 값은?

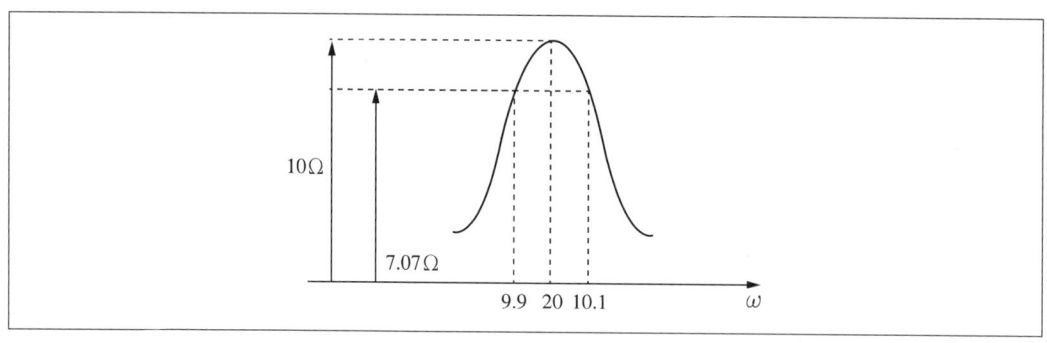

① 25
② 30
③ 50
④ 100
⑤ 125

16 다음 R-L 직렬회로에서 $R=5\Omega$, $L=2H$이며, $t=0$에서 스위치(S)를 닫아 직류전압 110V를 회로의 양단에 가한 후 $\frac{L}{R}$초일 때의 전류는?

① 약 63.2A
② 약 36.8A
③ 약 13.9A
④ 약 6.95A
⑤ 약 0.63A

17 다음 중 전가산기를 구성하는 게이트와 수를 바르게 나열한 것은?

① X-OR 1개, AND 1개, OR 1개
② X-OR 1개, AND 2개, OR 2개
③ X-OR 2개, AND 1개, OR 1개
④ X-OR 2개, AND 2개, OR 1개
⑤ X-OR 2개, AND 3개, OR 2개

18 다음 중 불순물 반도체에서 부성(負性) 저항 특성이 나타나는 현상을 응용한 PN 접합 다이오드는?

① 제너 다이오드
② 발광 다이오드
③ 포토 다이오드
④ 쇼트키 다이오드
⑤ 터널 다이오드

19 다음 중 MOS-FET의 채널은 어느 단자 사이에 형성되는가?

① 게이트와 소스 사이
② 입력과 출력 사이
③ 입력과 드레인 사이
④ 드레인과 소스 사이
⑤ 게이트와 드레인 사이

20 다음 중 고주파 증폭회로의 트랜지스터에 대한 설명으로 옳은 것은?

① 트랜지스터의 베이스 폭은 고주파 증폭과 무관하다.
② 트랜지스터의 베이스 폭이 두꺼울수록 고주파 증폭에 적합하다.
③ 컬렉터 용량의 영향으로 출력이 궤환된다.
④ 컬렉터 용량이 클수록 고주파 특성이 좋다.
⑤ 컬렉터 용량의 영향으로 입력 임피던스는 증가한다.

21 다음 중 실리콘 제어 정류기(SCR)에 대한 설명으로 옳지 않은 것은?

① PN 접합의 반도체 소자이다.
② 사이리스터(Thyristor)라고도 명칭한다.
③ 단방향성 소자이다.
④ 무접점 On / Off 스위치로 작동하는 반도체 소자이다.
⑤ 게이트는 N형 반도체에 연결한다.

22 다음 중 초전도 현상에 대한 설명으로 옳은 것은?

① 물질의 격자 진동에 의해 파괴된다.
② 저항이 커짐에 따라 전류가 흐르지 않는다.
③ 임계 온도 이하로 냉각되면 저항이 0이 된다.
④ 전자의 이동도가 전계 강도의 평방근에 비례한다.
⑤ 임계 자기장은 온도 상승과 비례한다.

23 다음 중 전력증폭기에 대한 설명으로 옳은 것은?

① C급의 효율은 70 ~ 90% 정도이다.
② 전력효율(η)은 (직류출력) ÷ (교류입력) × 100%이다.
③ 최대 컬렉터손실이란 트랜지스터의 외부에서 빛에너지로 소비되는 최대전력을 말한다.
④ A급은 입력신호 반주기(0° ~ 180°) 동안 동작한다.
⑤ B급의 동작점은 활성영역이다.

24 어떤 금속의 표면전위장벽(E_B)가 17.69eV이고, 페르미 에너지(E_f)가 6.45eV일 때, 이 금속의 일함수(E_w)는?

① 5.27eV
② 8.12eV
③ 11.24eV
④ 20.42eV
⑤ 24.14eV

25 다음 중 J-FET(전계 효과 트랜지스터)의 드레인 전류(I_D)를 나타낸 식은?

① $I_D = I_{DSS}(1 + V_P)^2$

② $I_D = I_{DSS}\left(1 + \dfrac{V_P}{V_{GS}}\right)^2$

③ $I_D = I_{DSS}(1 - V_{GS})^2$

④ $I_D = I_{DSS}\left(1 - \dfrac{V_{GS}}{V_P}\right)^2$

⑤ $I_D = I_{DSS}\left(\dfrac{V_{GS}}{V_P}\right)^2$

26 다음 중 수정발진기는 수정의 임피던스가 어떠한 성질을 가지게 될 때 가장 안정된 발진을 계속하는가?

① 항상성 ② 저장성
③ 유도성 ④ 저항성
⑤ 근접성

27 일반적으로 명령 중에 오퍼랜드(Operand)가 들어 있는 장소를 표시하기 위해서 어드레스를 지정하지만, 이 어드레스 대신에 데이터 그 자체를 지정하는 것은?

① 직접번지 ② 간접번지
③ 절대번지 ④ 상대번지
⑤ 참조번지

28 다음 중 스택(Stack)이 반드시 필요한 명령문 형식은?

① 0 – 주소 형식 ② 1 – 주소 형식
③ 2 – 주소 형식 ④ 3 – 주소 형식
⑤ 4 – 주소 형식

29 다음 글에서 설명하는 코드로 옳은 것은?

> 1963년 미국표준협회(ANSI; American National Standards Institute)에 의해 결정되어 미국의 표준 부호가 되었다. ANSI가 ISO(국제표준화기구) 위원회에 제안하였고, 이 체계에 준거해 ISO의 국제 부호체계가 제정되어 있다. 미니컴퓨터나 개인용 컴퓨터(PC) 등 소형 컴퓨터를 중심으로 보급되어 현재 국제적으로 널리 사용되고 있다. 컴퓨터의 내부에서 문자를 표현하는 표준적인 코드체계로서, 7비트로 구성되어 있으며 자료의 처리나 통신장치에서 표준 코드로 널리 쓰인다.

① BCD 코드
② EBCDIC 코드
③ ASCII 코드
④ 유니코드
⑤ 확장 유닉스 코드

30 다음 중 반도체의 에너지대에 해당하지 않는 것은?

① 가전자대
② 충만대
③ 전도대
④ 절연대
⑤ 금지대

31 다음 중 객체지향 프로그래밍 언어에 해당하지 않는 것은?

① C++
② C#
③ JAVA
④ FORTRAN
⑤ PYTHON

32 다음 글에서 설명하는 장치로 옳은 것은?

> 컴퓨터에서의 제어 장치의 일부로, 컴퓨터가 다음에 실행할 명령의 로케이션이 기억되어 있는 레지스터이다. 현재의 명령이 실행될 때마다 그 레지스터의 내용에 1이 자동적으로 덧셈되고, 다음에 꺼낼 명령의 로케이션을 지시하도록 되어 있다.

① 프로그램 카운터(Program Counter)
② 명령 해독기(Instruction Decoder)
③ 제어 장치(Control Unit)
④ 인코더(Encoder)
⑤ 멀티플렉서(Multiplexer)

33 정전용량이 $2\mu F$, $4\mu F$, $6\mu F$인 콘덴서로 얻을 수 있는 최대정전용량과 최소정전용량의 차이는?

① $9.45\mu F$
② $10.09\mu F$
③ $10.91\mu F$
④ $11.45\mu F$
⑤ $12.68\mu F$

34 다음 중 자료를 추출하고 그에 의거한 보고서를 작성하는 데 사용하는 프로그래밍 언어는?

① C언어
② Java
③ Perl
④ HTML
⑤ PHP

35 순방향 바이어스전압이 PN 접합 다이오드 양단에 인가될 때, 공핍층 가까이에서 영역별 소수캐리어의 농도의 변화를 바르게 나열한 것은?

	P형 영역	N형 영역
①	증가	감소
②	감소	증가
③	증가	증가
④	감소	감소
⑤	변화 없음	

36 다음과 같은 삼각파의 파고율은?

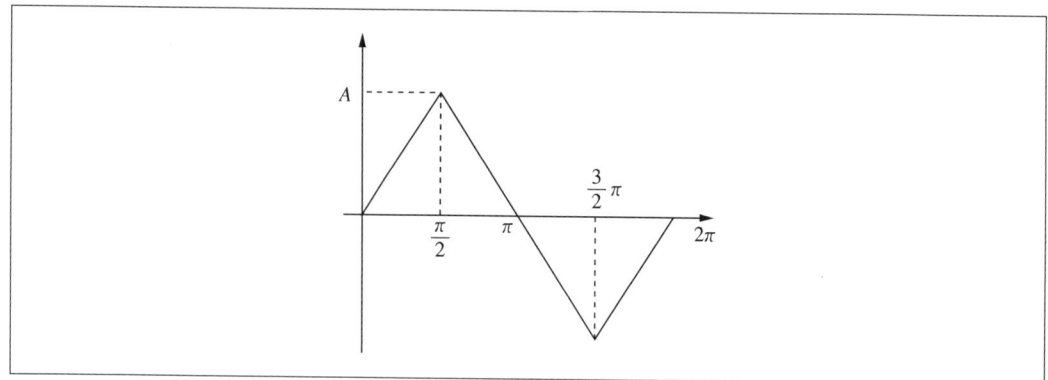

① 0.5
② 1
③ $\sqrt{2}$
④ $\sqrt{3}$
⑤ $\dfrac{2}{\sqrt{3}}$

37 다음 중 적분기와 미분기의 궤환 소자를 바르게 나열한 것은?

	적분기	미분기
①	커패시터	저항
②	저항	커패시터
③	커패시터	커패시터
④	제너 다이오드	커패시터
⑤	발광 다이오드	제너 다이오드

38 다음 중 $e(t) = 220\sqrt{2}\sin 140\pi t$[V]인 정현파 전압의 실효치와 주파수를 바르게 나열한 것은?

	실효치(V)	주파수(Hz)		실효치(V)	주파수(Hz)
①	$220\sqrt{2}$	140	②	$220\sqrt{2}$	70
③	220	70	④	220	140
⑤	110	70			

39 다음 회로의 합성 임피던스 $Z[\Omega]$는?

① 2Ω
② 4Ω
③ 5Ω
④ 10Ω
⑤ 14Ω

40 다음 중 메모리에 대한 설명으로 옳지 않은 것은?
① 광메모리는 기록밀도가 높고 메모리 스페이스를 갖고 있다.
② 캐시메모리는 DRAM으로 구성되어 전원이 공급되는 상태에서는 기억 내용을 유지할 수 있다.
③ ROM은 전원을 켜지 않아도 기억정보가 유지되고, 기록한 정보는 수정하기 어렵다.
④ RAM은 임의의 정보를 임의의 번지에 기억시켜 어떤 번지에서든 같은 속도로 정보를 실행할 수 있다.
⑤ 버퍼메모리는 주기억장치보다 메모리용량은 작고 고속의 기억 소자를 사용함으로써 주기억장치와 중앙처리장치 사이의 데이터 이동을 돕는다.

04 | 통신일반

01 다음 중 FM파 검파기에 해당하지 않는 것은?
① 직선 검파 회로
② 비검파기
③ 포스터 실리 검파기
④ 게이티드 빔 검파기
⑤ 슬로프 검파기

02 다음 중 공정 제어의 제어량 종류에 해당하지 않는 것은?
① 온도
② 장력
③ 유량
④ 압력
⑤ 액위

03 PCM 방식에서 원신호 파형의 주파수가 1kHz일 때 1주기당 8개의 샘플을 얻으려면 PAM 신호는 얼마가 되어야 하는가?
① 64kHz
② 32kHz
③ 16kHz
④ 8kHz
⑤ 4kHz

04 다음 중 전이중 통신 방식에 대한 특성으로 옳지 않은 것은?
① 하드와이어 전송의 경우 송수신에 4개의 회선을 사용한다.
② 아날로그 방식의 전송에서는 FDM으로 전이중 모드를 지원한다.
③ 데이터 전송량이 많고 통신 회선의 용량이 클 때 사용한다.
④ 송수신에 2개의 채널을 사용하며, 각 채널의 주파수는 서로 같다.
⑤ 다른 통신 방식에 비해 장비가 비싸고 더 많은 전송 매체가 필요하다.

05 다음 중 전송 회선을 통하여 초당 64byte의 데이터가 전송될 경우의 데이터 전송률은?

① 32bps
② 64bps
③ 128bps
④ 256bps
⑤ 512bps

06 다음 중 다중화에 대한 설명으로 옳지 않은 것은?

① 정적(Static)인 방법과 동적(Dynamic)인 방법이 있다.
② FDM이란 주파수 대역폭을 여러 개의 작은 대역폭으로 나누어 쓰는 방법이다.
③ FDM에서 가드 밴드(Guard Band)로 채널 간의 간섭을 배제한다.
④ 다중화 장비의 입력측의 전송 속도는 전송 선로측의 전송 속도보다 크다.
⑤ 대표적인 다중화 방식으로는 주파수 분할 다중 방식(FDM)과 시분할 다중 방식(TDM)이 있다.

07 다음 중 레일리 산란에 대한 설명으로 옳지 않은 것은?

① 산란광의 세기는 λ^4에 비례한다.
② 파장이 길수록 레일리 산란 손실은 적다.
③ 광섬유 유리 중 파장보다도 미소한 굴절률의 흔들림에 의해 일어나는 것이다.
④ 전송되는 모드 및 코어의 직경과는 무관하다.
⑤ 맑은 하늘이 푸른 것은 공기분자에 의한 태양복사의 레일리 산란 때문이다.

08 다음 중 비동기식 데이터 전송에서 사용되는 에러 검출 방식은?

① 짝수 패리티
② 홀수 패리티
③ 세로 중복 검사
④ 순환 중복 검사
⑤ 순환 잉여 검사

09 다음 중 인코딩 기법을 평가하는 요소에 해당하지 않는 것은?

① 데이터 전송률
② 신호의 스펙트럼
③ 신호의 동기화 능력
④ 에러 검출 능력
⑤ 잡음에 대한 면역성

10 다음 중 반도체의 특성에 대한 설명으로 옳지 않은 것은?

① 전기적 전도성은 금속과 절연체의 중간적 성질을 갖고 있다.
② 불순물이 섞이면 저항이 증가한다.
③ 온도가 상승함에 따라 저항은 감소된다.
④ 매우 낮은 온도에서 절연체가 된다.
⑤ 온도가 상승함에 따라 전도율이 증가한다.

11 다음 중 QPSK의 전송 대역폭 B_T는?(단, r_b는 비트율이다)

① $B_T \fallingdotseq r_b$
② $B_T \fallingdotseq \dfrac{r_b}{2}$
③ $B_T \fallingdotseq \dfrac{r_b}{4}$
④ $B_T \fallingdotseq 2r_b$
⑤ $B_T \fallingdotseq 3r_b$

12 다음 중 양자화 잡음의 비율과 입력 진폭의 관계는?

① 작을 때 커진다.
② 클 때 커진다.
③ 관계없이 일정하다.
④ 관계없이 커진다.
⑤ 관계없이 작아진다.

13 주파수 범위가 0.3 ~ 3.4kHz인 음성 신호를 8kHz로 표본화해 7비트로 부호화할 경우의 정보 속도는?

① 28kb/s ② 56kb/s
③ 64kb/s ④ 128kb/s
⑤ 156kb/s

14 역률 80[%]의 부하의 유효전력이 80[kW]일 경우의 무효전력 P_x는?

① 60[kVar] ② 40[kVar]
③ 100[kVar] ④ 80[kVar]
⑤ 120[kVar]

15 다음 중 델린저 현상에 대한 설명으로 옳지 않은 것은?

① 발생 시기는 주야로 발생한다.
② 전리층의 변화는 D, E층 영역의 전자 밀도 증대로 인하여 발생한다.
③ 발생 구역은 태양의 직사광선이 비추는 곳이다.
④ 발생 원인은 자외선의 이상 증가이다.
⑤ 저위도 지방에서 발생하고, 돌발적으로 발생한다.

16 다음 중 어느 안테나에 5A의 전류를 흘렸더니 300W의 방사 전력이 생겼을 때의 방사 저항은?(단, 안테나의 저항은 무시한다)

① 8Ω   ② 10Ω
③ 12Ω ④ 15Ω
⑤ 16Ω

17 다음 중 위성 중계기에서 대전력 증폭기로 사용되는 것은?

① TWTA
② magnetron
③ impatt diode
④ GaAs mosfet
⑤ klystron

18 다음 중 위성 통신의 장점으로 옳지 않은 것은?

① 전파 지연이 적다.
② 장거리 광대역 통신에 적합하다.
③ 대용량 통신이 가능하다.
④ 지형에 관계없이 전송품질이 우수하다.
⑤ 통신 가능 구역이 넓어진다.

19 반도체 소자에 전압을 가하면 전기장에 의하여 전류가 흐르게 되는데, 이때 발생하는 전류는?

① 열 전류
② 확산 전류
③ 드리프트(Drift) 전류
④ 이온 전류
⑤ 포화 전류

20 다음 중 항공기의 지표면 또는 해면 등 항공기로부터 수직 하향 거리를 측정하는 것은?

① 전파고도계
② 레이더
③ 로컬라이저
④ 마커(Marker)
⑤ 자동방향탐지장치

21 다음 중 슈퍼 헤테로다인 수신기에서 중간주파증폭기를 사용하는 목적은?

① 스퓨리어스를 방지하기 위하여
② 선택도를 좋게 하기 위하여
③ 조정을 간단하게 하기 위하여
④ 비선형 왜곡을 줄이기 위하여
⑤ 정현파를 줄이기 위하여

22 다음 중 한 조를 이루는 지상국에서 펄스 대신에 연속파를 발사하고, 수신 장소에서는 그 위상차를 이용하여 거리차를 알아내는 쌍곡선 항법은?

① 데카
② LORAN A
③ TACAN
④ AN 레인지
⑤ LORAN C

23 다음 중 FM 수신기에 스켈치 회로를 사용하는 목적은?

① 안테나로부터 불필요한 복사를 방지한다.
② 국부 발진 주파수 변동을 방지한다.
③ FM 전파 수신시 수신기 내부 잡음을 제거한다.
④ 입력 신호가 없을 때 수신기 내부 잡음을 제거한다.
⑤ 혼신과 누화 현상을 방지한다.

24 다음 중 수신기의 안테나 회로에 웨이브 트랩을 사용하는 목적은?

① 혼신 방지
② 페이딩 방지
③ 델린저 영향 감소
④ 공전에 의한 안테나 코일 보호
⑤ 전자 유도 방지

25 다음 중 공중선의 전류가 57.3[A]이고 복사 저항이 250Ω, 손실 저항이 50Ω일 때의 공중선 능률은?

① 약 83%
② 약 20%
③ 약 120%
④ 약 50%
⑤ 약 70%

26 다음 중 스펙트럼 확산 통신에 대한 설명으로 옳지 않은 것은?

① 전력 스펙트럼 밀도를 낮게 해서 전송하므로 간섭이나 페이딩에 약하다.
② 다수의 사용자에 의한 불규칙한 다원 접속이 가능하다.
③ 무선 채널을 통해 전송되는 정보를 비우호적인 제3자가 수신하는 것을 방지할 수 있다.
④ 정보의 스펙트럼을 광역의 주파수 대역으로 확산하여 전송한다.
⑤ 송출되는 정보를 전송하는 데 필요한 가장 낮은 대역보다 훨씬 넓은 주파수 대역으로 확산한 신호를 사용한다.

27 다음 중 지구국에서 사용하는 반사형 광학 망원경의 원리를 이용한 안테나는?

① 파라볼라 안테나(Parabolic Antenna)
② 턴스타일 안테나(Turnstyle Antenna)
③ 야기 안테나(Yagi Antenna)
④ 카세그레인 안테나(Cassegrain Antenna)
⑤ 헬리컬 안테나(Helical Antenna)

28 어떤 증폭기의 입력 전압이 10mV이고 출력이 1V이다. 이 증폭기의 상대 이득은 몇 dB인가?

① 10dB
② 20dB
③ 30dB
④ 40dB
⑤ 50dB

29 다음 중 TE(Transverse Electronic)파에 대한 설명으로 옳지 않은 것은?

① 전계 E만이 진행 방향에 대해서 완전히 직각이다.
② E파라고 한다.
③ 도파관에 있어서 전송자태(mode)이다.
④ 자계 H는 진행 방향의 성분이 있는 파이다.
⑤ 동축 케이블이나 도파관 내에 생기는 전자파이다.

30 다음 중 반도체의 성질에 대한 설명으로 옳지 않은 것은?

① 도체와 절연체의 중간 성질을 가진다.
② 대부분 4족 원소들에 포함된다.
③ 온도가 증가하면 저항률도 증가한다.
④ 광전 효과를 일으킨다.
⑤ 불순물의 첨가나 기타 조작에 의해 전기전도도가 늘어나기도 한다.

31 다음 중 FET에서 게이트의 역바이어스를 증가시킬 때 채널이 차단되는 전압은?

① 게이트 차단 전압　　　　② 드레인 포화 전압
③ 핀치 오프 전압　　　　　④ 소스 차단 전압
⑤ 컷 오프 전압

32 고정 바이어스 회로에서 게이트 단락 시의 포화 드레인 전류가 15mA이고, 게이트와 소스 간 전압이 4V일 때, 드레인 전류 I_D는?(단, V_P의 값은 2V이다)

① 5mA　　　　　　　　　② 10mA
③ 15mA　　　　　　　　　④ 20mA
⑤ 25mA

33 다음 중 반전 연산 증폭기에서 입력 전압이 0.5V 이고, 입력측 저항은 15Ω, 궤환 저항이 300Ω 일 때의 출력 전압은?

① −1V
② −5V
③ −10V
④ −15V
⑤ −20V

34 다음 중 수정 발진기는 수정(X-tal)의 어떤 현상을 이용한 것인가?

① 자의 현상
② 압전기 효과
③ Hall 효과
④ Seeback 효과
⑤ 열전 효과

35 다음 중 UMS(Unified Messaging System)에 대한 설명으로 옳지 않은 것은?

① IMT-2000에 적합하도록 서비스 내용을 한 단계 진보시킨 시스템이다.
② 문자인식 및 음성인식·변환기술에 의해 서비스의 질이 좌우된다.
③ 이 시스템을 이용해서 언제, 어디서나, 어느 단말기로 원하는 정보를 받을 수 있다.
④ 하나의 ID로 전화, 휴대폰, E-mail, FAX 등 매체에 관계없이 메시지를 주고받을 수 있는 서비스 및 시스템이다.
⑤ 인터넷 활성화, 무선 통신 활성화로 발생하는 메일 메시지를 효율적으로 처리하기 위해 CTI기술을 기반으로 하는 E-mail, Voice mail, FAX-mail을 통합 관리하는 시스템이다.

36 다음 중 PN 접합 다이오드에서 정공과 전자가 그 이상 서로 반대쪽으로 흘러나가는 것을 방해하는 역할을 하는 것은?

① 에너지 준위
② 전위 장벽
③ 페르미 준위
④ 전자 궤도
⑤ 란다우 준위

37 다음 중 사이클링(Cycling)을 일으키는 제어는?

① on-off 제어
② 비례 적분 제어
③ 적분 제어
④ 비례 제어
⑤ 미분 제어

38 다음 중 클램프 회로에 대한 설명으로 옳지 않은 것은?

① 기준 전압은 바이어스 전압과 같다.
② 부 클램퍼의 출력전압은 부(−) 방향의 펄스만 된다.
③ 입력신호의 진폭과 파형에 따라 클램핑 레벨이 바뀐다.
④ 정 클램퍼의 출력 전압은 클램핑 기준 전압보다 높은 부분만을 얻는다.
⑤ 증폭 작용에 의해서 잃은 직류분을 재생하는 것이 특징이다.

39 다음 중 전원 회로에 사용되는 필터 회로 중 높은 출력 전압과 낮은 맥동률이 요구되는 경우에 가장 적절하게 사용될 수 있는 필터 회로는?

① 유도 필터
② 컨덴서 필터
③ 초크 입력형 필터
④ C 입력형 필터
⑤ 커패시터 필터

40 다음 중 트랜지스터의 잡음에 대한 설명으로 옳지 않은 것은?

① 분배 잡음은 대체로 신호의 주파수에 반비례한다.
② 쇼트 잡음 영역에서의 잡음 지수는 주파수에 관계없이 평탄하다.
③ 신호 전력 대 잡음 전력의 비를 S/N비라고 한다.
④ 트랜지스터 자체의 제조상의 문제로 발생된다.
⑤ 열교란 잡음, 산탄 잡음, 플리커 잡음 등의 성분이 혼재하고 있다.

05 건축일반

01 다음 중 극장 무대 주위의 벽에 6~9m 높이로 설치되는 좁은 통로로, 그리드 아이언에 올라가는 계단과 연결되는 것은?

① 그린룸
② 록 레일
③ 플라이갤러리
④ 슬라이딩 스테이지
⑤ 사이클로라마

02 다음 중 100V, 500W의 전열기를 90V에서 사용할 때의 소비전력은?

① 200W
② 310W
③ 405W
④ 420W
⑤ 505W

03 다음 중 약전설비에 해당하는 것은?

① 변전설비
② 간선설비
③ 피뢰침설비
④ 전화설비
⑤ 전등설비

04 다음 중 회전문(Revolving Door)에 대한 설명으로 옳지 않은 것은?

① 회전날개의 길이는 140cm 이상이어야 한다.
② 1분에 10회 회전하는 것이 보통이다.
③ 원통형의 중심축에 돌개철물을 대어 자유롭게 회전시키는 문이다.
④ 사람의 출입을 조절하고 외기의 유입과 실내공기의 유출을 막을 수 있다.
⑤ 원통형을 기준으로 3~4개의 문으로 구성되는 것이 일반적이다.

05 다음 중 변전실에 대한 설명으로 옳지 않은 것은?

① 건축물의 최하층에 설치하는 것이 원칙이다.
② 용량의 증설에 대비한 면적을 확보할 수 있는 장소로 한다.
③ 사용부하의 중심에 가깝고, 간선의 배선이 용이한 곳으로 한다.
④ 변전실의 높이는 바닥 트렌치 및 무근콘크리트 설치여부 등을 고려한 유효높이로 한다.
⑤ 외부로부터 전선의 인입이 쉬운 곳에 배치한다.

06 다음 중 옥내 조명의 설계순서를 바르게 나열한 것은?

> A : 소요조도 계산
> B : 조명방식, 광원의 선정
> C : 조명기구의 선정
> D : 조명기구의 배치 결정

① A - B - C - D
② A - D - C - B
③ B - C - A - D
④ B - C - D - A
⑤ C - A - D - B

07 다음 미장재료 중 기경성 재료로만 구성된 미장재료는?

① 회반죽, 석고 플라스터, 돌로마이트 플라스터
② 시멘트 모르타르, 석고 플라스터, 회반죽
③ 석고 플라스터, 돌로마이트 플라스터, 진흙
④ 진흙, 회반죽, 돌로마이트 플라스터
⑤ 시멘트, 석회크림, 돌로마이트 플라스터

08 광속이 2,000lm인 백열전구로부터 2m 떨어진 책상에서 조도를 측정하였더니 200lx였다. 이 책상을 백열전구로부터 4m 떨어진 곳에 놓고 측정하였을 때의 조도는?

① 50lx
② 100lx
③ 150lx
④ 200lx
⑤ 250lx

09 다음 중 보일러 하부의 물드럼과 상부의 기수드럼을 연결하는 다수의 관을 연소실 주위에 배치한 구조로 상부 기수드럼 내의 증기를 사용하는 보일러는?

① 수관 보일러
② 관류 보일러
③ 주철제 보일러
④ 노통연관 보일러
⑤ 입형 보일러

10 다음 중 한 시간당 급탕량이 5m³일 때의 급탕부하는?(단, 물의 비열은 4.2kJ/kg·K, 급탕온도 70℃, 급수온도 10℃이다)

① 35kW
② 126kW
③ 350kW
④ 620kW
⑤ 1,260kW

11 다음 중 흙의 휴식각에 대한 터파기 경사각도로 옳은 것은?

① 휴식각의 절반으로 한다.
② 휴식각과 같게 한다.
③ 휴식각의 2배로 한다.
④ 휴식각의 3배로 한다.
⑤ 휴식각의 4배로 한다.

12 다음 구조물의 AB부재에 대한 재단모멘트 M_{AB}는?

① 0.5kN·m ② 1kN·m
③ 1.5kN·m ④ 2kN·m
⑤ 2.5kN·m

13 다음 중 철근 이음의 종류 중 원형강관 내에 이형철근을 삽입하고 이 강관을 상온에서 압착가공함으로써 이형철근의 마디와 밀착되게 하는 이음방법은?

① 용접이음 ② 슬리브충전이음
③ 슬리브압착이음 ④ 가스압접이음
⑤ 커플러이음

14 다음 〈조건〉에서 난방부하가 3,500W인 실을 온수난방으로 할 때, 방열기의 온수 순환수량은?

〈조건〉
• 방열기 : 입구 수온 90℃, 출구 수온 85℃
• 물의 비열 : 4.2kJ/kg·K

① 300kg/h ② 600kg/h
③ 900kg/h ④ 1,200kg/h
⑤ 1,500kg/h

15 다음 공기조화방식 중 전공기방식에 해당하지 않는 것은?

① 2중덕트 방식
③ 멀티존유닛 방식
⑤ 단일덕트 방식
② 팬코일유닛 방식
④ 변풍량 단일덕트 방식

16 병원건축의 형식 중 분관식에 대한 설명으로 옳지 않은 것은?

① 동선이 길어진다.
② 채광 및 통풍이 좋다.
③ 대지면적에 제약이 있는 경우에 주로 적용된다.
④ 환자는 주로 경사로를 이용한 보행 또는 들것으로 운반된다.
⑤ 각 동들은 저층 건물 위주로 계획한다.

17 지름 100mm, 높이 200mm인 원주 공시체로 콘크리트의 압축강도를 시험하였더니 200kN에서 파괴되었을 때, 이 콘크리트의 압축강도는?

① 12.89MPa
③ 25.46MPa
⑤ 53.7MPa
② 17.48MPa
④ 50.9MPa

18 AE제, AE감수제 및 고성능 AE감수제를 사용하는 콘크리트의 적정 공기량은 콘크리트 용적 대비 얼마가 적당한가?(단, 굵은골재의 최대치수가 20mm이며, 환경은 간혹 수분과 접촉하여 결빙이 되면서 제빙화학제를 사용하지 않는 경우이다)

① 2%
③ 5%
⑤ 10%
② 3%
④ 8%

19 다음 중 냉풍과 온풍을 공급받아 각 실 또는 각 존의 혼합유닛에서 혼합하여 공급하는 공기조화방식은?

① 단일덕트 방식 ② 이중덕트 방식
③ 유인유닛 방식 ④ 팬코일유닛 방식
⑤ 멀티존유닛 방식

20 다음 중 일사에 대한 설명으로 옳지 않은 것은?

① 일사에 의한 건물의 수열은 방위에 따라 차이가 있다.
② 추녀와 차양은 창면에서의 일사조절 방법으로 사용된다.
③ 블라인드, 루버, 롤스크린은 계절이나 시간, 실내의 사용상황에 따라 일사를 조절할 수 있다.
④ 일사에 의한 건물의 수열이나 흡열은 하계의 실내 환경을 악화시킨다.
⑤ 일사조절의 목적은 일사에 의한 건물의 수열이나 흡열을 작게 하여 동계의 실내 기후의 악화를 방지하는 데 있다.

21 다음 중 빈칸 ㉠ ~ ㉡에 들어갈 값을 바르게 나열한 것은?

> 매스 콘크리트로 다루어야 하는 구조물의 부재치수는 일반적인 표준으로서 넓이가 넓은 평판구조의 경우 두께 ㉠ m 이상, 하단이 구속된 벽조의 경우 두께 ㉡ m 이상으로 한다.

	㉠	㉡		㉠	㉡
①	0.6	0.3	②	0.7	0.4
③	0.8	0.5	④	0.9	0.6
⑤	1.0	0.7			

22 다음 중 타일의 흡수율 크기의 대소관계로 옳은 것은?

① 석기질 > 도기질 > 자기질 ② 도기질 > 석기질 > 자기질
③ 사기질 > 석기질 > 도기질 ④ 석기질 > 자기질 > 도기질
⑤ 도기질 > 자기질 > 석기질

23 다음 중 유리 내부 중심에 철, 황동, 알루미늄 등의 금속망을 삽입하고 압착성형한 판유리로 파손방지, 내열효과가 있으며 도난방지, 방화 목적으로 사용하는 유리는?

① 강화유리　　　　　　　　② 무늬유리
③ 망입유리　　　　　　　　④ 복층유리
⑤ 형판유리

24 공기조화방식 중 이중덕트 방식에 대한 설명으로 옳지 않은 것은?

① 전공기식 방식이다.
② 덕트가 2개의 계통이므로 설비비가 많이 든다.
③ 부하특성이 다른 다수의 실이나 존에도 적용할 수 있다.
④ 냉풍과 온풍을 혼합하는 혼합상자가 필요 없으므로 소음과 진동도 적다.
⑤ 혼합손실로 인한 에너지소비량이 크다.

25 다음 중 모래의 전단력을 측정하는 데 가장 유효한 지반조사 방법은?

① 보링　　　　　　　　　　② 베인시험
③ 표준관입시험　　　　　　④ 재하시험
⑤ 콘관입시험

26 다음 중 아파트와 같이 평면상 상·하부가 동일한 단면 구조물에서 외부 벽체 거푸집과 발판용 케이지를 일체로 제작하는 대형 거푸집은?

① 갱폼(Gang Form)　　　　② 슬라이딩 폼(Sliding Form)
③ 동바리(Floor Post)　　　　④ 스틸폼(Steel Form)
⑤ 슬립 폼(Slip Form)

27 다음 중 굳지 않은 콘크리트의 성질로 옳지 않은 것은?

① 워커빌리티 : 반죽질기 여하에 따르는 작업의 난이도 및 재료의 분리에 저항하는 정도를 나타내는 성질이다.
② 컨시스턴시 : 주로 수량의 다소에 따르는 반죽의 되고 진 정도를 나타내는 성질이다.
③ 피니셔빌리티 : 굵은골재의 최대치수, 잔골재율, 잔골재의 입도, 반죽질기에 따르는 마무리하기 쉬운 정도를 나타내는 성질이다.
④ 플라스티시티 : 굳지 않은 시멘트 페이스트, 모르타르 또는 콘크리트의 유동성의 정도를 나타내는 성질이다.
⑤ 펌퍼빌리티 : 펌프 압송 시 콘크리트의 종류 및 품질, 압송 조건 등에 의한 압송 작업의 용이성을 나타내는 성질이다.

28 다음 중 콘크리트용 부순굵은골재의 입형 판정 실적률의 최소치는?

① 37%　　　　　　　　② 55%
③ 63%　　　　　　　　④ 75%
⑤ 82%

29 다음 중 지역난방 방식에 대한 설명으로 옳지 않은 것은?

① 열원설비의 집중화로 관리가 용이하다.
② 설비의 고도화로 대기오염 등 공해를 방지할 수 있다.
③ 각 건물의 이용시간차를 이용하면 보일러의 용량을 줄일 수 있다.
④ 고온수난방을 채용할 경우 감압장치가 필요하며 응축수 트랩이나 환수관이 복잡해진다.
⑤ 배관의 길이가 길어서 열손실이 많다.

30 다음 중 고속덕트에 대한 설명으로 옳지 않은 것은?

① 원형덕트의 사용이 불가능하다.
② 동일한 풍량을 송풍할 경우 저속덕트에 비해 덕트의 단면치수가 작아도 된다.
③ 동일한 풍량을 송풍할 경우 저속덕트에 비해 송풍기 동력이 많이 든다.
④ 공장이나 창고 등과 같이 소음이 별로 문제가 되지 않는 곳에 사용된다.
⑤ 덕트 설치공간을 작게 할 수 있다.

31 다음 중 철골구조의 소성설계에 해당하지 않는 것은?

① 형상계수
② 소성힌지
③ 붕괴기구
④ 잔류응력
⑤ 항복모멘트

32 다음 중 강구조에 대한 설명으로 옳지 않은 것은?

① 콘크리트구조물에 비해 처짐 및 진동 등의 사용성이 우수하다.
② 철근콘크리트구조에 비해 경량이다.
③ 수평력에 대해 강하다.
④ 대규모 건축물이 가능하다.
⑤ 면에 비하여 부재 길이가 비교적 길고 두께가 얇아 좌굴하기 쉽다.

33 다음 중 용접 접합설계에 대한 설명으로 옳지 않은 것은?

① 완전용입된 맞댐용접의 유효목두께는 접합판 중 두꺼운 쪽의 판두께로 한다.
② 맞댐용접의 유효면적은 용접의 유효길이에 유효목두께를 곱한 것으로 한다.
③ 모살용접의 유효목두께는 모살사이즈의 0.7배로 한다.
④ 모살용접의 유효길이는 모살용접의 총길이에서 모살사이즈 S의 2배를 공제한 값으로 한다.
⑤ 맞댐용접의 유효길이는 접한되는 부분의 폭으로 한다.

34 다음 그림에서 필릿용접부의 유효용접면적은?

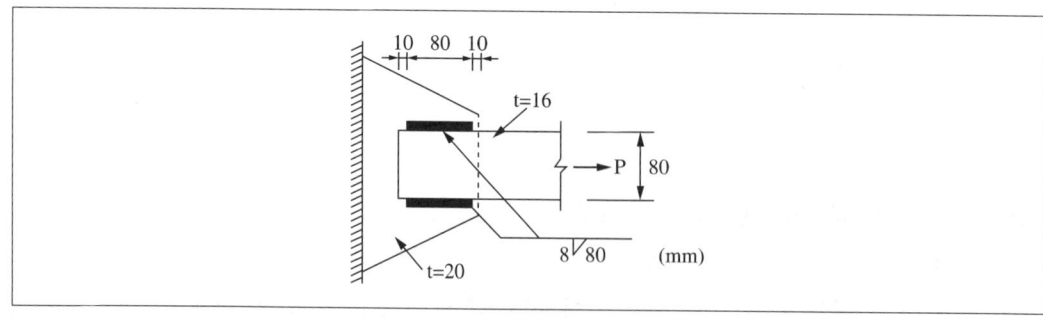

① 518.8mm²
② 592.6mm²
③ 614.4mm²
④ 691.2mm²
⑤ 716.8mm²

35. 다음 그림과 같은 그루브용접부에서 A와 D 부위의 명칭을 바르게 나열한 것은?

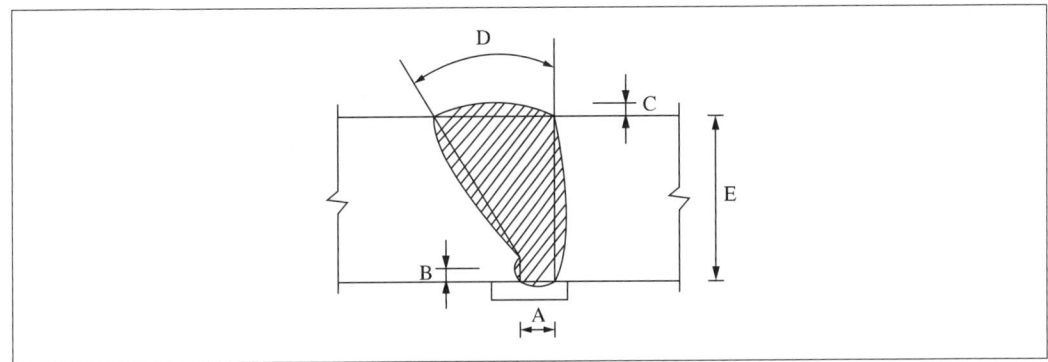

	A	D
①	루트간격	개선각
②	루트간격	덧용접
③	루트간격	보강살높이
④	루트면	개선각
⑤	루트면	유효목두께

36. 다음 중 건구온도 30℃, 상대습도 60%인 공기를 냉수코일에 통과시켰을 때 공기의 상태변화로 옳은 것은? (단, 코일 입구수온 5℃, 코일 출구수온 10℃이다)

① 건구온도는 높아지고 상대습도는 높아진다.
② 건구온도는 높아지고 절대습도는 낮아진다.
③ 건구온도는 낮아지고 절대습도는 높아진다.
④ 건구온도는 낮아지고 상대습도는 높아진다.
⑤ 건구온도는 변동이 없고 상대습도는 낮아진다.

37. 다음 중 개방형헤드를 사용하는 연결살수설비에 있어서 하나의 송수구역에 설치하는 살수헤드는 몇 개 이하여야 하는가?

① 10개　　② 20개
③ 30개　　④ 40개
⑤ 50개

38 다음 중 0℃의 물 400kg을 50℃로 올리는 데 30분이 소요되었을 때의 가열열량은?(단, 물의 비열은 4.2kJ/kg·K이다)

① 42,000kJ/h
② 84,000kJ/h
③ 126,000kJ/h
④ 168,000kJ/h
⑤ 197,000kJ/h

39 다음 〈조건〉에 있는 실의 틈새바람에 의한 현열부하량은?

〈조건〉
- 실의 체적 : 400m³
- 환기횟수 : 0.5회/h
- 실내공기 건구온도 : 20℃
- 외기 건구온도 : 0℃
- 공기의 밀도 : 1.2kg/m³
- 공기의 비열 : 1.01kJ/kg·K

① 986W
② 1,124W
③ 1,347W
④ 1,542W
⑤ 1,764W

40 다음 중 공기조화계획에서 내부존의 조닝 방법에 해당하지 않는 것은?

① 방위별 조닝
② 부하 특성별 조닝
③ 온·습도 설정별 조닝
④ 용도에 따른 시간별 조닝
⑤ 부하 변동별 조닝

06 | 토목일반

01 다음 중 단면의 성질에 대한 설명으로 옳지 않은 것은?

① 단면 2차 모멘트의 값은 항상 0보다 크다.
② 도심축에 관한 단면 1차 모멘트의 값은 항상 0이다.
③ 단면 2차 극모멘트의 값은 항상 극을 원점으로 하는 두 직교 좌표축에 대한 단면 2차 모멘트의 합과 같다.
④ 단면 상승모멘트의 값은 항상 0보다 크거나 같다.
⑤ 단면계수는 도심을 지나는 축에 대한 단면 2차 모멘트를 단면의 상, 하 끝단까지의 거리로 나눈 것이다.

02 직경이 15cm인 원관 속에 비중이 0.87인 기름이 $0.03m^3$/sec으로 흐르고 있다. 다음 중 이 기름의 동점성계수가 $1.35 \times 10^{-4} m^2$/sec일 때, 이 흐름의 상태는?

① 난류(亂流)
② 상류(常流)
③ 부정류
④ 사류(射流)
⑤ 층류(層流)

03 다음 중 표고 또는 수심을 숫자로 기입하는 방법으로, 하천이나 항만 등의 수심을 표시하는데 주로 사용되는 방법은?

① 채색법
② 등고선법
③ 음영법
④ 영선법
⑤ 점고법

04 다음 중 하수도의 관로계획에 대한 설명으로 옳은 것은?

① 오수관로는 계획 1일 평균오수량을 기준으로 계획한다.
② 관로의 역사이펀을 많이 설치하여 유지관리 측면에서 유리하도록 계획한다.
③ 합류식에서 하수의 차집관로는 우천 시 계획오수량을 기준으로 계획한다.
④ 우수관로는 계획시간 최대오수량을 기준으로 계획한다.
⑤ 오수관로와 우수관로가 교차하여 역사이펀을 피할 수 없는 경우는 우수관로를 역사이펀으로 하는 것이 바람직하다.

05 다음 중 고도정수처리 단위 공정 중 하나인 오존처리에 대한 설명으로 옳지 않은 것은?

① 오존은 철·망간의 산화능력이 크다.
② 오존의 산화력은 염소보다 훨씬 강하다.
③ 유기물의 생분해성을 증가시킨다.
④ 오존의 잔류성이 우수하므로 염소의 대체 소독제로 쓰인다.
⑤ 살균효과의 지속성이 없다.

06 다음 중 하수처리시설의 펌프장시설에서 중력식 침사지에 대한 설명으로 옳지 않은 것은?

① 체류시간은 30~60초를 표준으로 하여야 한다.
② 표면부하율은 오수침사지와 우수침사지 모두 $1,800\,m^3/m^2 \cdot d$ 정도로 한다.
③ 침사지의 평균유속은 0.3m/s를 표준으로 한다.
④ 침사지 형상은 정방형 또는 장방형 등으로 하고, 지수는 2지 이상을 원칙으로 한다.
⑤ 견고하고 수밀성 있는 철근콘크리트구조로 한다.

07 다음 중 트래버스 측량에 대한 설명으로 옳지 않은 것은?

① 트래버스 종류 중 결합트래버스는 가장 높은 정확도를 얻을 수 있다.
② 각관측 방법 중 방위각법은 한 번 오차가 발생하면 그 영향이 끝까지 미친다.
③ 폐합오차 조정방법 중 컴퍼스법칙은 각관측의 정밀도가 거리관측의 정밀도보다 높을 때 실시한다.
④ 폐합트래버스에서 편각의 총합은 반드시 360°가 되어야 한다.
⑤ 트랜싯법칙은 위거 및 경거의 오차를 각 측선의 위거 및 경거의 길이에 비례하여 배분하면 된다는 법칙이다.

08 유량이 $100,000m^3/d$이고 BOD가 2mg/L인 하천으로 유량 $1,000m^3/d$, BOD 100mg/L인 하수가 유입된다. 하수가 유입된 후 혼합된 BOD의 농도는?

① 약 1.97mg/L   ② 약 2.97mg/L
③ 약 3.97mg/L   ④ 약 4.97mg/L
⑤ 약 5.97mg/L

09 다음 중 흙의 다짐에 대한 설명으로 옳지 않은 것은?

① 조립토는 세립토보다 최적함수비가 작다.
② 최대 건조단위중량이 큰 흙일수록 최적함수비는 작은 것이 보통이다.
③ 점성토 지반을 다질 때는 진동 롤러로 다지는 것이 유리하다.
④ 일반적으로 다짐 에너지를 크게 할수록 최대 건조단위중량은 커지고 최적함수비는 줄어든다.
⑤ 다짐의 효과는 다짐을 할 때의 수분함량에 크게 좌우된다.

10 다음 중 점토지반에서의 강성기초의 접지압 분포에 대한 설명으로 옳은 것은?

① 기초 모서리 부분에서 최대응력이 발생한다.
② 기초 중앙 부분에서 최대응력이 발생한다.
③ 기초 밑면의 응력은 어느 부분이나 동일하다.
④ 기초 밑면에서의 응력은 토질에 관계없이 일정하다.
⑤ 모든 부분에서 동일한 응력이 작용한다.

11 다음 중 Vane Test에서 Vane의 지름 5cm, 높이 10cm, 파괴 시 토크가 5,900N·cm일 때의 점착력은?

① 약 $12.88N/cm^2$
② 약 $15.76N/cm^2$
③ 약 $21.36N/cm^2$
④ 약 $27.65N/cm^2$
⑤ 약 $29.21N/cm^2$

12 다음 중 토질조사에 대한 설명으로 옳지 않은 것은?

① 사운딩(Sounding)이란 지중에 저항체를 삽입하여 토층의 성상을 파악하는 현장 시험이다.
② 불교란시료를 얻기 위해서 Foil Sampler, Thin Wall Tube Sampler 등이 사용된다.
③ 표준관입시험은 로드(Rod)의 길이가 길어질수록 N치가 작게 나온다.
④ 베인 시험은 정적인 사운딩이다.
⑤ 지층의 상태, 흙의 성질, 내력, 지하수의 상황을 살펴서 설계·시공의 자료로 하는 조사이다.

13 다음 〈보기〉에서 흙의 투수계수에 영향을 미치는 요소들로 구성된 것을 모두 고르면?

〈보기〉
㉠ 흙입자의 크기　　　　　㉡ 간극비
㉢ 간극의 모양과 배열　　　㉣ 활성도
㉤ 물의 점성계수　　　　　㉥ 포화도
㉦ 흙의 비중

① ㉠, ㉡, ㉣, ㉥
② ㉡, ㉢, ㉤, ㉦
③ ㉠, ㉡, ㉢, ㉤, ㉥
④ ㉠, ㉡, ㉣, ㉤, ㉦
⑤ ㉡, ㉢, ㉣, ㉥, ㉦

14 다음 중 길이 l인 단순보에 등분포하중 w가 작용하고 있을 때의 최대처짐과 최대처짐각을 바르게 나열한 것은?

① $\dfrac{5wl^4}{384EI}$, $\dfrac{wl^3}{24EI}$

② $\dfrac{wl^4}{384EI}$, $\dfrac{wl^3}{24EI}$

③ $\dfrac{5wl^4}{24EI}$, $\dfrac{wl^4}{384EI}$

④ $\dfrac{5wl^4}{384EI}$, $\dfrac{5wl^3}{24EI}$

⑤ $\dfrac{wl^3}{384EI}$, $\dfrac{wl^4}{24EI}$

15 수심 h, 단면적 A, 유량 Q로 흐르고 있는 개수로에서 에너지 보정계수를 α라고 할 때, 비에너지 H_e를 구하는 식은?(단, h = 수심, g = 중력가속도)

① $H_e = h + \alpha\left(\dfrac{Q}{A}\right)$

② $H_e = h + \alpha\left(\dfrac{Q}{A}\right)^2$

③ $H_e = h + \alpha\left(\dfrac{Q^2}{2g}\right)$

④ $H_e = h + \dfrac{\alpha}{2g}\left(\dfrac{Q}{A}\right)^2$

⑤ $H_e = h + \dfrac{\alpha}{2g}\left(\dfrac{Q}{A}\right)$

16 다음 중 철근콘크리트 부재의 전단철근에 대한 설명으로 옳지 않은 것은?

① 주인장철근에 45° 이상의 각도로 설치되는 스터럽도 전단철근으로 사용할 수 있다.
② 주인장철근에 30° 이상의 각도로 구부린 굽힘철근도 전단철근으로 사용할 수 있다.
③ 부재축에 직각으로 배치된 전단철근의 간격은 $\frac{d}{2}$ 이하, 600mm 이하로 해야 한다.
④ 전단철근의 설계기준 항복강도는 300MPa을 초과할 수 없다.
⑤ 최소 전단철근량은 $0.35\frac{b_w s}{f_{yt}}$ 보다 작지 않아야 한다.

17 다음 중 강도설계법에서 사용하는 강도감소계수 ϕ의 값으로 옳지 않은 것은?

① 무근콘크리트의 휨모멘트 : $\phi=0.55$
② 전단력과 비틀림모멘트 : $\phi=0.75$
③ 콘크리트의 지압력 : $\phi=0.70$
④ 인장지배단면 : $\phi=0.85$
⑤ 무근 콘크리트의 전단력 : $\phi=0.55$

18 다음 중 처짐과 균열에 대한 설명으로 옳지 않은 것은?

① 처짐에 영향을 미치는 인자로는 하중, 온도, 습도, 재령, 함수량, 압축철근의 단면적 등이다.
② 크리프, 건조수축 등으로 인하여 시간의 경과와 더불어 진행되는 처짐이 탄성처짐이다.
③ 처짐은 부재가 하중을 받아서 연직방향으로 이동한 거리를 말한다.
④ 콘크리트 표면의 균열폭은 피복두께의 영향을 받는다.
⑤ 균열폭을 최소화하기 위해서는 적은 수의 굵은 철근보다는 많은 수의 가는 철근을 인장측에 잘 분포시켜야 한다.

19 다음 보에서 최대 휨모멘트가 발생되는 위치는 지점 A로부터 얼마인가?

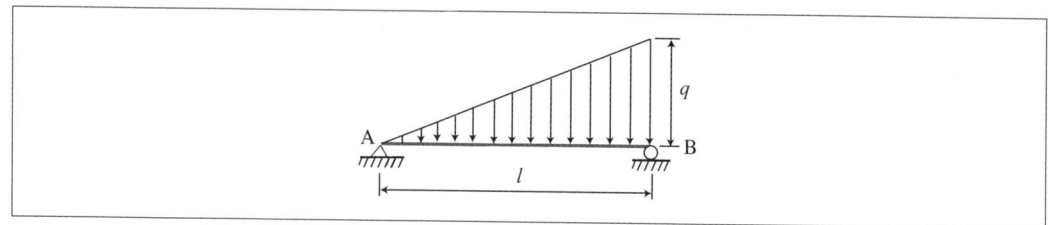

① $\sqrt{\dfrac{4}{5}}\,l$ ② $\dfrac{2}{3}l$

③ $\dfrac{l}{\sqrt{3}}$ ④ $\dfrac{l}{\sqrt{2}}$

⑤ $\dfrac{l}{2}$

20 어느 두 수조가 관길이 $L=50\text{m}$, 지름 $D=0.8\text{m}$, Manning의 조도계수 $n=0.013$인 원형관으로 연결되어 있다. 이 관을 통하여 유량 $Q=1.2\text{m}^3/\text{s}$의 난류가 흐를 때, 두 수조의 수위차는?(단, 마찰, 단면 급확대 및 급축소 손실만을 고려한다)

① 약 0.98m ② 약 0.85m
③ 약 0.54m ④ 약 0.36m
⑤ 약 0.24m

21 다음 중 폭이 b, 높이 h인 직사각형 단면의 도심축에 대한 단면 2차 모멘트는?

① $\dfrac{bh^3}{3}$ ② $\dfrac{bh^3}{4}$

③ $\dfrac{bh^3}{6}$ ④ $\dfrac{bh^3}{12}$

⑤ $\dfrac{bh^3}{15}$

22 다음 중 보의 응력에 대한 설명으로 옳지 않은 것은?

① 전단중심에서는 비틀림이 발생하지 않으며, 전단응력이 최대가 된다.
② 휨모멘트에 의해 부재의 단면에 인장과 압축을 동시에 생기게 하는 응력을 휨응력이라 한다.
③ 전단응력은 보의 복부에서 가장 크며, 구형단면의 경우 최대전단응력이 평균전단응력보다 2배 더 크다.
④ 등분포 하중을 받는 단순보의 지간 중앙에서는 보의 중립축에서 전단응력이 존재하지 않는다.
⑤ 보 단면의 위치에 따라 발생하는 최대응력도가 큰 부분에 많은 단면적이 배치될수록 해당 응력에 대해 유리한 단면이 된다.

23 다음 중 컨테이너 부두 안벽에 입사하는 파랑의 입사파고가 0.8m이고, 안벽에서 반사된 파랑의 반사파고가 0.3m일 때의 반사율은?

① 0.325
② 0.375
③ 0.425
④ 0.475
⑤ 0.525

24 다음 그림은 응력 – 변형도 곡선을 나타낸 것이다. 이 강재의 탄성 계수 E값은?

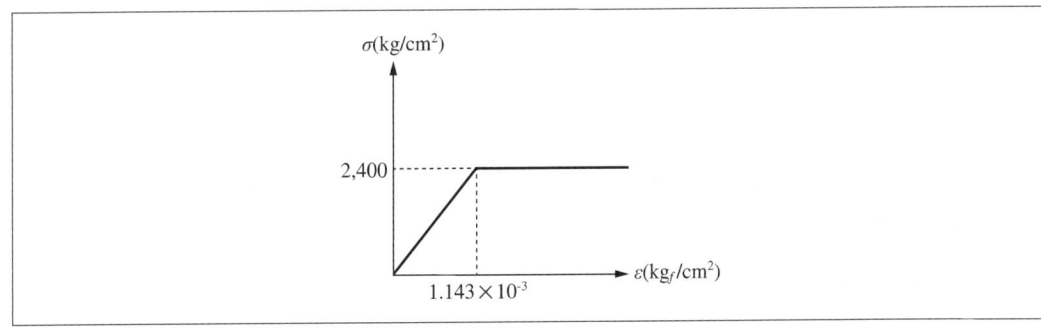

① $8.1 \times 10^5 \, \text{kg}_f/\text{cm}^2$
② $1.8 \times 10^5 \, \text{kg}_f/\text{cm}^2$
③ $8.1 \times 10^6 \, \text{kg}_f/\text{cm}^2$
④ $2.1 \times 10^6 \, \text{kg}_f/\text{cm}^2$
⑤ $1.5 \times 10^6 \, \text{kg}_f/\text{cm}^2$

25 다음 그림에서 연행 하중이 지날 때, L부재의 최대 부재력은?

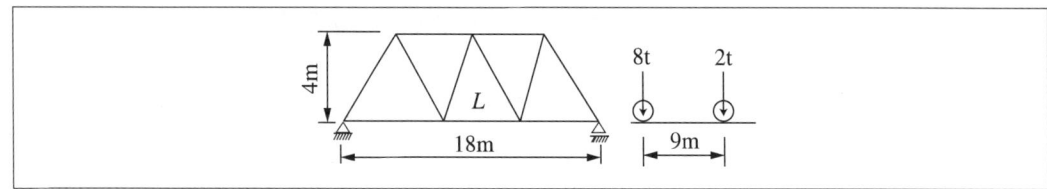

① 6.75t
② 5.76t
③ 4.42t
④ 3.62t
⑤ 2.74t

26 다음 그림의 트러스에서 B부재의 응력은?

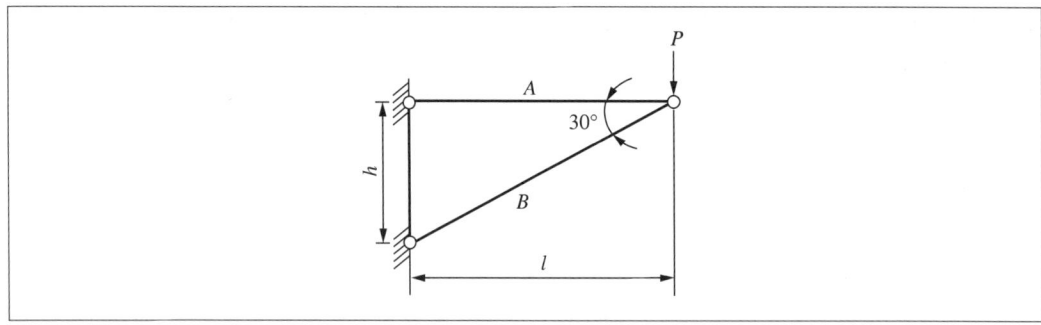

① $\dfrac{P}{\sin 60°}$ (압축)
② $\dfrac{P}{\cos 30°}$ (압축)
③ $\dfrac{Pl}{h}$ (압축)
④ $\dfrac{Ph}{h}$ (압축)
⑤ $\dfrac{P}{\cos 60°}$ (압축)

27 다음 중 수준측량에서 레벨의 조정이 불완전하여 시준선이 기포관축과 평행하지 않을 때 생기는 오차의 소거 방법으로 옳은 것은?

① 정위, 반위로 측정하여 평균한다.
② 지반이 견고한 곳에 표척을 세운다.
③ 전시와 후시의 시준거리를 같게 한다.
④ 시작점과 종점에서의 표척을 같은 것을 사용한다.
⑤ 지반이 견고한 곳에 레벨을 세운다.

28 트래버스 ABCD에서 각 측선에 대한 위거와 경거 값이 다음과 같을 때, 측선 BC의 배횡거는?

측선	위거(m)	경거(m)
AB	+75.39	+81.57
BC	−33.57	+18.78
CD	−61.43	−45.60
DA	+44.61	−52.65

① 81.57m
② 155.10m
③ 163.14m
④ 181.92m
⑤ 192.64m

29 다음 중 댐의 여수로에서 도수를 발생시키는 목적으로 옳은 것은?

① 유수의 에너지 감세
② 취수를 위한 수위상승
③ 취수를 위한 수위하락
④ 댐 하류부에서의 유속의 증가
⑤ 댐 하류부에서의 유량의 증가

30 다음 중 삼각수준측량에서 정밀도 10^{-5}의 수준차를 허용할 경우 지구곡률을 고려하지 않아도 되는 최대시준거리는?(단, 지구곡률반지름 R=6,370km이고, 빛의 굴절계수는 무시)

① 35m
② 64m
③ 70m
④ 127m
⑤ 134m

31 다음 중 토적곡선(Mass Curve)을 작성하는 목적으로 옳지 않은 것은?

① 토량의 배분
② 교통량 산정
③ 토공기계의 선정
④ 토량의 운반거리 산출
⑤ 토량과 건축물의 중량 산정

32 다음 중 $100m^2$의 정사각형 토지면적을 $0.2m^2$까지 정확하게 계산하기 위한 한 변의 최대허용오차는?

① 2mm
② 4mm
③ 5mm
④ 8mm
⑤ 10mm

33 다음 중 지하수의 투수계수에 영향을 주는 인자로 옳지 않은 것은?

① 토양의 평균입경
② 지하수의 단위중량
③ 지하수의 점성계수
④ 토양의 단위중량
⑤ 지하수의 온도

34 유역면적이 $4km^2$이고, 유출계수가 0.8인 산지하천에서의 강우강도가 80mm/h일 때, 합리식을 사용한 유역출구에서의 첨두홍수량은?(단, 소수점 둘째 자리에서 반올림한다)

① $35.5m^3/s$
② $71.1m^3/s$
③ $128m^3/s$
④ $256m^3/s$
⑤ $382m^3/s$

35 다음 중 관수로 흐름에서의 난류에 대한 설명으로 옳은 것은?

① 마찰손실계수는 레이놀즈 수만 알면 구할 수 있다.
② 관벽 조도가 유속에 주는 영향은 층류일 때보다 작다.
③ 관성력의 점성력에 대한 비율이 층류의 경우보다 크다.
④ 에너지 손실은 주로 난류효과보다 유체의 점성 때문에 발생된다.
⑤ 유속이 빠를수록 레이놀즈 수가 작다.

36 우량관측소에서 측정된 5분 단위 강우량이 다음과 같을 때, 10분 지속 최대 강우강도는?

시각(분)	0	5	10	15	20
누가우량(mm)	0	2	8	18	25

① 17mm/hr
② 48mm/hr
③ 102mm/hr
④ 120mm/hr
⑤ 130mm/hr

37 항만을 설계하기 위해 관측한 불규칙 파랑의 주기 및 파고가 다음과 같을 때, 유의파고 $H_{\frac{1}{3}}$ 은?

연번	파고(m)	주기(s)
1	9.5	9.8
2	8.9	9.0
3	7.4	8.0
4	7.3	7.4
5	6.5	7.5
6	5.8	6.5
7	4.2	6.2
8	3.3	4.3
9	3.2	5.6

① 9.0m
② 8.6m
③ 8.2m
④ 7.4m
⑤ 6.2m

38 수질오염 지표항목 중 하나인 COD에 대한 설명으로 옳지 않은 것은?

① COD는 해양오염이나 공장폐수의 오염지표로 사용된다.
② 생물분해 가능한 유기물도 COD로 측정할 수 있다.
③ $NaNO_2$, SO_2^- 는 COD값에 영향을 미친다.
④ 유기물 농도값은 일반적으로 COD > TOD > TOC > BOD이다.
⑤ 유기물질을 간접적으로 나타내는 지표로 ppm 또는 mg/l으로 나타낸다.

39 상수시설 중 가장 일반적인 장방형 침사지의 표준 표면부하율은?

① 50 ~ 150mm/min
② 200 ~ 500mm/min
③ 700 ~ 1,000mm/min
④ 1,000 ~ 1,250mm/min
⑤ 1,250 ~ 1,500mm/min

40 다음 중 표준관입시험에 대한 설명으로 옳지 않은 것은?

① 표준관입시험의 N값으로 모래지반의 상대밀도를 추정할 수 있다.
② N값으로 점토지반의 연경도에 관한 추정이 가능하다.
③ 지층의 변화를 판단할 수 있는 시료를 얻을 수 있다.
④ 모래지반에 대해서도 흐트러지지 않은 시료를 얻을 수 있다.
⑤ KSF 2307 규정에 의거한 시험방법에 따라 실시한다.

2권

제2회
서울교통공사
기술직

NCS 직업기초능력평가
+ 직무수행능력평가

〈문항 및 시험시간〉

평가영역	문항 수	시험시간	비고	모바일 OMR 답안분석		
직업기초능력평가+ 직무수행능력평가 (기계일반/전기일반/ 전자일반/통신일반/ 건축일반/토목일반)	80문항	90분	5지선다	기계일반	전기일반	전자일반
				통신일반	건축일반	토목일반

서울교통공사 기술직 신입사원 필기시험

제2회 모의고사

문항 수 : 80문항
시험시간 : 90분

제1영역 직업기초능력평가

01 다음 글의 제목으로 가장 적절한 것은?

> 경제학자들은 제도의 발달이 경제 성장의 중요한 원인이라고 생각해 왔다. 예를 들어, 재산권 제도가 발달하면 투자나 혁신에 대한 보상이 잘 이루어져 경제 성장에 도움이 된다는 것이다. 그러나 이를 입증하기는 쉽지 않았다. 제도의 발달 수준과 소득 수준 사이에 상관관계가 있다 하더라도 제도는 경제 성장에 영향을 줄 수 있지만 경제 성장으로부터 영향을 받을 수도 있으므로 그 인과관계를 판단하기 어렵기 때문이다.

① 경제 성장과 소득 수준
② 경제 성장과 제도 발달
③ 소득 수준과 제도 발달
④ 소득 수준과 투자 수준
⑤ 제도 발달과 투자 수준

02 다음 시트에서 [B1] 셀에 수식 「=INT(A1)」를 입력했을 때 나오는 값으로 옳은 것은?

▲	A	B
1	100.58	

① 100
② 100.5
③ 100.58
④ 100.6
⑤ 101

03 다음 중 승진을 하면 할수록 무능력하게 되는 현상을 일컫는 용어는?

① 피터의 법칙
② 샐리의 법칙
③ 무어의 법칙
④ 머피의 법칙
⑤ 파킨스의 법칙

04 다음은 어느 회사의 승진 규정 및 승진후보자 정보이다. 이를 토대로 2025년 4월에 직급이 대리인 사람은?

〈승진 규정〉
- 2024년까지 근속연수가 3년 이상인 자를 대상으로 한다.
- 출산 휴가 및 병가 기간은 근속 연수에서 제외한다.
- 인사평가 점수가 80점 이상인 자를 대상으로 한다.
- 인사평가 점수는 2024년 업무평가 점수에서 벌점을 차감한 점수이다.
- 벌점은 결근 1회당 -10점, 지각 1회당 -5점이다.
- 승진을 비롯한 정기인사는 매년 1월 시행한다.

〈승진후보자 정보〉

구분	근무기간	2024년 업무평가(점)	근태현황(회)		기타
			지각	결근	
A사원	1년 4개월	79	1	-	-
B주임	3년 1개월	86	-	1	출산휴가 35일
C대리	7년 1개월	89	1	1	병가 10일
D과장	10년 3개월	82	-	-	-
E차장	12년 7개월	81	2	-	-

① A사원
② B주임
③ C대리
④ D과장
⑤ E차장

05 다음 중 어느 빈칸에도 적절하지 않은 단어는?

- 그때의 감정은 4년이 지난 지금, 다시 떠올려도 ____할 길이 없다.
- 그렇게 올곧은 사람이 왜 그 사건은 ____하고 넘어갔는지 모르겠다.
- 태풍으로 인해 비행기가 어쩔 수 없이 연착되는 것을 ____해줄 것을 부탁했다.
- 팀장님은 프로젝트 시 어떠한 실수도 ____하지 않는다.
- 팀원들의 ____을/를 구하지 않고 막무가내로 결정하는 그의 행동은 정말 불쾌하다.
- 1년 반 만의 취업으로 ____할 수 없는 기쁨을 느꼈다.

① 형언
② 묵인
③ 양해
④ 공인
⑤ 용납

06 다음 문단을 논리적 순서대로 바르게 나열한 것은?

(가) 여기에 반해 동양에서는 보름달에 좋은 이미지를 부여한다. 예를 들어, 우리나라의 처녀귀신이나 도깨비는 달빛이 흐린 그믐 무렵에나 활동하는 것이다. 그런데 최근에는 동서양의 개념이 마구 뒤섞여 보름달을 배경으로 악마의 상징인 늑대가 우는 광경이 동양의 영화에 나오기도 한다.

(나) 동양에서 달은 '음(陰)'의 기운을, 해는 '양(陽)'의 기운을 상징한다는 통념이 자리를 잡았다. 그래서 달을 '태음', 해를 '태양'이라고 불렀다. 동양에서는 해와 달의 크기가 같은 덕에 음과 양도 동등한 자격을 갖춘다. 즉, 음과 양은 어느 하나가 좋고 다른 하나는 나쁜 것이 아니라 서로 보완하는 관계를 이루는 것이다.

(다) 옛날부터 형성된 이러한 동서양 간의 차이는 오늘날까지 영향을 끼치고 있다. 동양에서는 달이 밝으면 달맞이를 하는데, 서양에서는 달맞이를 자살 행위처럼 여기고 있다. 특히 보름달은 서양인들에게 거의 공포의 상징과 같은 존재이다. 예를 들어, 13일의 금요일에 보름달이 뜨게 되면 사람들이 외출조차 꺼린다.

(라) 하지만 서양의 경우는 다르다. 서양에서 낮은 신이, 밤은 악마가 지배한다는 통념이 자리를 잡았다. 따라서 밤의 상징인 달에 좋지 않은 이미지를 부여하게 되었다. 이는 해와 달의 명칭을 보면 알 수 있다. 라틴어로 해를 'Sol', 달을 'Luna'라고 하는데 정신병을 뜻하는 단어 'Lunacy'의 어원이 바로 'Luna'이다.

① (나) – (가) – (라) – (다)
② (나) – (라) – (가) – (다)
③ (나) – (라) – (다) – (가)
④ (다) – (나) – (가) – (라)
⑤ (다) – (나) – (라) – (가)

07 다음 중 우리나라의 직장생활에서 식사와 회식예절로 가장 적절한 것은?

① 식사 중에는 음식 먹는 소리를 내는 것이 좋다.
② 회식 중에는 회식 분위기를 위해 주량이 넘도록 마신다.
③ 식사 중에 국은 그릇째 들고 마신다.
④ 식사 속도는 윗사람에게 맞추는 것이 좋다.
⑤ 윗사람보다 먼저 식사를 시작하는 것이 좋다.

08 다음 중 직장 내 승강기 이용에 대한 예절로 적절하지 않은 것은?

① 승강기를 탈 때는 내리는 사람이 전부 나온 후 타야 한다.
② 승강기 내에서는 잡담을 금하는 것이 좋다.
③ 승강기 문이 이미 닫히기 시작한 경우에는 빠르게 버튼을 눌러 탑승한다.
④ 승강기에 내리는 사람이 많은 경우 쉽게 내릴 수 있도록 비켜선다.
⑤ 승강기에 사람들이 타는 동안 안전을 위하여 'Open' 버튼을 누른다.

09 다음 중 직장 내에서 정직성에 어긋난 사례로 가장 적절한 것은?

① 출퇴근 시간은 반드시 지키도록 한다.
② 점심시간이 부족하더라도 철저히 시간을 엄수한다.
③ 제품에 대한 단점은 언급하지 않도록 한다.
④ 자신의 실수는 반드시 인정한다.
⑤ 지각에 대해서는 변명을 하지 않는다.

10 다음은 조직목표의 특징을 나타낸 것이다. 5가지의 특징 중 옳지 않은 내용은 몇 가지인가?

〈조직목표의 특징〉
- 공식적 목표와 실제적 목표가 다를 수 있다.
- 다수의 조직목표를 추구할 수 있다.
- 조직목표 간에는 수평적 상호관계가 있다.
- 불변적 속성을 가진다.
- 조직의 구성 요소와 상호관계를 가진다.

① 1가지 ② 2가지
③ 3가지 ④ 4가지
⑤ 5가지

11 다음 S공사 국제인력본부의 조직도를 참고할 때, 외국인력국의 업무로 적절하지 않은 것은?

① 근로자 입국지원
② 근로자 고용·체류 지원
③ 한국어능력시험 시행
④ K-Move 취업센터 운영
⑤ 근로자 입국초기 모니터링

12 다음은 폐기물협회에서 제공하는 전국 폐기물 발생 현황 자료이다. 빈칸 (ㄱ), (ㄴ)에 해당하는 값을 바르게 나열한 것은?(단, 소수점 둘째 자리에서 반올림한다)

〈전국 폐기물 발생 현황〉

(단위 : 톤, %)

구분		2019년	2020년	2021년	2022년	2023년	2024년
총계	발생량	359,296	357,861	365,154	373,312	382,009	382,081
	증감률	6.6	-0.4	2.0	2.2	2.3	0.02
의료 폐기물	발생량	52,072	50,906	49,159	48,934	48,990	48,728
	증감률	3.4	-2.2	-3.4	(ㄱ)	0.1	-0.5
사업장 배출시설계 폐기물	발생량	130,777	123,604	137,875	137,961	146,390	149,815
	증감률	13.9	(ㄴ)	11.5	0.1	6.1	2.3
건설 폐기물	발생량	176,447	183,351	178,120	186,417	186,629	183,538
	증감률	2.6	3.9	-2.9	4.7	0.1	-1.7

　　　(ㄱ)　　　(ㄴ)
① -0.5　　-5.5
② -0.5　　-4.5
③ -0.6　　-5.5
④ -0.6　　-4.5
⑤ -0.7　　-5.5

13 다음은 A ~ D사의 남녀 직원 비율을 나타낸 자료이다. 이에 대한 설명으로 옳지 않은 것은?

〈회사별 남녀 직원 비율〉

(단위 : %)

구분	A사	B사	C사	D사
남	54	48	42	40
여	46	52	58	60

① A사의 남직원이 B사의 여직원보다 많다.
② B, C, D사의 여직원 수의 합은 남직원 수의 합보다 크다.
③ 여직원 대비 남직원 비율이 가장 높은 회사는 A사이며, 가장 낮은 회사는 D사이다.
④ A, B, C사의 전체 직원 수가 같다면 A, C사 여직원 수의 합은 B사 여직원 수의 2배이다.
⑤ A, B사의 전체 직원 중 남직원이 차지하는 비율이 52%라면 A사의 전체 직원 수는 B사 전체 직원 수의 2배이다.

※ 다음은 낱말게임에 대한 설명이다. 이어지는 질문에 답하시오. **[14~15]**

⟨게임규칙⟩

- 4×4 낱말퍼즐에는 다음과 같이 각 조각당 숫자 1개와 알파벳 1개가 함께 적혀 있다.

1 B	2 M	3 A	4 J
5 P	6 Y	7 L	8 D
9 X	10 E	11 O	12 R
13 C	14 K	15 U	16 I

- 게임을 하는 사람은 '가 ~ 다' 카드 3장 중 2장을 뽑아 카드에 적힌 규칙대로 조각끼리 자리를 바꿔 단어를 만든다.
- 카드는 '가', '나', '다' 각 1장이 있고, 뽑힌 각 1장의 카드로 낱말퍼즐 조각 2개를 아래와 같은 방식으로 1회 맞바꿀 수 있다.

구분	내용
가	낱말퍼즐 조각에 적힌 숫자가 소수인 조각끼리 자리바꿈
나	낱말퍼즐 조각에 적힌 숫자를 5로 나눈 나머지가 같은 조각끼리 자리바꿈
다	홀수가 적혀 있는 낱말퍼즐 조각끼리 자리바꿈

- 카드 2장을 모두 사용할 필요는 없다.
- '단어'란, 낱말퍼즐에서 같은 가로 혹은 세로 줄에 있는 4개의 문자를 가로는 왼쪽에서부터 세로는 위에서부터 차례대로 읽는 것을 의미한다.

14 다음 규칙에 따라 게임을 진행할 때, ⟨보기⟩의 설명 중 옳은 것을 모두 고르면?

⟨보기⟩

ㄱ. 카드 '가', '다'를 뽑았다면 'BEAR'라는 단어를 만들 수 있다.
ㄴ. 카드 '나', '다'를 뽑았다면 'MEAL'이라는 단어를 만들 수 있다.
ㄷ. 카드 '가', '나'를 뽑았다면 'COLD'라는 단어를 만들 수 있다.

① ㄱ
② ㄴ
③ ㄱ, ㄷ
④ ㄴ, ㄷ
⑤ ㄱ, ㄴ, ㄷ

15 사용 가능한 '가 ~ 다' 카드 중 '나', '다' 카드를 다음과 같이 교체하였다. 변경된 카드로 기존의 게임 규칙에 따라 게임을 진행할 때, 〈보기〉의 설명 중 옳지 않은 것을 모두 고르면?

〈교체 사항〉

구분	내용
가	낱말퍼즐 조각에 적힌 숫자가 소수인 조각끼리 자리바꿈
나	낱말퍼즐 조각에 적힌 숫자를 5로 나눈 나머지가 같은 조각끼리 자리바꿈
다	홀수가 적혀 있는 낱말퍼즐 조각끼리 자리바꿈

↓

구분	내용
가	낱말퍼즐 조각에 적힌 숫자가 소수인 조각끼리 자리바꿈
라	낱말퍼즐 조각에 적힌 숫자를 4로 나눈 나머지가 같은 조각끼리 자리바꿈
마	낱말퍼즐 조각에 적힌 숫자를 더하여 15를 초과하는 낱말퍼즐 조각끼리 자리바꿈

─〈보기〉─
ㄱ. 카드 '가', '라'를 뽑았다면 'PLAY'라는 단어를 만들 수 있다.
ㄴ. 카드 '가', '마'를 뽑았다면 'XERO'라는 단어를 만들 수 있다.
ㄷ. 카드 '라', '마'를 뽑았다면 'COLD'라는 단어를 만들 수 있다.

① ㄱ ② ㄷ
③ ㄱ, ㄴ ④ ㄱ, ㄷ
⑤ ㄴ, ㄷ

16 Windows에서 실행 중인 다른 창이나 프로그램으로 빠르게 전환하는 방법으로 가장 적절한 것은?

① 〈Alt〉+〈Tab〉을 눌러 이동한다.
② 〈Ctrl〉+〈Tab〉을 눌러 이동한다.
③ 〈Ctrl〉+〈Alt〉+〈Delete〉를 눌러 나타나는 작업 관리자에서 이동한다.
④ 제어판에서 이동한다.
⑤ 컴퓨터를 재부팅한다.

※ 유통업체인 S사는 유통대상의 정보에 따라 12자리로 구성된 분류코드를 부여하여 관리하고 있다. 이어지는 질문에 답하시오. [17~18]

<분류코드 생성 방법>

- 분류코드는 한 개 상품당 하나가 부과된다.
- 분류코드는 '발송코드 – 배송코드 – 보관코드 – 운송코드 – 서비스코드' 순서대로 연속된 12자리 숫자로 구성되어 있다.
- 발송지역

발송지역	발송코드	발송지역	발송코드	발송지역	발송코드
수도권	a1	강원	a2	경상	b1
전라	b2	충청	c4	제주	t1
기타	k9	–	–	–	–

※ 수도권은 서울, 경기, 인천 지역임

- 배송지역

배송지역	배송코드	배송지역	배송코드	배송지역	배송코드
서울	011	인천	012	강원	021
경기	103	충남	022	충북	203
경남	240	경북	304	전남	350
전북	038	제주	040	광주	042
대구	051	부산	053	울산	062
대전	071	세종	708	기타	009

- 보관구분

보관품목	보관코드	보관품목	보관코드	보관품목	보관코드
냉동	FZ	냉장	RF	파손주의	FG
고가품	HP	일반	GN	–	–

- 운송수단

운송수단	운송코드	운송수단	운송코드	운송수단	운송코드
5톤 트럭	105	15톤 트럭	115	30톤 트럭	130
항공 운송	247	열차 수송	383	기타	473

- 서비스 종류

배송서비스	서비스코드	배송서비스	서비스코드	배송서비스	서비스코드
당일 배송	01	지정일 배송	02	일반 배송	10

17 다음 분류코드에서 확인할 수 있는 정보로 옳지 않은 것은?

```
c4304HP11501
```

① 해당 제품은 충청지역에서 발송되어 경북지역으로 배송되는 제품이다.
② 냉장보관이 필요한 제품이다.
③ 15톤 트럭에 의해 배송될 제품이다.
④ 당일 배송 서비스가 적용된 제품이다.
⑤ 해당 제품은 고가품이다.

18 다음 〈조건〉을 토대로 할 때, 제품 A에 적용될 분류코드로 옳은 것은?

─〈조건〉─
• 제품 A는 S사가 7월 5일에 경기도에서 울산지역에 위치한 구매자에게 발송한 제품이다.
• 수산품인 만큼 냉동보관이 필요하며, 발송자는 택배 도착일을 7월 7일로 지정하였다.
• 제품 A는 5톤 트럭을 이용해 배송된다.

① k9062RF10510
② a1062FZ10502
③ a1062FZ11502
④ a1103FZ10501
⑤ a1102FZ10502

19 영업부장에게 '거래처로 다음 달까지 납품하기로 한 제품이 5배 더 늘었다.'라는 문자를 받았다. 이때 생산팀을 담당하고 있는 A사원의 행동으로 가장 적절한 것은?

① 영업부장에게 왜 납품량이 5배나 늘었냐며 화를 낸다.
② 거래처 담당자에게 납품량을 다시 확인한 후 생산라인에 통보한다.
③ 잘못 보낸 문자라 생각하고 아무런 조치를 취하지 않는다.
④ 생산해야 할 제품 수가 5배나 늘었다고 바로 생산라인에 통보한다.
⑤ 추가로 더 생산할 수 없다고 단호히 거절한다.

20 다음 중 엑셀의 차트와 스파크라인에 대한 공통점을 설명한 것으로 옳지 않은 것은?

① 작성 시 반드시 원본 데이터가 있어야 한다.
② 데이터의 추이를 시각적으로 표현한 것이다.
③ 데이터 레이블을 입력할 수 있다.
④ 원본 데이터를 변경하면 내용도 자동으로 함께 변경된다.
⑤ 디자인 도구를 활용하여 디자인 편집이 가능하다.

21 다음 글의 빈칸 (가)와 (나)에 들어갈 문장으로 적절하지 않은 것은?

> 우리나라 교과서에는 아메리카 정복 시기의 역사적인 사실들을 잘못 기록하거나 왜곡하여 서술한 오류도 자주 발견된다.
> _____(가)_____
> 위의 인용문에는 유럽 사람들이 "라틴아메리카를 탐험하고 정복하였다."라고 기술했는데, '라틴아메리카'를 '아메리카'로 정정해야 한다. 이 사건은 영국이 아메리카 북동부에 식민지를 건설하기 전에 이루어졌기 때문이다. 1670년 에스파냐와 영국 간의 협약에 따라 북쪽 지역이 영국의 식민지가 된 이후에야 앵글로아메리카와 라틴아메리카라는 용어를 사용할 수 있다. 또한 에스파냐인 정복자 에르난 코르테스가 16세기 중반에 멕시코를 탐험했다는 내용도 오류다. 그는 16세기 중반이 아니라 초반인 1519년에 멕시코의 베라크루스 지역에 도착했고, 아스테카 제국의 수도인 테노치티틀란을 멸망시킨 것은 1521년이었다. 그리고 엘도라도가 '황금으로 가득 찬 도시'라는 뜻이라고 설명한 것도 오류다. 에스파냐어 El Dorado는 직역하자면 '황금으로 도금된 사람' 정도이고, 의역하면 아메리카에서 황금을 찾아 벼락부자가 된 '황금의 사나이'란 뜻이다. 이외에도 아메리카 정복에 관해 흔히들 오해하는 내용이 있다.
> _____(나)_____
> 우리는 일반적으로 에스파냐 왕실이 아메리카 정복을 직접 지휘했고 정복자들은 에스파냐의 정식 군인이었다고 생각한다. 이러한 생각은 완전히 착각이다. 아메리카 정복은 민간 무장 집단이 주도했고, 정복자들도 민간인이었다.

① "엘도라도는 에스파냐어로 '황금으로 가득 찬 도시'라는 뜻이 있다."
② "1532년 11월 16일 잉카 제국은 에스파냐의 피사로가 이끄는 180여 명의 군대에 의해 멸망했다."
③ "이후 16세기 중반에 멕시코를 탐험하였던 코르테스가 카카오를 에스파냐의 귀족과 부유층에 소개하여, 17세기 중반에는 유럽 전역에 퍼졌다."
④ "코르테스는 이 도시를 철저하게 파괴하여 폐허로 만들고, 그 위에 '새로운 에스파냐'라고 불리는 멕시코시티를 건설하였다."
⑤ "엘도라도에 대한 호기심과 황금에 대한 욕심 때문에 유럽 사람들이 라틴아메리카를 탐험하고 정복하였다."

22 다음 중 Windows의 운영체제가 32bit인지, 64bit인지 확인하는 방법으로 옳은 것은?

① [시작] – [바로 가기 메뉴] – [속성]
② [시작] – [컴퓨터] – [바로 가기 메뉴] – [속성]
③ [시작] – [제어판] – [바로 가기 메뉴] – [관리 센터]
④ [시작] – [기본 프로그램] – [바로 가기 메뉴] – [열기]
⑤ [시작] – [컴퓨터] – [바로 가기 메뉴] – [네트워크]

23 S기업은 창고업체를 통해 A ~ C 세 제품군을 보관하고 있다. 다음 자료와 〈조건〉에 따라 S기업이 보관료로 지급해야 할 총금액은?

구분	매출액(억 원)	용량	
		용적(CUBIC)	무게(톤)
A제품군	300	3,000	200
B제품군	200	2,000	300
C제품군	100	5,000	500

─〈조건〉─
- A제품군은 매출액의 1%를 보관료로 지급한다.
- B제품군은 1CUBIC당 20,000원의 보관료를 지급한다.
- C제품군은 1톤당 80,000원의 보관료를 지급한다.

① 3억 2천만 원 ② 3억 4천만 원
③ 3억 6천만 원 ④ 3억 8천만 원
⑤ 4억 원

24 S회사에서 근무하는 김사원은 수출계약 건으로 한국에 방문하는 바이어를 맞이하기 위해 인천공항에 가야 한다. 미국 뉴욕에서 오는 바이어는 현지시각으로 21일 오전 8시 30분에 한국행 비행기에 탑승할 예정이며, 비행시간은 17시간이다. S회사에서 인천공항까지는 1시간 30분이 걸리고, 바이어의 도착 예정시각보다는 30분 일찍 도착하여 대기하려고 할 때, 김사원이 적어도 회사에서 출발해야 하는 시각은?(단, 뉴욕은 한국보다 13시간이 느리다)

① 21일 10시 30분 ② 21일 12시 30분
③ 22일 12시 ④ 22일 12시 30분
⑤ 22일 14시 30분

25 다음 글의 밑줄 친 ㉠을 이해한 내용으로 가장 적절한 것은?

> 최근 컴퓨터로 하여금 사람의 신체 움직임을 3차원적으로 인지하게 하여, 이 정보를 기반으로 인간과 컴퓨터가 상호작용하는 다양한 방법이 연구되고 있다. 리모컨 없이 손짓으로 TV 채널을 바꾼다거나 몸짓을 통해 게임 속 아바타를 조종하는 것 등이 바로 그것이다. 이때 컴퓨터가 인지하고자 하는 대상이 3차원 공간 좌표에서 얼마나 멀리 있는지에 대한 정보가 필수적인데 이를 '깊이 정보'라 한다.
>
> 깊이 정보를 획득하는 방법으로 우선 수동적 깊이 센서 방식이 있다. 이는 사람이 양쪽 눈에 보이는 서로 다른 시각 정보를 결합하여 3차원 공간을 인식하는 것과 비슷한 방식으로, 두 대의 카메라로 촬영하여 획득한 2차원 영상에서 깊이 정보를 추출하는 것이다. 하지만 이 방식은 두 개의 영상을 동시에 처리해야 하므로 시간이 많이 걸리고, 또한 한쪽 카메라에는 보이지만 다른 카메라에는 보이지 않는 부분에 대해서는 정확한 깊이 정보를 얻기 어렵다. 두 카메라가 동일한 수평선상에 정렬되어 있어야 하고, 카메라의 광축도 평행을 이루어야 한다는 제약조건도 따른다.
>
> 그래서 최근에는 능동적 깊이 센서 방식인 TOF(Time of Flight) 카메라를 통해 깊이 정보를 직접 획득하는 방법이 주목받고 있다. TOF 카메라는 LED로 적외선 빛을 발사하고, 그 신호가 물체에 반사되어 돌아오는 시간차를 계산하여 거리를 측정한다. 한 대의 TOF 카메라가 1초에 수십 번 빛을 발사하고 수신하는 것을 반복하면서 밝기 또는 색상으로 표현된 동영상 형태로 깊이 정보를 출력한다.
>
> ㉠ TOF 카메라는 기본적으로 '빛을 발사하는 조명'과 '대상에서 반사되어 돌아오는 빛을 수집하는 두 개의 센서'로 구성된다. 그중 한 센서는 빛이 발사되는 동안만, 나머지 센서는 빛이 발사되지 않는 동안만 활성화된다. 전자는 A센서, 후자는 B센서라 할 때 TOF 카메라가 깊이 정보를 획득하는 기본적인 과정은 다음과 같다. 먼저 조명이 켜지면서 빛이 발사된다. 동시에, 대상에서 반사된 빛을 수집하기 위해 A센서도 켜진다. 일정 시간 후 조명이 꺼짐과 동시에 A센서도 꺼진다. 조명과 A센서가 꺼지는 시점에 B센서가 켜진다. 만약 카메라와 대상 사이가 멀어서 반사된 빛이 돌아오는 데 시간이 걸려 A센서가 활성화되어 있는 동안에 A센서로 다 들어오지 못하면 나머지 빛은 B센서에 담기게 된다. 결국 대상에서 반사된 빛이 A센서와 B센서로 나뉘어 담기게 되는데 이러한 과정이 반복되면서 대상과 카메라 사이가 가까울수록 A센서에 누적되는 양이 많아지고, 멀수록 B센서에 누적되는 양이 많아진다. 이렇게 A, B 각 센서에 누적되는 반사광의 양의 차이를 통해 깊이 정보를 얻을 수 있는 것이다.
>
> TOF 카메라도 한계가 없는 것은 아니다. 적외선을 사용하기 때문에 태양광이 있는 곳에서는 사용하기 어렵고, 보통 10m 이내로 촬영 범위가 제한된다. 하지만 실시간으로 빠르고 정확하게 깊이 정보를 추출할 수 있기 때문에 다양한 분야에서 응용되고 있다.

① 대상의 깊이 정보를 수치로 표현하겠군.
② 햇빛이 비치는 밝은 실외에서 더 유용하겠군.
③ 빛 흡수율이 높은 대상일수록 깊이 정보 획득이 용이하겠군.
④ 손이나 몸의 상하좌우뿐만 아니라 앞뒤 움직임도 인지하겠군.
⑤ 사물이 멀리 있을수록 깊이 정보를 더욱 정확하게 측정하겠군.

26 다음 중 매슬로우(A. H. Maslow)의 5단계 욕구이론에 대한 설명으로 적절하지 않은 것은?

① 최상의 욕구인 자기실현 욕구는 하위 기본 욕구들이 충족되어야만 추구될 수 있다.
② 생리적 욕구는 최하위 욕구로, 인간의 기본적인 식욕·수면욕 등이 이에 해당한다.
③ 사회적 욕구는 다른 사람과의 관계에 대한 욕구로, 인간은 원만한 대인관계를 추구한다.
④ 자기실현의 욕구는 한 번 충족되어지면 더 이상 추구되지 않는다.
⑤ 성공적인 자기개발을 위해서는 욕구를 다스릴 필요가 있다.

27 다음 〈보기〉에서 업무수행 성과를 높이기 위한 행동전략을 잘못 사용하고 있는 사람은?

〈보기〉
A사원 : 저는 해야 할 일이 생기면 미루지 않고, 그 즉시 바로 처리하려고 노력합니다.
B사원 : 저는 여러 가지 일이 생기면 비슷한 업무끼리 묶어서 한 번에 처리하곤 합니다.
C대리 : 저는 다른 사람이 일하는 방식과 다른 방식으로 생각하여 더 좋은 해결책을 발견하기도 합니다.
D대리 : 저도 C대리의 의견과 비슷합니다. 저는 저희 팀의 업무 지침이 마음에 들지 않아 저만의 방식을 찾고자 합니다.
E인턴 : 저는 저희 팀에서 가장 일을 잘한다고 평가받는 김부장님을 제 역할모델로 삼았습니다.

① A사원　　　　　　　　　　② B사원
③ C대리　　　　　　　　　　④ D대리
⑤ E인턴

28 S공사에는 직원들의 편의를 위해 휴게실에 전자레인지가 구비되어 있다. E사원은 회사의 기기를 관리하는 업무를 맡고 있는데, 동료 사원들로부터 전자레인지를 사용할 때 가끔씩 불꽃이 튀고 음식이 잘 데워지지 않는다는 이야기를 들었다. 다음 제품설명서를 토대로 서비스를 접수하기 전에 점검할 사항으로 옳지 않은 것은?

〈제품설명서〉

증상	원인	조치 방법
전자레인지가 작동하지 않는다.	• 전원 플러그가 콘센트에 바르게 꽂혀 있습니까? • 문이 확실히 닫혀 있습니까? • 배전판 퓨즈나 차단기가 끊어지지 않았습니까? • 조리방법을 제대로 선택하셨습니까? • 혹시 정전은 아닙니까?	• 전원 플러그를 바로 꽂아 주십시오. • 문을 다시 닫아 주십시오. • 끊어졌으면 교체하고 연결시켜 주십시오. • 취소를 누르고 다시 시작하십시오.
동작 시 불꽃이 튄다.	• 조리실 내벽에 금속 제품 등이 닿지 않았습니까? • 금선이나 은선으로 장식된 그릇을 사용하고 계십니까? • 조리실 내에 찌꺼기가 있습니까?	• 벽에 닿지 않도록 하십시오. • 금선이나 은선으로 장식된 그릇은 사용하지 마십시오. • 깨끗이 청소해 주십시오.
조리 상태가 나쁘다.	• 조리 순서, 시간 등 사용 방법을 잘 선택하셨습니까?	• 요리책을 다시 확인하고 사용해 주십시오.
회전 접시가 불균일하게 돌거나 돌지 않는다.	• 회전 접시와 회전 링이 바르게 놓여 있습니까?	• 각각을 정확한 위치에 놓아 주십시오.
불의 밝기나 동작 소리가 불균일하다.	• 출력의 변화에 따라 일어난 현상이니 안심하고 사용하셔도 됩니다.	

① 조리실 내 위생 상태 점검
② 사용 가능 용기 확인
③ 사무실, 전자레인지 전압 확인
④ 조리실 내벽 확인
⑤ 조리 순서, 시간 확인

29. S공사는 도로관리장비 정비 업체를 새로 선정하려고 한다. 입찰 업체 5곳에 대한 정보는 다음과 같다. 업체별 계약금 및 품질개선효과와 품질개선점수 산출방식에 따라 품질개선점수가 가장 큰 업체 1곳을 선정한다고 할 때, 선정될 업체는?

〈업체별 계약금 및 품질개선효과〉

구분	1년 계약금 (만 원)	정비 1회당 품질개선효과(점)	
		에너지효율 개선	수리 및 하자보수
A업체	1,680	22	29
B업체	1,920	26	25
C업체	1,780	21	24
D업체	1,825	28	28
E업체	2,005	31	22

〈품질개선점수 산출방식〉

- (품질개선점수)=(정비 1회당 품질개선효과)×(1년 정비횟수)
- (1회당 품질개선효과)=(에너지효율 개선)+(수리 및 하자보수)
- (1년 정비비)=3,800만 원−(1년 계약금)
- (1년 정비횟수)=$\dfrac{(1년\ 정비비)}{5}$

① A업체
② B업체
③ C업체
④ D업체
⑤ E업체

※ S공사에서는 화장실의 청결을 위해 비데를 구매하고 화장실과 가까운 곳에 위치한 A대리의 팀원들에게 비데를 설치하도록 지시하였다. 다음 내용은 비데를 설치하기 위해 참고할 제품설명서의 일부 내용이다. 이어지는 질문에 답하시오. [30~32]

〈설치방법〉

1) 비데 본체의 변좌와 변기의 앞면이 일치되도록 전후로 고정하십시오.
2) 비데용 급수호스를 정수필터와 비데 본체에 연결한 후 급수밸브를 열어 주십시오.
3) 전원을 연결하십시오(반드시 전용 콘센트를 사용하십시오).
4) 비데가 작동하는 소리가 들린다면 설치가 완료된 것입니다.

〈주의사항〉

- 전원은 반드시 AC220V에 연결하십시오(반드시 전용 콘센트를 사용하십시오).
- 변좌에 걸터앉지 말고 항상 중앙에 앉고, 변좌 위에 어떠한 것도 놓지 마십시오(착좌센서가 동작하지 않을 수도 있습니다).
- 정기적으로 수도필터와 정수필터를 청소 또는 교환해 주십시오.
- 급수밸브를 꼭 열어 주십시오.

〈A/S 신청 전 확인 사항〉

현상	원인	조치 방법
물이 나오지 않을 경우	급수밸브가 잠김	매뉴얼을 참고하여 급수밸브를 열어 주세요.
	정수필터가 막힘	매뉴얼을 참고하여 정수필터를 교체하여 주세요(A/S상담실로 문의하세요).
	본체 급수호스 등이 동결	더운물에 적신 천으로 급수호스 등의 동결부위를 녹여 주세요.
기능 작동이 되지 않을 경우	수도필터가 막힘	흐르는 물에 수도필터를 닦아 주세요.
	착좌센서 오류	착좌센서에서 의류, 물방울, 이물질 등을 치워 주세요.
수압이 약할 경우	수도필터에 이물질이 낌	흐르는 물에 수도필터를 닦아 주세요.
	본체의 호스가 꺾임	호스의 꺾인 부분을 펴 주세요.
노즐이 나오지 않을 경우	착좌센서 오류	착좌센서에서 의류, 물방울, 이물질을 치워 주세요.
본체가 흔들릴 경우	고정 볼트가 느슨해짐	고정 볼트를 다시 조여 주세요.
비데가 작동하지 않을 경우	급수밸브가 잠김	매뉴얼을 참고하여 급수밸브를 열어 주세요.
	급수호스의 연결문제	급수호스의 연결상태를 확인해 주세요. 계속 작동하지 않는다면 A/S상담실로 문의하세요.
변기의 물이 샐 경우	급수호스가 느슨해짐	급수호스 연결부분을 조여 주세요. 계속 샐 경우 급수밸브를 잠근 후 A/S상담실로 문의하세요.

30 A대리는 지시에 따라 비데를 설치하였는데, 동료 K사원으로부터 비데의 기능이 작동하지 않는다는 사실을 접수하였다. 다음 중 A대리가 해당 문제점에 대한 원인을 파악하기 위해 확인해야 할 사항으로 가장 적절한 것은?

① 급수밸브의 잠김 여부
② 수도필터의 청결 상태
③ 정수필터의 청결 상태
④ 급수밸브의 연결 상태
⑤ 비데의 고정 여부

31 다음 중 30번에서 확인한 사항이 추가로 다른 문제를 일으킬 수 있는지 미리 점검하고자 할 때, 가장 적절한 행동은?

① 수압이 약해졌는지 확인한다.
② 물이 나오지 않는지 확인한다.
③ 본체가 흔들리는지 확인한다.
④ 노즐이 나오지 않는지 확인한다.
⑤ 변기의 물이 새는지 확인한다.

32 다음 중 30번 문제와 동일한 현상이 재발되지 않도록 하기 위한 근본적인 해결방안으로 가장 적절한 것은?

① 변좌에 이물질이나 물방울이 남지 않도록 수시로 치워준다.
② 정수필터가 막히지 않도록 수시로 점검하고 교체한다.
③ 수도필터가 청결함을 유지할 수 있도록 수시로 닦아준다.
④ 급수호수가 꺾여있는 부분이 없는지 수시로 점검한다.
⑤ 급수호스 연결부분이 느슨해지지 않도록 정기적으로 조여준다.

33 S은행의 상사인 K씨는 새로 입사한 A사원이 은행업무에 잘 적응할 수 있도록 근무 지도를 하고 있다. 다음 상황에서 K씨가 A사원에게 지도할 사항으로 적절하지 않은 것은?

> A사원 : 안녕하십니까, 고객님. 어떤 업무를 도와드릴까요?(자리에서 앉아 컴퓨터 모니터를 응시한 채로 고객을 반김)
> 고객 : 지난 한 달간 제가 거래한 내역이 필요해서요. 발급이 가능한가요?
> A사원 : 네, 지난 한 달간 은행 입출금 거래내역서 발급을 도와드리겠습니다. 신분증을 확인할 수 있을까요?
> 고객 : 여기 있습니다.
> A사원 : 네, 감사합니다(응대용 접시에서 신분증만 회수함). 1월 1일부터 1월 30일까지 거래내역을 조회해 드리면 될까요?
> 고객 : 네. 그리고 체크카드 신청도….
> A사원 : 우선 먼저 요청하신 거래내역서를 발급해드리고 다른 업무를 도와드리겠습니다.
> 고객 : 알겠습니다.
> A사원 : (거래내역서 인쇄 중) 거래내역서 발급 시에는 2천 원의 수수료가 발생합니다.

① 고객이 다가오면 하는 일을 멈추고 고객을 응시하여야 합니다.
② 고객을 맞이할 때에는 되도록이면 자리에서 일어나 밝은 모습으로 반기도록 합니다.
③ 업무에 필요한 고객의 물품을 가져갈 때에는 응대용 접시와 함께 회수하도록 합니다.
④ 고객과 대화할 때에는 고객의 말을 끊지 않도록 합니다.
⑤ 업무 처리와 관련하여 고객이 알아야 할 모든 사항은 업무가 완료된 후에 전달해야 합니다.

34 다음과 같은 상황에서 주문처가 취해야 할 대응방안으로 가장 적절한 것은?

> 고객이 상품을 주문했는데 배송에 일주일이 걸렸다. 상품을 막상 받아보니 사이즈가 작아 반품을 했으나, 주문처에서 갑자기 반품 배송비용을 청구하였다. 고객은 반품 배송비용을 고객이 부담해야 한다는 공지를 받은 적이 없어 당황해했으며 기분 나빠했다.

① 배송을 빨리 하도록 노력하겠습니다.
② 사이즈를 정확하게 기재하겠습니다.
③ 반품 배송비가 있다는 항목을 제대로 명시하겠습니다.
④ 주문서를 다시 한 번 확인하겠습니다.
⑤ 고객에게 사이즈를 교환해 주겠습니다.

35 신입사원 A씨는 자신이 하고 있는 일에 적응하기 위하여 흥미를 높이고 자신의 재능을 개발하려고 한다. 다음 〈보기〉에서 A씨가 흥미나 적성을 개발하기 위해 취할 수 있는 방법으로 옳지 않은 것을 모두 고르면?

---〈보기〉---
㉠ '나는 지금 주어진 일이 적성에 맞는다.'라고 마인드컨트롤을 한다.
㉡ 업무를 수행할 때 작은 단위로 나누어 수행한다.
㉢ 기업의 문화나 풍토를 파악하는 것보다는 흥미나 적성검사를 수행한다.
㉣ 커다란 업무를 도전적으로 수행하여 성취를 높인다.

① ㉠, ㉢
② ㉠, ㉣
③ ㉢, ㉣
④ ㉠, ㉡, ㉢
⑤ ㉠, ㉡, ㉣

36 C사원은 자기계발을 위해 집 근처 학원들을 탐방하고 다음과 같이 정리하였다. C사원이 배우려는 프로그램에 대한 내용으로 옳지 않은 것은?(단, 시간이 겹치는 프로그램은 수강할 수 없다)

〈프로그램 시간표〉

프로그램	수강료	횟수	강좌시간
필라테스	300,000원	24회	09:00 ~ 10:10
			10:30 ~ 11:40
			13:00 ~ 14:10
플라잉 요가	330,000원	20회	09:00 ~ 10:10
			10:30 ~ 11:40
			13:00 ~ 14:10
액세서리 공방	260,000원	10회	13:00 ~ 15:00
가방 공방	360,000원	12회	13:30 ~ 16:00
복싱	320,000원	30회	10:00 ~ 11:20
			14:00 ~ 15:20

※ 강좌시간이 2개 이상인 프로그램은 그중 원하는 시간에 수강이 가능함

① C사원은 오전에 운동을 하고, 오후에 공방에 가는 스케줄이 가능하다.
② 가방 공방의 강좌시간이 액세서리 공방 강좌시간보다 길다.
③ 공방 프로그램 중 하나를 들으면, 최대 두 프로그램을 더 들을 수 있다.
④ 프로그램을 최대로 수강할 시 가방 공방을 수강해야 총 수강료가 가장 비싸다.
⑤ 강좌 1회당 수강료는 플라잉 요가가 가방 공방보다 15,000원 이상 저렴하다.

37 어떤 고고학 탐사대가 발굴한 네 개의 유물 A~D에 대하여 다음과 같은 사실을 알게 되었다. 〈조건〉을 토대로 발굴된 유물을 시대 순으로 오래된 것부터 바르게 나열한 것은?

─〈조건〉─
- B보다 시대가 앞선 유물은 두 개다.
- C는 D보다 시대가 앞선 유물이다.
- A는 C에 비해 최근의 유물이다.
- D는 B가 만들어진 시대 이후에 제작된 유물이다.

① C - A - B - D
② C - A - D - B
③ C - B - D - A
④ C - D - A - B
⑤ C - D - B - A

38 다음 〈조건〉을 근거로 판단할 때, 〈보기〉의 설명 중 옳은 것을 모두 고르면?

─〈조건〉─
- A국의 1일 통관 물량은 1,000건이며, 모조품은 1일 통관 물량 중 1%의 확률로 존재한다.
- 검수율은 전체 통관 물량 중 검수대상을 무작위로 선정해 실제로 조사하는 비율을 뜻하는데, 현재 검수율은 10%로 전문 조사 인력은 매일 10명을 투입한다.
- 검수율을 추가로 10% 상승시킬 때마다 전문 조사 인력은 1일당 20명이 추가로 필요하다.
- 인건비는 1인당 1일 기준 30만 원이다.
- 모조품 적발 시 부과되는 벌금은 건당 1,000만 원이며, 이 중 인건비를 차감한 나머지를 세관의 '수입'으로 한다.
※ 검수대상에 포함된 모조품은 모두 적발되고, 부과된 벌금은 모두 징수됨

─〈보기〉─
ㄱ. 1일 평균 수입은 700만 원이다.
ㄴ. 모든 통관 물량을 전수조사한다면 수입보다 인건비가 더 클 것이다.
ㄷ. 검수율이 40%면 1일 평균 수입은 현재의 4배 이상일 것이다.
ㄹ. 검수율을 30%로 하는 방안과 검수율을 10%로 유지한 채 벌금을 2배로 인상하는 방안을 비교하면 벌금을 인상하는 방안의 1일 평균 수입이 더 많을 것이다.

① ㄱ, ㄴ
② ㄴ, ㄷ
③ ㄱ, ㄴ, ㄹ
④ ㄱ, ㄷ, ㄹ
⑤ ㄴ, ㄷ, ㄹ

39 다음은 방송통신위원회가 발표한 2024년 지상파방송의 프로그램 수출입 현황이다. 프로그램 수입에서 영국이 차지하는 비율은?(단, 비율은 소수점 둘째 자리에서 반올림한다)

① 45.2% ② 43.8%
③ 41.1% ④ 39.5%
⑤ 37.7%

40 다음은 A중학교 여름방학 방과 후 학교 신청 학생 중 과목별 학생 수를 비율로 나타낸 그래프이다. 방과 후 학교를 신청한 전체 학생이 200명일 때, 수학을 선택한 학생은 미술을 선택한 학생보다 몇 명이 더 적은가?

① 3명 ② 4명
③ 5명 ④ 6명
⑤ 7명

| 01 | 기계일반

01 단순 지지보 전체 길이에 균일 분포하중 450N/m가 작용하고 있을 때 발생하는 최대 굽힘응력은?[단, (폭)×(높이)=5cm×6cm인 직사각형 단면, 보의 길이는 1m이며 보의 지점은 양 끝단에 있다]

① 0.75MPa
② 1.02MPa
③ 1.88MPa
④ 2.54MPa
⑤ 2.76MPa

02 지름 3m, 두께 3cm의 얇은 원통에 860kPa의 내압이 작용할 때, 이 원통에 발생하는 최대 전단응력은?

① −15.85MPa
② −10.75MPa
③ −8.2MPa
④ 10.75MPa
⑤ 15.85MPa

03 다음 중 2축 응력의 횡단면과 60° 경사진 단면에서 $\sigma_x=132.6$MPa, $\sigma_y=45.6$MPa일 때 법선응력 σ_n과 전단응력 τ을 바르게 나열한 것은?

	σ_n(법선응력)	τ(전단응력)
①	−102.3MPa	37.7MPa
②	−67.4MPa	−37.7MPa
③	67.4MPa	37.7MPa
④	102.3MPa	−37.7MPa
⑤	132.3MPa	37.7MPa

04 지름 150mm인 어떤 축이 200rpm으로 회전할 때, 1m 떨어진 두 단면에서 측정한 비틀림 각이 $\frac{1}{20}$rad이었다면 이 축에 작용하는 비틀림모멘트의 크기는?(단, 가로탄성계수는 100GPa이다)

① 약 135.2kN·m
② 약 152.7kN·m
③ 약 198.2kN·m
④ 약 232.5kN·m
⑤ 약 248.5kN·m

05 층류 유동하는 원관에서 레이놀즈 수가 1,000일 때, 관마찰계수(f)의 값은?

① 0.064
② 0.056
③ 0.036
④ 0.024
⑤ 0.016

06 다음 중 응력집중현상에 대한 설명으로 옳지 않은 것은?

① 필릿의 반지름을 크게 하여 응력집중현상을 감소시킨다.
② 노치, 구멍, 홈 및 단 부위에 응력집중현상이 발생된다.
③ 응력집중 정도를 알아보기 위한 응력집중계수는 재료의 크기와 재질에 영향을 크게 받는다.
④ 단면부분을 열처리하거나 표면 거칠기를 향상시켜서 응력집중현상을 감소시킨다.
⑤ 열간 압연이나 열간 단조 등을 통해 내부의 기공을 압축시켜 응력집중현상을 감소시킨다.

07 다음 중 금속이 고온에서 장시간 외력을 받으면 서서히 변형이 증가하는 현상은?

① 전성
② 크리프
③ 가단성
④ 연성
⑤ 피로

08 단면적 500mm², 길이 100mm의 봉에 50kN의 길이방향하중이 작용했다. 탄성영역에서 늘어난 길이가 2mm일 때, 이 재료의 탄성계수는?

① 5GPa
② 2.5GPa
③ 5MPa
④ 2.5MPa
⑤ 5kPa

09 다음과 같이 비중이 0.9인 기름의 압력을 액주계로 잰 결과가 그림과 같을 때, A점의 계기 압력은?(단, 표준대기압이 작용한다)

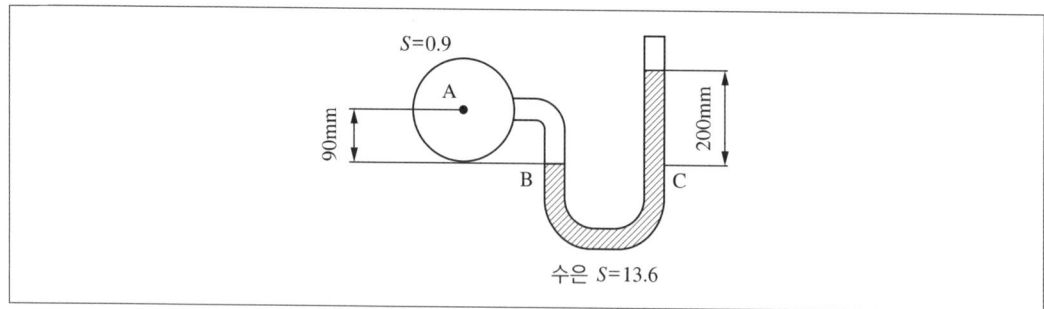

① 약 25.86kPa
② 약 32.45kPa
③ 약 41.15kPa
④ 약 62.48kPa
⑤ 약 75.36kPa

10 다음 중 황 성분이 적은 선철을 용해로, 전기로에서 용해한 후 주형에 주입 전 마그네슘, 세륨, 칼슘 등을 첨가시켜 흑연을 구상화한 것은?

① 합금주철
② 구상흑연주철
③ 칠드주철
④ 가단주철
⑤ 백주철

11 다음 중 재료의 원래 성질을 유지하면서 내마멸성을 강화시키는 데 가장 적합한 열처리 공정은?

① 풀림(Annealing)
② 뜨임(Tempering)
③ 담금질(Quenching)
④ 고주파 경화법(Induction Hardening)
⑤ 피닝(Peening)

12 다음 중 항온 열처리 방식으로 옳지 않은 것은?

① 마템퍼링
② Ms퀜칭
③ 오스포밍
④ 마퀜칭
⑤ 쇼트피닝

13 다음 중 스테인리스강에 대한 설명으로 옳지 않은 것은?

① 스테인리스강은 뛰어난 내식성과 높은 인장강도의 특성을 갖는다.
② 스테인리스강은 산소와 접하면 얇고 단단한 크롬산화막을 형성한다.
③ 스테인리스강에서 탄소량이 많을수록 내식성이 향상된다.
④ 오스테나이트계 스테인리스강은 주로 크롬, 니켈이 철과 합금된 것으로 연성이 크다.
⑤ 12~18%의 Cr을 함유한 내식성이 아주 강한 강이다.

14 다음 화학식을 참고할 때, 탄소 6kg 연소 시 필요한 공기의 양은?(단, 공기 내 산소는 20%이다)

$$C + O_2 = CO_2$$

① 30kg
② 45kg
③ 60kg
④ 80kg
⑤ 95kg

15 다음 중 금속과 결정 구조를 바르게 연결한 것은?

① 알루미늄(Al) – 체심입방격자
② 금(Au) – 조밀육방격자
③ 크롬(Cr) – 체심입방격자
④ 마그네슘(Mg) – 면심입방격자
⑤ 구리(Cu) – 조밀율방격자

16 다음 중 표준성분이 Al-Cu-Ni-Mg으로 구성되어 있으며, 내열성 주물로서 내연기관의 실린더나 피스톤으로 많이 사용되는 합금은?

① 실루민
② 하이드로날륨
③ 두랄루민
④ Y합금
⑤ 코비탈륨

17 다음 중 심냉처리의 목적으로 옳은 것은?

① 자경강에 인성을 부여하기 위함
② 담금질 후 시효변형을 방지하기 위해 잔류 오스테나이트를 마텐자이트 조직으로 얻기 위함
③ 항온 담금질하여 베이나이트 조직을 얻기 위함
④ 급열, 급냉 시 온도 이력현상을 관찰하기 위함
⑤ 담금질 후 일정한 시간 동안 온도를 유지하기 위함

18 탄소강 중의 펄라이트(Pearlite)조직으로 옳은 것은?

① α고용체+γ고용체 혼합물
② γ고용체+α고용체 혼합물
③ α고용체+Fe_3C 혼합물
④ γ고용체+Fe_3C 혼합물
⑤ δ고용체+α고용체 혼합물

19 다음 중 냉간가공의 특징으로 옳지 않은 것은?

① 인장강도, 경도가 증가한다.
② 가공면이 아름답다.
③ 가공방향으로 섬유조직이 되어 방향에 따라 강도가 달라진다.
④ 가공도가 크므로 거친가공에 적합하다.
⑤ 연신율, 단면수축률, 인성 등은 감소한다.

20 다음 중 용접에서 열영향부(Heat Affected Zone)에 대한 설명으로 옳은 것은?

① 융합부로부터 멀어져서 아무런 야금학적 변화가 발생하지 않은 부분
② 용융점 이하의 온도이지만 금속의 미세조직 변화가 일어난 부분
③ 높은 온도로 인하여 경계가 뚜렷하며 화학적 조성이 모재금속과 다른 조직이 생성된 부분
④ 용가재금속과 모재금속이 액체상태로 융해되었다가 응고된 부분
⑤ 용융점보다 높은 온도로 금속조직이 용융되어 일부가 소실된 부분

21 다음 중 일반적으로 공작물의 회전운동에 의하여 절삭이 이루어지는 공작기계는?

① 드릴링 머신
② 플레이너
③ 프레스
④ 선반
⑤ 슬로터

22 어떤 탱크에 물이 3,000kg 저장되어 있다. 탱크 안 물의 온도를 10℃ 올리기 위해 필요한 열량은?(단, 탱크 내부 기압은 대기압과 같다)

① 126,000kJ
② 136,000kJ
③ 146,000kJ
④ 156,000kJ
⑤ 166,000kJ

23 다음 중 사출성형품의 불량원인과 대책에 대한 설명으로 옳지 않은 것은?

① 플래싱(Flashing) : 고분자 수지가 금형의 분리면(Parting Line)의 틈으로 흘러나와 고화 또는 경화된 것으로, 금형 자체의 체결력을 높임으로써 해결될 수 있다.
② 주입부족(Short Shot) : 용융수지가 금형공동을 완전히 채우기 전에 고화되어 발생하는 결함으로, 성형 압력을 높임으로써 해결될 수 있다.
③ 수축(Shrinkage) : 수지가 금형공동에서 냉각되는 동안 발생하는 수축에 의한 치수 및 형상 변화로, 성형 수지의 온도를 낮춰 해결될 수 있다.
④ 용접선(Weld Line) : 용융수지가 금형공동의 코어 등의 주위를 흐르면서 반대편에서 서로 만나는 경계 부분의 기계적 성질이 떨어지는 결함으로, 게이트의 위치변경 등으로 개선할 수 있다.
⑤ 번 마크(Burn mark) : 과도하게 가열된 수지의 유입으로 성형품의 표면에 탄 모양이 생긴 결함으로, 용융 수지 및 금형의 온도를 낮춰 개선할 수 있다.

24 다음 중 밀링절삭 중 상향절삭에 대한 설명으로 옳지 않은 것은?

① 공작물의 이송방향과 날의 진행방향이 반대인 절삭작업이다.
② 이송나사의 백래시(Backlash)가 절삭에 미치는 영향이 거의 없다.
③ 마찰을 거의 받지 않으므로 날의 마멸이 적고 수명이 길다.
④ 칩이 가공할 면 위에 쌓이므로 시야가 좋지 않다.
⑤ 기계에 무리를 주지 않으므로 강성은 낮아도 된다.

25 다음 〈보기〉에서 금속재료의 연성이나 전성을 이용한 가공방법에 해당하는 것을 모두 고르면?

〈보기〉
ㄱ. 자유단조
ㄴ. 구멍 뚫기
ㄷ. 굽힘가공
ㄹ. 밀링가공
ㅁ. 압연가공
ㅂ. 선삭가공

① ㄱ, ㄴ, ㄹ
② ㄱ, ㄷ, ㅁ
③ ㄴ, ㄷ, ㅂ
④ ㄷ, ㄹ, ㅁ
⑤ ㄹ, ㅁ, ㅂ

26 다음 중 제품과 같은 모양의 모형을 양초나 합성수지로 만든 후 내화재료로 도포하여 가열경화시키는 주조방법은?

① 셸몰드법
② 다이캐스팅법
③ 원심주조법
④ 인베스트먼트주조법
⑤ 풀몰드법

27 다음 중 유동형 칩(Flow Type Chip)에 대한 설명으로 옳은 것은?

① 점성이 큰 재료를 절삭할 때 발생한다.
② 절삭할 때 진동을 동반한다.
③ 바이트 경사면에 따라 흐르듯이 연속적으로 발생한다.
④ 미끄럼 면에 간격이 조금 크게 된 상태에서 발생하는 칩이다.
⑤ 바이트가 충격에 의해 결손을 일으켜 불량한 절삭 상태이다.

28 다음 중 불활성가스 아크용접에 대한 설명으로 옳지 않은 것은?

① 용접 가능한 판의 두께 범위가 크며, 용접능률이 높다.
② 용제를 사용하여 균일한 용접을 할 수 있다.
③ 산화와 질화를 방지할 수 있다.
④ 철금속뿐만 아니라 비철금속용접이 가능하다.
⑤ 청정작용이 있고 슬래그나 잔류 용제를 제거할 필요가 없다.

29 다음 중 미끄럼 베어링(Sliding Bearing)의 특징으로 옳지 않은 것은?

① 큰 하중을 받을 수 있다.
② 구조가 간단하고 일반적으로 저렴한 가격이다.
③ 충격에 약하다.
④ 진동과 소음이 적다.
⑤ 윤활이 원활한 경우 반영구적으로 사용할 수 있다.

30 다음 〈보기〉에서 웜 기어에 대한 설명으로 옳은 것을 모두 고르면?

〈보기〉
ㄱ. 역전 방지를 할 수 없다.
ㄴ. 웜에 축방향 하중이 생긴다.
ㄷ. 부하용량이 크다.
ㄹ. 진입각(Lead Angle)의 증가에 따라 효율이 증가한다.

① ㄱ, ㄹ
② ㄴ, ㄷ
③ ㄷ, ㄹ
④ ㄱ, ㄴ, ㄷ
⑤ ㄴ, ㄷ, ㄹ

31 $\phi 45$ H7$\left(\phi 45^{+\,0.024}_{\ \ \ \ 0}\right)$인 구멍에 $\phi 45$ k6$\left(\phi 45^{+\,0.017}_{+\,0.003}\right)$인 축을 끼워 맞춤할 때, 최대 틈새와 최대 죔새의 값을 바르게 나열한 것은?

	최대 틈새	최대 죔새
①	0.021	0.017
②	0.021	0.014
③	0.017	0.014
④	0.017	0.007
⑤	0.014	0.007

32 사각나사의 축방향하중이 Q, 마찰각이 p, 리드각이 α일 때, 사각나사가 저절로 풀리는 조건은?

① $Q\tan(p+\alpha)>0$ ② $Q\tan(p+\alpha)<0$
③ $Q\tan(p-\alpha)<0$ ④ $Q\tan(p-\alpha)>0$
⑤ $Q\tan(p-\alpha)=0$

33 다음 중 규격나사의 명칭에 대한 설명으로 옳은 것은?

① $M8\times 3$: 피치가 8mm이고 바깥지름이 3mm인 미터 가는 나사
② $\dfrac{1}{4}-20\,UNC$: 바깥지름이 $\dfrac{1}{4}$인치이고 인치당 나사산 수가 20인 유니파이 가는 나사
③ $\dfrac{1}{2}-10\,UNF$: 인치당 나사산 수가 $\dfrac{1}{2}$이고 바깥지름이 10mm인 유니파이 보통 나사
④ $Tr10\times 1$: 바깥지름이 10mm이고 피치가 1mm인 미터 사다리꼴 나사
⑤ $Tr30\times 2$: 바깥지름이 30인치이고 피치가 2인치인 미터 사다리꼴 나사

34 다음 중 V벨트의 특징에 대한 설명으로 옳은 것은?

① 접촉 면적이 작아서 큰 동력 전달에는 불리하다.
② 평 벨트보다는 잘 벗겨진다.
③ 효율이 크지만 구조가 복잡하다.
④ 미끄럼이 작고 속도비가 크다.
⑤ 고속운전에는 적합하지 않다.

35 다음 중 프로판가스에 대한 설명으로 옳은 것은?

① 폭발한계가 넓어 안전도가 낮은 편이다.
② 연소할 때 필요한 산소의 양은 1 : 2이다.
③ 물에 잘 녹는 편이다.
④ 발열량이 높은 편이다.
⑤ 상온에서는 기체 상태이고 무색, 투명하다.

36 다음 중 표면거칠기에 대한 설명으로 옳지 않은 것은?

① 표면거칠기에 대한 의도를 제조자에게 전달하는 경우 삼각기호를 일반적으로 사용한다.
② R_{max}, R_a, R_z의 표면거칠기 표시 중에서 R_a값이 가장 크다.
③ 표면거칠기는 공작물표면의 임의위치의 기준길이 내에서 채취한 데이터로부터 평가한다.
④ 표면거칠기 검사법으로는 접촉식과 비접촉식 방법 모두 사용된다.
⑤ 표면거칠기값의 최대높이는 R_y로 표시한다.

37 다음 중 배관에서 역류를 방지하고 압력을 통해 자동으로 작동하는 밸브는?

① 셔틀 밸브(Shuttle Valve)　　② 로터리 밸브(Rotary Valve)
③ 스풀 밸브(Spool Valve)　　④ 체크 밸브(Check Valve)
⑤ 스톱 밸브(Stop Valve)

38 다음 중 유압 회로 내의 압력이 설정 압을 넘으면 유압에 의하여 막이 파열되어 유압유를 탱크로 귀환시키며 압력 상승을 막아 기기를 보호하는 역할을 하는 유압요소는?

① 압력 스위치
② 감압밸브
③ 유체 퓨즈
④ 포핏 밸브
⑤ 카운터 밸런스 밸브

39 다음 중 원심 펌프에 대한 설명으로 옳지 않은 것은?

① 비속도를 성능이나 적합한 회전수를 결정하는 지표로 사용할 수 있다.
② 펌프의 회전수를 높임으로써 비테이션을 방지할 수 있다.
③ 송출량 및 압력이 주기적으로 변화하는 현상을 서징현상이라 한다.
④ 평형공(Balance Hole)을 이용하여 축추력을 방지할 수 있다.
⑤ 용량이 작고 양정이 높은 곳에 적합하다.

40 다음 중 베인 펌프의 일반적인 특징에 대한 설명으로 옳은 것은?

① 베인의 마모에 의한 압력저하가 발생되기 쉽다.
② 펌프의 유동력에 비해서 형상치수가 크다.
③ 송출 압력의 맥동이 크다.
④ 작동유의 점도에 제한이 있다.
⑤ 비교적 부품이 적으며, 간단한 구조로 되어 있다.

| 02 | 전기일반

01 60Hz, 4극 유도 전동기가 1,700rpm으로 회전하고 있을 때, 전동기의 슬립은?

① 약 3.42%
② 약 4.56%
③ 약 5.56%
④ 약 6.64%
⑤ 약 7.72%

02 다음 〈보기〉에서 전기력선의 성질에 대한 설명으로 옳은 것을 모두 고르면?

―〈보기〉―
ㄱ. 전기력선은 양(+)전하에서 시작하여 음(-)전하에서 끝난다.
ㄴ. 전기장 내에 도체를 넣으면 도체 내부의 전기장이 외부의 전기장을 상쇄하나 도체 내부에 전기력선은 존재한다.
ㄷ. 전기장 내 임의의 점에서 전기력선의 접선방향은 그 점에서의 전기장의 방향을 나타낸다.
ㄹ. 전기장 내 임의의 점에서 전기력선의 밀도는 그 점에서의 전기장의 세기와 비례하지 않는다.

① ㄱ, ㄴ
② ㄱ, ㄷ
③ ㄱ, ㄹ
④ ㄴ, ㄹ
⑤ ㄷ, ㄹ

03 다음 평판 커패시터의 극판 사이에 서로 다른 유전체를 평판과 평행하게 각각 d_1, d_2의 두께로 채웠다. 각각의 정전용량을 C_1과 C_2라 할 때, $C_1 \div C_2$의 값은?(단, $V_1 = V_2$이고, $d_1 = 2d_2$이다)

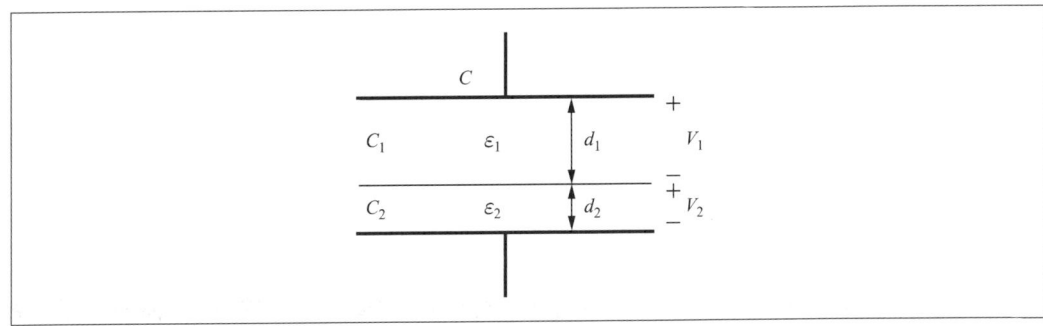

① 0.5
② 1
③ 2
④ 4
⑤ 6

04 다음 〈보기〉에서 도체의 전기저항 $R[\Omega]$과 고유저항 $\rho[\Omega \cdot m]$, 단면적 $A[m^2]$, 길이 $l[m]$의 관계에 대한 설명으로 옳은 것을 모두 고르면?

───────────────── 〈보기〉 ─────────────────
ㄱ. 전기저항 R은 고유저항 ρ에 비례한다.
ㄴ. 전기저항 R은 단면적 A에 비례한다.
ㄷ. 전기저항 R은 길이 l에 비례한다.
ㄹ. 도체의 길이를 n배 늘리고 단면적을 $1/n$배만큼 감소시키는 경우, 전기저항 R은 n^2배로 증가한다.

① ㄱ, ㄴ   ② ㄱ, ㄷ
③ ㄴ, ㄷ   ④ ㄷ, ㄹ
⑤ ㄱ, ㄷ, ㄹ

05 다음 중 물질 중의 자유전자가 과잉된 상태임을 의미하는 용어는?

① 음의 대전상태   ② 발열상태
③ 중성상태   ④ 양의 대전상태
⑤ 전이상태

06 220V, 55W 백열등 2개를 매일 30분씩 10일간 점등했을 때 사용한 전력량과 110V, 55W인 백열등 1개를 매일 1시간씩 10일간 점등했을 때 사용한 전력량의 비는?

① 1 : 1   ② 1 : 2
③ 1 : 3   ④ 1 : 4
⑤ 1 : 5

07 동일한 크기의 전류가 흐르고 있는 왕복 평행 도선에서 간격을 2배로 넓힐 때, 작용하는 힘의 변화는?

① 반으로 줄게 된다.   ② 변함이 없다.
③ 2배로 증가한다.   ④ 3배로 증가한다.
⑤ 4배로 증가한다.

08 다음과 같이 평행한 무한장 직선 도선에 각각 I[A], $8I$[A]의 전류가 흐른다. 두 도선 사이의 점 P에서 측정한 자계의 세기가 0V/m이라면 $\frac{b}{a}$의 값은?

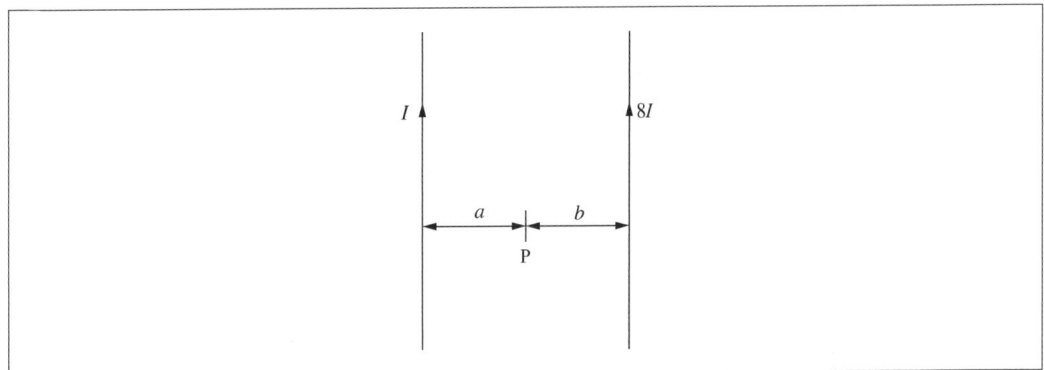

① $\frac{1}{8\pi}$
② $\frac{1}{8}$
③ 8π
④ 8
⑤ 16π

09 다음 중 차단기 문자 기호 'OCB'가 의미하는 것은?

① 진공차단기
② 기중차단기
③ 자기차단기
④ 유입차단기
⑤ 누전차단기

10 권수가 600회인 코일에 3A의 전류를 흘렸을 때, 10^{-3}Wb의 자속이 코일과 쇄교하였다면 인덕턴스는?

① 200mH
② 300mH
③ 400mH
④ 500mH
⑤ 600mH

11 다음 중 비교적 장력이 작고 협소한 장소에 설치하는 지선의 종류로 옳은 것은?

① 궁지선
② 보통지선
③ 공동지선
④ Y지선
⑤ 수평지선

12 다음 중 22.9kV 배전선로의 전압선 및 중성선, 송전선로 전압선 및 가공지선으로 사용되며, 강선과 경알루미늄연선의 합성연선인 전선의 약호는?

① IV
② ACSR
③ DV
④ OW
⑤ GV

13 진상콘덴서에서 2배의 교류전압을 가했을 때, 충전용량의 변화량으로 옳은 것은?

① 4배
② 2배
③ 불변한다.
④ $\frac{1}{2}$ 배
⑤ $\frac{1}{4}$ 배

14 다음 중 연가의 효과에 해당하지 않는 것은?

① 선로정수의 평형
② 임피던스의 평형
③ 유도장해 감소
④ 대지정전용량의 감소
⑤ 소호리엑터 접지 시 직렬공진 방지

15 전기설비기술기준의 판단기준에 의하여 가공전선로에 케이블을 사용하는 경우 케이블은 조가용선에 행거로 시설하여야 한다. 이 경우 사용전압이 고압일 때, 그 행거의 간격은 몇 cm 이하로 시설하여야 하는가?

① 50cm
② 60cm
③ 70cm
④ 80cm
⑤ 90cm

16 다음 중 각 전력계통을 연계할 경우의 장점으로 옳지 않은 것은?

① 사고 시 타 계통으로 사고가 파급되지 않는다.
② 건설비 및 운전 경비가 절감된다.
③ 계통의 신뢰도가 증가한다.
④ 설비 용량이 절감된다.
⑤ 주파수의 변화가 작아진다.

17 다음 중 고압 배전선로의 중간에 승압기를 설치하는 주목적은?

① 선로의 전력손실의 감소
② 역률 개선
③ 말단의 전압강하 방지
④ 부하의 불평형 방지
⑤ 이상전압으로 선로 보호

18 다음 중 송전선로에서 고조파 제거 방법으로 옳지 않은 것은?

① 능동형 필터를 설치한다.
② 고조파 전용변압기를 설치한다.
③ 직렬리엑터를 설치한다.
④ 변압기를 △결선한다.
⑤ 서지흡수기를 설치한다.

19 다음 중 선간 단락 고장을 대칭 좌표법으로 해석할 경우 필요한 것은?

① 정상 임피던스도
② 정상 임피던스도 및 영상 임피던스도
③ 정상 임피던스도 및 역상 임피던스도
④ 역상 임피던스도 및 영상 임피던스도
⑤ 역상 임피던스도 및 영상 임피던스도 및 정상 임피던스도

20 송전용량이 증가함에 따라 송전선의 단락 및 지락전류도 증가하여 계통에 여러가지 장해요인이 되고 있다. 다음 중 단락전류를 억제하기 위한 방법으로 옳지 않은 것은?

① 계통의 전압을 낮춘다.
② 임피던스가 큰 기기를 채택한다.
③ 송전선 또는 모선 간에 한류리엑터를 삽입한다.
④ 고장 시 모선분리방식을 채용한다.
⑤ 계통분할방식을 채택한다.

21 어느 회로의 전류가 다음과 같을 때, 이 회로에 대한 전류의 실횻값은?

$$i = 3 + 10\sqrt{2}\sin\left(\omega - \frac{\pi}{6}\right) + 5\sqrt{2}\sin\left(3\omega t - \frac{\pi}{3}\right) [A]$$

① 약 11.6A
② 약 23.2A
③ 약 32.2A
④ 약 48.3A
⑤ 약 52.3A

22 100V, 10A, 1,500rpm인 직류 분권 발전기의 정격 시의 계자 전류는 2A이고, 계자 회로에는 10Ω의 외부 저항이 삽입되어 있을 때, 계자 권선의 저항은?

① 100Ω
② 80Ω
③ 60Ω
④ 40Ω
⑤ 20Ω

23 다음 중 동기 발전기의 병렬운전 조건으로 옳지 않은 것은?

① 유도기전력의 크기가 같을 것
② 동기 발전기의 용량이 같을 것
③ 유도기전력의 위상이 같을 것
④ 유도기전력의 주파수가 같을 것
⑤ 유도기전력의 파형이 같을 것

24 다음 중 단락비가 큰 동기 발전기에 대한 설명으로 옳지 않은 것은?

① 단락전류가 크다.
② 동기 임피던스가 작다.
③ 전기자 반작용이 크다.
④ 공극이 크다.
⑤ 전압변동률이 작다.

25 다음 중 용량 100kVA인 동일 정격의 단상 변압기 4대로 낼 수 있는 3상 최대 출력 용량은?

① $200\sqrt{3}$ kVA ② $200\sqrt{2}$ kVA
③ $300\sqrt{2}$ kVA ④ 400kVA
⑤ $400\sqrt{3}$ kVA

26 1차 Y, 2차 △로 결선한 권수비가 20 : 1인 서로 같은 단상 변압기 3대가 있다. 이 변압기군에 2차 단자 전압 200V, 30kVA의 평형 부하를 걸었을 때, 각 변압기의 1차 전류는?

① 50A ② 25A
③ 5A   ④ 2.5A
⑤ 0.5A

27 6극, 3상 유도 전동기가 있다. 회전자도 3상이며 회전자 정지 시의 1상의 전압은 200V이다. 전부하 시의 속도가 1,152rpm일 때, 2차 1상의 전압은?(단, 1차 주파수는 60Hz이다)
① 8.0V
② 8.3V
③ 11.5V
④ 15.0V
⑤ 23.0V

28 다음 중 4극 고정자 홈 수 36개의 3상 유도 전동기의 홈 간격은 전기각으로 몇 도인가?
① 5°
② 10°
③ 15°
④ 20°
⑤ 25°

29 다음 중 전류에 의한 자기장 현상에 대한 설명으로 옳지 않은 것은?
① 렌츠(Lenz)의 법칙으로 유도기전력의 방향을 알 수 있다.
② 직선도체에 흐르는 전류 주위에는 원형의 자기력선이 발생한다.
③ 직선도체에 전류가 흐를 때 자기력선의 방향은 앙페르(Ampère)의 오른나사법칙을 따른다.
④ 플레밍(Fleming)의 오른손법칙으로 직선도체에 흐르는 전류의 방향과 자기장의 방향이 수직인 경우, 직선 도체가 자기장에서 받는 힘의 방향을 알 수 있다.
⑤ 플레밍(Fleming)의 왼손법칙은 자기장의 방향과 도선에 흐르는 전류의 방향으로 도선이 받는 힘의 방향을 결정하는 규칙이다.

30 다음 정류 회로에서 전류계의 지시값은?(단, 전류계는 가동 코일형이고, 정류기의 저항은 무시한다)

① 9mA
② 6.4mA
③ 4.5mA
④ 1.8mA
⑤ 1.2mA

31 단상 50Hz, 전파 정류 회로에서 변압기의 2차 상전압 100V, 수은 정류기의 전호 강하 15V에서 회로 중의 인덕턴스는 무시한다. 외부 부하로서 기전력 60V, 내부 저항 0.2Ω 의 축전지를 연결 할 때의 평균 출력은?

① 5,625W
② 7,425W
③ 8,385W
④ 9,205W
⑤ 9,635W

32 다음 회로에서 스위치 S가 충분히 오래 단자 a에 머물러 있다가 $t=0$에서 스위치 S가 단자 a에서 단자 b로 이동하였다. $t>0$일 때 전류 $i_L(t)$[A]의 값은?

① $2+e^{-3t}$
② $2+e^{-2t}$
③ $1+e^{-2t}$
④ $1+e^{-3t}$
⑤ $1+e^{-4t}$

33 다음 회로에서 부하임피던스 Z_L에 최대전력이 전달되기 위한 $Z_L[\Omega]$의 값은?

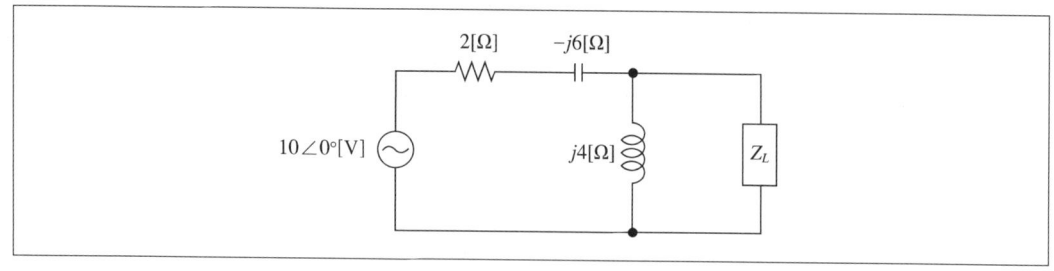

① $4\sqrt{5}$
② $4\sqrt{6}$
③ $5\sqrt{3}$
④ $6\sqrt{3}$
⑤ $6\sqrt{3}$

34 다음 중 (A) ~ (C)가 각각 설명하고 있는 법칙을 바르게 나열한 것은?

(A) 전자유도에 의한 기전력은 자속변화를 방해하는 전류가 흐르도록 그 방향이 결정된다.
(B) 전류가 흐르고 있는 도선에 대해 자기장이 미치는 힘의 방향을 정하는 법칙으로, 전동기의 회전방향을 결정하는 데 유용하다.
(C) 코일에 발생하는 유도기전력의 크기는 쇄교자속의 시간적 변화율과 같다.

	(A)	(B)	(C)
①	렌츠의 법칙	플레밍의 왼손법칙	페러데이의 유도법칙
②	쿨롱의 법칙	플레밍의 왼손법칙	암페어의 주회법칙
③	렌츠의 법칙	플레밍의 오른손법칙	암페어의 주회법칙
④	쿨롱의 법칙	플레밍의 오른손법칙	페러데이의 유도법칙
⑤	플레밍의 왼손법칙	쿨롱의 법칙	렌츠의 법칙

35 다음 직류회로에서 전류 I_A[A]의 값은?

① 13A
② $\frac{13}{2}$ A
③ 5A
④ $\frac{13}{7}$ A
⑤ 1A

36 다음 회로에서 저항(R_1) 양단의 전압 V_{R1}[V]의 값은?

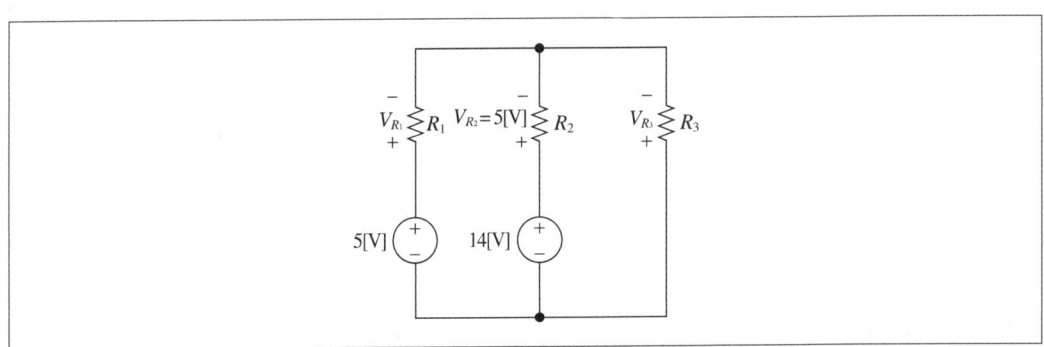

① 4V
② -4V
③ 5V
④ -5V
⑤ 7V

37 다음 중 단상용 전류력계형 역률계에서 전압과 전류가 동위상일 경우의 역률은?

① 0
② 1
③ $+\infty$
④ $-\infty$
⑤ 2

38 다음 중 3상 교류 발전기의 기전력에 대하여 90° 늦은 전류가 통할 때, 반작용 기자력은?

① 자극축과 일치하는 감자작용
② 자극축보다 90° 빠른 증자작용
③ 자극축보다 90° 늦은 감자작용
④ 자극축과 직교하는 교차자화작용
⑤ 자극축과 일치하는 증자작용

39 교류 회로에서 전압과 전류의 위상차를 θ[rad]라 할 때, $\cos\theta$가 의미하는 것은?

① 전압변동률
② 왜곡률
③ 효율
④ 역률
⑤ 맥동률

40 다음 중 합성수지 전선관공사에서 CD관과 관을 연결할 때 필요한 부속품은?

① 커플링
② 커넥터
③ 리머
④ 노멀 벤드
⑤ 샤프 벤드

03 | 전자일반

01 어느 금속 단면에 3A의 전류가 흐른다면 이 단면을 1초 동안 통과하는 전자의 개수는?

① 1.87×10^{17} 개
② 1.87×10^{19} 개
③ 2.05×10^{17} 개
④ 2.05×10^{19} 개
⑤ 3.46×10^{19} 개

02 $0.4\text{Wb}/\text{m}^2$의 평등자계 속에 자계와 수직 방향으로 놓인 30cm 길이의 도선이 자계와 $30°$의 방향으로 30m/s로 이동할 때, 도체의 양단에 유기되는 기전력은 얼마인가?

① 1.2V
② 1.5V
③ 1.8V
④ 2.1V
⑤ 2.4V

03 다음 중 전류에 의한 자계의 방향을 결정하는 법칙은?

① 렌츠의 법칙
② 비오 사바르의 법칙
③ 키르히호프의 법칙
④ 플레밍의 오른손법칙
⑤ 암페어의 오른나사법칙

04 무한평면도체의 표면에서 수직거리 a[m] 떨어진 곳에 점전하 $+Q$[C]가 있을 때, 영상전하와 평면도체 사이에 작용하는 힘의 크기와 방향으로 옳은 것은?(단, 공간 매질의 유전율은 ε[F/m]이다)

① $\dfrac{Q^2}{16\pi\varepsilon a^2}$[N], 흡인력 ② $\dfrac{Q^2}{4\pi\varepsilon a^2}$[N], 흡인력

③ $\dfrac{Q^2}{4\pi\varepsilon a^2}$[N], 반발력 ④ $\dfrac{Q^2}{16\pi\varepsilon a^2}$[N], 반발력

⑤ $\dfrac{Q^2}{8\pi\varepsilon a^2}$[N], 반발력

05 다음 중 레이저에 대한 설명으로 옳지 않은 것은?

① 레이저는 코히런트 성을 가진다.
② 기체 레이저는 연속적으로 광파를 방출할 수 있다.
③ 레이저는 지향성을 가진다.
④ 레이저는 자연 방출을 이용한다.
⑤ 반도체 레이저는 활성 매질의 상태가 고체이다.

06 2개의 자극판이 놓여 있을 때, 투자율 μ[H/m], 자속밀도 B[Wb/m^2], 자계의 세기 H[AT/m]인 곳의 자계의 에너지밀도[J/m^3]의 값은?

① $\dfrac{1}{2}\mu^2 H$[J/m^3] ② $\dfrac{1}{2}B^2 H$[J/m^3]

③ $\dfrac{\mu H}{2}$[J/m^3] ④ $\dfrac{1}{2}\mu H^2$[J/m^3]

⑤ $\dfrac{H^2}{2\mu}$[J/m^3]

07 다음 중 스토크스의 정리식으로 옳은 것은?

① $\int B \cdot ds = \int_s (\nabla \times H) \cdot ds$
② $\oint_c H \cdot dl = \int_s (\nabla \times H) \cdot ds$
③ $\oint_c H \cdot ds = \int\int_s (\nabla \cdot H) \cdot ds$
④ $\oint_c H \cdot ds = \int (\nabla \cdot H) \cdot dl$
⑤ $\oint H \cdot dl = \int_s (\nabla \times H) \cdot ds$

08 길이가 4cm이고, 자극의 세기가 6×10^{-6}Wb인 막대자석을 100AT/m의 평등자계 안에 30°의 각도로 놓았을 때, 이 막대자석이 받는 회전력은 얼마인가?

① 3.2×10^{-4} N·m
② 2.4×10^{-4} N·m
③ 2.4×10^{-5} N·m
④ 1.2×10^{-4} N·m
⑤ 1.2×10^{-5} N·m

09 다음 4단자 회로망의 4단자 정수(또는 $ABCD$ 파라미터) 중 정수 A와 C의 정의로 옳은 것은?

$\quad\quad\quad A \quad\quad\quad\quad C \quad\quad\quad\quad\quad\quad A \quad\quad\quad\quad C$

① $\dfrac{V_1}{V_2}\big|_{I_2=0}$ $\quad \dfrac{V_2}{I_1}\big|_{I_2=0}$ ② $\dfrac{V_1}{V_2}\big|_{I_2=0}$ $\quad \dfrac{I_1}{V_2}\big|_{I_2=0}$

③ $\dfrac{I_1}{I_2}\big|_{I_2=0}$ $\quad \dfrac{V_1}{I_2}\big|_{I_2=0}$ ④ $\dfrac{V_2}{V_1}\big|_{I_2=0}$ $\quad \dfrac{I_1}{V_2}\big|_{I_2=0}$

⑤ $\dfrac{V_1}{I_2}\big|_{I_2=0}$ $\quad \dfrac{I_1}{I_2}\big|_{I_2=0}$

10 다음 회로에서 부하에 전력을 최대로 공급할 수 있는 저항 R의 값은?

① 3Ω ② 9Ω
③ 27Ω ④ 72Ω
⑤ 81Ω

11 다음 회로에서 단자 A, B에 대해 테브난 등가회로로 변경했을 때, 등가저항과 등가전압의 값을 바르게 나열한 것은?

	등가저항(Ω)	등가전압(V)		등가저항(Ω)	등가전압(V)
①	16	6	②	17	5
③	16	4	④	15.5	5
⑤	17	4			

12 다음 회로에서 단자 1과 2 사이의 인덕턴스 L의 값으로 옳은 것은?

① $L_1 + L_2$ [H]
② $L_1 + L_2 + \dfrac{M}{2}$ [H]
③ $L_1 + L_2 - 2M$ [H]
④ $L_1 + L_2 + 2M$ [H]
⑤ $L_1 + L_2 \pm \sqrt{L_1 L_2}$ [H]

13 광전자 방출 현상에서 방출된 전자의 운동에너지(E_k)는 다음과 같다. 방출된 전자의 운동에너지 공식에서 E_w이 의미하는 것은?(단, ν는 광자의 주파수, h는 플랑크 상수이다)

$$E_k = h\nu - E_w$$

① 광전물질의 일함수
② 광자의 탄성 에너지
③ 광전물질 내부의 전자 에너지
④ 광전물질의 열에너지
⑤ 광자의 충돌 에너지

14 다음 회로에서 스위치(S)를 닫은 후의 전류 $i(t)$의 값은?[단, $i(0)=0$이다]

① $\frac{E}{R}e^{-\frac{R}{L}t}$ [A] ② $\frac{E}{R}e^{-\frac{L}{R}t}$ [A]

③ $\frac{E}{R}(1-e^{-\frac{R}{L}t})$ [A] ④ $\frac{E}{R}(1-e^{-\frac{L}{R}t})$ [A]

⑤ $\frac{R}{E}(1-e^{-\frac{R}{L}t})$ [A]

15 다음 중 $4+j3$을 극좌표 형식으로 나타낸 것은?

① $4\angle 89.4°$ ② $5\angle 36.9°$
③ $6\angle 153.4°$ ④ $7\angle 78.6°$
⑤ $8\angle 36.9°$

16 다음 회로에서 등가(합성) 인덕턴스 L_{eq}[H]의 값으로 옳은 것은?

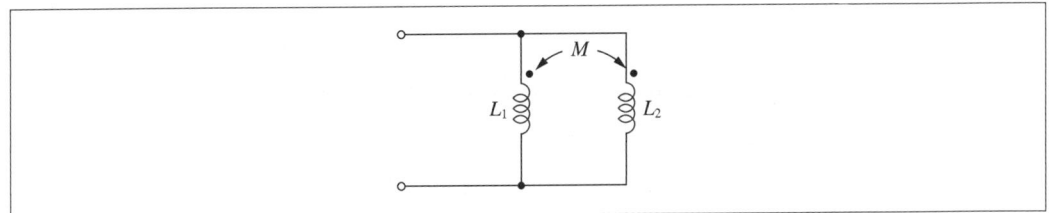

① $\dfrac{L_1 L_2 + M^2}{L_1 + L_2 - 2M}$ [H]   ② $\dfrac{L_1 L_2 - M^2}{L_1 + L_2 - 2M}$ [H]

③ $\dfrac{L_1 L_2 + M^2}{L_1 + L_2 + 2M}$ [H]   ④ $\dfrac{L_1 L_2 - M^2}{L_1 + L_2 + 2M}$ [H]

⑤ $\dfrac{L_1 L_2 - M^2}{L_1 - L_2 - 2M}$ [H]

17 다음 중 드리프트(Drift)가 일어나는 원인으로 옳지 않은 것은?

① 전원 전압의 변동   ② 트랜지스터 특성 변화
③ 저항기의 특성 변화   ④ 부품의 경년 변화
⑤ 대역폭의 변화

18 결합계수 $k=0.25$인 전자 결합회로에서 상호인덕턴스 $M=10\text{mH}$이고, 자체 리액턴스 $L_1=80\text{mH}$일 때, 자체 인덕턴스 L_2의 값은?

① 5mH   ② 10mH
③ 20mH   ④ 30mH
⑤ 45mH

19 다음 중 발진회로에 대한 설명으로 옳지 않은 것은?

① 외부에서 입력 신호가 없어도 출력 신호가 나오는 회로이다.
② 발진회로의 출력이 직접 부하와 결합되면 부하의 변동으로 인하여 발진주파수가 변동된다.
③ 증폭회로에서 출력의 일부를 입력측에 정궤환시키면 발진이 발생한다.
④ 발진회로는 정전압 회로를 사용하고, 온도가 일정한 곳에 두어 변동에 대처한다.
⑤ 궤환 속도에 따라 컬렉터 동조, 베이스 동조 등의 발진회로가 있다.

20 다음 중 광전자 방출에 대한 설명으로 옳지 않은 것은?

① 금속 표면에 빛이 입사되면 전자가 방출되는 현상이다.
② 광전자 방출은 금속의 일함수의 영향을 받는다.
③ 한계 파장보다 긴 파장의 빛을 입사시켜야 한다.
④ 금속 표면에 입사되는 빛의 진동수가 한계 진동수보다 높아야 한다.
⑤ 양자효율은 입사광자수 대비 방출전자수로 나타낸다.

21 다음 중 정전압 전원 회로에서 무부하 시의 단자 전압이 15V, 전부하일 때의 단자 전압이 10V라면 전압 변동률은 몇 %인가?

① 30% ② 40%
③ 50% ④ 60%
⑤ 70%

22 다음 중 정궤환과 부궤환에 대한 설명으로 옳지 않은 것은?

① 정궤환은 증폭회로의 이득이 궤환을 걸지 않을 때보다 커진다.
② 정궤환은 재생 궤환이라고도 하며, 재생 검파기 등에 응용된다.
③ 부궤환은 출력의 일부를 입력측으로 위상을 반대로 하여 되돌리는 것이다.
④ 부궤환은 증폭기에 있어 일그러짐 발생의 원인이 될 수 있다.
⑤ 증폭기에서 부궤환을 하면 이득이 감소된다.

23 다음 중 QAM(직교 진폭 변조)에 대한 설명으로 옳지 않은 것은?

① 반송파의 진폭과 위상을 동시에 변조하는 것이다.
② ASK(Amplitude Shift Keying)와 PSK(Phase Shift Keying)가 결합된 방식이다.
③ 비트 전송 속도가 다소 떨어지지만, 많은 정보를 전달할 수 있다.
④ 16-QAM의 경우, 피변조파 1파당 4값의 진폭, 4값의 위상을 각각 판별할 수 있다.
⑤ 최근에는 자동 등화 기술이 발달되어 64-QAM, 256-QAM 등이 있다.

24 다음 글에서 설명하는 변조방식으로 옳은 것은?

> 일정진폭의 반송파 위상을 2등분, 4등분, 8등분 등으로 나누어 각각 다른 위상에 0 또는 1을 할당하거나 2비트 또는 3비트를 한꺼번에 할당하여 상대방에 보내고, 수신측에서는 이를 약속된 원래의 데이터 신호의 상태로 만들어주는 변조방식이다. 즉, 신호파의 파형에 따라 반송파의 위상을 변조시키는 방법이다.

① PSK(Phase Shift Keying)
② ASK(Amplitude Shift Keying)
③ FSK(Frequency Shift Keying)
④ PCM(Pulse Code Modulation)
⑤ FDM(Frequency Division Multiplex System)

25 다음 중 Fermi 준위에 대한 설명으로 옳은 것은?

① 진성반도체의 Fermi 준위는 전도대의 중앙에 위치한다.
② N형 반도체의 Fermi 준위는 불순물 농도와 상관없이 일정하다.
③ 진성반도체의 Fermi 준위는 온도에 관계없이 일정하다.
④ P형 반도체의 Fermi 준위는 불순물 농도와 상관없이 일정하다.
⑤ N형 반도체의 Fermi 준위는 억셉터 준위 밑에 있다.

26 다음 중 파울리의 베타원리에 대한 설명으로 옳지 않은 것은?

① 원자 내 전자 배열의 법칙이다.
② 원자 내에서 2개의 전자가 동일한 양자상태에 있을 수 있다.
③ 하나의 양자 궤도에 Spin이 다른 2개의 전자가 존재할 수 있다.
④ 원자 내 존재하는 어떠한 전자도 4개의 양자수가 전부 같을 수 없다.
⑤ 주양자수는 0이 아닌 양의 정수이다.

27 다음 중 서미스터(Thermistor)에 대한 설명으로 옳지 않은 것은?

① 반도체의 일종이다.
② 온도제어 회로, 온도감지기 등에 사용된다.
③ 일반적으로 정(+)의 온도계수를 가진다.
④ NTC 서미스터와 PTC 서미스터가 있다.
⑤ 온도변화에 저항값이 변화한다.

28 다음 중 PN접합 다이오드에 역방향 바이어스 전압을 공급할 때 나타나는 현상으로 옳지 않은 것은?

① 접합용량이 증가
② 공간전하의 영역 증가
③ 전위장벽이 증가
④ 공핍층이 증가
⑤ 이온화 증가

29 다음 중 운동 전자의 드브로이 파장이 2×10^{-8}m일 때 전자의 속도는?(단, 플랑크 상수 $h = 6.6 \times 10^{-34}$J·sec, 전자의 질량 $m = 9.1 \times 10^{-31}$kg이다)

① 3.6×10^6 m/s
② 3.6×10^4 m/s
③ 4.6×10^6 m/s
④ 6.6×10^4 m/s
⑤ 8.2×10^5 m/s

30 다음 중 절대온도 300K에서 페르미 준위보다 0.03eV만큼 낮은 에너지 준위에 전자가 점유하는 확률은? (단, $KT = 0.026$이다)

① 약 0.32
② 약 0.5
③ 약 0.69
④ 약 0.77
⑤ 약 0.95

31 다음 중 전기장의 세기가 $E=400\text{V/m}$인 곳에 놓인 전자에 가해지는 가속도(a)는?(단, 전하량은 $1.602\times 10^{-19}\text{C}$, 전자의 질량은 $9.11\times 10^{-31}\text{kg}$이다)

① $52.1\times 10^{12}\text{m/s}^2$
② $60.5\times 10^{12}\text{m/s}^2$
③ $67.8\times 10^{12}\text{m/s}^2$
④ $70.3\times 10^{12}\text{m/s}^2$
⑤ $74.9\times 10^{12}\text{m/s}^2$

32 다음 중 자기회로의 자기저항에 대한 설명으로 옳지 않은 것은?

① 자기회로 길이에 비례한다.
② 자기회로 단면적에 비례한다.
③ 자기회로 투자율에 반비례한다.
④ 자기선속 대비 기전력의 비율이다.
⑤ 자기저항의 역수는 퍼미언스이다.

33 다음 중 열전자 방출에서 양극전위를 높이면 전류가 완전히 포화되지 않고 조금씩 증가하고, 전위장벽이 저하하는 현상은?

① Zener 현상
② Piezo 효과
③ Schottky 효과
④ Shot 효과
⑤ Edison 효과

34 다음 중 연관기억장치(Associative Memory)에 대한 설명으로 옳지 않은 것은?

① 기억된 내용의 일부를 이용하여 원하는 정보가 기억된 위치를 찾아내서 접근하는 기억장치이다.
② 보통 한 CPU에 2개 이상의 연관기억장치가 사용된다.
③ 연관기억장치를 이용하면 검색 시간을 단축할 수 있다.
④ 임의접근기억장치(DRAM)보다 가격이 비싼 것이 단점이다.
⑤ 주기억장치보다 속도가 빨라 많은 양의 정보를 검색할 때나 데이터베이스에 주로 사용한다.

35 다음 중 2진수 10111101001를 16진수로 변환시킨 것은?

① 5D9$_{(16)}$　　　　② AE9$_{(16)}$
③ 5E9$_{(16)}$　　　　④ B59$_{(16)}$
⑤ AD9$_{(16)}$

36 다음 용어에 대한 설명으로 옳지 않은 것은?

① 문제분석 : 주어진 문제가 무엇인가를 분석한다.
② 알고리즘 : 분석된 문제에 대해 논리적으로 해결책을 표현한다.
③ 코딩 : 알고리즘을 기호로 나타낸다.
④ 문서화 : 프로그램을 유지 보수할 목적으로 문서화하여 보관한다.
⑤ C언어 : 시스템 기술에 적합한 프로그래밍 언어이다.

37 다음 중 CPU의 B레지스터에 2의 보수 101011101이 저장되어 있을 때, B레지스터에 산술적 우측 시프트를 세 번 수행한 결과는?

① 10001010　　　　② 00010101
③ 11100011　　　　④ 01110101
⑤ 11110101

38 Biot-Savart의 법칙에 의하면 전류소에 의해서 임의의 한 점(P)에 생기는 자계의 세기를 구할 수 있다. 다음 중 Biot-Savart 법칙에 대한 설명으로 옳은 것은?

① 자계의 세기는 전류의 크기에 반비례한다.
② 전류에 의해 생성되는 자기장은 전류와 수직이다.
③ MKS 단위계를 사용할 경우 비례상수는 $\frac{\pi}{2}$이다.
④ 자계의 방향은 전류소 및 이 전류소와 점 P를 연결하는 직선과 평행하다.
⑤ 자계의 세기는 전류소와 점 P와의 거리에 반비례한다.

39 다음 중 C언어에 대한 설명으로 옳지 않은 것은?

① 프로그래밍하기 쉬운 편리한 언어로 평가되고 있다.
② ASCII코드 체계로 영문 대문자 집합을 바탕으로 하고 있다.
③ 함수(Function)의 정의문들의 집합으로 구성되어 있다.
④ 컴파일 단위가 다른 함수의 외부 변수를 참조할 수 있게 되어 있다.
⑤ 함수 호출 시 매개변수의 값만 넘겨주는 호출 방식을 따르고 있다.

40 다음 중 부동 소수점(Floating Point)에 대한 설명으로 옳지 않은 것은?

① 소수점의 위치를 고정시키지 않으며 가수와 지수를 사용하여 실수를 표현한다.
② 기존의 고정 소수점 방식보다 아주 크거나 작은 수를 나타낼 수 있어, 과학 분야로 응용되어 사용된다.
③ 메모리의 효율성이 높으며 음수의 표현이 간단하다.
④ 유효숫자인 가수의 자릿수가 정해져 있다.
⑤ 하드웨어의 비용이 저렴하고 고정 소수점 방식에 비해 연산 속도가 빠르다.

04 | 통신일반

01 다음 중 가우시안 분포(Gaussian Distribution)에 대한 설명으로 옳은 것은?
① 도수 분포의 그래프가 평균값을 중심으로 좌우 대칭을 이루는 것
② 주어진 자료를 몇 개의 계급으로 나누고 각 계급의 도수를 조사하여 나타낸 표
③ 도수 분포의 상태를 기둥 모양의 그래프로 나타낸 것
④ 확률 변수 X가 특정한 값을 가질 확률을 나타내는 분포
⑤ 일정한 확률 p를 가진 독립 시행을 n번 반복할 때의 확률 분포

02 다음 중 반이중(Half-Duplex) 통신의 특징에 대한 설명으로 옳지 않은 것은?
① 실질적으로는 단방향 통신이므로 1개의 링크를 사용한다.
② 스테이션에서 송수신 전환을 위한 지연이 있다.
③ 전송할 수 있는 데이터의 전송량이 비교적 적다.
④ 통신 회선의 용량이 클 때 사용한다.
⑤ 대표적으로 휴대용 무전기가 있다.

03 다음 중 LAN에 대한 설명으로 옳지 않은 것은?
① 지역적으로 비교적 넓은 범위의 통신망에 사용된다.
② 데이터의 고속 전송에 이용된다.
③ 적용 범위는 반경 1km 정도이다.
④ 10~100Mbps의 전송 속도를 가진다.
⑤ 토폴로지(Topology)에 따라 링형, 버스형, 스타형 등으로 분류된다.

04 다음 중 USB와 IEEE1394에 대한 설명으로 옳지 않은 것은?
① USB는 병렬 전송에 대한 규약이다.
② IEEE1394는 최대 400Mbps까지 지원이 가능하다.
③ USB를 이용하여 주변 기기와의 연결이 가능하다.
④ IEEE1394는 Apple사에서 Fore Wire라는 이름으로 개발되었다.
⑤ IEEE1394는 직렬 버스 방식으로 사용 편의성이 우수하다.

05 다음 중 마이크로파 통신방식의 특징으로 옳지 않은 것은?

① 예리한 지향성 공중선을 사용할 수 있다.
② S/N 개선도를 크게 할 수 있다.
③ 광대역 신호 전송이 곤란하다.
④ 대기 중의 전파 손실이 적다.
⑤ 이온층의 영향을 받지 않고 그대로 이온층을 통과한다.

06 다음 중 병렬 전송 방식의 특징으로 옳지 않은 것은?

① 비교적 데이터 전송 속도가 빠르다.
② 직렬 전송과 동일한 비용으로 데이터를 전송할 수 있다.
③ 비교적 짧은 거리의 데이터 전송에 사용된다.
④ 여러 개의 비트가 동시에 여러 회선을 통하여 전송된다.
⑤ 동기화 신호가 필요하다.

07 다음 중 FSK 변조에 대한 설명으로 옳지 않은 것은?

① 통상 1,200bps 이내의 동기식 모뎀에서 사용된다.
② ASK 방식에 비하여 에러에 둔감하다.
③ 고주파 라디오 전송에도 이용된다.
④ LAN에서의 데이터 신호 전송에 사용된다.
⑤ 클록 펄스 신호의 1, 0(2진수)를 주파수의 고저로 치환하는 것이다.

08 다음 중 압축 팽창 방법과 델타 변조 방식에 대한 설명으로 옳지 않은 것은?

① 압축 팽창 방법은 출력 신호에 이득을 다르게 주는 방법이다.
② 압축 팽창 방법을 사용하면 신호의 밀도가 압축된다.
③ 델타 변조 방법은 진폭의 변화치가 출력된다.
④ 델타 변조 방식에서는 피드백 메커니즘이 사용된다.
⑤ 델타 변조 방식은 아날로그 신호를 디지털 신호로 변환해서 변조하는 것이다.

09 다음 중 네트워크 OSI 7계층에서 응용 계층의 프로토콜에 해당하지 않는 것은?

① HTTP
② FTP
③ UDP
④ DNS
⑤ SMTP

10 다음 중 디지털 데이터를 아날로그 신호로 변조하여 전송할 때 사용되는 통신망은?

① PSTN
② PSDN
③ ISDN
④ 마이크로파 통신망
⑤ VPN

11 다음 중 에러를 발생시키는 원인에 해당하지 않는 것은?

① 전송 지연
② 열잡음
③ 지연 왜곡
④ 상호 변조 잡음
⑤ 누화

12 다음 중 1,600baud의 변조 속도로 4상차 분위상 변조된 데이터의 신호 속도는?

① 800bps
② 1,200bps
③ 3,200bps
④ 4,800bps
⑤ 6,400bps

13 시분할 변조 방식에서 변조 신호의 상한 주파수를 fm으로 하고 표본화 주파수를 fs로 표시할 때, 표본화 정리에 해당하는 주파수는?

① $f_s = f_m$
② $2f_s = f_m$
③ $f_s = 2f_m$
④ $f_s = \dfrac{1}{4}f_m$
⑤ $2f_s = \dfrac{1}{2}f_m$

14 다음 중 슈퍼 헤테로다인 수신기에서 수신 신호파가 800kHz, 국부 발진 주파수가 1,255kHz라면 영상 주파수는?

① 455kHz
② 1,472kHz
③ 1,710kHz
④ 3,310kHz
⑤ 3,620kHz

15 다음 중 텍스트의 시작을 나타내는 전송 제어 문자는?

① SOH
② STX
③ EOT
④ SYN
⑤ ACK

16 다음 중 진폭 변조에서 반송파 전력을 P_c, 피변조파 전력을 P_m이라 할 때의 피변조파 전력은?(단, m은 100%이다)

① $P_m = \dfrac{3}{2}P_c$
② $P_m = P_c$
③ $P_m = \dfrac{1}{4}P_c$
④ $P_m = 4P_c$
⑤ $P_m = \dfrac{1}{2}P_c$

17 다음 중 마이크로웨이브(Microwave) 통신 방식의 특징으로 옳지 않은 것은?

① 공중선 이득을 높일 수 있다.
② 지향성은 좋지 않으나, S/N비 개선도가 크다.
③ 광대역성을 얻기가 용이하다.
④ 전파 특성이 안정하다.
⑤ 직선성, 반사성을 가진다.

18 다음 중 위성 통신에 사용하는 주파수로 옳은 것은?

① 100MHz ~ 1GHz
② 1GHz ~ 10GHz
③ 10GHz ~ 100GHz
④ 100MHz ~ 1THz
⑤ 100MHz ~ 10THz

19 다음 중 SWR > 1일 경우 도선에 실리게 되는 성분파는?

① 반사파
② 진행파
③ 정재파
④ 편파
⑤ 정현파

20 다음 중 위성 통신의 다원접속방식 중 복수 개의 반송파를 스펙트럼이 서로 겹치지 않도록 주파수 축상에 배치함으로써 실현되는 다원 접속방식은?

① 주파수 분할 다원접속(FDMA)
② 시분할 다원접속(TDMA)
③ 부호분할 다원접속(CDMA)
④ 임의분할 다원접속(SDMA)
⑤ 광대역 코드분할 다중접속(WCDMA)

21 수평 톱니파의 주파수가 15,750Hz이고 귀선 기간이 16%일 때, 1회의 유효 주사선 기간은?

① 9.5μs   ② 0.2μs
③ 53.3μs   ④ 63.5μs
⑤ 73.2μs

22 다음 중 레이더에서 가장 널리 사용되는 지시방식으로 거리와 방위를 알고자 할 때 사용되는 방식은?

① A 스코프   ② PPI 방식
③ VOR 방식   ④ NDB 방식
⑤ RHI 방식

23 다음 중 AM 수신기의 보조회로 중 수신기의 직선성을 보호하고 출력신호 레벨을 일정하게 유지하여 통신의 질 저하를 막아주는 회로는?

① 자동이득조절(AGC)   ② 자동선택조절(ASC)
③ 자동주파수조절(AFC)   ④ 자동잡음억제회로(ANL)
⑤ 자동음량조절(AVC)

24 다음 중 멀티바이브레이터(Multivibrator)에 대한 설명으로 옳지 않은 것은?

① 회로의 시정수로 주기가 결정된다.
② 고차의 고조파를 포함하고 있다.
③ 음 되먹임의 일종이다.
④ 전원 전압이 변동해도 발진 주파수에는 큰 변화가 없다.
⑤ 발진 동작의 종류에 따라 비안정, 단안정, 쌍안정으로 분류된다.

25 다음 중 푸시풀(Push-Pull) 전력 증폭기에서 일그러짐이 적은 원인이 되는 것은?

① 비전형파를 상쇄한다.
② 기수 고조파를 상쇄한다.
③ 기본파를 상쇄한다.
④ 직류 여자에 의해서이다.
⑤ 우수 고조파를 상쇄한다.

26 다음 중 제어계의 출력 신호와 입력 신호의 비를 무엇이라 하는가?

① 단조 함수
② 제어 함수
③ 적분 함수
④ 미분 함수
⑤ 전달 함수

27 다음 중 접합 트랜지스터(BJT)에 대한 전계 효과 트랜지스터(FET)의 특성으로 옳지 않은 것은?

① 입력 저항이 비교적 낮다.
② 잡음이 적다.
③ 이득이나 대역폭이 비교적 작다.
④ 열적인 안정도가 크다.
⑤ 증폭도가 떨어진다.

28 다음 중 급전선의 필요조건으로 옳지 않은 것은?

① 전송 효율이 좋을 것
② 급전선의 파동 임피던스가 클 것
③ 송신일 때는 절연 내력이 클 것
④ 유도 방해를 받거나 주지 말 것
⑤ 누설이 적고, 정합이 될 것

29 다음 중 단상 반파 정류 회로에서 부하의 저항값이 무한대일 경우의 정류 효율은?

① 12.7%
② 24.8%
③ 36.4%
④ 40.6%
⑤ 44.8%

30 다음 중 이미터 접지형 증폭기에서 hie=4000, hfe=20이고, 출력단의 부하 저항이 50kΩ인 증폭기의 전압 증폭률은?

① −250
② −200
③ −150
④ −100
⑤ −50

31 다음 중 증폭도가 70이고 저역 차단 주파수가 200Hz인 증폭기를 궤환비 0.01인 궤환 증폭기로 변경할 경우 저역 차단 주파수값은?

① 약 114Hz
② 약 117Hz
③ 약 220Hz
④ 약 255Hz
⑤ 약 264Hz

32 다음 중 발진 코일의 용량이 20mH이고 병렬 컨덴서의 용량이 10pF인 베이스 동조형 반결합 발진기의 발진 주파수는?

① 188kHz
② 256kHz
③ 356kHz
④ 487kHz
⑤ 532kHz

33 다음 중 펄스폭이 $20\mu s$인 펄스의 주파수가 20kHz일 때 충격 계수는?

① 0.1　　　　　　　　　　② 0.2
③ 0.3　　　　　　　　　　④ 0.4
⑤ 0.5

34 다음 중 비검파 회로에 대한 설명으로 옳지 않은 것은?

① 일명 리미터 회로라고도 한다.
② 복조 감도가 포스터-실리 회로의 2배가 된다.
③ 별도의 진폭 제한 회로를 사용할 필요가 없다.
④ TV의 음성 회로나 FM 수신기에서 많이 사용된다.
⑤ 입력 전압과 출력 전압이 비례하지 않는 비선형 요소가 사용된다.

35 다음 중 무지향성 비컨의 종류로 옳지 않은 것은?

① VOR　　　　　　　　　　② 무지향성 라디오 비컨
③ 회전식 라디오 비컨　　　　④ LORAN
⑤ AN식 레인지 비컨

36 다음 중 주파수 변조 방식에서 신호의 주파수를 2[kHz]라고 하고 변조시의 최대 주파수 편이를 24[kHz]라고 할 때 주파수 변조 지수와 변조파가 차지하는 주파수 점유 대역폭을 바르게 나열한 것은?

	주파수 변조 지수	주파수 점유 대역폭
①	12Hz	26kHz
②	12Hz	52kHz
③	6Hz	26kHz
④	6Hz	52kHz
⑤	6Hz	78kHz

37 다음 중 유도착륙장치를 나타내는 것은?

① GCA
② DME
③ ILS
④ Decca
⑤ LN

38 다음 중 펄스 변조방식 중 중파 방송에 많이 사용되는 방식은?

① PAM 방식
② PDM 방식
③ PPM 방식
④ PCM 방식
⑤ FDM 방식

39 다음 중 표준 TV 방식에서 비월주사의 비율은?

① 1 : 1
② 2 : 1
③ 3 : 1
④ 4 : 1
⑤ 5 : 1

40 다음 중 수직 접지 안테나의 임피던스로 옳은 것은?

① $36.6\,\Omega$
② $72.3\,\Omega$
③ $150\,\Omega$
④ $200\,\Omega$
⑤ $300\,\Omega$

| 05 | 건축일반

01 다음 중 다포양식의 건축물로 옳지 않은 것은?

① 내소사 대웅전
② 경복궁 근정전
③ 전등사 대웅전
④ 무위사 극락전
⑤ 화암사 극락전

02 다음 중 H형강의 플랜지에 커버플레이트를 붙이는 주목적으로 옳은 것은?

① 수평부재 간 접합 시 틈새를 메우기 위하여
② 슬래브와의 전단접합을 위하여
③ 웨브플레이트의 전단내력 보강을 위하여
④ 휨내력의 보강을 위하여
⑤ 강판 사이의 각도를 유지하는 강도를 높이기 위하여

03 다음 중 약전설비(소세력 전기설비)에 해당하지 않는 것은?

① 조명설비
② 전기음향설비
③ 감시제어설비
④ 주차관제설비
⑤ 정보통신설비

04 다음 중 층수가 12층이고 6층 이상의 거실면적의 합계가 12,000m^2인 교육연구시설에 설치하여야 하는 8인승 승용승강기의 최소 대수는?

① 2대
② 3대
③ 4대
④ 5대
⑤ 6대

05 다음 중 종합병원의 건축계획에 대한 설명으로 옳지 않은 것은?

① 부속진료부는 외래환자 및 입원환자 모두가 이용하는 곳이다.
② 간호사 대기소는 각 간호단위 또는 각층 및 동별로 설치한다.
③ 집중식 병원건축에서 부속진료부와 외래부는 주로 건물의 저층부에 구성된다.
④ 병실 천장은 조도가 낮고 반사율이 낮은 마감재료를 사용한다.
⑤ 외래진료부의 운영방식에 있어서 미국의 경우는 대개 클로즈드 시스템인 데 비하여, 우리나라는 오픈 시스템이다.

06 다음 중 모듈 시스템이 적용되는 건축물로 옳지 않은 것은?

① 극장　　　　　　　　　　② 학교
③ 도서관　　　　　　　　　④ 사무소
⑤ 백화점

07 다음은 대지와 도로의 관계에 대한 기준 내용이다. 빈칸 ㉠, ㉡에 들어갈 값을 바르게 나열한 것은?(단, 축사, 작물 재배사, 그 밖에 이와 비슷한 건축물로서 건축조례로 정하는 규모의 건축물은 제외)

> 연면적의 합계가 2,000m² (공장인 경우에는 3,000m²) 이상인 건축물의 대지는 너비 ___㉠___ 이상의 도로에 ___㉡___ 이상 접하여야 한다.

	㉠	㉡		㉠	㉡
①	2m	4m	②	4m	2m
③	4m	6m	④	6m	4m
⑤	6m	6m			

08 다음 내민보에서 A지점의 반력값으로 옳은 것은?

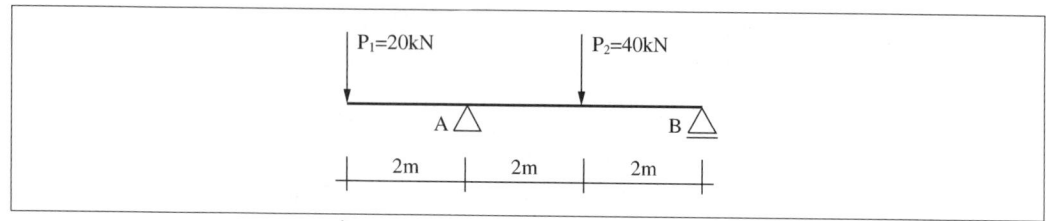

① 20kN ② 30kN
③ 40kN ④ 50kN
⑤ 60kN

09 다음 중 콘크리트 블록벽체 $2m^2$를 쌓는 데 소요되는 콘크리트 블록 장수로 옳은 것은?(단, 블록은 기본형이며, 할증은 고려하지 않음)

① 26장 ② 30장
③ 34장 ④ 38장
⑤ 40장

10 다음 중 부설주차장 설치대상 시설물이 종교시설인 경우, 부설주차장 설치기준으로 옳은 것은?

① 시설면적 $50m^2$당 1대
② 시설면적 $100m^2$당 1대
③ 시설면적 $150m^2$당 1대
④ 시설면적 $200m^2$당 1대
⑤ 시설면적 $250m^2$당 1대

11 다음 중 CM(Construction Management)의 주요업무로 옳지 않은 것은?

① 설계부터 공사관리까지 전반적인 지도, 조언, 관리업무
② 입찰 및 계약 관리업무와 원가관리업무
③ 현장 조직관리업무와 공정관리업무
④ 자재조달업무와 시공도 작성업무
⑤ 최종 건설사업관리 보고업무

12 다음 중 강구조 용접에서 용접결함에 해당하지 않는 것은?

① 오버랩(Overlap)
② 크랙(Crack)
③ 가우징(Gouging)
④ 언더컷(Under cut)
⑤ 스펠트

13 다음 중 도장공사에서의 뿜칠에 대한 설명으로 옳지 않은 것은?

① 큰 면적을 균등하게 도장할 수 있다.
② 스프레이건과 뿜칠면 사이의 거리는 30cm를 표준으로 한다.
③ 뿜칠은 도막두께를 일정하게 유지하기 위해 겹치지 않게 순차적으로 이행한다.
④ 뿜칠 공기압은 2 ~ 4kg/cm²를 표준으로 한다.
⑤ 뿜칠의 각도는 칠바탕에 직각으로 한다.

14 다음 중 연극을 감상하는 경우 배우의 표정이나 동작을 상세히 감상할 수 있는 시각 한계는?

① 3m
② 5m
③ 10m
④ 15m
⑤ 22m

15 다음 중 단독주택계획에 대한 설명으로 옳지 않은 것은?

① 건물이 대지의 남측에 배치되도록 한다.
② 건물은 가능한 한 동서로 긴 형태가 좋다.
③ 동지 때 최소한 4시간 이상의 햇빛이 들어오도록 한다.
④ 인접 대지에 기존 건물이 없더라도 개발 가능성을 고려하도록 한다.
⑤ 현관의 위치는 대지의 형태, 도로와의 관계 등에 의하여 결정된다.

16 다음 중 금속관 공사에 대한 설명으로 옳지 않은 것은?

① 고조파의 영향이 없다.
② 저압, 고압, 통신설비 등에 널리 사용된다.
③ 사용 목적과 상관없이 접지를 할 필요가 없다.
④ 사용장소로는 은폐장소, 노출장소, 옥측, 옥외 등 광범위하게 사용할 수 있다.
⑤ 과열에 의한 화재의 우려가 없다.

17 다음 구조물의 부정정 차수는?

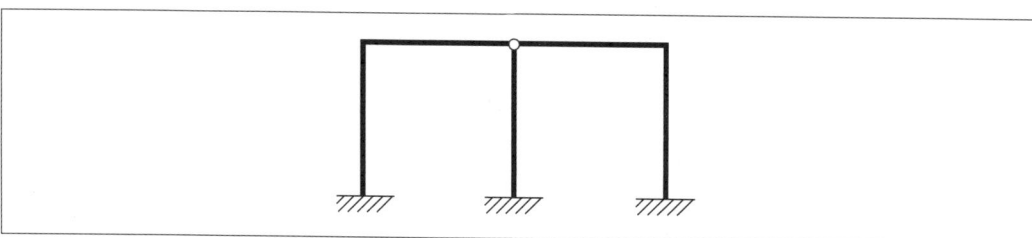

① 1차 부정정
② 2차 부정정
③ 3차 부정정
④ 4차 부정정
⑤ 5차 부정정

18 다음 〈조건〉에서 실의 현열부하가 7,000W인 경우, 실내 취출풍량은?

─────〈조건〉─────
• 실내온도 22℃
• 취출공기온도 12℃
• 공기의 비열 1.01kJ/kg·K
• 공기의 밀도 1.2kg/m3

① 1,042m³/h
② 2,079m³/h
③ 3,472m³/h
④ 6,944m³/h
⑤ 7,404m³/h

19 다음 중 공작물을 축조할 때 특별자치시장·특별자치도지사 또는 시장·군수·구청장에게 신고를 하여야 하는 대상 공작물 기준으로 옳지 않은 것은?(단, 건축물과 분리하여 축조하는 경우)

① 높이 6m를 넘는 굴뚝
② 높이 4m를 넘는 광고탑
③ 높이 4m를 넘는 장식탑
④ 높이 2m를 넘는 옹벽 또는 담장
⑤ 높이 5m를 넘는 태양에너지를 이용하는 발전설비

20 다음 중 현장감을 가장 실감나게 표현하는 방법으로, 하나의 사실 또는 주제의 시간 상황을 고정시켜 연출하며 현장에 임한 느낌을 주는 특수전시기법은?

① 디오라마 전시
② 파노라마 전시
③ 하모니카 전시
④ 아일랜드 전시
⑤ 영상 전시

21 다음 중 미장공사에서 나타나는 결함의 유형에 해당하지 않는 것은?

① 균열
② 부식
③ 탈락
④ 백화
⑤ 들뜸

22 다음 중 용접작업 시 용착금속 단면에 생기는 작은 은색의 점을 일컫는 용어는?

① 피시아이(Fish eye)
② 블로홀(Blow hole)
③ 슬래그 함입(Slag inclusion)
④ 크레이터(Crater)
⑤ 피트

23 다음 중 도시가스 배관 시공에 대한 설명으로 옳지 않은 것은?

① 건물 내에서는 반드시 은폐배관으로 한다.
② 배관 도중에 신축 흡수를 위한 이음을 한다.
③ 건물의 주요구조부를 관통하지 않도록 한다.
④ 건물의 규모가 크고 배관 연장이 길 경우는 계통을 나누어 배대한다.
⑤ 가스사용시설의 지상배관은 황색으로 도색한다.

24 건축물을 신축하는 경우 옥상에 조경을 $150m^2$ 시공했다. 이 경우 대지의 조경면적은 최소 얼마 이상으로 하여야 하는가?(단, 대지면적은 $1,500m^2$이고, 조경설치 기준은 대지면적의 10%이다)

① $25m^2$
② $50m^2$
③ $75m^2$
④ $100m^2$
⑤ $120m^2$

25 다음 중 무기질 단열재료로 옳지 않은 것은?

① 셀룰로오스 섬유판
② 세라믹 섬유
③ 펄라이트 판
④ ALC 패널
⑤ 규산 칼슘판

26 다음 중 구조체를 가열하는 복사난방에 대한 설명으로 옳지 않은 것은?

① 복사열에 의하므로 쾌적성이 좋다.
② 바닥, 벽체, 천장 등을 방열면으로 할 수 있다.
③ 예열시간이 길고 일시적인 난방에는 바람직하지 않다.
④ 방열기의 설치로 인해 실의 바닥면적의 이용도가 낮다.
⑤ 실온을 낮게 유지할 수 있어서 열손실이 적다.

27. 다음 단순보의 일부 구간으로부터 떼어낸 자유물체도에서 각 좌우측면 (가), (나)면에 작용하는 전단력의 방향과 그 값을 바르게 나열한 것은?

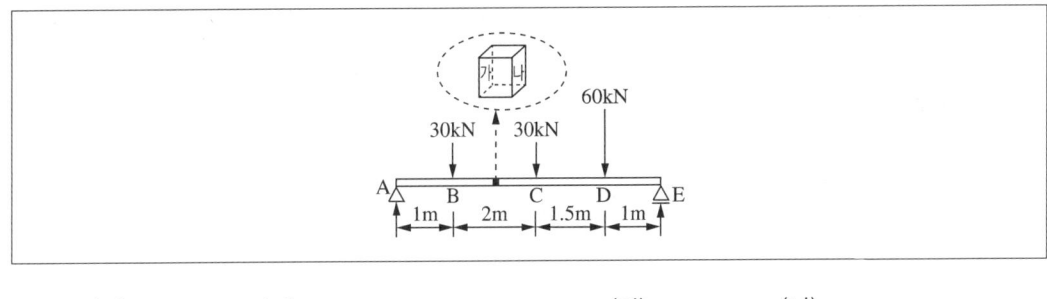

	(가)	(나)		(가)	(나)
①	19.1kN(↑)	19.1kN(↓)	②	19.1kN(↓)	19.1kN(↑)
③	16.1kN(↑)	16.1kN(↓)	④	16.1kN(↓)	16.1kN(↑)
⑤	16.1kN(↑)	16.1kN(↑)			

28. 다음 중 도막방수 시공 시 유의사항으로 옳지 않은 것은?

① 도막방수재는 혼합에 따라 재료 물성이 크게 달라지므로 반드시 혼합비를 준수한다.
② 5℃ 이하의 기온에서는 시공하지 않는다.
③ 코너부위, 드레인 주변은 보강이 필요하다.
④ 도막방수 공사는 바탕면 시공과 관통공사가 종결되지 않더라도 할 수 있다.
⑤ 용제형의 프라이머를 사용할 경우에는 화기에 주의하고, 특히 실내 작업의 경우 환기장치를 사용하여 인화나 유기용제 중독을 미연에 예방하여야 한다.

29. 다음 중 학교의 강당계획에 대한 설명으로 옳지 않은 것은?

① 체육관의 크기는 배구코트의 크기를 표준으로 한다.
② 강당은 반드시 전교생을 수용할 수 있도록 크기를 결정하지는 않는다.
③ 강당 및 체육관으로 겸용하게 될 경우 체육관 목적으로 치중하는 것이 좋다.
④ 강당 겸 체육관은 커뮤니티의 시설로서 이용될 수 있도록 고려하여야 한다.
⑤ 초등학교, 중학교, 고등학교별로 강당 소요면적을 다르게 한다.

30 다음 중 기본공정표와 상세공정표에 표시된 대로 공사를 진행시키기 위해 재료, 노력, 원척도 등이 필요한 기일까지 반입, 동원될 수 있도록 작성한 공정표는?

① 횡선식 공정표
② 열기식 공정표
③ 사선 그래프식 공정표
④ 일순식 공정표
⑤ 네트워크 공정표

31 다음 중 공사 착공시점의 인허가 항목으로 옳지 않은 것은?

① 비산먼지 발생사업 신고
② 오수처리시설 설치신고
③ 특정공사 사전신고
④ 가설건축물 축조신고
⑤ 사업장폐기물배출자 신고

32 다음 단순보에서 A점 및 B점에서의 반력을 각각 R_A, R_B라 할 때, 반력의 크기를 바르게 나열한 것은?

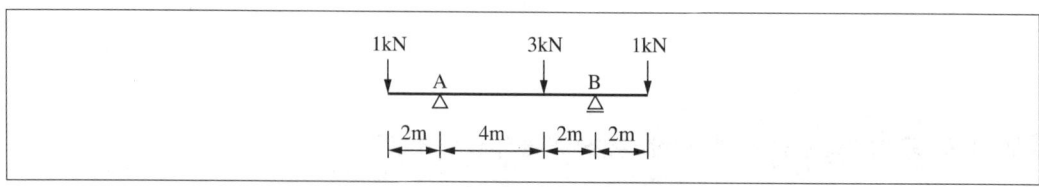

	R_A	R_B		R_A	R_B
①	3kN	2kN	②	2kN	3kN
③	2.5kN	2.5kN	④	4kN	1kN
⑤	4kN	2kN			

33 다음 〈조건〉에서 사무실의 평균조도를 800lx로 설계하고자 할 때, 필요한 광원의 개수는?

---〈조건〉---
- 광원 1개의 광속 : 2,000lm
- 실의 면적 : 10m²
- 감광 보상률 : 1.5
- 조명률 : 0.6

① 3개 ② 5개
③ 8개 ④ 10개
⑤ 12개

34 다음 중 콘크리트 중 공기량의 변화에 대한 설명으로 옳은 것은?

① AE제의 혼입량이 증가하면 연행공기량도 증가한다.
② 시멘트 분말도 및 단위시멘트량이 증가하면 공기량은 증가한다.
③ 잔골재 중의 0.15~0.3mm의 골재가 많으면 공기량은 감소한다.
④ 슬럼프가 커지면 공기량은 감소한다.
⑤ 혼합온도가 높을수록 공기량은 증가한다.

35 최대수용전력이 500kW, 수용률이 80%일 때, 부하 설비 용량은?

① 400kW ② 625kW
③ 800kW ④ 1,250kW
⑤ 1,450kW

36 다음 중 인장을 받는 이형철근의 직경이 D16(직경 15.9mm)이고, 콘크리트 강도가 30MPa인 표준갈고리의 기본정착길이는?(단, f_y=400MPa이고 β=1.0이며 m_c=2,300kg/m³이다)

① 238mm ② 258mm
③ 279mm ④ 312mm
⑤ 328mm

37 다음 중 조적벽 40m²를 쌓는 데 필요한 벽돌량은?(단, 표준형벽돌 0.5B 쌓기이며 할증은 고려하지 않는다)
① 2,850장
② 3,000장
③ 3,150장
④ 3,500장
⑤ 3,650장

38 다음 중 도서관의 출납 시스템 유형 중 이용자가 자유롭게 도서를 꺼낼 수 있으나 열람석으로 가기 전에 관원의 검열을 받는 형식은?
① 폐가식
② 반개가식
③ 자유개가식
④ 안전개가식
⑤ 개가식

39 다음 중 극장의 평면형식 중 프로시니엄형에 대한 설명으로 옳지 않은 것은?
① 픽쳐 프레임 스테이지형이라고도 한다.
② 배경은 한 폭의 그림과 같은 느낌을 준다.
③ 연기자가 제한된 방향으로만 관객을 대하게 된다.
④ 가까운 거리에서 관람하면서 가장 많은 관객을 수용할 수 있다.
⑤ 객석 수용 능력에 제한이 있다.

40 다음 중 압연강재가 냉각될 때 표면에 생기는 산화철 표피는?
① 스패터
② 밀 스케일
③ 슬래그
④ 비드
⑤ 플럭스

06 | 토목일반

01 단면적이 1cm²이고 길이 2m인 강봉이 8t의 축방향인 장력을 받았을 때 0.8cm 늘어났다면, 다음 중 봉재의 탄성계수(E)와 전단탄성계수(G)의 값은?(단, 푸아송비는 0.3이다)

① $E=2.0\times10^6\,\text{kg/cm}^2$, $G=8.1\times10^5\,\text{kg/cm}^2$
② $E=2.1\times10^6\,\text{kg/cm}^2$, $G=8.1\times10^5\,\text{kg/cm}^2$
③ $E=2.1\times10^6\,\text{kg/cm}^2$, $G=7.7\times10^5\,\text{kg/cm}^2$
④ $E=2.0\times10^6\,\text{kg/cm}^2$, $G=7.7\times10^5\,\text{kg/cm}^2$
⑤ $E=2.0\times10^6\,\text{kg/cm}^2$, $G=7.3\times10^5\,\text{kg/cm}^2$

02 다음 중 GNSS 상대측위 방법에 대한 설명으로 옳은 것은?

① 수신기 1대만을 사용하여 측위를 실시한다.
② 위성과 수신기 간의 거리는 전파의 파장 개수를 이용하여 계산할 수 있다.
③ 위상차의 계산은 단순차, 2중차, 3중차와 같은 차분기법으로는 해결하기 어렵다.
④ 전파의 위상차를 관측하는 방식이나 절대측위 방법보다 정확도가 낮다.
⑤ 미지점을 제외한 두 각 및 그 사이 변의 길이를 측량하는 것이다.

03 60m당 0.04m가 짧은 줄자를 사용하여 정사각형 토지의 한 변을 측정한 결과가 240m일 때, 면적에 대한 오차는?

① 42.3m^2
② 50.2m^2
③ 65.7m^2
④ 76.8m^2
⑤ 81.3m^2

04 DGPS를 적용할 경우 기지점과 미지점에서 측정한 결과로부터 공통오차를 상쇄시킬 수 있기 때문에 측량의 정확도를 높일 수 있다. 이때 상쇄되는 오차요인으로 옳지 않은 것은?

① 위성의 궤도정보오차
② 다중경로 오차
③ 전리층 신호지연
④ 대류권 신호지연
⑤ 위성의 시계오차

05 다음 중 흐름에 대한 설명으로 옳지 않은 것은?

① 흐름이 층류일 때는 뉴턴의 점성 법칙을 적용할 수 있다.
② 등류란 모든 점에서의 흐름의 특성이 공간에 따라 변하지 않는 흐름이다.
③ 유관이란 개개의 유체입자가 흐르는 경로를 말한다.
④ 유선이란 각 점에서 속도벡터에 접하는 곡선을 연결한 선이다.
⑤ 정류는 어느 점에서도 시간에 따라 압력, 밀도, 속도 등의 상태가 변하지 않는 흐름이다.

06 강우자료의 변화요소가 발생한 과거의 기록치를 보정하기 위하여 전반적인 자료의 일관성을 조사하려고 할 때, 사용할 수 있는 방법으로 옳은 것은?

① 정상연강수량비율법
② Thiessen의 가중법
③ 이중누가우량분석
④ DAD분석
⑤ 등우선법

07 다음 중 안지름 2m의 관내를 20℃의 물이 흐를 때 동점성계수가 $0.0101\text{cm}^2/\text{s}$이고 속도가 50cm/s일 때의 레이놀즈 수(Reynolds Number)는?

① 960,000
② 970,000
③ 980,000
④ 990,000
⑤ 1,000,000

08 양단힌지로 된 장주의 좌굴하중이 $P_B = 10\text{t}$일 때, 조건이 같은 양단 고정인 장주의 좌굴하중은?

① 2.5t
② 5t
③ 20t
④ 30t
⑤ 40t

09 저수지의 물을 방류하는 데 1 : 225로 축소된 모형에서 4분이 소요되었을 때, 원형에서의 소요시간은?

① 4분 ② 15분
③ 16분 ④ 60분
⑤ 225분

10 다음 중 배수곡선(Backwater Curve)에 해당하는 수면곡선은?

① 댐을 월류할 때의 수면곡선
② 홍수 시 하천의 수면곡선
③ 하천 단락부(段落部) 상류의 수면곡선
④ 상류 상태로 흐르는 하천에 댐을 구축했을 때, 저수지의 수면곡선
⑤ 수로경사가 한계경사보다 완만한 경우의 수로에서 발생하는 수면곡선

11 다음 중 수질시험 항목에 대한 설명으로 옳지 않은 것은?

① DO(용존산소)는 물 속에 용해되어 있는 분자상의 산소를 말하며 온도가 높을수록 DO농도는 감소한다.
② COD(화학적 산소요구량)는 수중의 산화 가능한 유기물이 일정 조건에서 산화제에 의해 산화되는 데 요구되는 산소량을 말한다.
③ 잔류염소는 처리수를 염소소독하고 남은 염소로 치아염소산이온과 같은 유리잔류염소와 클로라민 같은 결합잔류염소를 말한다.
④ BOD(생물화학적 산소요구량)는 수중 유기물이 혐기성 미생물에 의해 3일간 분해될 때 소비되는 산소량을 ppm으로 표시한 것이다.
⑤ 일반적으로 공장폐수는 무기물을 함유하고 있어 BOD(생물화학적 산소요구량) 측정이 불가능하므로 COD(화학적 산소요구량)를 측정한다.

12 다음 중 슬러지 용량 지표(SVI)에 대한 설명으로 옳지 않은 것은?

① SVI는 침전슬러지량 100mL 중에 포함되는 MLSS를 그램(g)수로 나타낸 것이다.
② SVI는 활성슬러지의 침강성을 보여주는 지표로 광범위하게 사용된다.
③ SVI가 50~150일 때 침전성이 양호하다.
④ SVI가 200 이상이면 슬러지 팽화가 의심된다.
⑤ SVI의 지표 값은 $SVI = SV \times 10^4 / MLSS$의 식으로 계산할 수 있다.

13 다음 중 취수보 취수구에서의 표준 유입속도는?

① 0.2~0.4m/s ② 0.3~0.6m/s
③ 0.4~0.8m/s ④ 0.5~1.0m/s
⑤ 0.6~1.2m/s

14 $2.0\text{kg}_f/\text{cm}^2$의 구속응력을 가하여 시료를 완전하게 압밀시킨 다음, 축차응력을 가해 비배수 상태로 전단시켜 파괴 시 간극수압계수 A의 값은?[단, 간극수압계수(B)는 1.0으로 하며 축변형률 $\epsilon_f=15\%$, 축차응력 $\Delta\sigma_f=2.6\text{kg}_f/\text{cm}^2$, 간극수압 $\Delta u_f=1.5\text{kg}_f/\text{cm}^2$이다]

① 약 0.42 ② 약 0.58
③ 약 0.63 ④ 약 0.79
⑤ 약 0.81

15 다음 중 입경이 균일한 포화된 사질지반에 지진이나 진동 등 동적하중이 작용할 때, 지반에서는 일시적으로 전단강도를 상실하게 되는 현상은?

① 분사(Quick Sand)현상
② 틱소트로피(Thixotropy)현상
③ 히빙(Heaving)현상
④ 파이핑(Piping) 현상
⑤ 액상화(Liquefaction)현상

16 어떤 굳은 점토층을 깊이 7m까지 연직절토하였다. 이 점토층의 일축압축강도가 $1.4\text{kg}_f/\text{cm}^2$, 흙의 단위중량이 $2\text{t}/\text{m}^3$라 할 때, 파괴에 대한 안전율은?(단, 내부마찰각은 30°이다)

① 0.5 ② 1.0
③ 1.5 ④ 2.0
⑤ 2.5

17 다음 중 기하학적 측지학에 해당하지 않은 것은?

① 천문측량
② 길이 및 시간 결정
③ 측지학적 3차원 위치결정
④ 면적 및 체적 측정
⑤ 탄성파 측정

18 다음 중 흙의 비중 2.60, 함수비 30%, 간극비는 0.80일 때의 포화도는?

① 24.0%
② 62.4%
③ 78.0%
④ 82.5%
⑤ 97.5%

19 다음 중 나선철근으로 둘러싸인 압축부재의 축방향 주철근의 최소 개수는?

① 3개
② 4개
③ 5개
④ 6개
⑤ 8개

20 다음 중 최소 전단철근을 배치하지 않아도 되는 경우로 옳지 않은 것은? $\left(단, \frac{1}{2}\phi V_c < V_u 인 경우이다\right)$

① 슬래브나 확대기초의 경우
② 전단철근이 없어도 계수휨모멘트와 계수전단력에 저항할 수 있다는 것을 실험에 의해 확인할 수 있는 경우
③ T형보에서 그 깊이가 플랜지 두께의 2.5배 또는 복부폭의 $\frac{1}{2}$ 중 큰 값 이하인 보
④ 전체깊이가 450mm 이하인 보
⑤ 콘크리트 장선 구조

21 보통중량골재를 사용하는 콘크리트의 설계기준 강도가 38MPa일 때, 이 콘크리트의 탄성계수(E_c)는?(단, 보통골재를 사용한다)

① 약 $2.6452 \times 10^4 \text{MPa}$
② 약 $2.7104 \times 10^4 \text{MPa}$
③ 약 $2.9546 \times 10^4 \text{MPa}$
④ 약 $3.0952 \times 10^4 \text{MPa}$
⑤ 약 $3.1856 \times 10^4 \text{MPa}$

22 강도설계법에서 전단철근 공칭전단강도가 $\left(\dfrac{\lambda\sqrt{f_{ck}}}{3}\right) \times b_w \times d$를 초과할 때, 전단철근의 최대 간격은? (단, b_w는 복부의 폭이고 d는 유효깊이다)

① d/5 이하, 600mm 이하
② d/4 이하, 300mm 이상
③ d/2 이하, 400mm 이상
④ d/5 이상, 400mm 이하
⑤ d/4 이하, 300mm 이하

23 Thiessen 다각형에서 각각의 면적이 20km^2, 30km^2, 50km^2이고, 이에 대응하는 강우량이 각각 40mm, 30mm, 20mm일 때, 이 지역의 면적 평균강우량 P의 값은?

① 25mm
② 27mm
③ 30mm
④ 32mm
⑤ 35mm

24 다음 중 강판형(Plate Girder) 복부(Web) 두께의 제한이 규정되어 있는 이유로 옳은 것은?

① 시공상의 난이
② 공비의 절약
③ 자중의 경감
④ 좌굴의 방지
⑤ 시공 공간 확보

25 다음과 같이 작용하는 네 힘의 합력이 A점으로부터 오른쪽으로 4m 떨어진 곳에 하방향으로 $300kg_f$일 때, F와 P의 값을 바르게 나열한 것은?

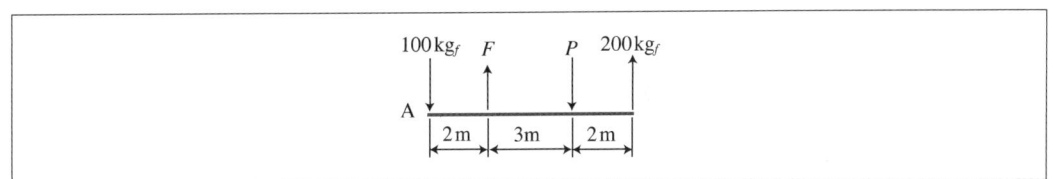

      F P F P

① 300kg   400kg   ② 400kg   200kg

③ 200kg   400kg   ④ 400kg   300kg

⑤ 200kg   300kg

26 다음 중 재질, 단면적, 길이가 같은 장주에서 양단 활절 기둥의 좌굴 하중과 양단 고정 기둥의 좌굴 하중의 비는?

① 1 : 2   ② 1 : 4

③ 1 : 8   ④ 1 : 16

⑤ 1 : 32

27 다음과 같이 우력(偶力)이 작용할 때, 각 점의 모멘트에 대한 설명으로 옳은 것은?

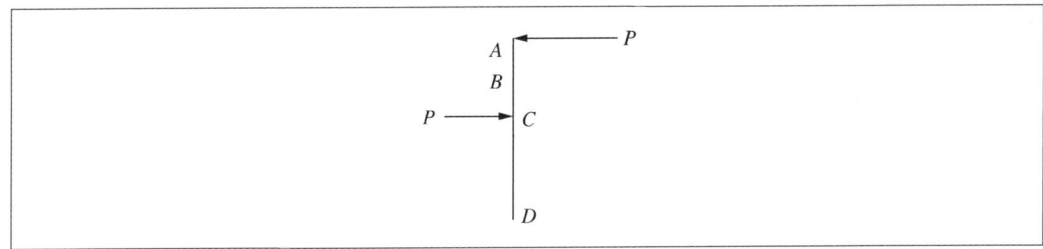

① B점의 모멘트가 제일 작다.

② D점의 모멘트가 제일 크다.

③ A와 C점은 모멘트의 크기는 같으나 방향이 서로 반대이다.

④ A, B, C, D 모든 점의 모멘트는 같다.

⑤ B와 D점은 모멘트의 크기는 같으나 방향이 서로 반대이다.

28 다음 캔틸레버보의 C점에서 전단력과 휨모멘트는?

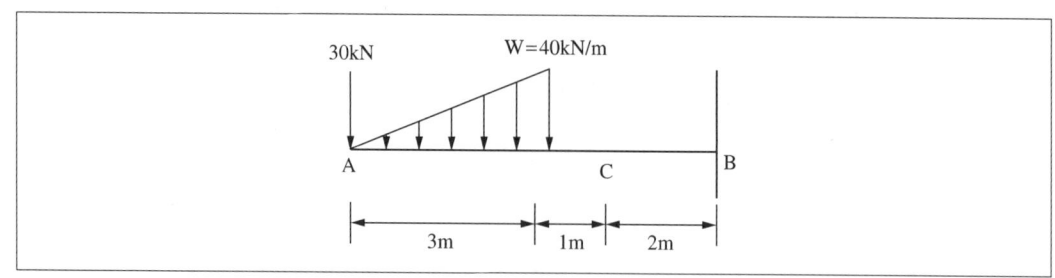

① -60kN·m
② -120kN·m
③ -180kN·m
④ -240kN·m
⑤ -300kN·m

29 길이가 10m이고 지름이 50cm인 강봉이 길이방향으로 작용하는 인장력에 의하여 10cm 변형되었다. 강봉의 포아송비(Poisson's Ratio)가 0.2일 때, 강봉의 반지름(cm) 변화로 옳은 것은?

① 0.1cm 증가
② 0.1cm 감소
③ 0.05cm 증가
④ 0.05cm 감소
⑤ 0.01cm 증가

30 다음은 '우력'에 대한 설명이다. 빈칸 ㉠~㉢에 들어갈 단어를 순서대로 바르게 나열한 것은?

어떤 물체에 크기가 ㉠ 방향이 ㉡ 2개의 힘이 작용할 때, 작용선이 일치하면 합력이 0이 되고, 작용선이 일치하지 않고 나란하면 합력은 0이 되지만 힘의 효과가 물체에 ㉢ 을 일으킨다. 이와 같이 크기가 ㉠ 방향이 ㉡ 한 쌍의 힘을 우력이라 한다.

	㉠	㉡	㉢
①	같고	반대인	회전운동
②	다르고	반대인	회전운동
③	다르고	같은	평행운동
④	같고	같은	평행운동
⑤	같고	같은	회전운동

31 다음 라멘 구조에서 반력 H_D의 크기는?

① 약 2.67t
② 약 2.89t
③ 약 3.12t
④ 약 3.68t
⑤ 약 4.05t

32 다음 중 최대 휨모멘트 $8,000\text{kg}_f/\text{m}$를 받는 목재보의 직사각형 단면에서 폭 $b=25\text{cm}$일 때, 높이 h의 값은?(단, 자중은 무시하고 허용 휨 응력 $\sigma_a=120\text{kg}_f/\text{cm}^2$이다)

① 40cm
② 42cm
③ 46cm
④ 48cm
⑤ 50cm

33 자연 상태의 모래지반을 다져 간극비가 $e_{\min}$에 이르도록 했을 때, 이 지반의 상대밀도는?

① 0%
② 25%
③ 50%
④ 75%
⑤ 100%

34 다음 중 다각측량을 위한 수평각 측정방법 중 어느 측선의 바로 앞 측선의 연장선과 이루는 각을 측정하여 각을 측정하는 방법은?

① 편각법
② 교각법
③ 방위각법
④ 전진법
⑤ 처짐각법

35 다음 중 삼각측량을 위한 삼각망 중에서 유심다각망에 대한 설명으로 옳지 않은 것은?

① 농지측량에 많이 사용된다.
② 방대한 지역의 측량에 적합하다.
③ 삼각망 중에서 정확도가 가장 높다.
④ 동일측점 수에 비하여 포함면적이 가장 넓다.
⑤ 각조건, 방향각조건, 측점조건, 변조건에 의한 조정을 해준다.

36 하천에서 2점법으로 평균유속을 구할 때, 관측하여야 할 두 지점의 위치는?

① 수면으로부터 수심의 $\frac{1}{5}$, $\frac{3}{5}$ 지점
② 수면으로부터 수심의 $\frac{1}{5}$, $\frac{4}{5}$ 지점
③ 수면으로부터 수심의 $\frac{2}{5}$, $\frac{3}{5}$ 지점
④ 수면으로부터 수심의 $\frac{2}{5}$, $\frac{4}{5}$ 지점
⑤ 수면으로부터 수심의 $\frac{3}{5}$, $\frac{4}{5}$ 지점

37 수준점 A, B, C에서 P점까지 수준측량을 한 결과가 자료와 같을 때, 관측거리에 대한 경중률을 고려한 P점의 표고는?

측량 경로	거리(km)	P점의 표고(m)
A → P	2km	124.583m
B → P	3km	124.295m
C → P	1km	124.792m

① 약 124.417m
② 약 124.529m
③ 약 124.645m
④ 약 124.704m
⑤ 약 124.714m

38 다음 중 촬영고도 3,000m에서 초점거리 153mm의 카메라를 사용하여 고도 600m의 평지를 촬영할 때의 사진축척은?

① $\dfrac{1}{14,865}$
② $\dfrac{1}{15,686}$
③ $\dfrac{1}{16,766}$
④ $\dfrac{1}{17,568}$
⑤ $\dfrac{1}{18,762}$

39 다음 중 연약지반개량공법에서 일시적인 개량공법은?

① 웰 포인트 공법
② 치환 공법
③ 페이퍼드레인 공법
④ 모래다짐말뚝 공법
⑤ 주입 공법

40 다음 중 DAD(Depth-Area-Duration)에 대한 설명으로 옳은 것은?

① 최대 평균 우량깊이, 유역면적, 강우강도와의 관계를 수립하는 작업이다.
② 유역면적을 대수축(Logarithmic Scale)에 최대 평균강우량을 산술축(Arithmetic Scale)에 표시한다.
③ DAD 해석 시 상대습도 자료가 필요하다.
④ 유역면적과 증발산량과의 관계를 알 수 있다.
⑤ 일반적으로 강수의 계속시간이 짧을수록 또는 지역의 면적이 클수록 평균 유량의 최대치는 커진다.

제3회
서울교통공사 기술직

NCS 직업기초능력평가 + 직무수행능력평가

〈문항 및 시험시간〉

평가영역	문항 수	시험시간	비고	모바일 OMR 답안분석		
직업기초능력평가+ 직무수행능력평가 (기계일반/전기일반/ 전자일반/통신일반/ 건축일반/토목일반)	80문항	90분	5지선다	기계일반	전기일반	전자일반
				통신일반	건축일반	토목일반

서울교통공사 기술직 신입사원 필기시험

제3회 모의고사

문항 수 : 80문항
시험시간 : 90분

제1영역 직업기초능력평가

01 다음은 기안문 작성 시 유의해야 할 사항에 대한 자료이다. 〈보기〉에서 (가) ~ (라)에 대한 유의사항을 바르게 연결한 것은?

〈기안문 작성 시 유의사항〉

올바른 문서 작성은 정확한 의사소통을 위하여 필요할 뿐만 아니라 문서 자체의 품격을 높이고, 그 기관의 대외적인 권위와 신뢰도를 높여준다. 문서의 올바른 작성을 위하여 다음과 같은 사항에 유의할 필요가 있다.

〈보기〉
㉠ 서식을 통일하여 규정된 서식을 사용하는 것이 경제적이다.
㉡ 상대방의 입장에서 이해하기 쉽게 작성한다.
㉢ 애매모호하거나 과장된 표현에 의하여 사실이 왜곡되지 않도록 한다.
㉣ 감정적이고 위압적인 표현을 쓰지 않는다.

	(가)	(나)	(다)	(라)
①	㉠	㉡	㉢	㉣
②	㉠	㉢	㉣	㉡
③	㉡	㉢	㉠	㉣
④	㉢	㉡	㉣	㉠
⑤	㉢	㉣	㉡	㉠

02
다음은 사내 동호회 활동 현황에 관한 시트이다. 사원번호 중에서 오른쪽 숫자 네 자리만 추출하려고 할 때 [F13] 셀에 입력해야 할 함수식으로 옳은 것은?

	A	B	C	D	E	F
1			사내 동호회 활동 현황			
2	사원번호	사원명	부서	구내번호	직책	
3	AC1234	김부장	영업부	1457	부장	
4	AS4251	정사원	기획부	2356	사원	
5	DE2341	오사원	홍보부	9546	사원	
6	TE2316	박대리	기획부	2358	대리	
7	PP0293	황사원	홍보부	9823	사원	
8	BE0192	이과장	총무부	3545	과장	
9	GS1423	최대리	영업부	1458	대리	
10	HS9201	장부장	총무부	3645	부장	
11						
12						사원번호
13						1234
14						4251
15						2341
16						2316
17						0293
18						0192
19						1423
20						9201

① =CHOOSE(2,A3,A4,A5,A6)
② =LEFT(A3,3)
③ =RIGHT(A3,4)
④ =MID(A3,1,2)
⑤ =LEFT(A3,3,4)

※ 다음은 S공사에 입사할 신입직원의 희망부서에 대한 자료이다. 이어지는 질문에 답하시오. [3~4]

〈희망부서 및 추천부서〉

구분	1지망	2지망	필기점수	면접점수	추천부서
A사원	개발부	사업부	70	40	홍보부
B사원	개발부	총무부	90	80	사업부
C사원	영업부	개발부	60	70	영업부
D사원	영업부	홍보부	100	50	개발부
E사원	홍보부	총무부	80	90	총무부
F사원	개발부	영업부	80	100	홍보부
G사원	영업부	사업부	50	60	사업부
H사원	총무부	사업부	60	80	영업부
I사원	홍보부	개발부	70	70	총무부
J사원	홍보부	영업부	90	50	총무부

※ 필기점수와 면접점수의 합이 높은 사람이 우선적으로 배정되며, 1지망, 2지망, 추천부서 순으로 진행됨
※ 동점자일 경우 면접점수가 높은 사원이 먼저 배정됨
※ 1지망을 우선 결정하고 남은 인원으로 2지망을 결정한 후, 남은 인원은 추천부서로 배정됨
※ 5개의 부서에 각각 2명씩 배정됨

03 다음 중 B사원이 배정될 부서는?

① 개발부 ② 홍보부
③ 영업부 ④ 총무부
⑤ 사업부

04 다음 중 최종적으로 추천부서와 배정부서가 동일한 사원을 모두 고르면?

① A사원, D사원, I사원 ② B사원, F사원, J사원
③ C사원, G사원, J사원 ④ D사원, H사원, I사원
⑤ H사원, I사원, J사원

05 다음 글을 읽고 이해한 내용으로 적절하지 않은 것은?

관제교육훈련(제21조의7)
① 관제자격증명을 받으려는 사람은 관제업무의 안전한 수행을 위하여 국토교통부장관이 실시하는 관제업무에 필요한 지식과 능력을 습득할 수 있는 교육훈련(이하 관제교육훈련이라 한다)을 받아야 한다. 다만, 다음 각 호의 어느 하나에 해당하는 사람에게는 국토교통부령으로 정하는 바에 따라 관제교육훈련의 일부를 면제할 수 있다.
  1. 고등교육법 제2조에 따른 학교에서 국토교통부령으로 정하는 관제업무 관련 교과목을 이수한 사람
  2. 다음 각 목의 어느 하나에 해당하는 업무에 대하여 5년 이상의 경력을 취득한 사람
      가. 철도차량의 운전업무
      나. 철도신호기·선로전환기·조작판의 취급업무
② 관제교육훈련의 기간 및 방법 등에 필요한 사항은 국토교통부령으로 정한다.
③ 국토교통부장관은 관제업무에 관한 전문 교육훈련기관(이하 관제교육훈련기관이라 한다)을 지정하여 관제교육훈련을 실시하게 할 수 있다.
④ 관제교육훈련기관의 지정기준 및 지정절차 등에 필요한 사항은 대통령령으로 정한다.
⑤ 관제교육훈련기관의 지정취소 및 업무정지 등에 관하여는 제15조 제6항 및 제15조의2를 준용한다. 이 경우 운전적성검사기관은 관제교육훈련기관으로, 운전적성검사는 관제교육훈련으로, 제15조 제5항은 제21조의7 제4항으로, 운전적성검사 판정서는 관제교육훈련 수료증으로 본다.

관제자격증명시험(제21조의8)
① 관제자격증명을 받으려는 사람은 관제업무에 필요한 지식 및 실무역량에 관하여 국토교통부장관이 실시하는 학과시험 및 실기시험(이하 관제자격증명시험이라 한다)에 합격하여야 한다.
② 관제자격증명시험에 응시하려는 사람은 제21조의5 제1항에 따른 신체검사와 관제적성검사에 합격한 후 관제교육훈련을 받아야 한다.
③ 국토교통부장관은 다음 각 호의 어느 하나에 해당하는 사람에게는 국토교통부령으로 정하는 바에 따라 관제자격증명시험의 일부를 면제할 수 있다.
  1. 운전면허를 받은 사람
  2. 삭제
  3. 관제자격증명을 받은 후 제21조의3 제2항에 따른 다른 종류의 관제자격증명에 필요한 시험에 응시하려는 사람
④ 관제자격증명시험의 과목, 방법 및 절차 등에 필요한 사항은 국토교통부령으로 정한다.

---

① 관제교육훈련은 신체검사와 관제적성검사에 합격한 후 받아야 한다.
② 철도차량의 운전업무 경력이 3년인 사람은 관제교육훈련을 면제받을 수 없다.
③ 선로전환기 업무에 대하여 10년의 경력을 취득한 사람은 관제교육훈련 전부를 면제받을 수 있다.
④ 관제교육훈련기관 지정기준에 필요한 사항은 대통령령으로 정하며, 관제교육훈련의 방법에 필요한 사항은 국토교통부령으로 정한다.
⑤ 관제자격증명을 받은 후 다른 종류의 관제자격증명 시험에 응시하려는 사람은 관제자격증명시험의 일부를 면제받을 수 있다.

06 다음 〈보기〉에서 근로윤리의 판단 기준으로 옳은 것을 모두 고르면?

〈보기〉
㉠ 예절
㉡ 준법
㉢ 정직한 행동
㉣ 봉사와 책임
㉤ 근면한 자세
㉥ 성실한 태도

① ㉠, ㉡, ㉢
② ㉠, ㉡, ㉣
③ ㉡, ㉢, ㉤
④ ㉢, ㉤, ㉥
⑤ ㉣, ㉤, ㉥

07 다음 글의 제목으로 가장 적절한 것은?

우리 고유의 발효식품이자 한식 제1의 반찬인 김치는 천년이 넘는 역사를 함께해 온 우리 삶의 일부이다. 채소를 오래 보관하여 먹기 위한 절임 음식으로 시작된 김치는 양념을 버무리고 숙성시키는 우리만의 발효과학 식품으로 변신하였고, 김장은 우리 민족의 가장 중요한 행사 중 하나가 되었다. 다른 나라에도 소금 등에 채소를 절인 절임 음식이 존재하지만, 절임 후 양념으로 2차 발효시키는 음식으로는 우리 김치가 유일하다. 김치는 발효과정을 통해 원재료보다 영양이 한층 더 풍부하게 변신하며, 암과 노화, 비만 등의 예방과 억제에 효과적인 기능성을 보유한 슈퍼 발효 음식으로 탄생한다.
김치는 지역마다, 철마다, 또 특별한 의미를 담아 다양하게 변신하여 300가지가 넘는 종류로 탄생하는데, 기후와 지역 등에 따라서 다채로운 맛을 담은 김치들이 있으며, 주재료로 채소뿐만 아니라 수산물이나 육류를 이용한 독특한 김치도 있고, 같은 김치라도 사람에 따라 특별한 김치로 재탄생되기도 한다. 지역과 집안마다 저마다의 비법으로 담그기 때문에 유서 깊은 종가마다 비법으로 만든 특별한 김치가 전해오며, 김치를 담고 먹는 일도 수행의 연속이라 여기는 사찰에서는 오신채를 사용하지 않은 김치가 존재한다.
우리 문화의 정수이자 자존심인 김치는 현대에 들어서는 문화와 전통이 결합한 복합 산업으로 펼쳐지고 있다. 김치에 들어가는 수많은 재료에 관련된 산업의 생산액은 3.3조 원이 넘으며, 주로 배추김치로 형성된 김치 생산은 약 2.3조 원의 시장을 형성하고 있고, 시판 김치의 경우 대기업의 시장 주도력이 증가하고 있다. 소비자 요구에 맞춘 다양한 포장 김치가 등장하고, 김치냉장고는 1.1조 원의 시장을 형성하고 있으며, 정성과 기다림을 상징하는 김치는 문화산업의 소재로 활용되며, 김치 문화는 관광 관련 산업으로 활성화되고 있다. 김치의 영양 기능성과 김치 유산균을 활용한 여러 기능성 제품이 개발되고, 부식뿐 아니라 새로운 요리의 식재료로서 김치는 39조 원의 외식산업 시장을 뒷받침하고 있다.

① 김치의 탄생
② 김치산업의 활성화 방안
③ 우리 민족의 축제, 김장
④ 지역마다 다양한 종류의 김치
⑤ 우리 민족의 전통이자 자존심, 김치

08 다음은 조직심리학 수업을 수강한 학생들의 성적이다. 최종점수는 중간과 기말의 평균점수 90%, 출석점수 10%가 반영된다. 최종점수를 높은 순으로 나열했을 때, 1~2등은 A, 3~5등은 B, 나머지는 C를 받는다. 최종점수, 등수, 등급을 엑셀의 함수기능을 이용하여 작성하려고 할 때, 필요가 없는 함수는?(단, 최종점수는 소수점 둘째 자리에서 반올림한다)

	A	B	C	D	E	F	G
1	이름	중간	기말	출석	최종점수	등수	등급
2	유진수	97	95	10	87.4	1	A
3	김민지	92	89	10	82.5	3	B
4	이진호	65	96	9	73.4	5	B
5	전소진	77	88	8	75.1	4	B
6	지아영	78	75	8	69.7	6	C
7	한수민	65	70	7	61.5	7	C
8	송민수	89	95	10	83.8	2	A

① IFS
② AVERAGE
③ RANK
④ ROUND
⑤ AVERAGEIFS

09 다음 중 엑셀(Excel)의 단축키에 대한 설명으로 옳은 것은?
① 〈Alt〉+〈F〉 : 삽입 메뉴
② 〈Alt〉+〈Enter〉 : 자동합계
③ 〈Shift〉+〈F5〉 : 함수 마법사
④ 〈F12〉 : 다른 이름으로 저장
⑤ 〈Ctrl〉+〈9〉 : 창 최소화

10 다음 중 엑셀의 메모에 대한 설명으로 옳지 않은 것은?
① 새 메모를 작성하려면 바로가기 키 〈Shift〉+〈F2〉를 누른다.
② 작성된 메모가 표시되는 위치를 자유롭게 지정할 수 있고, 메모가 항상 표시되도록 설정할 수 있다.
③ 피벗 테이블의 셀에 메모를 삽입한 경우 데이터를 정렬하면 메모도 데이터와 함께 정렬된다.
④ 메모의 텍스트 서식을 변경하거나 메모에 입력된 텍스트에 맞도록 메모 크기를 자동으로 조정할 수 있다.
⑤ [메모서식]에서 채우기 효과를 사용하면 이미지를 삽입할 수 있다.

11 C사원은 현재 진행하는 업무가 자신의 흥미나 적성과 맞지 않아 고민이나, 현재까지 해왔던 일을 그만둘 수는 없는 상황이다. 이러한 상황에서 C사원이 취할 수 있는 방법으로 적절하지 않은 것은?

① '나는 지금 주어진 일이 적성에 맞는다.'라고 지속적으로 자기암시를 한다.
② 일을 너무 큰 단위로 하지 않고 작은 단위로 나누어 수행해 본다.
③ 선천적으로 부여되는 흥미나 적성은 개발이 불가능하므로 적성검사를 다시 수행한다.
④ 하루의 일과가 끝나면 자신이 수행한 결과물을 점검해본다.
⑤ 회사의 문화와 풍토를 고려한다.

12 경력단계는 직업선택, 조직 입사, 경력 초기, 경력 중기, 경력 말기의 단계로 구분된다. 다음 중 경력 초기에 해당하는 사원 D의 과제에 대한 설명으로 옳지 않은 것은?

① 자신이 맡은 업무의 내용을 파악해야 한다.
② 회사의 규칙이나 규범을 파악해야 한다.
③ 회사의 분위기를 파악하여 적응해 나가야 한다.
④ 자신의 역량을 증대시키고 꿈을 추구해 나가야 한다.
⑤ 자신의 성취를 평가하고, 생산성을 유지해야 한다.

13 S회사에 재직 중인 김대리는 10월에 1박 2일로 할머니댁을 방문하려고 한다. 〈조건〉을 참고할 때, 다음 중 김대리가 시골로 내려갈 수 있는 날짜는?

〈조건〉
- 10월은 1일부터 31일까지이며, 1일은 목요일, 9일은 한글날이다.
- 10월 1일은 추석이며, 추석 다음 날부터 5일간 제주도 여행을 가고, 돌아오는 날이 휴가 마지막 날이다.
- 김대리는 이틀까지 휴가 외에 연차를 더 쓸 수 있다.
- 김대리는 셋째 주 화요일부터 4일간 외부출장이 있으며, 그 다음 주 수요일과 목요일은 프로젝트 발표가 있다.
- 제주도 여행에서 돌아오는 마지막 날이 있는 주가 첫째 주이다.
- 주말 및 공휴일에는 할머니댁에 가지 않는다.
- 휴가에는 가지 않고 따로 연차를 쓰고 방문할 것이다.

① 3일, 4일
② 6일, 7일
③ 12일, 13일
④ 21일, 22일
⑤ 27일, 28일

14 다음 중 상대방의 설득방법으로 적절하지 않은 것은?

① 논쟁(Argument)을 적극적으로 유도한다.
② 상대방의 말을 중간에서 자르지 말고 그의 말을 끝까지 듣고 얘기한다.
③ 상대방의 잘못을 노골적으로 지적하지 않는다.
④ 이해관계가 직접적으로 얽혀지지 않는 제3자를 통해 말하는 것이 효과적일 수도 있다.
⑤ 상대방의 입장에서 상황을 다시 생각해본다.

15 다음 사례에서 나타나는 자기개발 계획의 수립이 어려운 이유는 무엇인가?

> 김대리는 결혼 2년 차로 주말부부이다. 현재 아이는 없지만, 시부모님이 편찮으셔서 서울로 매주 두 차례씩 병원에 가야 하는데, 남편이 지방에서 근무 중이라 여건이 되지 않아 남편을 대신하여 병원에 모셔다드리고 있다. 그러다 최근에는 건강이 더 안 좋아지셔서 결국 모시고 살게 되었다. 김대리는 회사에서도 일이 많은 편이라 야근이 잦았는데, 다행히 회사의 배려로 야근 없이 집에서 일을 할 수 있게 되었다. 하지만 오히려 집에 오면 시부모님의 식사를 챙겨드리고 시부모님 몫의 집안일도 해야 했기 때문에 매일 새벽에 잠들기 일쑤였다. 이로 인해 그동안의 해외 근무를 지원하기 위해 준비해왔던 자격증과 어학 공부는 뒷전이 되었다.

① 자기 정보의 부족
② 내부 작업 정보의 부족
③ 외부 작업 정보의 부족
④ 의사결정 시 자신감의 부족
⑤ 일상생활의 요구사항

16 다음은 우리나라 자동차 등록번호 부여방법과 S교육청 학교지원과 직원의 자동차 등록번호이다. 〈보기〉에서 잘못 부여된 자동차 등록번호의 개수는?(단, S교육청 학교지원과 직원의 자동차는 모두 비사업용 승용차이다)

〈자동차 등록번호 부여방법〉

- 차량종류 – 차량용도 – 일련번호 순으로 부여한다.
- 차량종류별 등록번호

승용차	승합차	화물차	특수차	긴급차
100 ~ 699	700 ~ 799	800 ~ 979	980 ~ 997	998 ~ 999

- 차량용도별 등록번호

구분	문자열
비사업용 (32개)	가, 나, 다, 라, 마 거, 너, 더, 러, 머, 버, 서, 어, 저 고, 노, 도, 로, 모, 보, 소, 오, 조 구, 누, 두, 루, 무, 부, 수, 우, 주
운수사업용	바, 사, 아, 자
택배사업용	배
렌터카	하, 허, 호

- 일련번호
  1000 ~ 9999 숫자 중 임의 발급

〈보기〉

- 680 더 3412
- 521 버 2124
- 431 사 3019
- 531 서 9898
- 501 라 4395
- 421 저 2031
- 241 가 0291
- 670 로 3502
- 702 나 2838
- 431 구 3050
- 600 루 1920
- 912 라 2034
- 321 우 3841
- 214 하 1800
- 450 무 8402
- 531 고 7123

① 3개
② 4개
③ 5개
④ 6개
⑤ 7개

17 S공사는 적합한 인재를 채용하기 위하여 NCS 기반 능력중심 공개채용을 시행하였다. 1차 서류전형, 2차 직업기초능력평가, 3차 직무수행능력평가, 4차 면접전형을 모두 마친 면접자들의 평가점수를 최종 합격자 선발기준에 따라 판단하여 갑~무 중 상위자 2명을 최종 합격자로 선정하고자 한다. 다음 중 최종 합격자가 바르게 짝지어진 것은?

〈최종 합격자 선발기준〉

평가요소	의사소통능력	문제해결능력	조직이해능력	대인관계능력	합계
평가비중	40%	30%	20%	10%	100%

〈면접평가 결과〉

구분	갑	을	병	정	무
의사소통능력	A^+	A^+	A^+	B^+	C
문제해결능력	B^+	B+5	A^+	B+5	A+5
조직이해능력	A+5	A	C^+	A^+	A
대인관계능력	C	A^+	B^+	C^+	B^++5

※ 등급별 변환 점수 : A^+=100, A=90, B^+=80, B=70, C^+=60, C=50
※ 면접관의 권한으로 등급별 점수에 +5점을 가점할 수 있음

① 갑, 을 ② 을, 병
③ 을, 정 ④ 병, 무
⑤ 정, 무

18 다음 사례에서 총무부 L부장에게 가장 필요한 태도는?

> 총무부 L부장은 신입사원 K가 얼마 전 처리한 업무로 인해 곤경에 빠졌다. 신입사원 K가 처리한 서류에서 기존 금액에 0이 하나 추가되어 회사에 엄청난 손실을 끼치게 생긴 것이다.

① 개인적인 일을 먼저 해결하려는 자세가 필요하다.
② 나 자신뿐만 아니라 나의 부서의 일은 내 책임이라고 생각한다.
③ '왜 이런 일이 나에게 일어났는지' 생각해 본다.
④ 다른 사람의 입장에서 생각해보는 태도가 필요하다.
⑤ 책임을 가리기 위해 잘잘못을 분명하게 따져본다.

19 다음 중 직장에서의 정직한 생활로 적절하지 않은 것은?

① 사적인 용건에는 회사 전화를 사용하지 않는다.
② 부정에 타협하지 않고, 눈감아 주지 않는다.
③ 나의 입장과 처지를 보호하기 위한 거짓말도 하지 않는다.
④ 사회생활에 있어 남들도 다 하는 관행은 따라야 한다.
⑤ 비록 실수를 하였더라도, 정직하게 밝히고, 그에 대한 대가를 치른다.

20 다음 〈보기〉에서 직장에서 근면한 생활을 하는 사람을 모두 고르면?

〈보기〉
A사원 : 저는 이제 더 이상 일을 배울 필요가 없을 만큼 업무에 익숙해졌어요. 실수 없이 완벽하게 업무를 해결할 수 있어요.
B사원 : 저는 요즘 매일 운동을 하고 있어요. 일에 지장이 가지 않도록 건강관리에 힘쓰고 있습니다.
C대리 : 나도 오늘 할 일을 내일로 미루지 않으려고 노력 중이야. 그래서 업무 시간에는 개인적인 일을 하지 않아.
D대리 : 나는 업무 시간에 잡담을 하지 않아. 대신 사적인 대화는 사내 메신저를 활용하는 편이야.

① A사원, B사원 ② A사원, C대리
③ B사원, C대리 ④ B사원, D대리
⑤ C대리, D대리

21 다음 글의 앞뒤 문맥을 고려할 때 이어질 문장을 논리적 순서대로 바르게 나열한 것은?

> 전쟁 소설 중에는 실제로 일어났던 전쟁을 배경으로 한 작품들이 있다. 이런 작품들은 허구를 매개로 실제 전쟁을 새롭게 조명하고 있다.
>
> (가) 가령, 작자 미상의 조선 후기 소설 『박씨전』의 후반부는 조선이 패전했던 병자호란에 등장하는 실존 인물 '용골대'와 그의 군대를 허구의 여성인 '박씨'가 물리치는 허구의 내용인데, 이는 패전의 치욕을 극복하고 싶은 수많은 조선인의 바람을 반영한 것이다.
> (나) 한편, 1964년 박경리가 발표한 『시장과 전장』은 극심한 이념 갈등 사이에서 생존을 위해 몸부림치는 인물을 통해 6·25 전쟁이 남긴 상흔을 직시하고 이에 좌절하지 않으려는 작가의 의지를 드러낸다.
> (다) 또한 『시장과 전장』에서는 전쟁터를 재현하여 전쟁의 폭력과 맞닥뜨린 개인의 연약함을 강조하고, 무고한 희생을 목격한 인물의 내면을 드러냄으로써 개인의 존엄을 탐색한다.
> (라) 박씨와 용골대 사이의 대립 구도 아래 전개되는 허구의 이야기는 조선인들의 슬픔을 위로하고 희생자를 추모함으로써 공동체로서의 연대감을 강화하였다.
>
> 우리는 이러한 작품들을 통해 전쟁의 성격을 탐색할 수 있다. 전쟁이 폭력적인 것은 공동체 사이의 갈등 과정에서 사람들이 죽기 때문만은 아니다. 전쟁의 명분은 폭력을 정당화하기 때문에 적군의 죽음은 불가피한 것으로, 아군의 죽음은 불의한 적군에 의한 희생으로 간주한다. 전쟁은 냉혹하게도 피아(彼我)를 막론하고 민간인의 죽음조차 외면하거나 자신의 명분에 따라 이를 이용하게 한다는 점에서 폭력성을 띠는 것이다.
> 두 작품에서 사람들이 죽는 장소가 군사들이 대치하는 전선만이 아니라는 점도 주목할 수 있다. 전쟁터란 전장과 후방, 가해자와 피해자를 구분하기 힘든 혼돈의 현장이다.
> 이 혼돈 속에서 사람들은 고통을 받으면서도 생의 의지를 추구해야 한다는 점에서 전쟁의 비극성은 극대화된다. 이처럼, 전쟁의 허구화를 통해 우리는 전쟁에 대한 인식을 새롭게 할 수 있다.

① (가) – (다) – (나) – (라)
② (가) – (라) – (나) – (다)
③ (가) – (라) – (다) – (나)
④ (나) – (가) – (다) – (라)
⑤ (나) – (가) – (라) – (다)

22 운송업자인 B씨는 15t 화물트럭을 이용하여 목적지까지 화물을 운송하고 있다. 다음 중 B씨의 차량 운행기록에 따라 B씨가 지불해야 하는 고속도로 통행요금을 바르게 구한 것은?(단, 원 단위 미만은 버림한다)

〈고속도로 통행요금〉

구분	폐쇄식	개방식
기본요금	900원(2차로 50% 할인)	720원
요금산정	(기본요금)+[(주행거리)×(차종별 km당 주행요금)]	(기본요금)+[(요금소별 최단 이용거리)×(차종별 km당 주행요금)]

※ km당 주행요금 단가 : 1종 44.3원, 2종 45.2원, 3종 47.0원, 4종 62.9원, 5종 74.4원(2차로는 50% 할인, 6차로 이상은 20% 할증)

〈차종 분류 기준〉

차종	분류 기준	적용 차량
1종	2축 차량, 윤폭 279.4mm 이하	승용차, 16인승 이하 승합차, 2.5t 미만 화물차
2종	2축 차량, 윤폭 279.4mm 초과, 윤거 1,800mm 이하	승합차 17~32인승, 2.5t~5.5t 화물차
3종	2축 차량, 윤폭 279.4mm 초과, 윤거 1,800mm 초과	승합차 33인승 이상, 5.5t~10t 화물차
4종	3축 차량	10t~20t 화물차
5종	4축 이상 차량	20t 이상 화물차

〈B씨의 차량 운행기록〉

- 목적지 : 서울 → 부산(경유지 영천)
- 총거리 : 374.8km(경유지인 영천까지 330.4km)
- 이용 도로 정보
  - 서울~영천 : 2개 톨게이트(개방식 6차로 거리 180km, 폐쇄식 4차로 거리 150.4km)
  - 영천~부산 : 1개 톨게이트(폐쇄식 2차로 44.4km)
- ※ 주어진 정보 외의 비용 및 거리는 고려하지 않음
- ※ 거리는 주행거리 또는 요금소별 최단 이용거리임

① 18,965원
② 21,224원
③ 23,485원
④ 26,512원
⑤ 30,106원

※ 다음은 어린이보호구역 지정현황을 나타낸 자료이다. 이어지는 질문에 답하시오. [23~25]

〈어린이보호구역 지정현황〉
(단위 : 개소)

구분	2019년	2020년	2021년	2022년	2023년	2024년
초등학교	5,365	5,526	5,654	5,850	5,917	5,946
유치원	2,369	2,602	2,781	5,476	6,766	6,735
특수학교	76	93	107	126	131	131
보육시설	619	778	1,042	1,755	2,107	2,313
학원	5	7	8	10	11	11

23 2022년과 2024년의 전체 어린이보호구역 시설의 차는 몇 개소인가?

① 1,748개소
② 1,819개소
③ 1,828개소
④ 1,839개소
⑤ 1,919개소

24 다음 중 학원을 제외한 전년 대비 2021년 어린이보호구역 지정 증가율이 가장 높은 시설은 무엇인가?(단, 증가율은 소수점 셋째 자리에서 반올림한다)

① 초등학교
② 유치원
③ 특수학교
④ 보육시설
⑤ 학원

25 다음 중 자료에 대한 설명으로 옳지 않은 것은?

① 2019년 어린이보호구역으로 지정된 시설은 총 8,434개소이다.
② 2024년 어린이보호구역으로 지정된 시설은 2019년 지정 시설보다 총 6,607개소 증가했다.
③ 2023년과 2024년의 특수학교 어린이보호구역 지정개소 수는 같다.
④ 초등학교 어린이보호구역은 계속해서 증가하고 있다.
⑤ 학원 어린이보호구역은 2024년에 전년 대비 증가율이 0%이다.

26 다음 사례에서 위반하고 있는 직업윤리의 원칙으로 가장 적절한 것은?

> 한 중국인이 맨 몸으로 큰 수조 안에 들어가 몸에 김치를 범벅한 채 중국산 김치를 만드는 사진이 이슈가 되면서, 중국산 김치를 쓰는 식당들에 사람들의 발길이 끊기기 시작했다. 이에 중국산 김치를 쓰는 A식당은 손님들을 끌어들이기 위해 국산 김치를 소량 구매해 기존에 구매했던 중국산 김치에 섞었고, 자신의 식당은 국산 김치만 쓴다고 홍보하였다. 그 결과 중국산 김치를 쓰는 식당들에는 손님이 끊긴 반면, A식당에는 손님들이 줄을 서 사먹기 시작했다.

① 객관성의 원칙
② 고객중심의 원칙
③ 전문성의 원칙
④ 정직과 신용의 원칙
⑤ 공정경쟁의 원칙

27 경영은 경영계획, 경영실행, 경영평가의 과정으로 이해될 수 있다. 다음 중 경영 과정에 대한 설명으로 적절하지 않은 것은?

| 경영계획 | → | 경영실행 | → | 경영평가 |

① 경영계획이란 조직의 미래상을 결정하고 이를 달성하기 위한 대안을 분석하는 과정이다.
② 경영계획의 단계에서는 조직의 목표를 수립하고, 이에 따른 실행방안을 선정한다.
③ 경영실행의 단계에서는 조직 목적을 달성하기 위한 활동을 수행한다.
④ 경영평가의 단계에서는 조직구성원을 관리하고 수행결과를 감독한다.
⑤ 경영평가에는 수행결과를 교정하여 다시 피드백하는 과정이 포함된다.

28 다음은 2024년 하반기 노동시장의 특징 및 주요 요인에 대한 자료이다. 이에 대한 설명으로 옳지 않은 것을 〈보기〉에서 모두 고르면?

〈보기〉
ㄱ. 정부의 일자리사업으로 60대 노동자가 증가하였다.
ㄴ. 제조업이 둔화함에 따라 남성 중심의 노동시장이 둔화하고 있다.
ㄷ. 정부의 최저임금 정책으로 단시간 근로자 수가 증가하였다.
ㄹ. 여성의 노동시장 참여가 늘어나면서 전체 취업자 수가 증가하였다.
ㅁ. 인구 고령화가 심화됨에 따라 경제활동참가율과 실업률이 동시에 증가하고 있다.

① ㄱ, ㄴ ② ㄱ, ㄷ
③ ㄴ, ㄹ ④ ㄴ, ㅁ
⑤ ㄷ, ㅁ

※ 다음은 제습기 사용과 보증기간에 대한 설명이다. 이어지는 질문에 답하시오. **[29~30]**

〈사용 전 알아두기〉

- 제습기의 적정 사용온도는 18 ~ 35℃입니다.
  - 18℃ 미만에서는 냉각기에 결빙이 시작되어 제습량이 줄어들 수 있습니다.
- 제습 운전 중에는 컴프레서 작동으로 실내 온도가 올라갈 수 있습니다.
- 설정한 희망 습도에 도달하면 운전을 멈추고 실내 습도가 높아지면 자동 운전을 다시 시작합니다.
- 물통이 가득 찰 경우 제습기 작동이 멈춥니다.
- 안전을 위하여 제습기 물통에 다른 물건을 넣지 마세요.
- 제습기가 작동하지 않거나 아무 이유 없이 작동을 멈추는 경우 다음 사항을 확인하세요.
  - 전원플러그가 제대로 끼워져 있는지 확인하세요.
  - 위의 사항이 정상인 경우, 전원을 끄고 10분 정도 경과 후 다시 전원을 켜세요.
  - 여전히 작동이 안 되는 경우, 판매점 또는 서비스 센터에 연락하시기 바랍니다.
- 현재 온도 / 습도는 설치장소 및 주위 환경에 따라 실제와 차이가 있을 수 있습니다.

〈보증기간 안내〉

- 품목별 소비자 피해 보상규정에 의거 아래와 같이 제품에 대한 보증을 실시합니다.
- 보증기간 산정 기준
  - 제품 보증기간이라 함은 제조사 또는 제품 판매자가 소비자에게 정상적인 상태에서 자연 발생한 품질 성능 기능 하자에 대하여 무료 수리해 주겠다고 약속한 기간을 말합니다.
  - 제품 보증기간은 구입일자를 기준으로 산정하며 구입일자의 확인은 제품보증서를 기준으로 합니다. 단, 보증서가 없는 경우는 제조일(제조번호, 검사필증)로부터 3개월이 경과한 날부터 보증기간을 계산합니다.
  - 중고품(전파상 구입, 모조품) 구입 시 보증기간은 적용되지 않으며 수리 불가의 경우 피해보상을 책임지지 않습니다.
- 당사와의 계약을 통해 납품되는 제품의 보증은 그 계약내용을 기준으로 합니다.
- 제습기 보증기간은 일반제품으로 1년으로 합니다.
  - 2017년 1월 이전 구입분은 2년 적용

〈제습기 부품 보증기간〉

- 인버터 컴프레서(2016년 1월 이후 생산 제품) : 10년
- 컴프레서(2018년 1월 이후 생산 제품) : 4년
- 인버터 컴프레서에 한해서 5년차부터 부품대만 무상 적용함

29 제습기 구매자가 사용 전 알아두기에 대한 설명서를 읽고 나서 제습기를 사용했다. 다음 중 구매자가 서비스 센터에 연락해야 할 작동 이상으로 가장 적절한 것은?

① 실내 온도가 17℃일 때 제습량이 줄어들었다.
② 제습기 사용 후 실내 온도가 올라갔다.
③ 물통에 물이 $\frac{1}{2}$ 정도 들어있을 때 작동이 멈췄다.
④ 제습기가 갑자기 작동되지 않아 잠시 10분 꺼두었다가 다시 켰더니 작동하였다.
⑤ 희망 습도에 도달하니 운전을 멈추었다.

30 보증기간 안내 및 제습기 부품 보증기간을 참고할 때, 제습기 사용자가 잘못 이해한 내용은?

① 제품 보증서가 없는 경우, 영수증에 찍힌 구입한 날짜부터 보증기간을 계산한다.
② 보증기간 무료 수리는 정상적인 상태에서 자연 발생한 품질 성능 기능 하자가 있을 때이다.
③ 제습기 보증기간은 구입일로부터 1년이다.
④ 2017년도 이전에 구입한 제습기는 보증기간이 2년 적용된다.
⑤ 2016년도에 생산된 인버터 컴프레서는 10년이 보증기간이다.

31 다음 빈칸에 들어갈 문장으로 적절하지 않은 것은?

> 기술능력은 직업에 종사하기 위해 모든 사람들이 필요로 하는 능력이며, 이것을 넓은 의미로 확대해 보면 기술교양(Technical Literacy)이라는 개념으로 사용될 수 있다. 즉 기술능력은 기술교양의 개념을 보다 구체화시킨 개념으로 볼 수 있다. 일반적으로 기술교양을 지닌 사람들은 _____

① 기술학의 특성과 역할을 이해한다.
② 기술과 관련된 위험을 평가할 수 있다.
③ 기술에 의한 윤리적 딜레마에 대해 합리적으로 반응할 수 있다.
④ 기술체계가 설계되고, 사용되고, 통제되어지는 방법을 이해한다.
⑤ 기술과 관련된 이익을 가치화하지 않는다.

32 다음 중 업무상 미국인 C씨와 만나야 하는 B대리가 알아 두어야 할 예절로 적절하지 않은 것은?

> A부장 : B대리, ○○기업 C씨를 만날 준비는 다 되었습니까?
> B대리 : 네, 부장님. 필요한 자료는 다 준비했습니다.
> A부장 : 그래요. 우리 회사는 해외 진출이 경쟁사에 비해 많이 늦었는데 ○○기업과 파트너만 된다면 큰 도움이 될 겁니다. 아, 그런데 업무 관련 자료도 중요하지만 우리랑 문화가 다르니까 실수하지 않도록 준비 잘하세요.
> B대리 : 네, 알겠습니다.

① 무슨 일이 있어도 시간은 꼭 지켜야 한다.
② 악수를 할 때 눈을 똑바로 보는 것은 실례이다.
③ 어떻게 부를 것인지 상대방에게 미리 물어봐야 한다.
④ 명함은 악수를 한 후 교환한다.
⑤ 인사하거나 이야기할 때 어느 정도의 거리(공간)를 두어야 한다.

33 다음 〈보기〉의 대화 중 국제문화에 대한 설명이 적절하지 않은 사람은?

> ─〈보기〉─
> 철수 : 오늘 뉴스를 보니까 엔화가 계속해서 하락하고 있다고 하더라.
> 만수 : 환율이 많이 떨어져서 일본으로 여행가기에는 정말 좋겠다.
> 영수 : 요즘 100엔에 900원 정도 밖에 안 하지?
> 희수 : 나는 여름휴가로 미국을 가려고 했는데 전자여권으로 ESTA를 신청해야 하더라.
> 병수 : 엇, 아니야! 미국은 무조건 비자를 받아서 가야 하지 않아?

① 철수 ② 만수
③ 영수 ④ 희수
⑤ 병수

34 다음은 기술선택을 설명한 글이다. 이에 대해 이해한 내용으로 옳지 않은 것은?

> 기술선택이란 기업이 어떤 기술에 대하여 외부로부터 도입하거나 또는 그 기술을 자체 개발하여 활용할 것인가를 결정하는 것이다. 기술을 선택하는 데에 대한 의사결정은 크게 다음과 같이 두 가지 방법으로 볼 수 있다.
> 먼저 상향식 기술선택(Bottom Up Approach)은 기업 전체 차원에서 필요한 기술에 대한 체계적인 분석이나 검토 없이 연구자나 엔지니어들이 자율적으로 기술을 선택하도록 하는 것이다.
> 다음으로 하향식 기술선택(Top-Down Approach)은 기술경영진과 기술기획담당자들에 의한 체계적인 분석을 통해 기업이 획득해야 하는 대상기술과 목표기술수준을 결정하는 것이다.

① 상향식 기술선택은 기술자들의 창의적인 아이디어를 얻기 어려운 단점을 볼 수 있다.
② 하향식 기술선택은 먼저 기업이 직면하고 있는 외부환경과 보유 자원에 대한 분석을 통해 중·장기적인 사업목표를 설정하는 것이다.
③ 상향식 기술선택은 시장의 고객들이 요구하는 제품이나 서비스를 개발하는 데 부적합한 기술이 선택될 수 있다.
④ 하향식 기술선택은 사업전략의 성공적인 수행을 위해 필요한 기술들을 열거하고, 각각의 기술에 대한 획득의 우선순위를 결정하는 것이다.
⑤ 상향식 기술선택은 경쟁기업과의 경쟁에서 승리할 수 없는 기술이 선택될 수 있다.

35 다음 〈보기〉에서 조직의 원활한 목표 달성을 위해 임파워먼트를 수행한 사례로 적절하지 않은 것을 모두 고르면?

〈보기〉
ㄱ. 김팀장은 이주임에게 기안문서 양식 검토 업무를 지시하였다.
ㄴ. 정팀장은 박차장에게 차기 추진사업에 대한 업무를 실무진과 논의하여 결정하도록 지시하였다.
ㄷ. 홍부장은 예산안 검토 업무에 관한 권한을 실무자인 강대리에게 위임하였다.
ㄹ. 김부장은 단순 서류철 제작 업무를 부서 내 사원들에게 배분하였다.

① ㄱ, ㄴ ② ㄱ, ㄹ
③ ㄴ, ㄷ ④ ㄴ, ㄹ
⑤ ㄷ, ㄹ

36 다음 글에서 설명하고 있는 설득전략으로 적절한 것은?

어떤 과학적인 논리보다도 동료를 비롯한 사람들의 말과 행동으로 상대방을 설득하는 것이 협상과정에서 생기는 갈등을 해결하기가 더 쉽다는 것이다. 즉, 사람은 과학적 이론보다 자신의 동료나 이웃의 말이나 행동에 의해서 쉽게 설득된다는 것이다. 예를 들어 광고를 내보내서 고객들로 하여금 자신의 제품을 구매하도록 설득하는 것보다, 소위 '입소문'을 통해서 설득하는 것이 매출에 더 효과적임을 알 수 있다.

① See-Feel-Change 전략 ② 호혜 관계 형성 전략
③ 헌신과 일관성 전략   ④ 사회적 입증 전략
⑤ 희소성 해결 전략

37 다음은 팀워크(Teamwork)와 응집력의 정의를 나타낸 글이다. 팀워크의 사례로 적절하지 않은 것은?

> 팀워크(Teamwork)란 '팀 구성원이 공동의 목적을 달성하기 위하여 상호관계성을 가지고 협력하여 업무를 수행하는 것'으로 볼 수 있다. 반면 응집력은 '사람들로 하여금 집단에 머물도록 느끼게끔 만들고, 그 집단의 멤버로서 계속 남아 있기를 원하게 만드는 힘'으로 볼 수 있다.

① 다음 주 조별 발표 준비를 위해 같은 조원인 A와 B는 각자 주제를 나누어 조사하기로 했다.
② C사의 D사원과 E사원은 내일 진행될 행사 준비를 위해 함께 야근을 할 예정이다.
③ F고등학교 학생인 G와 H는 내일 있을 시험 준비를 위해 도서관에서 공부하기로 했다.
④ 같은 배에서 활약 중인 I와 J는 곧 있을 조정경기 시합을 위해 열심히 연습하고 있다.
⑤ 연구원 K와 L은 효과적인 의약품을 개발하기 위해 함께 연구하기로 했다.

38 S레스토랑에서 근무하는 A씨는 다음과 같은 손님의 불만을 듣게 되었다. 다음 상황에서 A씨의 고객 응대 방안으로 가장 적절한 것은?

> (음식 주문 5분 후) 아니 음식 기다린 지가 언제인데 아직도 안 나오는 거예요? 아까부터 말했는데 너무 안 나오네. 이거 테이블보도 너무 더러운 것 같아요. 이거 세탁한 지 얼마나 된 거예요? 수저도 너무 무거워요. 좀 가벼운 수저 없나요? 의자에 물자국도 있는데 닦기는 한 건가요?

① 흥분이 가라앉을 때까지 가만히 내버려 둔다.
② 정중하게 잘 모르겠다고 대답한다.
③ 잘못이 없음을 타당하게 설명한다.
④ 경청하고 맞장구치며 설득한다.
⑤ 분명한 증거를 내세우며 반박한다.

39 S공사의 사원 월급과 사원수를 알아보기 위해 다음과 같은 정보를 얻었다. 이를 참고하여 구한 S공사의 사원수와 사원 월급 총액을 바르게 나열한 것은?(단, 월급 총액은 S공사가 사원 모두에게 주는 한 달 월급의 합을 말한다)

〈정보〉
- 사원은 모두 동일한 월급을 받는다.
- 사원이 10명 더 늘어나면, 기존 월급보다 100만 원 작아지고, 월급 총액은 기존의 80%이다.
- 사원이 20명 줄어들면, 월급은 기존과 동일하고, 월급 총액은 기존의 60%가 된다.

	사원수	월급 총액
①	45명	1억 원
②	45명	1억 2천만 원
③	50명	1억 2천만 원
④	50명	1억 5천만 원
⑤	55명	1억 5천만 원

40 신입사원 J씨는 A ~ E과제 중 어떤 과제를 먼저 수행하여야 하는지를 결정하기 위해 평가표를 작성하였다. 다음 자료에 따를 때 가장 먼저 수행할 과제는?(단, 평가 항목 최종 합산 점수가 가장 높은 과제부터 수행한다)

〈과제별 평가표〉
(단위 : 점)

구분	A과제	B과제	C과제	D과제	E과제
중요도	84	82	95	90	94
긴급도	92	90	85	83	92
적용도	96	90	91	95	83

※ 과제당 다음과 같은 가중치를 별도 부여하여 계산함
  [(중요도)×0.3]+[(긴급도)×0.2]+[(적용도)×0.1]
※ 항목당 최하위 점수에 해당하는 과제는 선정하지 않음

① A과제 ② B과제
③ C과제 ④ D과제
⑤ E과제

제2영역 직무수행능력평가

| 01 | 기계일반

01 다음 〈보기〉에서 방정식 $\frac{1}{\rho}\frac{\partial p}{\partial s} + V\frac{\partial V}{\partial s} + g\frac{dZ}{ds} = 0$을 유도하는 데 필요한 가정을 모두 고르면?

〈보기〉
㉠ 유체는 마찰이 없다.
㉡ 비압축성 유체이다.
㉢ 정상유동이다.
㉣ 유체입자는 유선을 따라 움직인다.

① ㉠, ㉢
② ㉡, ㉢
③ ㉠, ㉡, ㉢
④ ㉠, ㉢, ㉣
⑤ ㉡, ㉢, ㉣

02 다음 중 굽힘모멘트 M과 비틀림모멘트 T를 동시에 받는 축에서 최대주응력설에 적용할 상당굽힘모멘트 M_e은?

① $M_e = \frac{1}{2}(M + \sqrt{M^2 + T^2})$
② $M_e = (\sqrt{M^2 + T^2})$
③ $M_e = (M + \sqrt{M^2 + T^2})$
④ $M_e = \frac{1}{2}(M + T)$
⑤ $M_e = \frac{1}{2}\sqrt{M^2 + T^2}$

03 다음 중 바깥지름 $d_1 = 5\text{cm}$, 안지름 $d_2 = 3\text{cm}$인 중공원 단면의 극관성 모멘트 I_p는?

① 25.2cm^4
② 34.8cm^4
③ 53.4cm^4
④ 62.5cm^4
⑤ 71.2cm^4

04 지름이 d이고 길이가 L인 전동축이 있다. 비틀림모멘트에 의해 발생된 비틀림각이 a라고 할 때, 이 축의 비틀림각을 $\dfrac{a}{4}$로 줄이고자 한다면 축의 지름을 얼마로 변경해야 하는가?

① $\sqrt{2}\,d$
② $2d$
③ $\sqrt[3]{4}\,d$
④ $4d$
⑤ $\sqrt{8}\,d$

05 허용인장강도 600MPa의 연강봉에 50kN의 축방향 인장하중이 가해질 경우 안전율을 7이라 하면 강봉의 최소 지름은 몇 cm까지 가능한가?

① 2.7
② 3.4
③ 5.7
④ 7.3
⑤ 9.4

06 다음 중 주철의 장점으로 옳지 않은 것은?

① 주조성이 우수하다.
② 고온에서 쉽게 소성변형되지 않는다.
③ 값이 싸므로 널리 이용된다.
④ 복잡한 형상으로도 쉽게 주조된다.
⑤ 압축강도가 크다.

07 다음 중 강에서 열처리 조직으로 경도가 가장 큰 것은?

① 오스테나이트
② 마텐자이트
③ 페라이트
④ 펄라이트
⑤ 시멘타이트

08 웨버수(Weber Number)의 정의와 표면장력의 차원으로 옳은 것은?(단, 질량 M, 길이 L, 시간 T)

① $\dfrac{(관성력)}{(표면장력)}$, (표면장력)=$[MT^{-2}]$

② $\dfrac{(관성력)}{(표면장력)}$, (표면장력)=$[MLT^{-2}]$

③ $\dfrac{(관성력)}{(표면장력)}$, (표면장력)=$[MLT^{-3}]$

④ $\dfrac{(점성력)}{(표면장력)}$, (표면장력)=$[MLT^{-2}]$

⑤ $\dfrac{(점성력)}{(표면장력)}$, (표면장력)=$[MT^{-2}]$

09 다음 설명에 해당하는 시험 방법은?

- 해머의 낙하 높이와 반발 높이
- 끝에 다이아몬드가 부착된 해머를 시편 표면에 낙하
- 반발 높이가 높을수록 시편의 경도가 높음

① 피로 시험
② 브리넬 경도 시험
③ 샤르피식 시험
④ 로크웰 경도 시험
⑤ 쇼어 경도 시험

10 다음 중 재결정온도에 대한 설명으로 옳은 것은?

① 1시간 안에 완전하게 재결정이 이루어지는 온도
② 재결정이 시작되는 온도
③ 시간에 상관없이 재결정이 완결되는 온도
④ 재결정이 완료되어 결정립성장이 시작되는 온도
⑤ 가공도가 클수록 낮아지는 온도

11 다음 〈보기〉 중 상온에서 금속결정의 단위격자가 면심입방격자(FCC)인 것을 모두 고르면?

〈보기〉
ㄱ. Pt ㄴ. Cr
ㄷ. Ag ㄹ. Zn
ㅁ. Cu

① ㄱ, ㄷ, ㄹ   ② ㄱ, ㄷ, ㅁ
③ ㄴ, ㄷ, ㄹ   ④ ㄴ, ㄹ, ㅁ
⑤ ㄷ, ㄹ, ㅁ

12 다음 중 나사산의 각도가 55°인 나사는?

① 인치계(TW) 사다리꼴 나사   ② 미터계(TM) 사다리꼴 나사
③ 아메리카 나사   ④ 미터보통 나사
⑤ 관용 나사

13 알루미늄합금인 두랄루민은 기계적 성질이 탄소강과 비슷하며 무게를 중시하고 강도가 큰 것을 요구하는 항공기, 자동차, 유람선 등에 사용된다. 다음 중 두랄루민의 주요 성분은?

① Al – Cu – Ni   ② Al – Cu – Cr
③ Al – Cu – Mg – Mn   ④ Al – Si – Ni
⑤ Al – Cu – Mg – Ni

14 다음 중 크리프(Creep) 변형에 대한 설명으로 옳은 것은?

① 응력이 증가하여 재료의 항복점을 지났을 때 일어나는 파괴현상이다.
② 반복응력이 장시간 가해졌을 때 일어나는 파괴현상이다.
③ 응력과 온도가 일정한 상태에서 시간이 지남에 따라 변형이 연속적으로 진행되는 현상이다.
④ 균열이 진전되어 소성변형 없이 빠르게 파괴되는 현상이다.
⑤ 외력이 증가할 때, 시간이 흐름에 따라 재료의 변형이 증대하는 현상이다.

15 다음 중 구성인선(Built Up Edge)에 대한 설명으로 옳지 않은 것은?

① 구성인선은 일반적으로 연성재료에서 많이 발생한다.
② 구성인선은 공구 윗면경사면에 윤활을 하면 줄일 수 있다.
③ 구성인선에 의해 절삭된 가공면은 거칠게 된다.
④ 구성인선은 절삭속도를 느리게 하면 방지할 수 있다.
⑤ 구성인선은 절삭깊이를 작게 하여 방지할 수 있다.

16 다음 중 허용할 수 있는 부품의 오차 정도를 결정한 후 각각 최대 및 최소치수를 설정하여 부품의 치수가 그 범위 내에 드는지를 검사하는 게이지는?

① 블록게이지　　　　　　　　② 한계게이지
③ 간극게이지　　　　　　　　④ 다이얼게이지
⑤ 센터게이지

17 다음 중 절삭가공에서 공구수명을 판정하는 방법으로 옳지 않은 것은?

① 공구날의 마모가 일정량에 달했을 때
② 절삭저항이 절삭개시 때와 비교해 급격히 증가하였을 때
③ 절삭가공 직후 가공표면에 반점이 나타날 때
④ 가공물의 온도가 일정하게 유지될 때
⑤ 가공물의 완성치수 변화가 일정량에 달했을 때

18 지름이 50mm인 황동봉을 주축의 회전수 2,000rpm인 조건으로 원통 선삭할 때, 최소절삭동력은?(단, 주절삭분력은 60N이다)

① 0.1π kW　　　　　　　　② 0.2π kW
③ π kW　　　　　　　　　　④ 2π kW
⑤ 4π kW

19 다음 중 회전수 400rpm, 이송량 2mm/rev로 120mm 길이의 공작물을 선삭가공할 때 걸리는 가공시간은?

① 7초
② 9초
③ 11초
④ 13초
⑤ 15초

20 다음 중 소재에 없던 구멍을 가공하는 데 적합한 가공법은?

① 브로칭(Broaching)
② 밀링(Milling)
③ 셰이핑(Shaping)
④ 리밍(Reaming)
⑤ 카운터 보링(Counter boring)

21 다음 중 헬리컬 기어(Helical Gear)의 특징으로 옳지 않은 것은?

① 원통 기어 중 하나이다.
② 스퍼 기어(평 기어)보다 큰 힘을 전달한다.
③ 기어 제작이 쉽다.
④ 주로 동력 전달 장치나 감속기에 사용한다.
⑤ 2중 헬리컬 기어는 서로 방향이 다른 기어를 조합한 것을 말한다.

22 다음 중 나사를 1회전 시켰을 때 축방향 이동거리가 가장 큰 것은?

① M48×5
② 2줄 M30×2
③ 2줄 M20×3
④ 3줄 M8×1
⑤ 4줄 M12×1

23 다음 중 단열 깊은 홈 볼베어링에 대한 설명으로 옳지 않은 것은?

① 내륜과 외륜을 분리할 수 없다.
② 전동체가 접촉하는 면적이 크다.
③ 마찰저항이 적어 고속회전축에 적합하다.
④ 반경방향과 축방향의 하중을 지지할 수 있다.
⑤ 표준화된 규격품이 많아 교환하기 쉽다.

24 다음 〈보기〉에서 도면의 필수요소를 모두 고르면?

―――――――――〈보기〉―――――――――
ㄱ. 윤곽선   ㄴ. 표제란
ㄷ. 중심마크   ㄹ. 부품란

① ㄱ, ㄴ
② ㄴ, ㄷ
③ ㄷ, ㄹ
④ ㄱ, ㄴ, ㄷ
⑤ ㄴ, ㄷ, ㄹ

25 어떤 철근의 단면이 한 변의 길이가 5cm인 정사각형 모양이다. 이 철근에 축방향으로 30,000kN의 압축력이 가해질 때, 이 철근에 작용하는 응력의 크기는?

① 12GPa
② 14GPa
③ 16GPa
④ 18GPa
⑤ 20GPa

26 다음 중 감기 전동기구에 대한 설명으로 옳지 않은 것은?

① 벨트 전동기구는 벨트와 풀리 사이의 마찰력에 의해 동력을 전달한다.
② 타이밍 벨트 전동기구는 동기(Synchronous)전동을 한다.
③ 체인 전동기구를 사용하면 진동과 소음이 작게 발생하므로 고속회전에 적합하다.
④ 구동축과 종동축 사이의 거리가 멀리 떨어져 있는 경우에도 동력을 전달할 수 있다.
⑤ 체인 전동장치는 사용하면 큰 동력 전달이 가능해 전동 효율이 90% 이상이다.

27 지름이 600mm인 브레이크드럼의 축에 4,500N·cm의 토크가 작용하고 있을 때, 이 축을 정지시키는 데 필요한 최소제동력은?

① 15N
② 75N
③ 150N
④ 300N
⑤ 400N

28 다음 중 전달 토크가 크고 정밀도가 높아 가장 널리 사용되는 키(Key)로서, 벨트풀리와 축에 모두 홈을 파서 때려박는 키는?

① 평키
② 안장키
③ 접선키
④ 묻힘키
⑤ 새들키

29 다음 중 유량제어 밸브를 실린더의 출구 쪽에 설치해서 유출되는 유량을 제어하여 피스톤 속도를 제어하는 회로는?

① 미터 아웃 회로
② 블리드 오프 회로
③ 미터 인 회로
④ 카운터 밸런스 회로
⑤ 언로딩 회로

30 다음 중 유압장치에 대한 설명으로 옳지 않은 것은?

① 유량의 조절을 통해 무단변속운전을 할 수 있다.
② 파스칼의 원리에 따라 작은 힘으로 큰 힘을 얻을 수 있는 장치제작이 가능하다.
③ 유압유의 온도 변화에 따라 액추에이터의 출력과 속도가 변화되기 쉽다.
④ 공압에 비해 입력에 대한 출력의 응답속도가 떨어진다.
⑤ 제어하기 쉽고 비교적 정확하다.

31 다음 중 유압 회로에서 사용하는 축압기(Accumulator)의 기능에 해당하지 않는 것은?

① 유압 회로 내의 압력맥동 완화
② 유속의 증가
③ 충격압력의 흡수
④ 유압에너지 축적
⑤ 비상 동력 공급

32 다음 중 유압 작동유에 요구되는 성질로 옳지 않은 것은?

① 비인화성일 것
② 오염물 제거 능력이 클 것
③ 체적탄성계수가 작을 것
④ 캐비테이션에 대한 저항이 클 것
⑤ 공기 흡수가 작을 것

33 수조에 지름의 비율이 1 : 2 : 3인 모세관을 동일 높이로 엎어놓았을 때, 모세관 속으로 올라간 물의 높이의 비율은?

① A : B : C = 1 : 1 : 1
② A : B : C = 1 : 2 : 3
③ A : B : C = 4 : 3 : 2
④ A : B : C = 3 : 2 : 1
⑤ A : B : C = 6 : 3 : 2

34 지름이 70mm인 소방노즐에서 물이 50m/s의 속도로 건물 벽에 수직으로 충돌하고 있을 때, 벽이 받는 힘의 양은?(단, 물의 밀도는 $1,000kg/m^3$ 이다)

① 2.4kN   ② 4.8kN
③ 9.6kN   ④ 19.2kN
⑤ 38.4kN

35 다음 중 정상유동이 일어나는 경우는?

① 유동상태가 모든 점에서 시간에 따라 변화하지 않을 때
② 유동상태가 시간에 따라 점차적으로 변화할 때
③ 모든 순간에 유동상태가 이웃하는 점들과 같을 때
④ $\partial V/\partial t$가 일정할 때
⑤ $\partial V/\partial s = 0$일 때

36 다음 중 열역학 제2법칙에 대한 설명으로 옳은 것은?

① 물질 변화과정의 방향성을 제시한다.
② 에너지의 양을 결정한다.
③ 에너지의 종류를 판단할 수 있다.
④ 공학적 장치의 크기를 알 수 있다.
⑤ 에너지 보존 법칙을 알 수 있다.

37 다음 중 템퍼링(Tempering)에 대한 설명으로 옳은 것은?

① 고온가열 후(오스테나이트 상태) 물이나 기름으로 급냉시켜 마텐자이트 조직을 얻는다.
② 변형점 이하로 가열 후 서서히 냉각시키며 강도가 감소되고 신장률이 증가한다.
③ 내부의 강인성과 표면의 경도가 높은 재료를 얻기 위한 열처리 조작이다.
④ 고온으로 가열하여 노중에서 서서히 냉각하여 강의 조직을 표준화, 균질화시킨다.
⑤ 미세한 조직을 얻기 위해 변태점 이상 가열 후 공기 중에서 냉각시킨다.

38 다음 중 2개의 단열과정과 1개의 정적과정, 1개의 정압과정으로 이루어진 가스터빈 이상 사이클은?

① 에릭슨 사이클(Ericsson Cycle)
② 사바테 사이클(Sabathé Cycle)
③ 앳킨슨 사이클(Atkinson Cycle)
④ 브레이턴 사이클(Brayton Cycle)
⑤ 카르노 사이클(Carnot Cycle)

39 다음 중 리벳 이음에 대한 설명으로 옳지 않은 것은?

① 잔류응력에 의한 취약 파괴가 일어나지 않는다.
② 구조물 조립 시 용접이음보다 간편하다.
③ 철교 등의 구조물에 주로 쓰이는 이음방식이다.
④ 연결하고자 하는 부위를 타격하는 이음 방식이므로 용접 이음보다 모재의 변형의 우려가 크다.
⑤ 용접 이음에 비해 기밀, 수밀 유지가 어렵다.

40 다음 중 이상적인 역 카르노 냉동사이클에서 응축온도가 330K, 증발온도가 270K일 때의 성능계수는?

① 2.7
② 3.3
③ 4.5
④ 5.4
⑤ 6.3

02 | 전기일반

01 선간전압 20[kV], 상전류 6[A]의 3상 Y결선되어 발전하는 교류 발전기를 △결선으로 변경하였을 때, 상전압 V_P[kV]와 선전류 I_L[A]은?(단, 3상 전원은 평형이며, 3상 부하는 동일하다)

	V_P[kV]	I_L[A]		V_P[kV]	I_L[A]
①	$\frac{20}{\sqrt{3}}$	$6\sqrt{3}$	②	$\frac{20}{\sqrt{3}}$	6
③	20	$6\sqrt{3}$	④	20	6
⑤	20	$\sqrt{3}$			

02 다음 중 전속 밀도가 $100C/m^2$, 전기장의 세기가 50V/m인 유전체의 단위 체적에 축적되는 에너지는?

① $5,000J/m^3$ ② $2,500J/m^3$
③ $1,500J/m^3$ ④ $1,000J/m^3$
⑤ $500J/m^3$

03 $4\mu F$ 및 $6\mu F$의 콘덴서를 직렬로 접속하고 100V의 전압을 가하였을 때, 합성 정전 용량은?

① $2.4\mu F$ ② $3.8\mu F$
③ $4.8\mu F$ ④ $5\mu F$
⑤ $7\mu F$

04 내구의 반지름이 $a[m]$, 외구의 반지름이 $b[m]$인 동심 구형 콘덴서에서 내구의 반지름과 외구의 반지름을 각각 $2a[m]$, $2b[m]$로 증가시키면 구형 콘덴서의 정전용량은 몇 배인가?

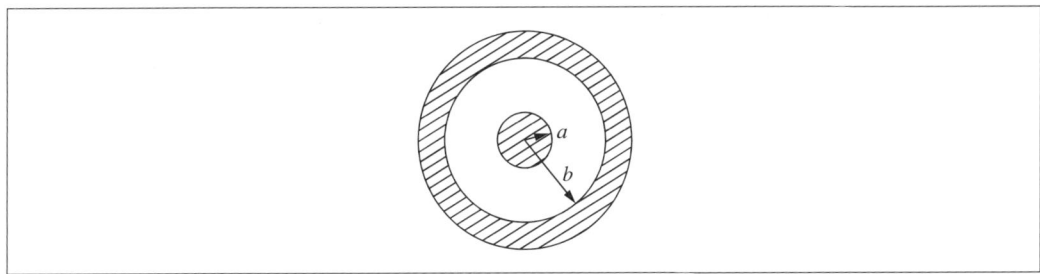

① 1배 ② 2배
③ 4배 ④ 8배
⑤ 10배

05 서로 다른 종류의 안티몬과 비스무트의 두 금속을 접합한 후 여기에 전류를 통하면 그 접점에서 열의 발생 또는 흡수가 일어난다. 줄열과 달리 전류의 방향에 따라 열의 흡수와 발생이 다르게 나타나는 현상은?

① 펠티에 효과 ② 제벡 효과
③ 제3금속의 법칙 ④ 열전 효과
⑤ 톰슨 효과

06 점 A에 정지해 있던 질량 1kg, 전하량 1C의 물체가 점 A보다 전위가 2V 낮은 점 B로 전위차에 의해서 가속되었을 때, 이 물체가 점 B에 도달하는 순간의 속도는?

① 1m/s ② 2m/s
③ 3m/s ④ 4m/s
⑤ 5m/s

07 공기 중에서 자속 밀도 $1.5Wb/m^2$의 평등 자장 내에 길이 40cm의 도선을 자장의 방향과 $30°$의 각도로 놓고 여기에 5A의 전류를 흐르게 할 때, 도선에 작용하는 힘은?

① 1.5N ② 3N
③ 4N   ④ 5N
⑤ 6N

08 다음 중 전류에 의한 자계의 세기와 관계가 있는 법칙은?

① 옴의 법칙
② 렌츠의 법칙
③ 키르히호프의 법칙
④ 비오 – 사바르의 법칙
⑤ 플레밍의 왼손법칙

09 권수 300회의 코일에 6A의 전류가 흘러서 0.05Wb의 자속이 코일을 지날 때, 이 코일의 자체 인덕턴스는?

① 0.25H
② 0.35H
③ 2.5H
④ 3.5H
⑤ 4.5H

10 인덕턴스가 100mH인 코일에 전류가 0.5초 사이에 10A에서 20A로 변할 때, 이 코일에 유도되는 평균기전력과 자속의 변화량을 바르게 나열한 것은?

	평균기전력[V]	자속의 변화량[Wb]
①	1	0.5
②	1	1
③	2	0.5
④	2	1
⑤	3	2

11 다음 중 가공전선의 구비조건으로 옳지 않은 것은?

① 도전율이 클 것
② 비중이 클 것
③ 기계적 강도가 클 것
④ 부식성이 작을 것
⑤ 가선공사가 용이할 것

12 직경이 3.2mm인 경동연선의 소선 총 가닥수가 37가닥일 때, 연선의 바깥지름은?

① 12.4mm
② 14.6mm
③ 18.7mm
④ 22.4mm
⑤ 25.5mm

13 다음 중 송전선에 복도체를 사용할 경우의 특징으로 옳지 않은 것은?

① 인덕턴스는 감소하고, 정전용량은 증가한다.
② 허용전류가 증가하고, 송전용량이 증가한다.
③ 전선표면의 전위경도가 증가한다.
④ 코로나 임계전압이 증가한다.
⑤ 154kV는 2도체, 345kV는 4도체, 765kV는 6도체 방식을 채용한다.

14 다음 중 송전선로의 코로나 손실을 나타내는 Peek식에서 E_o에 해당하는 것은?[단, Peek식은 $P = \frac{241}{\delta}(f+25)\sqrt{\frac{d}{2D}}(E-E_o)^2 \times 10^{-5}$ (kW/km/선)이다]

① 코로나 임계전압
② 전선에 걸리는 대지전압
③ 송전단 전압
④ 기준충격 절연강도 전압
⑤ 수전단 전압

15 전압과 역률이 일정할 때, 전력을 몇 % 증가시키면 전력손실이 3배로 증가하는가?

① 약 43%
② 약 53%
③ 약 63%
④ 약 73%
⑤ 약 83%

16 다음 중 직류 송전 방식의 장점으로 옳지 않은 것은?

① 리액턴스가 없으므로, 리액턴스에 의한 전압강하가 없다.
② 기기 및 선로의 절연에 요하는 비용이 절감된다.
③ 회전자계를 쉽게 얻을 수 있다.
④ 안정도가 좋으므로 송전 용량을 높일 수 있다.
⑤ 도체이용률이 좋다.

17 다음 중 페란티 현상이 발생하는 주된 원인은?

① 선로의 저항
② 선로의 정전용량
③ 선로의 누설리엑턴스
④ 선로의 인덕턴스
⑤ 선로의 누설컨덕컨스

18 공진하고 있는 L, R, C 직렬회로에 있어서 저항 R 양단의 전압은 인가 전압의 몇 배인가?

① 인가 전압과 같다.
② 인가 전압의 2배이다.
③ 인가 전압의 3배이다.
④ 인가 전압의 4배이다.
⑤ 인가 전압의 6배이다.

19 다음 중 3상 차단기의 정격차단용량을 바르게 나타낸 것은?

① $\sqrt{3}\times$(정격전압)$\times$(정격전류)
② $3\times$(정격전압)$\times$(정격차단전류)
③ $3\times$(정격전압)$\times$(정격전류)
④ $\sqrt{3}\times$(정격전압)$\times$(정격차단전류)
⑤ $\dfrac{1}{\sqrt{3}}\times$(정격전압)$\times$(정격차단전류)

20 다음 중 수전용 변전설비의 1차측 차단기의 용량은 주로 어느 것에 의하여 정해지는가?

① 공급측 전원의 단락용량
② 수전 계약용량
③ 수전전력의 역률
④ 부하설비의 용량
⑤ 수전전력의 부하율

21 정격 출력 5kW, 정격 전압 100V의 직류 분권전동기를 전기 동력계를 사용하여 시험하였더니 전기 동력계의 저울이 5kg을 지시했을 때, 전동기의 출력은?(단, 동력계의 암의 길이는 0.6m, 전동기의 회전수는 1,500rpm으로 한다)

① 약 3.69kW
② 약 3.81kW
③ 약 4.62kW
④ 약 4.87kW
⑤ 약 4.92kW

22 다음 중 직류기에서 전기자 반작용을 방지하기 위한 보상권선의 전류 방향은?

① 계자 전류의 방향과 같다.
② 계자 전류의 방향과 반대이다.
③ 전기자 전류 방향과 같다.
④ 전기자 전류 방향과 반대이다.
⑤ 정류자 전류 방향과 같다.

23 다음 중 3상 유도전동기를 급속 정지할 때 사용하는 제동방식은?

① 단상제동
② 회생제동
③ 발전제동
④ 역상제동
⑤ 저항제동

24 다음 동기기 손실 중 무부하손(No Load Loss)에 해당하지 않는 것은?

① 풍손
② 와류손
③ 전기자 동손
④ 베어링 마찰손
⑤ 히스테리시스손

25 다음 중 변압기유의 구비조건으로 옳지 않은 것은?

① 냉각효과가 클 것
② 응고점이 높을 것
③ 절연내력이 클 것
④ 고온에서 화학반응이 없을 것
⑤ 발화점이 높을 것

26 변압기의 2차측 부하 임피던스 Z가 20Ω일 때 1차측에서 보아 18kΩ이 되었다면 이 변압기의 권수비는? (단, 변압기의 임피던스는 무시한다)

① 3
② 30
③ $\frac{1}{3}$
④ $\frac{1}{30}$
⑤ $\frac{1}{300}$

27 다음 단상 유도 전동기의 기동방법 중 기동토크가 가장 큰 것은?

① 반발 기동형
② 분상 기동형
③ 반발 유도형
④ 콘덴서 기동형
⑤ 셰이딩 코일형

28 4극, 60Hz의 유도 전동기가 슬립 5%로 전부하 운전하고 있다. 2차 권선의 손실이 94.25W라고 할 때, 토크의 크기는?

① 1.02N·m   ② 2.04N·m
③ 10.00N·m   ④ 20.00N·m
⑤ 30.00N·m

29 다음 중 상전압 300V의 3상 반파 정류 회로의 직류 전압은?

① 420V   ② 351V
③ 330V   ④ 271V
⑤ 250V

30 다음 중 무한히 긴 직선 도선에 전류가 흐를 때, 도선 주위에 생기는 자기장의 세기는?

① 도선으로부터의 수직 거리에 비례한다.
② 도선으로부터의 수직 거리에 반비례한다.
③ 도선으로부터의 수직 거리의 제곱에 비례한다.
④ 도선으로부터의 수직 거리의 제곱에 반비례한다.
⑤ 도선으로부터의 수직 거리와 무관하다.

31 기전력 1.5V, 전류 용량 1A인 건전지 6개가 있다. 이것을 직·병렬로 연결하여 3V, 3A의 출력을 얻으려면 어떻게 접속하여야 하는가?

① 2개 직렬 연결한 것을 3조 병렬 연결
② 3개 직렬 연결한 것을 2조 병렬 연결
③ 3개 병렬 연결한 것을 2조 직렬 연결
④ 6개 모두 직렬 연결
⑤ 6개 모두 병렬 연결

32 다음 중 $e = 141\sin\left(120\pi t - \dfrac{\pi}{3}\right)$ 인 파형의 주파수는?

① 10Hz
② 15Hz
③ 30Hz
④ 50Hz
⑤ 60Hz

33 다음 중 10Ω 의 저항 회로에 $e = 100\sin\left(377t + \dfrac{\pi}{3}\right)$ [V]의 전압을 가했을 때, $t = 0$에서의 순시전류는?

① 5A
② $5\sqrt{3}$ A
③ 10A
④ $10\sqrt{3}$ A
⑤ 15A

34 기전력 120V, 내부저항(r)이 15Ω 인 전원이 있다. 다음 중 부하저항(R)을 연결하여 얻을 수 있는 최대전력은?

① 100W
② 140W
③ 200W
④ 240W
⑤ 300W

35 다음 중 동일한 저항 4개를 접속하여 얻을 수 있는 최대 저항값은 최소 저항값의 몇 배인가?

① 2배
② 4배
③ 8배
④ 16배
⑤ 32배

36 다음 중 3상 교류 전력을 나타내는 식으로 옳은 것은?

① $P = \sqrt{2} \times$(상전압)×(상전류)×(역률)
② $P = \sqrt{2} \times$(선간 전압)×(상전류)×(역률)
③ $P = \sqrt{3} \times$(상전압)×(선간 전압)×(역률)
④ $P = \sqrt{3} \times$(선간 전압)×(선전류)×(역률)
⑤ $P = \sqrt{4} \times$(선간 전압)×(상전류)×(역률)

37 다음 중 정전 용량이 $0.1\mu F$인 콘덴서의 1MHz의 주파수에 대한 용량 리액턴스는?

① 약 1.59Ω ② 약 2.05Ω
③ 약 2.35Ω ④ 약 3.45Ω
⑤ 약 5.29Ω

38 다음 〈보기〉에서 RLC 병렬회로의 동작에 대한 설명으로 옳은 것을 모두 고르면?

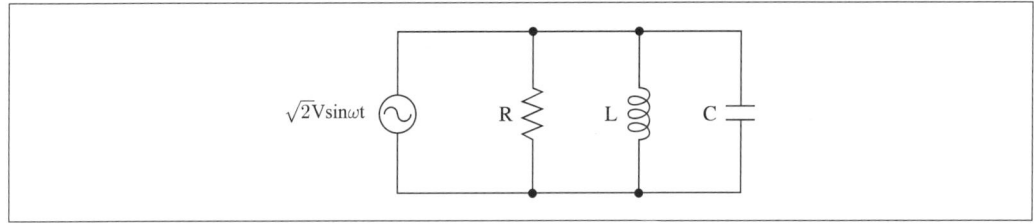

〈보기〉
ㄱ. 각 소자 R, L, C 양단에 걸리는 전압은 전원전압과 같다.
ㄴ. 회로의 어드미턴스 $Y = \dfrac{1}{R} + j\left(\omega L - \dfrac{1}{\omega C}\right)$이다.
ㄷ. ω를 변화시켜 공진일 때 전원에서 흘러나오는 모든 전류는 R에만 흐른다.
ㄹ. L에 흐르는 전류와 C에 흐르는 전류는 동상(In Phase)이다.
ㅁ. 모든 에너지는 저항 R에서만 소비된다.

① ㄱ, ㅁ ② ㄱ, ㄴ, ㄹ
③ ㄱ, ㄷ, ㅁ ④ ㄴ, ㄷ, ㄹ
⑤ ㄴ, ㄹ, ㅁ

39 다음 회로에 표시된 테브난 등가저항은?

① 1Ω
③ 2Ω
⑤ 4.5Ω
② 1.5Ω
④ 3Ω

40 다음 회로에서 전압 V_o의 값은?

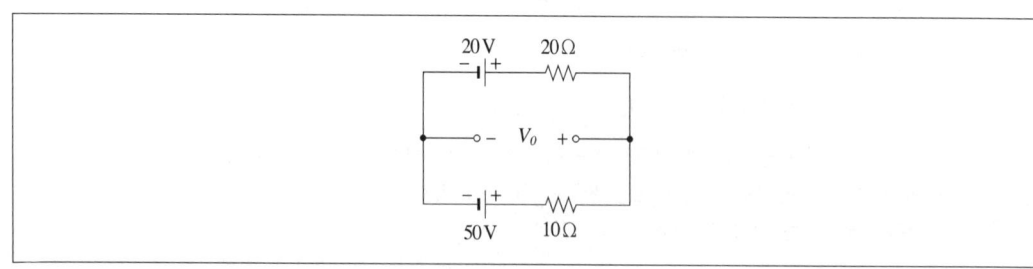

① $-60V$
③ $40V$
⑤ $80V$
② $-40V$
④ $60V$

03 | 전자일반

01 다음 함수에 대한 $f(t)$의 최종치는?

$$F(s) = \frac{12(s+3)}{2s^3 + s^2 + 6s}$$

① 3
② 6
③ 9
④ 12
⑤ 18

02 다음 중 외부의 자계 H_0를 자성체에 가했을 경우에 자화의 세기 J와의 관계식으로 옳은 것은?(단, μ는 투자율, N은 감자율이다)

① $J = \dfrac{H_0 \mu_0 (\mu_r - 1)}{1 + N(\mu_r - 1)}$ [Wb/m^2]

② $J = \dfrac{H_0 (\mu_r - 1)}{1 + N\mu_0 (\mu_0 - 1)}$ [Wb/m^2]

③ $J = \dfrac{H_0 (\mu_r - 1)}{1 + N}$ [Wb/m^2]

④ $J = \dfrac{H_0}{1 + N(\mu_r - 1)}$ [Wb/m^2]

⑤ $J = \dfrac{H_0 \mu_0 (\mu_r - 1)}{1 - N(\mu_r + 1)}$ [Wb/m^2]

03 환상철심에 감은 코일에 10A의 전류를 흘려서 1,000AT의 기자력을 발생시켰을 때, 코일의 권수는 몇 회인가?

① 50회
② 100회
③ 200회
④ 250회
⑤ 500회

04 다음 중 데이터 버스 폭이 16비트이고, 버스 클럭 주파수가 20MHz일 때의 버스 대역폭은?

① 20Mbyte/sec
② 30Mbyte/sec
③ 40Mbyte/sec
④ 50Mbyte/sec
⑤ 60Mbyte/sec

05 다음 중 비투자율(μ_r)은 1, 비유전율(ε_r) 80인 전자파의 고유임피던스는?

① 160Ω
② 80Ω
③ 61Ω
④ 42Ω
⑤ 21Ω

06 동심구형 콘덴서의 안쪽과 바깥 반지름이 각각 5배로 증가되면 정전용량은 처음의 몇 배가 되는가?

① 2배
② 5배
③ 10배
④ 20배
⑤ 100배

07 다음 중 플라즈마와 같은 기체 상태의 경우에 적용될 수 있는 방정식은?

① 아인슈타인 방정식
② 맥스웰-볼츠만 방정식
③ 슈뢰딩거 방정식
④ 푸아송 방정식
⑤ 베르누이 방정식

08 다음 중 자기인덕턴스 L의 단위는?

① A
② V
③ H
④ T
⑤ Wb

09 다음 설명에 해당하는 트랜지스터로 옳은 것은?

> 기판 위에 진공증착 등의 방법으로 형성된 박막을 이용하여 만들어진 트랜지스터로, 제작을 위해서는 반도체와 절연체, 그리고 금속의 박막을 차례로 증착하여 만든다. 대면적 기판 위에 형성될 수 있는 장점을 이용해 현재에 이르기까지 액정디스플레이, 레이저프린터 헤드 등의 주변 소자, 그리고 스캐너 등의 이미지센서로 개발되어 실용화되었다.

① FET
② SCR
③ TFT
④ UJT
⑤ CRT

10 다음 L형 회로에 대한 영상임피던스 Z_{01}과 Z_{02}를 바르게 나열한 것은?

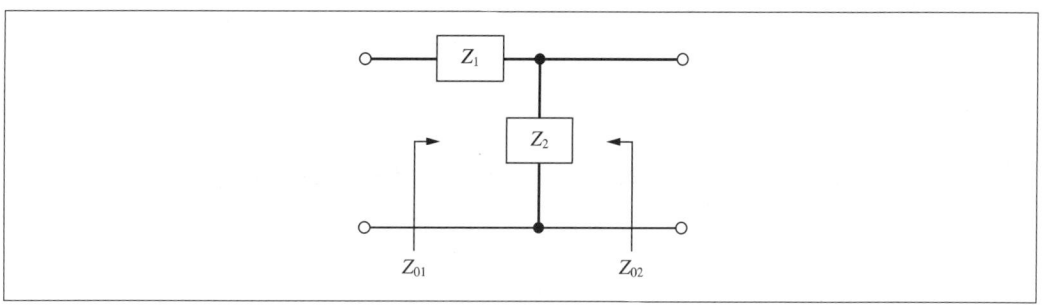

	Z_{01}	Z_{02}
①	$\sqrt{Z_1(Z_1+Z_2)}\ \Omega$	$\sqrt{\left(\dfrac{Z_1 Z_2}{Z_1+Z_2}\right)Z_2}\ \Omega$
②	$\sqrt{Z_1(Z_1+Z_2)}\ \Omega$	$\sqrt{Z_1+Z_2}\ \Omega$
③	$\sqrt{Z_2(Z_1+Z_2)}\ \Omega$	$\sqrt{\left(\dfrac{Z_1 Z_2}{Z_1+Z_2}\right)Z_2}\ \Omega$
④	$\sqrt{Z_1+Z_2}\ \Omega$	$\sqrt{\left(\dfrac{Z_1 Z_2}{Z_1+Z_2}\right)Z_1}\ \Omega$
⑤	$\sqrt{Z_1+Z_2}\ \Omega$	$\sqrt{Z_1(Z_1+Z_2)}\ \Omega$

11 다음 회로에서 10Ω에 흐르는 전류 I는 얼마인가?

① $-1.0A$
③ $-1.2A$
⑤ $-1.4A$

② $+1.2A$
④ $+1.4A$

12 다음 설명에 해당하는 연산 방법으로 옳은 것은?

- 연산이 불가능하고 데이터의 입·출력에 사용된다.
- 1바이트로 10진수 1자리를 표현한다.
- 4개의 존(Zone) 비트와 4개의 숫자(Digit) 비트를 사용한다.

① 언팩(Unpack) 연산
③ 2진 연산
⑤ 병렬 연산

② 팩(Pack) 연산
④ 직렬 연산

13 다음 회로에서 독립적인 전류방정식 N과 독립적인 전압방정식 B의 개수를 바르게 나열한 것은?

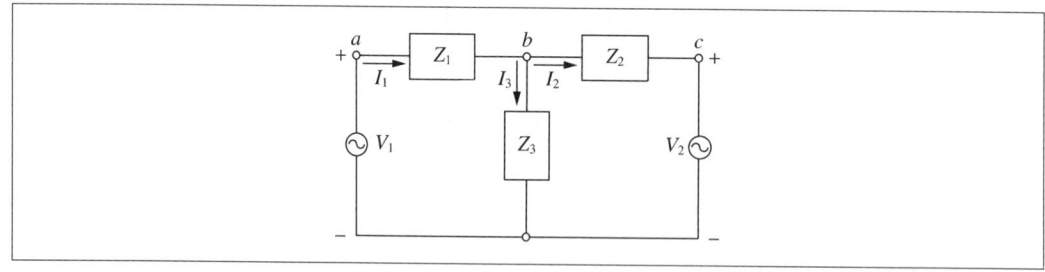

	N	B
①	3개	4개
②	2개	3개
③	2개	2개
④	1개	2개
⑤	1개	1개

14 다음 회로가 정저항 회로가 되기 위한 C의 값은?(단, $L=500\text{mH}$, $R=1,000\Omega$ 이다)

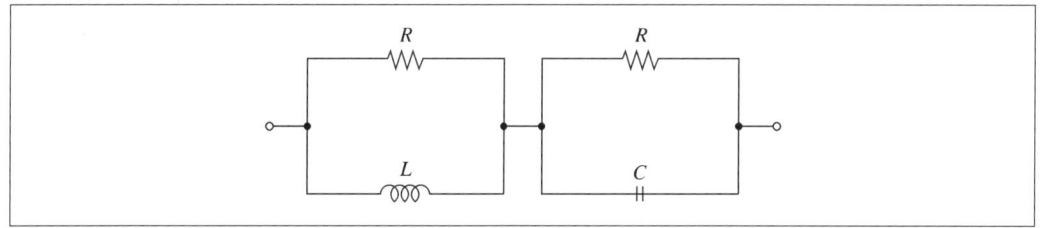

① $0.1\mu\text{F}$ ② $0.2\mu\text{F}$
③ $0.5\mu\text{F}$ ④ $1\mu\text{F}$
⑤ $2\mu\text{F}$

15 다음 중 해밍코드(Hamming Code)에 대한 설명으로 옳지 않은 것은?

① 컴퓨터 스스로 데이터의 오류를 검출하고 수정하는 오류 수정 코드이다.
② 대부분의 마이크로칩 디바이스에 채택되어 신뢰도를 높이는 데 사용된다.
③ 2개 이상의 비트에 오류가 발생해도 수정할 수 있다.
④ 휴대전화나 콤팩트디스크 등에서 신호의 오류를 수정하는데 유용하다.
⑤ 자료를 압축해 인터넷 속도를 향상시킬 때 유용하다.

16 다음 중 리액턴스 함수가 $Z(s) = \dfrac{3s}{s^2+9}$ 로 표시되는 리액턴스 2단자 회로망은?

① $\frac{1}{3}$H, $\frac{1}{3}$F (병렬)

② $\frac{1}{3}$H — $\frac{1}{3}$F (직렬)

③ $\frac{1}{3}$H, 3F (병렬)

④ 3H — $\frac{1}{3}$F (직렬)

⑤ 3[H], $\frac{1}{3}$[F] (병렬)

17 다음 빈칸에 들어갈 원소로 옳지 않은 것은?

> P형 반도체는 전하 운반자 역할을 하는 양공의 수가 전자의 수에 비해서 훨씬 많이 있는 반도체로 순수한 반도체에서 양공을 증가시키기 위해서는 불순물인 ___, ___, ___, ___ 등의 3가인 원소를 첨가해야 한다.

① Al
② Si
③ B
④ Ga
⑤ In

18 다음 중 접합형 트랜지스터에서 스위칭 작업에 필요한 동작영역은?

① 활성 영역, 차단 영역, 역활성 영역
② 차단 영역, 역활성 영역, 포화 영역
③ 포화 영역, 불포화 영역, 차단 영역
④ 불포화 영역, 활성 영역, 역할성 영역
⑤ 불포화 영역, 역활성 영역, 차단 영역

19 다음 중 저항체 내에서 불규칙한 운동으로 생기는 잡음은?

① 열잡음 ② 백색잡음
③ 산탄잡음 ④ 분배잡음
⑤ 충격잡음

20 다음 중 증폭기에 대한 설명으로 옳지 않은 것은?

① 직류 증폭기는 직류 및 교류 신호 모두를 증폭한다.
② 플레이트 접지 증폭기는 진공관의 양극을 접지한 증폭기이다.
③ 아날로그인 연산증폭기는 입력저항이 크다.
④ 직류 증폭기는 드리프트 현상이 일어난다.
⑤ 증폭기는 입력신호의 에너지를 감소시켜 출력측에 에너지로 변환시킨다.

21 다음 중 전계효과 트랜지스터(FET)에 대한 설명으로 옳지 않은 것은?

① 전압이 아닌 전류를 증폭시킨다.
② 트랜지스터의 병렬연결이 가능하다.
③ 제어전류가 거의 흐르지 않는다.
④ 입력저항이 $10^{14}\,\Omega$ 정도까지 높다.
⑤ 출력 손실이 거의 없다.

22 다음 중 입력 신호파형의 한 부위를 어느 일정한 레벨로 고정시키는 회로는?

① 클램퍼
② 클리퍼
③ 리미터
④ 필터
⑤ 커패시터

23 다음 중 수정발진기에 대한 설명으로 옳지 않은 것은?

① 송신기의 중심주파수를 결정하는 주발진기는 대부분 수정발진기이다.
② 수정 결정의 압전현상을 이용한 수정진동자를 발진주파수의 제어소자로 사용한다.
③ 피어스(Pierce) 수정제어발진기가 대표적인 예이다.
④ 발진주파수가 수정진동자의 고유주파수에 의해 결정되며 안정한 주파수를 가진다.
⑤ 수정발진기의 주파수 안정도는 10^{-8} 미만으로 작동한다.

24 다음 중 슈미트 트리거 회로에 대한 설명으로 옳지 않은 것은?

① 히스테리시스 특성을 가지고 있어 어떤 입력 파형이라도 깨끗한 구형파로 만들 수 있다.
② 비교기, 파형 정형, 펄스폭 변조, 펄스증폭 등에 쓰인다.
③ 입력진폭이 소정의 값을 넘으면 출력값을 얻을 수 없다.
④ 입력진폭이 소정의 값 이하가 되면 즉시 복구하는 동작을 한다.
⑤ 쌍안정 멀티바이브레이터에 속한다.

25 다음 중 피에조 저항(Piezo Resistance)에 대한 설명으로 옳은 것은?

① 압력에 따라 변하는 저항이다.
② 온도에 따라 변하는 저항이다.
③ 질량에 따라 변하는 저항이다.
④ 광전류에 따라 변하는 저항이다.
⑤ 자기장에 따라 변하는 저항이다.

26 다음 중 초전도 현상에 대한 설명으로 옳지 않은 것은?

① 초전도체는 마이스너 효과를 갖는다.
② 초전도체는 완전 반자성체의 특성이 있다.
③ 초전도 상태에 있는 물질 내에서는 전계가 무한대이다.
④ 초전도체를 완전도체의 특성이 있다.
⑤ 초전도 현상이 활용되는 예는 핵자기 공명, 자기공명화상 등이다.

27 상온의 계단형 PN 접합 다이오드에서 P영역과 N영역에서의 불순물 농도가 각각 $10^{13} cm^{-3}$, $10^{17} cm^{-3}$일 때, 접속 전위차는?(단, 진성캐리어 농도 $n_i = 1.5 \times 10^{10} cm^{-3}$, $\frac{kT}{q} = 0.0259V$이다)

① 0.325V
② 0.425V
③ 0.575V
④ 0.685V
⑤ 0.785V

28 다음 중 평형상태의 트랜지스터에 대한 설명으로 옳지 않은 것은?

① 세 단자가 동시에 접속된 상태이다.
② 페르미 준위는 균일한 상태이다.
③ 다수캐리어는 확산운동을 한다.
④ 소수캐리어는 드리프트 운동을 한다.
⑤ 트랜지스터가 열평형 상태에 있다.

29 다음 중 질량 m, 광속도 c인 입자의 드브로이 물질파의 진동수 f는?(단, h는 플랑크 상수이다)

① $\frac{mc}{h}$
② $\frac{c^2}{hm}$
③ $\frac{hc}{m}$
④ $\frac{mc^2}{h}$
⑤ $\frac{1}{mc^2 h}$

30 다음 중 진성 반도체에 대한 설명으로 옳지 않은 것은?

① 불순물이 매우 적게 포함된 반도체이다.
② 불순물의 전기적 성질을 무시할 수 있다.
③ 페르미 준위는 항상 금지대 중앙에 위치한다.
④ 트랜지스터, 다이오드로 많이 사용되고 있다.
⑤ 절대온도 0K에서 절연체가 된다.

31 다음 중 PN 접합 양측에 불순물 함유량이 많을 경우에 일어나는 현상으로 옳지 않은 것은?

① 공핍층의 폭이 얇아진다.
② 터널현상이 발생한다.
③ 접합부분에서 P형의 가전자 대역과 N형 전도대역 사이가 줄어든다.
④ 낮은 역방향 전압에서도 역방향 전류가 증가한다.
⑤ 접촉전위차가 커진다.

32 다음 중 터널 다이오드에 대한 설명으로 옳지 않은 것은?

① 부성 저항 특성을 나타낸다.
② 마이크로파 발진용으로 사용된다.
③ 낮은 순방향 다이오드에서 확산 전류가 흐른다.
④ 역바이어스 상태에서 전도성이 양호하다.
⑤ 순바이어스 전압일 때 N형에서 P형으로 전자가 이동한다.

33 다음 중 다중처리(Multi Processing) 시스템에 대한 설명으로 옳지 않은 것은?

① 하나 이상의 중앙처리장치가 있어서 기억장치와 주변장치들을 공유하는 시스템이다.
② 사용하는 목적은 신뢰성과 컴퓨터의 능력을 증대시키는 데 있다.
③ 여러 처리기의 능력을 조합하여 컴퓨터 시스템의 연산능력을 향상시킬 수 있다.
④ 하나의 처리기가 고장났을 경우 다른 처리기들도 사용할 수 없다.
⑤ 경식결합 다중처리 시스템과 연식결합 다중처리 시스템이 있다.

34 다음은 1비트를 비교하는 진리표이다. 빈칸 (ㄱ) ~ (ㄷ)에 들어갈 값을 바르게 나열한 것은?

A	B	A>B	A=B	A<B
0	0	0	1	0
0	1	0	0	(ㄱ)
1	0	1	(ㄴ)	0
1	1	(ㄷ)	1	0

	(ㄱ)	(ㄴ)	(ㄷ)
①	0	0	0
②	1	0	0
③	1	0	1
④	0	0	1
⑤	1	1	1

35 다음 중 광전자 방출에 대한 설명으로 옳지 않은 것은?

① 금속 표면에 빛이 입사되면 전자가 방출되는 현상이다.
② 광전자 방출은 금속의 일함수의 영향을 받는다.
③ 한계 파장보다 긴 파장의 빛을 입사시켜야한다.
④ 금속 표면에 입사되는 빛의 진동수가 한계 진동수보다 높아야 한다.
⑤ 양자효율은 입사광자수 대비 방출전자수로 나타낸다.

36 다음 중 분산처리시스템의 특징으로 옳지 않은 것은?

① 중앙집중형시스템에 비해 소프트웨어 개발이 어렵다.
② 다른 시스템에 비해 보안 강화에 효율적이다.
③ 작업을 병렬로 처리하므로 전체적인 처리율을 향상시킬 수 있다.
④ 시분할시스템보다 신뢰성과 가용성이 높다.
⑤ 하드 디스크, 프린터 등 비싼 하드웨어를 공유할 수 있다.

37 다음 중 I/O 제어기의 주요기능에 대한 설명으로 옳지 않은 것은?

① CPU와의 통신을 담당한다.
② I/O 장치의 제어와 타이밍을 조정한다.
③ 오류를 검출한다.
④ I/O 장치와의 통신을 담당한다.
⑤ 데이터 구성 기능을 수행한다.

38 다음 중 인터럽트 동작의 수행 순서를 바르게 나열한 것은?

> ㄱ. 인터럽트 요청
> ㄴ. 현재의 프로그램 상태 보존
> ㄷ. 상태 복구
> ㄹ. 인터럽트 처리 루틴 실행
> ㅁ. 중단된 프로그램 실행 재개
> ㅂ. 프로그램 실행 중단
> ㅅ. 인터럽트 서비스 루틴 실행

① ㄱ - ㄴ - ㄹ - ㅅ - ㄷ - ㅂ - ㅁ
② ㄱ - ㄹ - ㄷ - ㄴ - ㅂ - ㅅ - ㅁ
③ ㄱ - ㅂ - ㄴ - ㄹ - ㅅ - ㄷ - ㅁ
④ ㄱ - ㅅ - ㄹ - ㄷ - ㄴ - ㅂ - ㅁ
⑤ ㄱ - ㅅ - ㅂ - ㄷ - ㄹ - ㄴ - ㅁ

39 한 Word가 24비트로 이루어지고 총 32,768개의 Word를 가진 기억장치가 있다. 이 기억장치를 사용하는 컴퓨터 시스템의 MBR, MAR, PC에 필요한 각각의 최소 비트수를 바르게 나열한 것은?

	MBR	MAR	PC
①	24	15	15
②	24	15	24
③	24	24	15
④	24	24	24
⑤	15	24	24

40 다음 밑줄 친 ㉠에 해당하지 않는 것은?

> Major state는 현재 CPU가 무엇을 하고 있는가를 나타내는 상태로서, CPU가 무엇을 위해 주기억장치에 접근하느냐에 따라 ㉠ 네 가지 상태가 있다.

① Fetch Cycle
② Branch Cycle
③ Indirect Cycle
④ Execute Cycle
⑤ Interrupt Cycle

04 | 통신일반

01 다음 중 CDMA200에 대한 설명으로 옳지 않은 것은?

① CDMAone은 IS-95 계열이다.
② CDMA2000은 1.25MHz를 사용한다.
③ CDMA1x는 동기식이다.
④ CDMA3x는 1.25MHz의 2배의 주파수 내역을 사용한다.
⑤ CDMA2000 EV-DV는 다운링크에서 3.1 Mbit/s의 데이터 전송률을 보이며, 업링크에서 1.8 Mbit/s의 데이터 전송률을 보인다.

02 샘플된 신호로부터 원래의 아날로그 신호를 에러 없이 복원하기 위해서는 샘플링 주파수와 샘플되는 신호의 주파수의 관계는 어떠해야 하는가?

① 최고 주파수와 동일해야 한다.
② 최고 주파수의 두 배 이상이어야 한다.
③ 최저 주파수와 동일해야 한다.
④ 최저 주파수의 두 배 이상이어야 한다.
⑤ 최고 주파수의 세 배 이상이어야 한다.

03 다음 중 아날로그 신호 전송에 사용되는 기본 신호는?

① 신호파
② 변조파
③ 정현파
④ 고조파
⑤ 반송파

04 다음 중 4진폭 편이 변조 방식에서 한 번에 변조할 수 있는 데이터의 수는?

① 1bit
② 2bit
③ 3bit
④ 4bit
⑤ 5bit

05 다음 중 코덱에서 사용되는 변조 방식은?

① ASK
② FSK
③ QAM
④ PCM
⑤ QPSK

06 다음 중 데이터를 전송하는 두 나라 간에 디지털 데이터가 원활하게 전송되기 위하여 수행되어야 할 여러 가지 절차의 이름은?

① 에러 제어 기법
② 전송 제어 기법
③ 회선 규범
④ 입출력 제어 기법
⑤ 동기 제어 기법

07 다음 중 Router의 기능에 해당하지 않는 것은?

① NAT 기능
② DHCP 기능
③ 데이터 전송을 위한 경로 지정 기능
④ 인위적인 착신 및 발신
⑤ 자동 절단 기능

08 다음 중 지상 마이크로파 통신에서 주로 사용되는 통신 주파수 대역은?

① 2 ~ 20KHz
② 2 ~ 40GHz
③ 10 ~ 20MHz
④ 30 ~ 300GHz
⑤ 10 ~ 100MHz

09 다음과 같은 조건을 갖는 전송 회선의 에러 비트수는?(단, 속도=9,600bps, 시간=15분, 에러율=5×10^{-5} bps이다)

① 72개 ② 216개
③ 432개 ④ 864개
⑤ 1,728개

10 다음 중 TCP 계층의 역할에 대한 설명으로 옳지 않은 것은?

① Connection Oriented Protocol
② User Data를 순서적으로 확실하게 전송하기 위한 프로토콜
③ 긴급 데이터 표시, 응답 확인, 흐름 제어, 재송신 등과 같은 송신 제어 기능 보유
④ 전이중 방식의 양방향 가상 회선 제공
⑤ 독립된 UDP 패킷을 Application이 직접 주고받기 위한 프로토콜

11 다음 중 ILS에서 로컬라이저의 기능에 해당하는 것은?

① 착륙코스의 수평위치를 지시한다.
② 착륙코스의 수직위치를 지시한다.
③ 활주로 끝에서의 거리를 표시한다.
④ 비행착륙의 보조장치이다.
⑤ 수직면 내에서 특정한 지향성을 갖는 전파를 송신한다.

12 궤환 증폭 회로에서 궤환비를 0.002라고 하고 궤환이 없을 때의 증폭도를 66이라고 하면, 궤환이 있을 때의 증폭도는?

① 58.3 ② 66
③ 87.2 ④ 96
⑤ 97.6

13 다음 중 송신기와 송신 안테나가 떨어져 있을 경우에 송신기의 출력을 안테나까지 공급하기 위한 케이블은?

① 의사 공중선
② 트롤리 선
③ 송신 공중선
④ 수신장치(STL)
⑤ 급전선

14 다음 중 FM의 특징으로 옳지 않은 것은?

① 다이내믹 레인지가 넓다.
② 잡음이 많다.
③ 충실도와 왜율이 적다.
④ 주파수 특성이 넓은 범위에서 평탄하다.
⑤ 장애물의 영향을 많이 받는다.

15 다음 중 단파 수신기에서 리미터를 사용하는 주된 이유는?

① 주파수 특성을 좋게 하기 위하여
② 페이딩을 방지하기 위하여
③ 이득을 높이기 위하여
④ 출력을 크게 하기 위하여
⑤ 진폭에 변화를 주기 위하여

16 다음 중 TV의 영상 반송파의 변조 방식은?

① AM 방식
② FM 방식
③ PM 방식
④ SSB 방식
⑤ PCM 방식

17 다음 중 TV 음성신호는 영상 반송파보다 얼마나 높은 주파수를 보내는가?

① 2.5MHz
② 3.5MHz
③ 4.5MHz
④ 6.5MHz
⑤ 7.5MHz

18 다음 중 DSB와 SSB 통신방식을 비교할 때, SSB 방식의 장점으로 옳지 않은 것은?

① S/N비가 개선된다.
② 소 전력으로 양질의 통신이 가능하다.
③ 대역폭이 대략 반으로 된다.
④ 자동이득제어(AGC)작용이 매우 용이하다.
⑤ 선택성 페이딩(3dB 개선)에 의한 왜곡이 적다.

19 다음 중 방송국에서 발사된 전파가 150km 떨어진 거리에 도달하려면 걸리는 시간은?

① 0.5초
② 0.05초
③ 0.001초
④ 0.0005초
⑤ 0.00001초

20 다음 중 수직 공중선에 유입되는 전압이 6mV, 입력 회로에서 반사되는 전압이 3mV일 때의 전압 정재파비(SWR)는?

① 1
② 2
③ 3
④ 4
⑤ 5

21 다음 중 반도체에서의 홀 효과(Hall-Effect)에 대한 설명으로 옳은 것은?

① 상온에서 반도체 내에 캐리어가 발생하는 현상이다.
② 반도체 내의 자계에 의하여 고유 저항이 변화되는 효과다.
③ 반도체 내의 자유 전자가 정공(Hall)으로 변화되는 현상이다.
④ 반도체에 빛을 쪼이면 자유 전자가 발생되는 효과다.
⑤ 전자에 X선을 쪼였을 때 전자가 튀어나오는 현상이다.

22 다음 중 멀티바이브레이터의 종류를 결정하는 가장 중요한 요소는?

① 트랜지스터의 수 ② 입력의 수
③ 회로 결합 방식 ④ 출력 신호의 수
⑤ 전압의 크기

23 정류 회로에서 무부하일 때의 출력 전압이 14V이고 부하를 연결하였을 때 부하 양단에 걸리는 전압이 12V 라면, 이 정류 회로의 전압 변동률은?

① 15.4% ② 16.0%
③ 16.7% ④ 17.6%
⑤ 18.4%

24 다음 중 입력 신호의 S/N비가 20이고, 출력 신호의 S/N비가 100인 증폭기의 잡음 지수는?

① -54 ② -48
③ -38 ④ -26
⑤ -14

25 다음 중 트랜지스터에 걸어주는 바이어스 전압에 대한 설명으로 옳지 않은 것은?

① 바이어스 전압의 대부분은 공핍층에 걸린다.
② 포화영역에서는 컬렉터 접합의 저항이 작다.
③ NPN일 때는 전자가, PNP일 때는 정공이 소수캐리어로서 주 역할을 한다.
④ NPN일 때와 PNP일 때는 바이어스 전압을 걸어주는 극성이 정반대이다.
⑤ 바이어스가 적정하지 않을 때는 출력 파형이 일그러질 수 있다.

26 다음 중 C급 증폭기에 대한 설명으로 옳지 않은 것은?

① 출력이 높다.
② 출력의 왜곡이 크다.
③ 전류가 신호의 반주기보다 짧은 시간 동안에만 흐른다.
④ 저주파 전력 증폭에 많이 사용된다.
⑤ 플레이트 효율이 높다.

27 다음 중 수정 발진기의 특성에 대한 설명으로 옳지 않은 것은?

① 주파수 유도성폭이 매우 넓다.
② 주파수 안정도가 대단히 높다.
③ Q지수가 매우 높다.
④ 발진 주파수가 기계적·물리적으로 안정되어 있다.
⑤ 송신기의 중심주파수를 결정하는 주발진기에 대부분 사용된다.

28 다음 중 신호파의 변화를 반송파의 주파수 변화로 변조하여 전송하는 변조 방식은?

① 위상 변조　　② 진폭 변조
③ 델타 변조　　④ 펄스 코드 변조
⑤ 주파수 변조

29 다음 중 바리스터(Varister)에 대한 설명으로 옳은 것은?

① 전류에 따라 저항 값이 변화하는 소자이다.
② 온도에 따라 전압이 변화하는 소자이다.
③ 온도에 따라 저항 값이 변화하는 소자이다.
④ 전압에 따라 저항 값이 변화하는 소자이다.
⑤ 전류에 따라 전압이 변화하는 소자이다.

30 다음 중 펄스 파형에서의 오버슈트에 대한 설명으로 옳은 것은?

① 상승 파형에서 이상적인 펄스의 파형보다 높은 부분이다.
② 이상적인 파형에 비하여 10%의 크기가 되는 데 걸리는 시간이다.
③ 하강 파형에서 이상적인 펄스파의 기본 레벨보다 아래로 내려가는 높이다.
④ 펄스의 파형 중 이상적인 펄스 진폭의 50%를 넘는 부분이다.
⑤ 증폭기에서 고역 차단 주파수와 저역 차단 주파수 사이의 주파수 폭이다.

31 다음 중 정현 대칭 푸리에 급수식에 나타나는 성분은?

① 직류 성분만
② cos 성분만
③ sin 성분만
④ 직류 성분과 sin 성분만 존재
⑤ 직류 성분과 cos 성분만 존재

32 다음 중 주파수 분할 다중화의 특징으로 옳지 않은 것은?

① 주로 TV 방송, CATV 방송, 위성 통신, 이동 전화 시스템 등에서 이용된다.
② 각 신호는 서로 상이한 주파수로 변조된다.
③ 여러 주파수 대역의 신호들이 하나의 회선을 통하여 전송된다.
④ 반송 주파수는 서로의 대역폭이 겹치지 않도록 충분히 분리된다.
⑤ 전송 매체의 유효 대역폭보다 전송하고자 하는 신호의 대역폭이 큰 경우에 사용한다.

33 다음 중 디지털 신호를 아날로그 신호로 변환하는 과정의 이름은?

① 인코딩 ② 변조
③ 데이터 합성 ④ 디코딩
⑤ 복조

34 다음 중 IP 주소와 MAC 주소의 Mapping을 수행하는 것은?

① ARP ② TCP
③ UDP ④ SLIP
⑤ DHCP

35 다음 중 데이터 전송 제어에서 수행되는 내용에 해당하지 않는 것은?

① 회선 제어 ② 흐름 제어
③ 에러 제어 ④ 동기 제어
⑤ 입출력 제어

36 다음 PCM 송신 과정을 순서대로 바르게 나열한 것은?

㉠ 음성 발생	㉡ 양자화
㉢ LPF 통과	㉣ 표본화
㉤ 부호화	㉥ 압축

① ㉠-㉢-㉣-㉤-㉡-㉥
② ㉠-㉢-㉣-㉥-㉡-㉤
③ ㉠-㉢-㉥-㉡-㉤-㉣
④ ㉠-㉢-㉥-㉣-㉡-㉤
⑤ ㉠-㉣-㉢-㉥-㉡-㉤

37 다음 중 코드 분할 다중 액세스(CDMA) 방식에 대한 설명으로 옳지 않은 것은?

① FDMA와 TDMA의 혼합된 형태이다.
② 전송 시간은 TDMA로, 각 시간 대역에서는 FDMA로 전송한다.
③ 전체 신호에 미치는 페이딩의 영향을 줄일 수 있다.
④ 전체적인 데이터 전송률을 증대시킬 수 있다.
⑤ Code 사용기법이기 때문에 자동적으로 프라이버시가 보장된다.

38 다음 중 동기식 데이터 전송 방식의 특성에 대한 설명으로 옳지 않은 것은?

① 문자나 비트에 시작 및 정지 비트를 사용한다.
② 송수신 간 동기화가 이루어져야 한다.
③ 데이터 블록이 큰 경우 비동기식 전송보다 훨씬 효율적이다.
④ 2단계 인코딩 동기화 기법을 사용한다.
⑤ 타이밍은 각 메시지 또는 데이터 블록의 출발점에 있는 동기 부호들에 의해 유도된다.

39 다음 중 파형의 상승 시간 t_r 와 대역폭(bandwidth) B와의 관계는?

① 비례한다.
② 반비례한다.
③ 제곱에 반비례한다.
④ 평방근에 반비례한다.
⑤ 제곱에 비례한다.

40 다음 중 8진 PSK의 점유 대역폭은 BPSK의 몇 배인가?

① $\frac{1}{2}$ 배
② $\frac{1}{3}$ 배
③ $\frac{1}{4}$ 배
④ $\frac{1}{8}$ 배
⑤ $\frac{1}{16}$ 배

05 | 건축일반

01 국토교통부령으로 정하는 기준에 따라 6층 이상인 건축물의 거실에 배연설비를 하여야 하는 대상 건축물이 아닌 것은?(단, 피난층의 거실은 제외한다)
① 종교시설
② 판매시설
③ 위락시설
④ 방송통신시설
⑤ 의료시설

02 다음 중 아스팔트 방수층, 개량아스팔트시트 방수층, 합성고분자계시트 방수층 및 도막 방수층 등 불투수성 피막을 형성하여 방수하는 공사를 총칭하는 용어는?
① 실링방수
② 멤브레인방수
③ 구체침투방수
④ 벤토나이트방수
⑤ 시멘트액체방수

03 다음 중 모살치수 8mm, 용접길이 500mm인 양면모살용접의 유효 단면적은?
① 약 $2,100mm^2$
② 약 $3,221mm^2$
③ 약 $4,300mm^2$
④ 약 $5,421mm^2$
⑤ 약 $5,820mm^2$

04 다음 중 직류 엘리베이터에 대한 설명으로 옳지 않은 것은?
① 임의의 기동 토크를 얻을 수 있다.
② 고속 엘리베이터용으로 사용이 가능하다.
③ 원활한 가감속이 가능하여 승차감이 좋다.
④ 교류 엘리베이터에 비하여 가격이 저렴하다.
⑤ 종류로는 직류 기어드, 기어레스 등이 있다.

05 다음은 건축법령상 직통계단의 설치에 대한 기준 내용이다. 빈칸에 들어갈 개수로 옳은 것은?

> 초고층 건축물에는 피난층 또는 지상으로 통하는 직통계단과 직접 연결되는 피난안전구역(건축물의 피난·안전을 위하여 건축물 중간층에 설치하는 대피공간)을 지상층으로부터 최대 _____ 층마다 1개소 이상 설치하여야 한다.

① 10개 ② 20개
③ 30개 ④ 40개
⑤ 50개

06 다음은 옥내소화전설비에서 전동기에 따른 펌프를 이용하는 가압송수장치에 대한 설명이다. 빈칸 ㉠, ㉡ 안에 들어갈 내용을 바르게 나열한 것은?

> 특정소방대상물의 어느 층에 있어서도 해당 층의 옥내소화전(5개 이상 설치된 경우에는 5개의 옥내소화전)을 동시에 사용할 경우 각 소화전의 노즐선단에서의 방수압력이 (㉠) 이상이고, 방수량이 (㉡) 이상이 되는 성능의 것으로 할 것

	㉠	㉡
①	0.17MPa	130ℓ/min
②	0.17MPa	250ℓ/min
③	0.34MPa	130ℓ/min
④	0.34MPa	250ℓ/min
⑤	0.4MPa	300ℓ/min

07 6층 이상의 거실면적의 합계가 3,000m² 일 때, 건축물의 용도별 설치하여야 하는 승용승강기의 최소 대수를 바르게 나열한 것은?(단, 15인승 승강기의 경우)

① 업무시설 – 2대 ② 의료시설 – 2대
③ 숙박시설 – 2대 ④ 위락시설 – 2대
⑤ 교육연구시설 – 2대

08 다음 중 주철근으로 사용된 D22 철근 180° 표준갈고리의 구부림 최소 내면 반지름(γ)으로 옳은 것은?

① $\gamma = 1d_b$
② $\gamma = 2d_b$
③ $\gamma = 2.5d_b$
④ $\gamma = 3d_b$
⑤ $\gamma = 3.5d_b$

09 다음 중 공장 건축의 레이아웃 계획에 대한 설명으로 옳지 않은 것은?

① 플랜트 레이아웃은 공장건축의 기본설계와 병행하여 이루어진다.
② 고정식 레이아웃은 조선소와 같이 제품이 크고 수량이 적을 경우에 적용된다.
③ 다품종 소량생산이나 주문생산 위주의 공장에는 공정 중심의 레이아웃이 적합하다.
④ 제품 중심의 레이아웃은 대량생산에 유리하며 생산성이 높다.
⑤ 레이아웃 계획은 작업장 내의 기계설비 배치에 대한 것으로 공장규모변화에 따른 융통성은 고려대상이 아니다.

10 다음 중 와이어로프로 매단 비계 권상기에 의해 상하로 이동시킬 수 있는 공사용 비계의 명칭은?

① 시스템비계
② 틀비계
③ 달비계
④ 쌍줄비계
⑤ 말비계

11 다음 중 쇼핑센터의 몰(Mall)의 계획에 대한 설명으로 옳지 않은 것은?

① 전문점들과 중심상점의 주출입구는 몰에 면하도록 한다.
② 몰에는 자연광을 끌어들여 외부공간과 같은 성격을 갖게 하는 것이 좋다.
③ 다층으로 계획할 경우, 시야의 개방감을 적극적으로 고려하는 것이 좋다.
④ 각종 연회, 이벤트 행사 등을 유치하기 위해 코트를 설치하기도 한다.
⑤ 중심상점들 사이의 몰의 길이는 150m를 초과하지 않아야 하며, 길이 40~50m마다 변화를 주는 것이 바람직하다.

12 다음 중 건축물 높낮이의 기준이 되는 벤치마크(Bench mark)에 대한 설명으로 옳지 않은 것은?

① 이동 또는 소멸 우려가 없는 장소에 설치한다.
② 수직규준틀이라고도 한다.
③ 이동 등 훼손될 것을 고려하여 2개소 이상 설치한다.
④ 공사가 완료된 뒤라도 건축물의 침하, 경사 등의 확인을 위해 사용되기도 한다.
⑤ 지면에서 0.5m ~ 1.0m 정도 바라보기 좋고 공사에 지장이 없는 곳에 설치한다.

13 다음 중 QC(Quality Control) 활동의 도구에 해당하지 않은 것은?

① 기능계통도
② 산점도
③ 히스토그램
④ 특성요인도
⑤ 체크시트

14 다음 중 공기조화방식 중 팬코일유닛 방식에 대한 설명으로 옳지 않은 것은?

① 덕트 방식에 비해 유닛의 위치 변경이 용이하다.
② 유닛을 창문 밑에 설치하면 콜드 드래프트를 줄일 수 있다.
③ 전공기 방식으로 각 실에 수배관으로 인한 누수의 염려가 없다.
④ 각 실의 유닛은 수동으로도 제어할 수 있고, 개별 제어가 용이하다.
⑤ 실내용 소형 공조기이므로 고도의 공기처리를 할 수 없다.

15 다음 〈조건〉에 따라 바닥재로 화강석을 사용할 때 소요되는 화강석의 재료량으로 옳은 것은?(단, 각 재료의 할증률을 고려한다)

〈조건〉
- 바닥면적 : 300m²
- 정형돌
- 화강석 판의 두께 : 40mm
- 습식공법

① 315m² ② 321m²
③ 330m² ④ 345m²
⑤ 350m²

16 다음 중 건축법령상 연립주택의 정의로 옳은 것은?

① 주택으로 쓰는 층수가 5개 층 이상인 주택
② 주택으로 쓰는 1개 동의 바닥면적 합계가 660m² 이하이고, 층수가 4개 층 이하인 주택
③ 주택으로 쓰는 1개 동의 바닥면적 합계가 660m²를 초과하고, 층수가 4개 층 이하인 주택
④ 1개 동의 주택으로 쓰이는 바닥면적의 합계가 300m² 이하이고, 주택으로 쓰는 층수가 3개 층 이하인 주택
⑤ 1개 동의 주택으로 쓰이는 바닥면적의 합계가 330m² 이하이고, 주택으로 쓰는 층수가 3개 층 이하인 주택

17 다음 중 광원의 연색성에 대한 설명으로 옳지 않은 것은?

① 고압수은램프의 평균 연색평가수(Ra)는 100이다.
② 연색성을 수치로 나타낸 것을 연색평가수라고 한다.
③ 평균 연색평가수(Ra)가 100에 가까울수록 연색성이 좋다.
④ 물체가 광원에 의하여 조명될 때, 그 물체의 색의 보임을 정하는 광원의 성질을 말한다.
⑤ 할로겐전구의 연색평가수(Ra)가 가장 크다.

18 다음 교차보(Cross beam) A, B부재의 최대 휨모멘트의 비로 옳은 것은?(단, 각 부재의 EI는 일정하다)

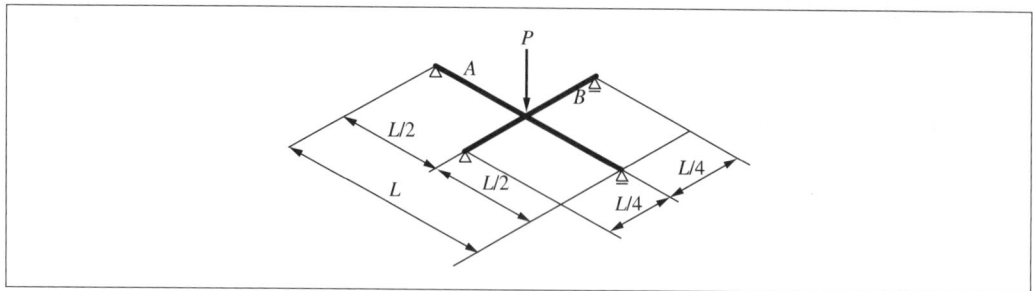

① 1 : 2
② 1 : 3
③ 1 : 4
④ 1 : 8
⑤ 1 : 10

19 다음 중 건축마감공사로서 단열공사에 대한 설명으로 옳지 않은 것은?

① 시공부위에 따른 공법은 벽단열, 바닥단열, 지붕단열 공법 등으로 분류할 수 있다.
② 설치위치에 따른 단열공법 중 내단열공법은 단열성능이 적고 내부 결로가 발생할 우려가 있다.
③ 단열재료에 따른 공법은 성형판단열재 공법, 현장발포재 공법, 뿜칠단열재 공법 등으로 분류할 수 있다.
④ 단열재를 접착제로 바탕에 붙이고자 할 때에는 바탕면을 평탄하게 한 후 밀착하여 시공하되 초기박리를 방지하기 위해 압착상태를 유지시킨다.
⑤ 단열시공바탕은 단열재 또는 방습재 설치에 못, 철선, 모르타르 등의 돌출물이 도움이 되므로 제거하지 않아도 된다.

20 다음과 같은 특징을 갖는 부엌의 평면형은?

- 작업 시 몸을 앞뒤로 바꾸어야 하는 불편이 있다.
- 식당과 부엌이 개방되지 않고 외부로 통하는 출입구가 필요한 경우에 많이 쓰인다.

① 일렬형
② ㄱ자형
③ 병렬형
④ ㄷ자형
⑤ LDK형

21 다음은 지하층과 피난층 사이의 개방공간 설치에 대한 기준 내용이다. 빈칸에 들어갈 값으로 옳은 것은?

> 바닥면적의 합계가 _____ 이상인 공연장·집회장·관람장 또는 전시장을 지하층에 설치하는 경우에는 각 실에 있는 자가 지하층 각 층에서 건축물 밖으로 피난하여 옥외 계단 또는 경사로 등을 이용하여 피난층으로 대피할 수 있도록 천장이 개방된 외부 공간을 설치하여야 한다.

① 1,000m²
② 2,000m²
③ 3,000m²
④ 4,000m²
⑤ 5,000m²

22 다음 중 900명을 수용하고 있는 극장에서 실내 CO_2 농도를 0.1%로 유지하기 위해 필요한 환기량은?(단, 외기 CO_2 농도는 0.04%, 1인당 CO_2 배출량은 18L/h이다)

① 27,000m³/h
② 30,000m³/h
③ 60,000m³/h
④ 66,000m³/h
⑤ 72,000m³/h

23 다음 중 프리스트레스하지 않는 부재의 현장치기 콘크리트에서 흙에 접하여 콘크리트를 친 후, 영구히 흙에 묻혀 있는 콘크리트 부재의 최소 피복두께로 옳은 것은?

① 40mm
② 50mm
③ 60mm
④ 80mm
⑤ 100mm

24 다음 중 연약지반에 기초구조를 적용할 때 부동침하를 감소시키기 위한 상부구조의 대책으로 옳지 않은 것은?

① 폭이 일정할 경우 건물의 길이를 길게 할 것
② 건물을 경량화할 것
③ 강성을 크게 할 것
④ 부분 증축을 가급적 피할 것
⑤ 신축이음을 설치할 것

25 다음 중 일반적으로 연면적에 대한 숙박 관계 부분의 비율이 가장 큰 호텔은?

① 해변 호텔
② 리조트 호텔
③ 커머셜 호텔
④ 레지덴셜 호텔
⑤ 터미널 호텔

26 다음 건축양식의 시대적 순서를 바르게 나열한 것은?

㉠ 로마네스크	㉡ 바로크
㉢ 고딕	㉣ 르네상스
㉤ 비잔틴	

① ㉠ - ㉢ - ㉣ - ㉡ - ㉤
② ㉠ - ㉢ - ㉣ - ㉤ - ㉡
③ ㉠ - ㉣ - ㉢ - ㉤ - ㉡
④ ㉤ - ㉠ - ㉢ - ㉣ - ㉡
⑤ ㉤ - ㉠ - ㉣ - ㉢ - ㉡

27 다음 설명이 의미하는 공법으로 옳은 것은?

미리 공장 생산한 기둥이나 보, 바닥판, 외벽, 내벽 등을 한 층씩 쌓아 올라가는 조립식으로 구체를 구축하고 이어서 마감 및 설비공사까지 포함하여 차례로 한 층씩 완성해 가는 공법

① 하프 PC 합성바닥판공법
② 역타공법
③ 적층공법
④ 지하연속벽공법
⑤ 어스앵커공법

28 다음 옹벽에 토압 10kN이 가해질 때, 이 옹벽이 전도되지 않기 위해서는 어느 정도의 자중(自重)을 필요로 하는가?

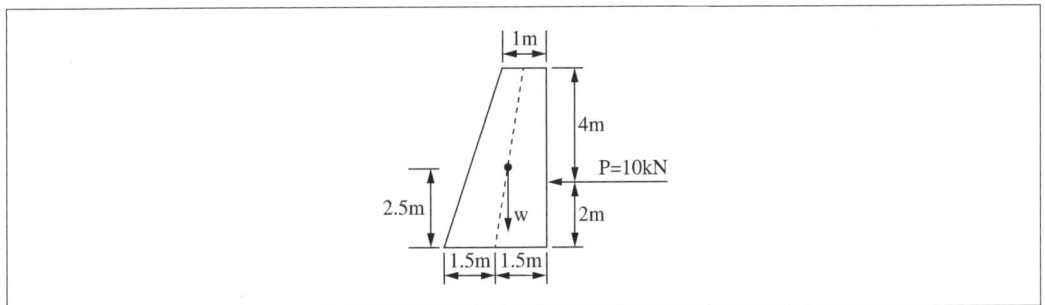

① 약 12.71kN
② 약 11.71kN
③ 약 10.44kN
④ 약 9.71kN
⑤ 약 8.44kN

29 압력탱크식 급수설비에서 탱크 내의 최고압력이 350kPa, 흡입양정이 5m일 때, 압력탱크에 급수하기 위해 사용되는 급수펌프의 양정은?

① 약 3.5m
② 약 8.5m
③ 약 35m
④ 약 40m
⑤ 약 45m

30 다음 중 피난안전구역(건축물의 피난·안전을 위하여 건축물 중간층에 설치하는 대피공간)의 구조 및 설비에 관한 기준 내용으로 옳지 않은 것은?

① 피난안전구역의 높이는 2.1m 이상일 것
② 비상용 승강기는 피난안전구역에서 승하차할 수 있는 구조로 설치할 것
③ 건축물의 내부에서 피난안전구역으로 통하는 계단은 피난계단의 구조로 설치할 것
④ 내부마감재료는 불연재료로 설치할 것
⑤ 피난안전구역에는 식수공급을 위한 급수전을 1개소 이상 설치하고 예비전원에 의한 조명설비를 설치할 것

31 다음 중 철골조 주각부분에 사용하는 보강재에 해당하지 않는 것은?

① 윙플레이트
② 데크플레이트
③ 사이드앵글
④ 클립앵글
⑤ 리브플레이트

32 다음 부정정 라멘의 B.M.D에서 구할 수 있는 P값은?

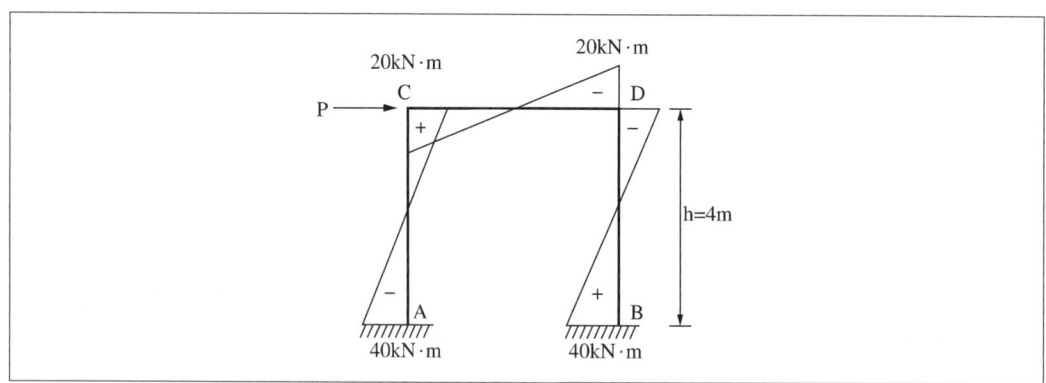

① 20kN
② 30kN
③ 50kN
④ 60kN
⑤ 70kN

33 다음 중 고대 로마 건축에 대한 설명으로 옳지 않은 것은?

① 인술라(Insula)는 다층의 집합주거 건물이다.
② 콜로세움의 1층에는 도릭 오더가 사용되었다.
③ 바실리카 울피아는 황제를 위한 신전으로 배럴 볼트가 사용되었다.
④ 판테온은 거대한 돔을 얹은 로툰다와 대형 열주 현관이라는 두 요소로 이루어진다.
⑤ 카라칼라 욕장은 대칭적 질서를 유지하였다.

34 다음 중 경량골재 콘크리트에 대한 기준으로 옳지 않은 것은?

① 단위시멘트량의 최솟값 : 400kg/m²
② 물-결합재비의 최댓값 : 60%
③ 기건단위질량(경량골재 콘크리트 1종) : 1,700~2,000kg/m³
④ 굵은골재의 최대치수 : 20mm
⑤ 슬럼프 값 : 180mm 이하

35 다음 중 아파트의 평면형식에 대한 설명으로 옳지 않은 것은?

① 중복도형은 모든 세대의 향을 동일하게 할 수 없다.
② 편복도형은 각 세대의 거주성이 균일한 배치 구성이 가능하다.
③ 홀형은 각 세대가 양쪽으로 개구부를 계획할 수 있는 관계로 일조와 통풍이 양호하다.
④ 집중형은 공용 부분이 오픈되어 있으므로, 공용 부분에 별도의 기계적 설비계획이 필요 없다.
⑤ 입체형식은 단층형, 복층형으로 분류된다.

36 다음 중 파이프구조에 대한 설명으로 옳지 않은 것은?

① 파이프구조는 경량이며, 외관이 경쾌하다.
② 파이프구조는 대규모의 공장, 창고, 체육관, 동·식물원 등에 이용된다.
③ 접합부의 절단가공이 어렵다.
④ 파이프의 부재형상이 복잡하여 공사비가 증대된다.
⑤ 형강에 비해 경량이며, 공사비가 저렴하다.

37 다음 중 강도설계법에 의해서 전단보강 철근을 사용하지 않고 계수하중에 의한 전단력 $V_u = 50$kN을 지지하기 위한 직사각형 단면보의 최소 유효깊이 d의 값은?(단, 보통중량콘크리트 사용, $f_{ck} = 28$MPa, $b_w = 300$mm)

① 약 405mm ② 약 444mm
③ 약 504mm ④ 약 605mm
⑤ 약 648mm

38 다음 중 전기설비의 전압구분에서 저압 기준으로 옳은 것은?

① 교류 300V 이하, 직류 600V 이하
② 교류 600V 이하, 직류 600V 이하
③ 교류 600V 이하, 직류 750V 이하
④ 교류 750V 이하, 직류 750V 이하
⑤ 교류 750V 이하, 직류 800V 이하

39 다음은 건축법령상 리모델링에 대비한 특혜 등에 대한 기준 내용이다. 빈칸에 들어갈 내용으로 옳은 것은?

> 리모델링이 쉬운 구조의 공동주택의 건축을 촉진하기 위하여 공동주택을 대통령령으로 정하는 구조로 하여 건축허가를 신청하면 제56조(건축물의 용적률), 제60조(건축물의 높이 제한) 및 제61조(일조 등의 확보를 위한 건축물의 높이 제한)에 따른 기준을 _____의 범위에서 대통령령으로 정하는 비율로 완화하여 적용할 수 있다.

① 100분의 110
② 100분의 120
③ 100분의 130
④ 100분의 140
⑤ 100분의 150

40 다음의 공기조화 방식 중 전공기 방식에 해당하지 않는 것은?

① 단일덕트 방식
② 이중덕트 방식
③ 멀티존 유닛 방식
④ 팬코일 유닛 방식
⑤ 각층 유닛 방식

| 06 | 토목일반

01 강철의 열팽창계수 $\alpha = 1.1 \times 10^{-5}/°C$, 탄성계수 $E = 2.1 \times 10^7 \text{N/cm}^2$일 때, 온도가 20°C에서 50°C로 상승하면 온도응력은?

① $6,930 \text{N/cm}^2$
② $5,770 \text{N/cm}^2$
③ $4,620 \text{N/cm}^2$
④ $3,460 \text{N/cm}^2$
⑤ $2,450 \text{N/cm}^2$

02 폭 b, 높이 h인 구형 단면에서 중립축의 단면 2차 모멘트를 I_A, 밑면의 단면 2차 모멘트를 I_B라 할 때, $\dfrac{I_A}{I_B}$의 값으로 옳은 것은?

① 1
② $\dfrac{1}{2}$
③ $\dfrac{1}{3}$
④ $\dfrac{1}{4}$
⑤ $\dfrac{1}{5}$

03 다음과 같은 단면적 1cm^2, 길이 1m인 철근 AB부재가 있다. 이 철근이 최대 $\delta = 1.0\text{cm}$ 늘어날 때, 이 철금의 허용하중 $P[\text{kN}]$는?[단, 철근의 탄성계수(E)는 $2.1 \times 10^4 \text{kN/cm}^2$로 한다]

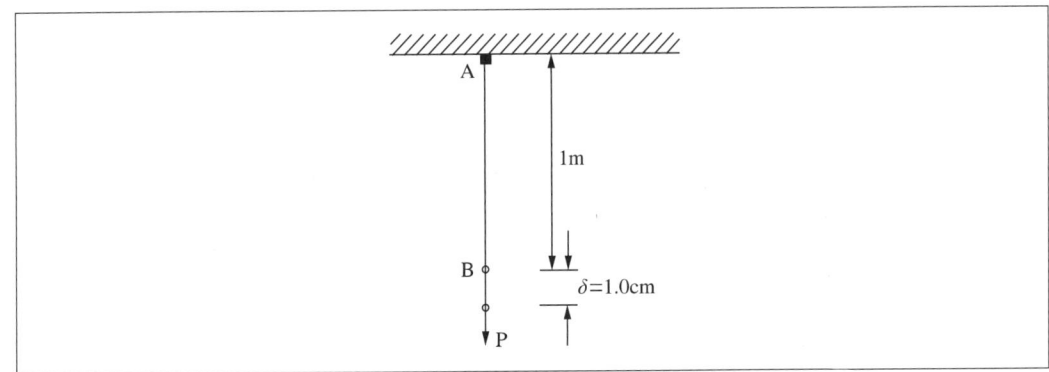

① 160
② 180
③ 210
④ 240
⑤ 270

04 다음 중 구조해석의 기본 원리인 겹침의 원리(Principal of Superposition)에 대한 설명으로 옳지 않은 것은?

① 탄성한도 이하의 외력이 작용할 때 성립한다.
② 외력과 변형이 비선형관계가 있을 때 성립한다.
③ 여러 종류의 하중이 실린 경우에 이 원리를 이용하면 편리하다.
④ 부정정 구조물에서도 성립한다.
⑤ 작용하는 하중에 의해 구조물의 변형이 많아서는 안 된다.

05 다음과 같은 휨모멘트가 최대가 되는 단면의 위치는 B점에서 얼마만큼 떨어져 있는가?

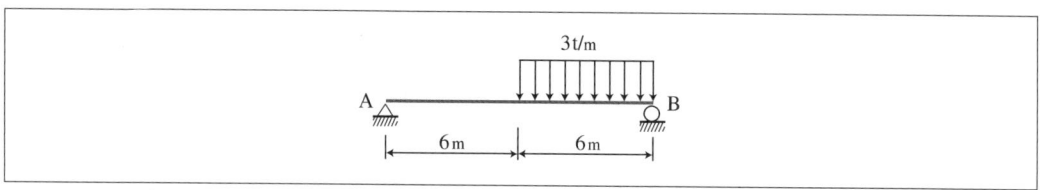

① 4.2m
② 4.5m
③ 4.8m
④ 5.2m
⑤ 5.5m

06 다음 중 양단이 고정된 기둥에 축방향력에 의한 좌굴하중 P_{cr}의 값은?(단, E는 탄성계수, I는 단면 2차모멘트, L은 기둥의 길이이다)

① $P_{cr} = \dfrac{\pi^2 EI}{L^2}$
② $P_{cr} = \dfrac{\pi^2 EI}{2L^2}$
③ $P_{cr} = \dfrac{\pi^2 EI}{4L^2}$
④ $P_{cr} = \dfrac{4\pi^2 EI}{L^2}$
⑤ $P_{cr} = \dfrac{4\pi^2 EI}{2L^2}$

07 다음 중 단위하중에 대한 변형을 나타내는 용어는?

① 유연도
② 축강도
③ 강성도
④ 푸아송비
⑤ 인장 강도

08 축척 1 : 2,000 도면상의 면적을 축척 1 : 1,000으로 잘못 알고 면적을 관측하여 24,000m² 을 얻었을 때의 실제 면적은?

① 6,000m²
② 12,000m²
③ 24,000m²
④ 48,000m²
⑤ 96,000m²

09 다음 트래버스 측량의 각 관측 방법 중 방위각법에 대한 설명으로 옳지 않은 것은?

① 진북을 기준으로 어느 측선까지 시계 방향으로 측정하는 방법이다.
② 험준하고 복잡한 지역에서는 적합하지 않다.
③ 각이 독립적으로 관측되므로 오차 발생 시 개별각의 오차는 이후의 측량에 영향이 없다.
④ 각 관측값의 계산과 제도가 편리하고 신속히 관측할 수 있다.
⑤ 노선측량 또는 지형측량에 널리 쓰인다.

10 다음 중 지형측량의 과정을 논리적 순서대로 바르게 나열한 것은?

① 측량계획 – 골조측량 – 측량원도작성 – 세부측량
② 측량계획 – 세부측량 – 측량원도작성 – 골조측량
③ 측량계획 – 측량원도작성 – 골조측량 – 세부측량
④ 측량계획 – 골조측량 – 세부측량 – 측량원도작성
⑤ 측량계획 – 측량원도작성 – 세부측량 – 골조측량

11 직사각형의 가로, 세로의 거리가 다음과 같을 때, 면적 A의 값으로 옳은 것은?

$75m \pm 0.003m$ A

$100m \pm 0.008m$

① $7,500m^2 \pm 0.67m^2$
② $7,500m^2 \pm 0.41m^2$
③ $7,500.9m^2 \pm 0.67m^2$
④ $7,500.9m^2 \pm 0.41m^2$
⑤ $7,500m^2 \pm 0.24m^2$

12 다음 중 DGPS(Differential GPS)에 대한 설명으로 옳지 않은 것은?

① DGPS는 기준국에서 추적 가능한 모든 위성의 의사거리 보정치를 계산한다.
② DGPS는 실시간 또는 후처리방식으로 가능하며, 코드측정법이라 한다.
③ 실시간 DGPS는 보정자료를 실시간으로 제공하고, 현장인력이 필요하지 않다.
④ 후처리 DGPS는 반송파를 이용함으로 정밀도가 낮은 편이다.
⑤ DGPS의 이동국은 보정치를 사용하여 보정 가능한 오차를 제거한다.

13 관수로에서 관의 마찰손실계수가 0.02, 관의 지름이 40cm일 때, 관내 물의 흐름이 100m를 흐르는 동안 2m의 마찰손실수두가 발생하였다면 관내의 유속은?

① 약 0.3m/s
② 약 1.3m/s
③ 약 2.8m/s
④ 약 3.8m/s
⑤ 약 4.2m/s

14 저수지의 측벽에 폭 20cm, 높이 5cm의 직사각형 오리피스를 설치하여 유량 200L/s를 유출시키려고 할 때, 수면으로부터의 오피리스 설치 위치는?(단, 유량계수 $C=0.62$이다)

① 약 33m
② 약 43m
③ 약 53m
④ 약 63m
⑤ 약 73m

15 다음 중 단면의 전단중심(Shear Center)에 대한 설명으로 옳은 것은?

① 단면의 도심을 통하는 축
② 단면의 휨 축
③ 대칭축을 갖는 단면의 중심축
④ 단면에 작용하는 최대 전단응력의 축
⑤ 단면에 비틀림모멘트를 작용시킬 때 변형이 생기지 않는 축

16 다음 중 안지름 2m의 관내를 20℃의 물이 흐를 때 동점성계수가 $0.0101cm^2/s$이고 속도가 50cm/s일 때의 레이놀즈수(Reynolds Number)는?

① 960,000
② 970,000
③ 980,000
④ 990,000
⑤ 1,000,000

17 어느 소유역의 면적이 20ha이고, 유수의 도달시간이 5분이다. 강수자료의 해석으로부터 얻어진 이 지역의 강우강도식이 다음과 같을 때, 합리식에 따라 산출된 홍수량은?(단, 유역의 평균유출계수는 0.6이다)

$$(강우강도식)\ I = \frac{6,000}{(t+35)}\ (단,\ t는\ 강우지속시간이다)$$

① $18.0m^3/s$
② $5.0m^3/s$
③ $1.8m^3/s$
④ $0.5m^3/s$
⑤ $0.18^3/s$

18 어느 지역에 내린 집중호우가 자기기록지에 다음과 같이 기록되었다. 지속기간 20분 동안의 최대강우강도는?

시간	5분	10분	15분	20분	25분	30분	35분	40분
누가우량	2mm	5mm	10mm	20mm	35mm	40mm	43mm	45mm

① 95mm/h
② 105mm/h
③ 115mm/h
④ 135mm/h
⑤ 200mm/h

19 다음 중 DAD 해석에 관계되는 요소를 바르게 나열한 것은?

① 강우깊이, 면적, 지속기간
② 적설량, 분포면적, 적설일수
③ 수심, 하천 단면적, 홍수기간
④ 강우량, 유수단면적, 최대수심
⑤ 강설량, 통수단면적, 강설일수

20 다음 중 일반적인 상수도 계통도를 순서대로 바르게 나열한 것은?

① 수원 및 저수시설 → 취수 → 배수 → 송수 → 정수 → 도수 → 급수
② 수원 및 저수시설 → 취수 → 도수 → 정수 → 급수 → 배수 → 송수
③ 수원 및 저수시설 → 취수 → 도수 → 정수 → 송수 → 배수 → 급수
④ 수원 및 저수시설 → 취수 → 배수 → 정수 → 급수 → 도수 → 송수
⑤ 수원 및 저수시설 → 취수 → 정수 → 배수 → 도수 → 급수 → 송수

21 지름 15cm, 길이 50m인 주철관으로 유량 $0.03m^3/s$의 물을 50m 양수하려고 한다. 양수 시 발생되는 총 손실수두가 5m였을 때, 이 펌프의 소요 축동력은?(단, 여유율은 0이며, 펌프의 효율은 80%이고, 소수점 둘째 자리에서 반올림한다)

① 20.2kW
② 30.5kW
③ 33.5kW
④ 37.2kW
⑤ 42.8kW

22 부유물 농도 200mg/L, 유량 $3,000m^3$/day인 하수가 침전지에서 70% 제거된다. 슬러지의 함수율이 95%, 비중이 1.1일 때, 이 슬러지의 양은?

① 약 $5.9m^3$/day
② 약 $6.1m^3$/day
③ 약 $7.6m^3$/day
④ 약 $8.5m^3$/day
⑤ 약 $9.5m^3$/day

23 다음 중 콘크리트 다짐 특성에 대한 설명으로 옳지 않은 것은?

① 거푸집널에 접하는 콘크리트는 가능하면 평탄한 표면이 얻어지도록 타설하고 다져야 한다.
② 거푸집 진동기는 거푸집의 적절한 위치에 단단히 설치하여야 한다.
③ 재진동을 할 경우에는 콘크리트에 나쁜 영향이 생기지 않도록 초결이 발생하기 전에 실시하여야 한다.
④ 콘크리트 타설 직후 바로 충분히 다져서 콘크리트가 철근 및 매설물 등의 주위와 거푸집까지 잘 채워져 밀실한 콘크리트가 되도록 한다.
⑤ 슬럼프 150mm 이하의 된비빔콘크리트에 거푸집 진동기를 사용하지만, 얇은 벽 거푸집 진동기의 사용이 곤란한 장소에는 내부 진동기를 사용한다.

24 다음 중 하수슬러지 소화공정에서 혐기성 소화법와 비교한 호기성 소화법의 장점으로 옳지 않은 것은?

① 유효 부산물 생성
② 상징수 수질 양호
③ 악취발생 감소
④ 운전용이
⑤ 저렴한 최초 시공비

25 다음 중 급수관의 배관에 대한 설비기준으로 옳지 않은 것은?

① 급수관을 부설하고 되메우기를 할 때에는 양질토 또는 모래를 사용하여 적절하게 다짐한다.
② 동결이나 결로의 우려가 있는 급수장치의 노출부에 대해서는 적절한 방한 장치가 필요하다.
③ 급수관의 부설은 가능한 한 배수관에서 분기하여 수도미터 보호통까지 직선으로 배관한다.
④ 급수관을 지하층에 배관할 경우에는 가급적 지수밸브와 역류방지장치를 설치하지 않는다.
⑤ 급수관을 공공도로에 부설하는 경우 다른 매설물과의 간격은 30cm 이상 확보한다.

26 다음 터널공법 중 TBM 공법에 대한 설명으로 옳은 것은?

① 터널 내의 반발량이 크고 분진량이 많다.
② 초기 투자비가 적고 사용하기에 편리하다.
③ 터널의 품질관리가 어렵다.
④ 암반자체를 지보재로 사용한다.
⑤ 숏크리트와 록볼트가 주로 사용된다.

27 다음 중 지표가 연직 수평인 옹벽에 있어 수동토압계수와 주동토압계수의 비는?(단, 흙의 내부마찰각은 30°이다)

① $\dfrac{1}{9}$ 　　　② $\dfrac{1}{3}$

③ 1 　　　④ 3

⑤ 9

28 단철근 직사각형 보에서 부재축에 직각인 전단보강철근이 부담해야 할 전단력 $V_s = 250\text{kN}$일 때, 전단보강철근의 간격(s)은 최대 얼마 이하인가?(단, $A_v = 158\text{mm}^2$, $f_{yt} = 400\text{MPa}$, $f_{ck} = 28\text{MPa}$, $b_w = 300\text{mm}$, $d = 450\text{mm}$이다)

① 200mm 　　　② 205mm

③ 225mm 　　　④ 240mm

⑤ 255mm

29 지름(D)이 10cm, 높이(h)가 20cm인 모래시료에 정수위 투수시험을 진행한 결과 정수두 40cm로 하여 5초간의 유출량이 86.3cm^3이 되었을 때, 이 시료의 투수계수(k)는?

① $12.683 \times 10^{-2}\text{cm/sec}$ 　　　② $11.800 \times 10^{-2}\text{cm/sec}$

③ $10.988 \times 10^{-2}\text{cm/sec}$ 　　　④ $9.029 \times 10^{-2}\text{cm/sec}$

⑤ $8.683 \times 10^{-2}\text{cm/sec}$

30 다음 중 철근 콘크리트 보에 배치되는 철근의 순간격에 대한 설명으로 옳지 않은 것은?

① 동일 평면에서 평행한 철근 사이의 수평 순간격은 25mm 이상이어야 한다.
② 상단과 하단에 2단 이상으로 배치된 경우 상하 철근의 순간격은 25mm 이상으로 하여야 한다.
③ 벽체 또는 슬래브에서 휨 주철근의 간격은 벽체나 슬래브 두께의 2배 이하로 하여야 한다.
④ 철근의 순간격에 대한 규정은 서로 접촉된 겹침이음 철근과 인접된 이음철근 또는 연속철근 사이의 순간격에도 적용하여야 한다.
⑤ 철근 콘크리트 부재의 철근을 설계 배치하는 경우에 현장에서의 시공성 및 충분한 부착성을 확보하기 위하여 정해진 철근의 간격이다.

31 다음 중 철근콘크리트 부재의 철근이음에 대한 설명으로 옳지 않은 것은?

① D35를 초과하는 철근은 겹침이음을 하지 않아야 한다.
② 용접이음과 기계적이음은 철근의 항복강도의 125% 이상을 발휘할 수 있어야 한다.
③ 압축 이형철근의 이음에서 콘크리트의 설계기준 압축강도가 21MPa 미만인 경우에는 겹침이음길이를 $\frac{1}{3}$ 증가시켜야 한다.
④ 인장 이형철근의 겹침이음에서 A급 이음은 $1.3l_d$ 이상, B급 이음은 $1.0l_d$ 이상 겹쳐야 한다(단, l_d는 규정에 의해 계산된 인장 이형철근의 정착 길이이다).
⑤ 각 철근의 이음부는 서로 600mm 이상 엇갈려야 하고, 이음부에서 계산된 인장응력의 2배 이상을 발휘할 수 있도록 이어야 한다.

32 폭 40cm, 유효깊이 70cm인 직사각형보의 위험단면에 계수전단력 0.1MN이 작용했을 때, 공칭전단강도 V_u는 얼마 이상이어야 하는가?

① 0.025MN ② 0.133MN
③ 0.324MN ④ 0.355MN
⑤ 0.386MN

33 다음 중 비틀림철근에 대한 설명으로 옳지 않은 것은?(단, A_{oh}는 가장 바깥의 비틀림 보강철근의 중심으로 닫혀진 단면적이고, P_h는 가장 바깥의 횡방향 폐쇄스터럽 중심선의 둘레이다).

① 횡방향 비틀림철근은 종방향 철근 주위로 135° 표준갈고리에 의해 정착하여야 한다.
② 비틀림에 요구되는 종방향 철근은 폐쇄스터럽의 둘레를 따라 300mm 이하의 간격으로 분포시켜야 한다.
③ 횡방향 비틀림철근의 간격은 $\frac{P_h}{6}$ 및 400mm보다 작아야 한다.
④ 종방향 비틀림철근은 양단에 정착하여야 한다.
⑤ 비틀림모멘트를 받는 속빈 단면에서 횡방향 비틀림철근의 중심선으로부터 내부 벽면까지의 거리는 $0.5 \times \frac{A_{oh}}{P_h}$ 이상이 되도록 설계하여야 한다.

34 다음 중 아치(Arch)의 특성으로 옳지 않은 것은?

① 부재 단면은 주로 축방향력을 받는 구조이다.
② 아치는 통상 수평반력이 생긴다.
③ 휨모멘트나 압축에는 저항이 불가능하며 오직 장력에만 견딘다.
④ 수평반력은 각 단면에서의 휨모멘트를 감소시킨다.
⑤ 굽힘 응력을 적게 하기 위해 하중이 작용하는 방향을 볼록 곡선형으로 만든 구조이다.

35 다음 중 폭이 b이고 높이가 h인 직사각형의 도심에 대한 단면 2차 모멘트는?

① $\dfrac{bh}{3}(b^2+h^2)$
② $\dfrac{\sqrt{bh}}{3}(b^3+h^3)$
③ $\dfrac{\sqrt{bh}}{12}(b^3+h^3)$
④ $\dfrac{bh}{12}(b^2+h^2)$
⑤ $\dfrac{bh}{6}(b^2+h^2)$

36 다음 중 세장비에 대한 수식으로 옳은 것은?

① $\dfrac{(기둥의\ 길이)}{(최소\ 회전\ 반경)}$
② $\dfrac{(최소\ 단면계수)}{(기둥의\ 길이)}$
③ $\dfrac{(기둥의\ 길이)}{(최대\ 지점\ 반지름)}$
④ $\dfrac{(최대\ 단면계수)}{(기둥의\ 길이)}$
⑤ $\dfrac{(최소\ 단면계수)}{(최소\ 지점\ 반지름)}$

37 다음 중 콘크리트의 건조수축에 대한 설명으로 옳은 것은?

① 콘크리트 부재 표면에는 압축 응력이 발생한다.
② 건조수축의 진행속도는 외부 상대습도와 무관하다.
③ 물과 시멘트의 비율이 클수록 크리프는 작게 발생한다.
④ 잔골재의 사용량을 줄이고 굵은골재의 사용량을 늘려 건조수축을 억제한다.
⑤ 흡수율이 높은 골재를 사용하여 건조수축을 억제할 수 있다.

38 중공 원형 강봉에 비틀림력 T가 작용할 때 최대 전단 변형률 $\gamma_{\max}=750\times10^{-6}$으로 측정되었다. 봉의 내경은 60mm이고 외경은 75mm일 때, 봉에 작용하는 비틀림력 T의 값은?(단, 전단탄성계수는 $G=8.15\times10^5\text{kg}_f/\text{cm}^2$이며, 비틀림력은 소수점 첫째 자리에서 반올림한다)

① 29.9t・cm ② 32.7t・cm
③ 35.3t・cm ④ 39.2t・cm
⑤ 41.3t・cm

39 한 변의 길이가 10m인 정사각형 토지를 축척 1:600인 도상에서 관측한 결과, 도상의 변 관측 오차가 0.2mm씩 발생하였다. 다음 중 실제 면적에 대한 오차 비율은?

① 1.2% ② 2.4%
③ 4.8% ④ 6.0%
⑤ 7.2%

40 하천의 유속측정결과, 수면으로부터 깊이의 $\dfrac{2}{10}$, $\dfrac{4}{10}$, $\dfrac{6}{10}$, $\dfrac{8}{10}$ 되는 곳의 유속(m/s)이 각각 0.662, 0.552, 0.442, 0.332일 때, 3점법에 의한 평균유속은?

① 0.4603m/s ② 0.4695m/s
③ 0.5245m/s ④ 0.5337m/s
⑤ 0.5463m/s

이 출판물의 무단복제, 복사, 전재 행위는 저작권법에 저촉됩니다.
파본은 구입처에서 교환하실 수 있습니다.

4권

서울교통공사 기술직
정답 및 해설

온라인 모의고사 무료쿠폰

쿠폰번호	서울교통공사 기술직(기계일반)	ATPM-00000-86E0A
	서울교통공사 기술직(전기일반)	ATPN-00000-88216
	서울교통공사 기술직(전자일반)	ATPO-00000-68816
	서울교통공사 기술직(통신일반)	ATPP-00000-616DC
	서울교통공사 기술직(건축일반)	ATPQ-00000-D5334
	서울교통공사 기술직(토목일반)	ATPR-00000-5E692

[쿠폰 사용 안내]
1. **합격시대 홈페이지**(www.sdedu.co.kr/pass_sidae_new)에 접속합니다.
2. 홈페이지 중앙 '1회 무료 이용권 제공' 배너를 클릭하고, 쿠폰번호를 등록합니다.
3. 내강의실 > 모의고사 > 합격시대 모의고사를 클릭하면 모의고사 응시가 가능합니다.
※ 본 쿠폰은 등록 후 30일 이내에 사용 가능합니다.
※ 쿠폰 등록 및 응시는 윈도우 기반 PC에서만 가능합니다.
※ 모바일 및 macOS 운영체제에서는 서비스되지 않습니다.

무료서교공특강

[강의 이용 안내]
1. **시대에듀 홈페이지**(www.sdedu.co.kr)에 접속합니다.
2. '서울교통공사' 검색 후 무료특강을 클릭합니다.
3. 서울교통공사 기출특강을 수강합니다.

끝까지 책임진다! 시대에듀!
QR코드를 통해 도서 출간 이후 발견된 오류나 개정법령, 변경된 시험 정보, 최신기출문제, 도서 업데이트 자료 등이 있는지 확인해 보세요! **시대에듀 합격 스마트 앱**을 통해서도 알려 드리고 있으니 구글 플레이나 앱 스토어에서 다운받아 사용하세요. 또한, 파본 도서인 경우에는 구입하신 곳에서 교환해 드립니다.

서울교통공사 기술직 신입사원 필기시험
제1회 모의고사 정답 및 해설

제1영역 직업기초능력평가

01	02	03	04	05	06	07	08	09	10
③	⑤	①	③	⑤	④	③	⑤	①	③
11	12	13	14	15	16	17	18	19	20
③	④	④	⑤	④	③	③	④	③	③
21	22	23	24	25	26	27	28	29	30
②	④	③	④	④	④	④	①	②	③
31	32	33	34	35	36	37	38	39	40
②	⑤	③	②	③	④	②	③	④	③

01 정답 ③

제시문은 오브제의 정의와 변화 과정에 대한 글이다. 마지막 문단의 빈칸 앞에서는 예술가의 선택에 의해 기성품 그 본연의 모습으로 예술작품이 되는 오브제를, 빈칸 이후에는 나아가 진정성과 상징성이 제거된 팝아트에서의 오브제 기법에 대하여 서술하고 있다. 따라서 빈칸에는 예술가의 선택에 의해 기성품 본연의 모습으로 오브제가 되는 ③의 사례가 오는 것이 가장 적절하다.

02 정답 ⑤

A ~ D기관의 내진성능평가 지수와 내진보강공사 지수를 구한 뒤 내진성능평가 점수와 내진보강공사 점수를 부여하면 다음과 같다.

구분	A기관	B기관	C기관	D기관
내진성능 평가 지수	$\frac{82}{100} \times 100$ $=82$	$\frac{72}{80} \times 100$ $=90$	$\frac{72}{90} \times 100$ $=80$	$\frac{83}{100} \times 100$ $=83$
내진성능 평가 점수	3점	5점	1점	3점
내진보강 공사 지수	$\frac{91}{100} \times 100$ $=91$	$\frac{76}{80} \times 100$ $=95$	$\frac{81}{90} \times 100$ $=90$	$\frac{96}{100} \times 100$ $=96$
내진보강 공사 점수	3점	3점	1점	5점
합산 점수	3+3 =6점	5+3 =8점	1+1 =2점	3+5 =8점

B, D기관의 합산 점수는 8점으로 동점이다. 최종순위 결정조건에 따르면 합산 점수가 동점인 경우에는 내진보강대상 건수가 가장 많은 기관이 높은 순위가 된다. 따라서 최상위기관은 D기관이고 최하위기관은 C기관이다.

03 정답 ①

네 번째 문단에 따르면 2000년대 초 연준의 금리 인하는 국공채에 투자했던 퇴직자들의 소득을 감소시켰고, 노년층에서 정부로, 정부에서 금융업으로 부의 대규모 이동이 이루어져 불평등을 심화시켰다. 따라서 금융업으로부터 정부로 부가 이동하였다는 ①은 제시문의 내용으로 적절하지 않다.

오답분석
② 마지막 문단에 따르면 2000년대 초 연준이 고용 증대를 기대하고 시행한 저금리 정책은 노동을 자본으로 대체하는 투자를 증대시킴으로써 오히려 실업률이 떨어지지 않는 구조를 만들었다.
③ 세 번째 문단에 따르면 2000년대 초는 대부분의 부문에서 설비 가동률이 낮은 상황이었기 때문에 당시의 저금리 정책이 오히려 주택 시장의 거품을 초래하였다.
④ 2000년대 초 연준의 저금리 정책으로 주택 가격이 상승하여 주택 시장의 거품을 초래하였고, 주식 가격 역시 상승하였지만 이에 대한 이득은 대체로 부유층에 집중되었다.
⑤ 두 번째 문단에 따르면 부동산 거품 대응 정책에서는 주택 담보 대출에 대한 규제가 금리 인상보다 더 효과적인 정책이다.

04 정답 ③

직장에서 업무와 관련되어 보내는 이메일과 같은 비즈니스 서신에는 감정 표현을 담는 것을 피하도록 한다.

05 정답 ⑤

「COUNTIF(C3:C11,">=70")」는 70점 이상인 셀의 개수를 구하는 함수식이다. 따라서 80점 이상인 셀의 개수를 세는 공식인 「COUNTIF(C3:C11,">=80")」를 빼면 70점대의 직원의 수만 남는다.

06 정답 ④

본 제품에는 배터리 보호를 위하여 과충전 보호회로가 내장되어 있어 적정 충전시간을 초과하여도 큰 손상이 없으므로 고장의 원인으로 옳지 않다.

07 정답 ③

청소기 전원을 끄고 이물질 제거 후 전원을 켜면 파워브러쉬가 재작동하며 평상시에도 파워브러쉬가 멈추었을 때는 전원 스위치를 껐다 켜면 재작동한다.

08 정답 ⑤

사용 중 갑자기 흡입력이 떨어지는 이유는 흡입구를 커다란 이물질이 막고 있거나, 먼지 필터가 막혀 있거나, 먼지통 내에 오물이 가득 차 있을 경우이다.

09 정답 ①

AN(한국) – 21(2021년) – 34(서른네 번째 주) – BEY(프리미엄) – WA(하양) – T(32GB)

오답분석

② AN1334BEYWAT : 2013년에 생산된 스마트폰이다.
③ BA2134BEYWAT : 중국에서 생산된 스마트폰이다.
④ AN2134BEYMLT : 초록색 스마트폰이다.
⑤ AN2134HQCWAT : 한정판 스마트폰이다.

10 정답 ③

DK(인도) – 20(2020년) – 01(첫 번째 주) – HQC(한정판) – VS(검정) – U(64GB)

오답분석

① DK2010HQCVSU : 열 번째 주에 생산된 스마트폰이다.
② DL2001HQCVSU : DL은 잘못된 제조공장 번호이다.
④ DK1001HQCVSU : 2020년은 20으로 나타내야 한다.
⑤ DK2001IOHVSU : 이벤트용 스마트폰이다.

11 정답 ③

각각의 조건에서 해당되지 않는 쇼핑몰을 체크하여 선택지에서 하나씩 제거하는 방법으로 서술하면 다음과 같다.
- 철수 : C, D, F는 포인트 적립이 안 되므로 해당 사항이 없다 (④, ⑤ 제외).
- 영희 : 배송비를 고려하였으므로 A에는 해당 사항이 없다.
- 민수 : 주문 다음 날 취소가 되지 않았으므로 A, B, C에는 해당 사항이 없다(①, ② 제외).
- 철호 : 환불 및 송금수수료, 배송비가 포함되었으므로 A, D, E, F에는 해당 사항이 없다.

12 정답 ④

월 급여가 300만 원 미만인 직원은 $1{,}200 \times (0.18 + 0.35) = 636$명, 월 급여가 350만 원 이상인 직원은 $1{,}200 \times (0.12 + 0.11) = 276$명으로 $\frac{636}{276} \fallingdotseq 2.30$배이다. 따라서 2.5배 미만이다.

오답분석

① 직원 중 4년제 국내 수도권 지역 대학교 졸업자 수는 $1{,}200 \times 0.35 \times 0.45 = 189$명으로, 전체 직원의 $\frac{189}{1{,}200} \times 100 = 15.75\%$이므로 15% 이상이다.

② 고등학교 졸업의 학력을 가진 직원은 $1{,}200 \times 0.12 = 144$명, 월 급여 300만 원 미만인 직원은 $1{,}200 \times (0.18 + 0.35) = 636$명이다. 이 인원이 차지하는 비율은 $\frac{144}{636} \times 100 \fallingdotseq 22.6\%$이다.

③ 4년제 대학교 졸업 이상의 학력을 가진 직원은 $1{,}200 \times 0.35 = 420$명, 월 급여 300만 원 이상인 직원은 $1{,}200 \times (0.24 + 0.12 + 0.11) = 564$명이다. 이 인원이 차지하는 비율은 $\frac{420}{564} \times 100 \fallingdotseq 74.46\%$이므로 78% 이하이다.

⑤ 전체 직원이 1,000명이라면 외국 대학교 졸업의 학력을 가진 직원은 $1{,}000 \times 0.35 \times 0.2 = 70$명이다.

13 정답 ④

국내 소재 대학 및 대학원 졸업자는 $1{,}200 \times (0.17 + 0.36) + 1{,}200 \times 0.35 \times (0.25 + 0.45 + 0.1) = 972$명으로, 이들의 25%는 $972 \times 0.25 = 243$명이다.
월 급여 300만 원 이상인 직원은 $1{,}200 \times (0.24 + 0.12 + 0.11) = 564$명이므로, 이들이 차지하는 비율은 $\frac{243}{564} \times 100 \fallingdotseq 43\%$이다.

14 정답 ⑤

강수량의 증감추이를 나타내면 다음과 같다.

1월	2월	3월	4월	5월	6월	7월	8월	9월	10월	11월	12월
–	증가	감소	증가	감소	증가	증가	감소	감소	증가	감소	증가

이와 동일한 추이를 보이는 그래프는 ⑤이다.

오답분석

① 증감추이는 같지만 4월의 강수량이 50mm 이하로 표현되어 있다.

15 정답 ④

형의 나이 중 십의 자리 숫자를 A, 일의 자리 숫자를 B, 동생의 나이 중 십의 자리 숫자를 C, 일의 자리 숫자를 D라고 하자.
$A+C=5 \cdots \text{㉠}$
$B+D=11 \cdots \text{㉡}$
A, C는 1~9인 자연수이고, B, D는 0~9의 정수이다.
$(A, C)=(4, 1), (3, 2) (\therefore A>C)$
$(B, D)=(5, 6), (4, 7), (3, 8), (2, 9) (\therefore B<D)$
형과 동생의 나이 차가 최소이려면 십의 자리가 (3, 2)이어야 한다. 이를 토대로 (B, D)를 적용하여 형과 동생의 나이와 차를 나타내면 다음과 같다.

(단위 : 세)

형	동생	나이 차
35	26	9
34	27	7
33	28	5
32	29	3

따라서 형과 동생의 나이 차이가 최소일 때는 3살 차이고, 이때 동생의 나이는 29세이다.

16 정답 ③

IF함수의 조건식은 다음과 같다.
「IF(조건,조건이 참일 경우,조건이 거짓일 경우)」
③을 풀어보면 '거주지가 '팔달구'이거나 '영통구'이면 '매탄2동점'에, 아니라면 '금곡동점'에 배치'하라는 의미이기 때문에 답은 ③이다.

오답분석

① 거주지가 '장안구'이거나 '영통구'이면 '금곡동점'에, 아니라면 '매탄2동점'에 배치하라는 의미이다.
② 거주지가 '팔달구'이거나 '영통구'이면 '금곡동점'에, 아니라면 '매탄2동점'에 배치하라는 의미이다.
④ 거주지가 '팔달구'이면서 '영통구'이면 '매탄2동점'에, 아니라면 '금곡동점'에 배치하라는 의미이다.
⑤ 거주지가 '팔달구'이면서 '영통구'이면 '금곡동점'에, 아니라면 '매탄2동점'에 배치하라는 의미이다.

17 정답 ③

[폴더 옵션]에서는 파일 및 폴더의 숨김 표시 여부를 수정할 수 있으나 속성 일괄 해제는 폴더 창에서 직접 해야 한다.

오답분석

① 숨김 파일 및 폴더를 표시할 수 있다.
② 색인된 위치에서는 파일 이름뿐만 아니라 내용도 검색하도록 설정할 수 있다.
④ 파일이나 폴더를 한 번 클릭해서 열 것인지, 두 번 클릭해서 열 것인지를 설정할 수 있다.
⑤ 파일 확장자명을 숨길 수 있다.

18 정답 ④

바탕화면에 생성한 바로가기 아이콘을 삭제 시 연결된 파일에는 아무런 이상이 없다.

오답분석

① 바로가기 아이콘의 왼쪽 아래에는 화살표 모양의 그림이 표시된다.
② 바로가기 아이콘의 이름, 크기, 형식, 수정한 날짜 등의 순으로 정렬하여 표시할 수 있다.
③ 바로가기 아이콘의 바로가기를 또 만들 수 있다.
⑤ 〈F2〉 키로 바로가기 아이콘의 이름을 바꿀 수 있다.

19 정답 ③

티베트의 문화를 존중하고 대접을 받는 손님의 입장에서 볼 때, 차를 마실 때 다 비우지 말고 입에 살짝 대는 것이 가장 적절한 행동이다.

오답분석

① 주인이 권하는 차를 거절하면 실례가 되므로 적절하지 않다.
② 대접받는 손님의 입장에서 자리를 피하는 것은 적절하지 않다.
④ 힘들다는 자신의 감정이 드러날 수 있으므로 적절하지 않다.
⑤ 차 대접을 받는 상황에서 찻잔을 숨기는 것은 적절하지 않다.

20 정답 ③

오답분석

• B : 사장 직속으로 4개의 본부가 있다는 설명은 옳지만, 인사를 전담하고 있는 본부는 없으므로 적절하지 않다.
• C : 감사실이 분리되어 있다는 설명은 옳지만, 사장 직속이 아니므로 적절하지 않다.

21 정답 ②

A씨는 두 딸이 오렌지를 왜 원하는지에 대한 갈등 원인을 확인하지 못해 협상에 실패한 것으로 볼 수 있다. 따라서 협상하기 전에는 반드시 이해당사자들이 가지는 갈등 원인을 파악해야 한다.

22 정답 ④

업무환경에 '자유로운 분위기'라고 명시되어 있으므로 '중압적인 분위기를 잘 이겨낼 수 있다.'라는 문구는 옳지 않다.

23 정답 ③

경아의 두 번째 발언과 다른 사람들의 첫 번째 발언은 모순이 되므로 경아의 두 번째 발언을 참과 거짓의 경우로 나누면 다음과 같다.
• 경아의 두 번째 발언이 참인 경우
  각각 참만을 말하거나 거짓만을 말하므로 경아를 제외한 나머지는 모두 거짓을 말한다. 이 경우에 범인이 여러 명이 되어 모순이 생긴다.

• 경아의 두 번째 발언이 거짓인 경우
  경아는 거짓을 말하고 나머지는 모두 참을 말한다. 따라서 바다, 다은, 경아는 범인이 아니고 은경이 범인이다.
따라서 경아만 거짓을 말하고 나머지는 모두 참을 말한 경우 은경이 범인이므로 반드시 참이다(ㄱ, ㄷ).

오답분석
ㄴ. 경아가 거짓을 말하는 경우 다은과 은경 모두 참을 말하는 것이 된다.

24 정답 ④
갈등을 발견하고도 즉각적으로 다루지 않는다면 나중에는 팀 성공을 저해하는 장애물이 될 것이다. 그러나 갈등이 존재한다는 사실을 인정하고 해결을 위한 조치를 취한다면, 갈등을 해결하기 위한 하나의 기회로 전환할 수 있다.

25 정답 ④
갈등을 성공적으로 해결하기 위해서는 누가 옳고 그른지 논쟁하는 일은 피하는 것이 좋으며, 상대방의 양 측면을 모두 이해하고 배려하는 것이 중요하다.

26 정답 ④
모스크바에서의 체류시간을 구하기 위해서는 모스크바에 도착하는 시각과 모스크바에서 런던으로 출발하는 시각을 알아야 한다. 우선 각국의 시차를 알아보면, 러시아는 한국보다 6시간이 느리고(GMT+9−GMT+3), 영국보다는 3시간이 빠르다(GMT+0−GMT+3). 이를 참고하여 모스크바의 도착 및 출발시각을 구하면 다음과 같다.
• 모스크바 도착시간 : 7월 14일 09:00(대한민국 기준)+09:30(비행시간)−06:00(시차)=7월 14일 12:30(러시아 기준)
• 모스크바 출발시간(런던행) : 7월 14일 18:30(영국 기준)−04:00(비행시간)+03:00(시차)=7월 14일 17:30(러시아 기준)
따라서 모스크바에서는 총 5시간(12:30 ~ 17:30)을 체류한다.

27 정답 ④
첫 번째 조건에 따라 E의 재정 자립도는 58.5와 65.7 사이에 위치해야 하므로 ⑤를 소거한다.
두 번째 조건에 따라 주택노후화율이 가장 높은 지역은 I이므로 I의 시가화 면적 비율이 가장 낮아야 한다. 그러기 위해서는 (나)에 20.7보다 작은 수치가 들어가야 하므로 ①을 소거한다.
세 번째 조건에 따라 10만 명당 문화시설 수가 가장 적은 지역은 B이다. 그러므로 (다)에는 114.0과 119.2 사이의 숫자가 들어가야 하므로 ②를 소거한다.
네 번째 조건에 따라 H의 주택보급률은 도로포장률보다 높아야 한다. 그러므로 (라)에는 92.5보다 큰 수치가 들어가야 하므로 ③을 소거한다.
따라서 (가)~(라)에 들어갈 수 있는 값을 바르게 나열한 것은 ④이다.

28 정답 ①
주문 음료들의 할인 전 가격을 정리하면 다음과 같다.
(단위 : 원)

구분	음료 가격	추가메뉴 가격	총주문금액
A팀장	2,100	300	
B주임	2,500	400+200	
C대리	3,200	−	14,900
D사원	3,400	300	
E사원	2,200	300	

이 중 가장 가격이 높은 추가메뉴인 초콜릿 시럽을 무료 제공받고(−400원), 무료 사이즈 업을 고려하여 포도주스를 중 사이즈로 주문하고(−400원), 적립금 1,000원을 사용하여 총 1,800원을 할인받을 수 있다. 이 금액은 13,100원으로 10,000원 이상이므로 5%를 할인받아 최종적으로 12,445원을 지불하게 된다.

29 정답 ②
주문 음료들의 할인 전 가격을 정리하면 다음과 같다.
(단위 : 원)

구분	음료 가격	추가메뉴 가격	총주문금액
A팀장	2,100	300	
B주임	2,500	400+200	
C대리	3,200	−	14,900
D사원	3,400	300	
E사원	2,200	300	

이 중 A팀장의 아메리카노(중)를 20% 할인받고(−420원), E사원의 카페라테를 200원 할인받고, 마일리지 1,500원을 사용하여 총 2,120원을 할인받을 수 있다. 할인된 금액은 12,780원으로 12,000원 이상이므로 7%를 할인받아 최종적으로 11,885.4원, 즉 11,885원을 지불하게 된다.
B주임이 주문한 카페모카는 소 사이즈이므로 회원카드 혜택을 받을 수 없음에 주의한다.

30 정답 ③
제시문은 신앙 미술에 나타난 동물의 상징적 의미와 사례, 변화와 그 원인 그리고 동물의 상징적 의미가 지닌 문화적 가치에 대하여 설명하는 글이다. 따라서 (나) 신앙 미술에 나타난 동물의 상징적 의미와 그 사례 − (다) 동물의 상징적 의미의 변화 − (라) 동물의 상징적 의미가 변화하는 원인 − (가) 동물의 상징적 의미가 지닌 문화적 가치의 순서대로 배열하는 것이 가장 적절하다.

31 정답 ②

왕복 시간이 2시간, 배차 간격이 15분이라면 첫차가 재투입되는 데 필요한 앞차의 수는 첫차를 포함해서 8대이다(∵ 15분×8대=2시간이므로 8대 버스가 운행된 이후 9번째에 첫차 재투입 가능). 운전사는 왕복 후 30분의 휴식을 취해야 하므로 첫차를 운전했던 운전자는 2시간 30분 뒤에 운전을 시작할 수 있다. 따라서 8대의 버스로 운행하더라도 운전자는 150분 동안 운행되는 버스 150÷15=10대를 운전하기 위해서는 10명의 운전사가 필요하다.

32 정답 ⑤

성찰은 지속적인 연습을 통하여 보다 잘할 수 있게 되므로, 성찰이 습관화되면 문제가 발생하였을 때 축적한 노하우를 발현하여 이를 해결할 수 있다. 이러한 성찰 연습 방법으로는 매일 자신이 잘한 일과 잘못한 일을 생각해보고, 그 이유와 개선점 등을 생각나는 대로 성찰노트에 적는 방법이 있다. 따라서 한 번의 성찰로 같은 실수를 반복하지 않도록 도와준다는 ⑤의 조언은 적절하지 않다.

33 정답 ③

이 문제의 핵심은 소요 시간이 가장 큰 두 명을 함께 이동시키는 것과 바톤을 다시 가져오는 사람은 소요 시간이 가장 짧은 사람이어야 한다는 것이다.
시설보수과의 총 소요 시간을 최소화하기 위한 방법은 다음과 같다.
1) 먼저 가장 빠른 두 명인 B주임과 D사원을 도착점으로 이동시킨다.
　이 경우 바톤은 B주임과 D사원 중 한 명이 들고 있으며, 이때 소요 시간은 둘 중 느린 직원인 B주임의 소요 시간인 11초가 된다.
2) D사원이 혼자 바톤을 들고 출발점으로 돌아온다.
　이때 7초가 소요된다.
3) A대리와 D사원이 함께 도착점으로 이동한다.
　이때 바톤은 두 사람 중 한 명이 들고 있다. 소요 시간은 17초이다.
4) D사원이 혼자 바톤을 들고 출발점으로 돌아온다.
　이때 7초가 소요된다.
5) 출발점에 있는 C주임과 D사원이 함께 도착점으로 이동한다.
　이때 바톤은 두 사람 중 한 명이 들고 있으며, 소요 시간은 14초이다.
따라서 총 소요 시간은 11+7+17+7+14=56초이다.

오답분석
ㄱ. B주임은 첫 번째로 1번 이동한다.
ㄴ. B주임이 C주임과 함께 이동하는 경우는 없으므로 틀린 설명이다.

34 정답 ②

C주임 대신에 E사원이 출전하게 된 경우 시설보수과의 총 소요 시간을 최소화하기 위한 방법은 다음과 같다.
1) 먼저 가장 빠른 두 명인 D사원과 E사원을 도착점으로 이동시킨다.
　이 경우 바톤은 두 사람 중 한 명이 들고 있으며, 이때 소요 시간은 둘 중 느린 직원인 E사원의 소요 시간인 8초가 된다.
2) D사원(혹은 E사원)이 혼자 바톤을 들고 출발점으로 돌아온다.
　이때 7초가 소요된다(E사원의 경우 8초).
3) 가장 느린 두 명인 A대리와 B주임이 함께 도착점으로 이동한다.
　이때 바톤은 두 사람 중 한 명이 들고 있다. 소요 시간은 17초이다.
4) E사원(혹은 D사원)이 혼자 바톤을 들고 출발점으로 돌아온다.
　이때 8초가 소요된다(D사원의 경우 7초).
5) 출발점에 있는 D사원과 E사원이 함께 도착점으로 이동한다.
　이때 바톤은 두 사람 중 한 명이 들고 있으며, 소요 시간은 8초이다.
따라서 총 소요 시간은 8+7+17+8+8=48초이다.

35 정답 ③

ㄴ. 조직 내 갈등 처리 능력의 부족은 대인적 차원의 장애요인에 해당한다.
ㄷ. 조직구성원과의 약속 불이행은 대인적 차원의 장애요인에 해당한다.

오답분석
ㄱ. 임파워먼트에 대한 선택권을 타인에게 맡기는 무책임한 태도는 개인적 차원의 장애요인에 해당한다.
ㄹ. 조직 내부의 제한된 절차는 조직적 차원의 장애요인에 해당한다.

36 정답 ④

봉사는 물질적인 보상이나 대가를 바라지 않고 사회의 공익, 행복을 위해서 하는 일이다. 따라서 적절한 보상에 맞춰 봉사에 참여하는 것은 적절하지 않은 설명이다.

37 정답 ②

직장인 D씨는 자신이 벌인 일을 책임감 있게 마무리하지 못하여 주변 동료들에게 피해를 주고 있다. 따라서 D씨에게 해줄 조언으로는 ②가 가장 적절하다.

38   정답 ③

㉠은 생리적 욕구가 자기개발을 방해하는 장애요인으로 작용한 것으로, 생리적 욕구는 인간의 생명 자체를 유지시켜 주는 기본적인 욕구로서 음식물, 수면, 성생활 등 본능적 생리현상에 따른 욕구를 말한다.

> **매슬로우의 욕구단계**
> - 생리적 욕구 : 인간의 생명 자체를 유지시켜 주는 기본적인 욕구
> - 안전의 욕구 : 위협으로부터의 해방, 안정을 추구하는 욕구
> - 사회적 욕구 : 다른 사람들과 인간관계를 맺고 싶어 하고, 집단에 소속되고 싶어 하는 욕구
> - 존경의 욕구 : 다른 사람에게 인정받기를 원하는 욕구
> - 자기실현의 욕구 : 자신의 목표를 끊임없이 추구하며 성취를 통해 만족을 얻고자 하는 욕구

39   정답 ④

자기개발의 특징
- 자기개발의 주체는 타인이 아니라 자기 자신이다. 따라서 자신을 이해하는 것이 자기개발의 첫걸음이다.
- 자기개발은 개별적인 과정으로서, 자기개발을 통해 지향하는 바와 선호하는 방법 등이 사람마다 다르다.
- 자기개발은 평생에 걸쳐서 이루어지는 과정이다.
- 자기개발은 생활 가운데 이루어져야 한다.
- 자기개발은 모든 사람이 해야 하는 것이다.

40   정답 ③

성찰을 통해서 현재의 부족한 부분을 알게 되고, 미래의 목표에 따라 매일매일 노력하게 된다면 지속적으로 성장할 수 있는 기회가 된다.

제2영역 직무수행능력평가

| 01 | 기계일반

01	02	03	04	05	06	07	08	09	10
①	①	③	②	③	⑤	②	②	①	⑤
11	12	13	14	15	16	17	18	19	20
④	④	④	①	④	③	④	⑤	①	③
21	22	23	24	25	26	27	28	29	30
①	②	③	①	②	③	④	②	③	①
31	32	33	34	35	36	37	38	39	40
④	②	①	③	③	⑤	②	④	④	③

01   정답 ①

밀폐된 공간 속에서는 어느 지점에서나 압력은 일정하다는 파스칼 원리를 바탕으로 유압프레스를 작동시킨다.

02   정답 ①

압하율$[r(\%)] = \dfrac{h_1 - h_2}{h_1} \times 100$

이때, h_1 : 처음 두께, h_2 : 나중 두께

$\therefore \dfrac{20(\text{mm}) - 16(\text{mm})}{20(\text{mm})} \times 100 = 20(\%)$

03   정답 ③

비틀림각 $\theta = \dfrac{T \cdot L}{G \cdot I_P} = \dfrac{T \cdot L}{G \cdot \dfrac{\pi d^4}{32}} = \dfrac{32 T \cdot L}{G \cdot \pi d^4}$

단면 극관성모멘트(극단면 2차 모멘트 : I_P) 값이 분모에 있으므로 이 값이 클수록 비틀림각(θ)은 감소한다.

오답분석

① 분모에 있는 전단탄성계수(G)값이 작을수록 비틀림각(θ)은 커진다.
② 분자에 있는 축길이(L)가 증가할수록 비틀림각(θ)은 커진다.
④ 분자에 있는 축지름(d)이 작을수록 비틀림각(θ)은 커진다.

> **비틀림각(θ) 구하는 식**
> $\theta = \dfrac{T \cdot L}{G \cdot I_P} = \dfrac{T \cdot L}{G \cdot \dfrac{\pi d^4}{32}} = \dfrac{32 T \cdot L}{G \cdot \pi d^4}$
>
> 단, I_P : 극단면 2차 모멘트, G : 전단탄성계수
>
> $I_P = \dfrac{\pi d^4}{32}$ (중실축), $\dfrac{\pi(d_2^4 - d_1^4)}{32}$ (중공축)

04
정답 ②

단순지지보가 균일분포하중을 받고 있을 때 최대 전단력은 양끝단 지지부의 반력으로 볼 수 있으며, 양쪽의 반력은 같기 때문에 한쪽 부분의 반력을 구하면 다음과 같다.

$$R_A = \frac{w \times l}{2} = \frac{10 \times 500}{2} = 2{,}500\text{N} = 2.5\text{kN}$$

05
정답 ③

안전율(S) : 외부의 하중에 견딜 수 있는 정도를 수치로 나타낸 것

$$S = \frac{[극한강도(\sigma_u)]}{[허용응력(\sigma_a)]} = \frac{[인장강도(\sigma_u)]}{[허용응력(\sigma_a)]}$$

오답분석

① 안전율은 일반적으로 플러스(+)값을 취한다.
② 기준강도가 100MPa이고, 허용응력이 1,000MPa이면 안전율은 0.1이다.
④ 안전율이 1보다 작아지면 안전성은 떨어진다.
⑤ 일반적인 강재 안전율은 3 ~ 3.5 정도이고, 콘크리트 안전율은 3 ~ 4 정도이다.

06
정답 ⑤

에탄올에 잠긴 쇠공에 작용하는 부력의 크기는 $0.35 - 0.15 = 0.2\text{kN} = 200\text{N}$이다.

따라서 쇠공의 부피는 $\frac{200}{7.732} ≒ 25.87\text{cm}^3$이다.

07
정답 ②

전단 탄성계수 $G = \frac{E}{2(1+\mu)}$ (E : 탄성계수, μ : 푸아송 비)

따라서 전단 탄성계수는 $G = \frac{E}{2(1+\mu)} = \frac{200}{2(1+0.3)} ≒ 76.9\text{GPa}$이다.

08
정답 ②

원형 중심축 관성모멘트(단면 2차 모멘트)는 $I = \frac{\pi d^4}{64}$ (d : 지름)이다.

따라서 관성모멘트는 $I = \frac{\pi d^4}{64} = \frac{\pi \times 80^4}{64} = 2 \times 10^6 \text{mm}^4$이다.

09
정답 ①

절대압력(P_{abs})은 완전 진공상태를 기점인 0으로 하여 측정한 압력이다.

$$P_{abs} = P_{a(=atm,\ 대기압력)} + P_{g(게이지압력)}$$

$$P_{abs} = P_{a(=atm)} + P_g = 120 + 50 = 170\text{kPa}$$

따라서 압력용기 내의 절대압력은 170kPa이다.

10
정답 ⑤

연성파괴는 소성변형을 수반하면서 서서히 끊어지므로 균열도 매우 천천히 진행되면서 갑작스럽게 파괴된다. 또한, 취성파괴에 비해 덜 위험하고, 컵 – 원뿔 파괴(Cup and Cone Fracture) 현상이 나타난다.

11
정답 ④

재결정의 특징으로 가공도가 클수록, 가열시간이 길수록, 냉간가공도가 커질수록 재결정온도는 낮아진다. 강도가 약해지고 연성은 증가한다. 일반적으로 약 1시간 안에 95% 이상 재결정이 이루어지는 온도로 정의되며, 금속의 용융온도를 절대온도 T_m이라 할 때 재결정온도는 대략 $0.3 \sim 0.5\,T_m$ 범위에 있다.

12
정답 ④

형상기억합금

항복점을 넘어서 소성변형된 재료는 외력을 제거해도 원래의 상태로 복원이 불가능하지만, 형상기억합금은 고온에서 일정시간 유지함으로써 원하는 형상으로 기억시키면 상온에서 외력에 의해 변형되어도 기억시킨 온도로 가열만 하면 변형 전 형상으로 되돌아오는 합금이다. Ni-Ti계, Ni-Ti-Cu계, Cu-Al-Ni계 합금이 있으며 니티놀이 대표적인 제품이다.

오답분석

① 비정질합금 : 일정한 결정구조를 갖지 않는 아모르포스(Amor-phous) 구조이며 재료를 고속으로 급랭시키면 제조할 수 있다. 강도와 경도가 높으면서도 자기적 특성이 우수하여 변압기용 철심재료로 사용된다.
② 내열금속 : 상당한 시간 동안 고온의 환경에서도 강도가 유지되는 재료이다.
③ 초소성 재료 : 금속재료가 일정한 온도와 속도 하에서 일반 금속보다 수십에서 수천 배의 연성을 보이는 재료로 연성이 매우 커서 작은 힘으로도 복잡한 형상의 성형이 가능한 신소재로 최근 터빈의 날개 제작에 사용된다.
⑤ 비금속 : 금속과 반대되는 성질을 가진 원소집단을 말한다.

13 정답 ④

전기 전도율이 높은 순서대로 금속을 나열하면 'Ag(은)>Ni(니켈)>Fe(철)>Sn(주석)>Pb(납)'이므로 Ag(은)의 전기 전도율이 가장 높다.

14 정답 ①

청열 취성은 철이 산화되어 푸른빛으로 보이는 상태를 말하며, 탄소강이 200℃ ~ 300℃에서 인장강도와 경도 값이 상온일 때보다 커지지만 연신율이 낮아져 취성이 커지는 현상이다.

15 정답 ④

강(Steel)은 철과 탄소 기반의 합금으로, 탄소함유량이 증가함에 따라 성질이 달라진다. 탄소함유량이 증가하면 경도, 항복점, 인장강도는 증가하고, 충격치와 인성은 감소한다.

탄소함유량 증가에 따른 강(Steel)의 특성
- 경도 증가
- 취성 증가
- 항복점 증가
- 충격치 감소
- 인장강도 증가
- 인성 및 연신율 감소

16 정답 ③

오답분석
① 피치원의 외부를 따라 구르면서 그리는 곡선은 에피사이클로이드 곡선이다.
② 피치원의 내부를 따라 구르면서 그리는 곡선은 하이포사이클로이드 곡선이다.
④ 사이클로이드 기어의 이끝 치면에 에피사이클로이드 곡선, 이뿌리 치면에 하이포사이클로이드 곡선을 도입한다.
⑤ 사이클로이드 기어는 마모가 일정하게 발생된다.

17 정답 ④

금속을 비중의 크기에 따라 구분할 때 비중이 4.5인 티타늄보다 가벼운 금속을 경금속이라고 하며, 마그네슘(1.74)과 알루미늄(2.7), 티타늄(4.5) 등이 이에 해당한다. 중금속은 비중의 크기가 4 이상인 금속으로 주석(5.8), 철(7.8), 니켈(8.9) 등이 있다.
ⓒ Mg(마그네슘) : 1.74
ⓒ Al(알루미늄) : 2.7

오답분석
㉠ Sn(주석) : 5.8
㉣ Fe(철) : 7.8
㉤ Ni(니켈) : 8.9

18 정답 ⑤

저압주조법은 밀폐된 도가니에 압축공기를 불어넣고, 1기압 이하의 압력을 쇳물에 가하여 중력과 반대 방향으로 밀어 올려서 주입하는 주조 방법이다. 저압주조법은 주입속도를 자유로이 조절할 수 있으며 복잡하거나 얇은 주물, 대형 주물 등의 주조가 가능하나, 생산성이 낮고, 금속의 종류에 제한이 있다는 단점이 있다.

오답분석
① 원심주조법은 형상 틀에 쇳물을 주입한 후 고속으로 회전시켜 원심력으로 주물을 얻는 주조법으로, 라이너, 포신 등을 제작할 때 사용한다.
② 다이캐스팅은 금형 다이에 고속으로 충진, 압입하는 주조법으로 대량 생산에 적합하고, 주로 비철금속의 주조에 사용된다.
③ 셀 주조법은 얇은 셀 모양의 주형을 사용해서 주물을 만드는 방법으로 질이 좋은 주물이 되며, 치수의 정밀도가 매우 높기 때문에 주물의 기계가공이 적어도 되는 이점이 있다.
④ 인베스트먼트법은 납형주물의 공법을 공업화한 정밀주조법의 한 방법으로, 로스트 왁스법으로도 불린다.

19 정답 ①

소르바이트(솔바이트) 조직은 트루스타이트보다 냉각속도를 더 느리게 했을 때 얻어지는 조직으로 펄라이트보다 강인하고 단단하다.

20 정답 ③

노멀라이징(불림, 소준)은 미세한 조직을 얻기 위해 변태점 이상 가열 후 공기 중에서 냉각시키는 것으로, 연질화되며 항복점 강도가 증가된다.

오답분석
① 템퍼링(뜨임, 소려) : 변형점 이하(600℃)로 가열 후 서서히 냉각시켜 안정시킨다. 담금질한 강의 취성 개선이 목적이다. 경도와 강도가 감소되고 신장률, 수축율이 증가한다.
② 퀜칭(담금질, 소입) : 고온가열 후(오스테나이트 상태) 물이나 기름으로 급냉시켜 마텐자이트 조직을 얻는다. 경도, 내마모성이 증가되고 신장률, 수축율은 감소한다.
④ 어닐링(풀림, 소둔) : 고온(800℃)으로 가열하여 노중에서 서서히 냉각하여 강의 조직이 표준화, 균질화되어 내부변형이 제거된다. 인장강도가 저하되고 신율과 점성이 증가된다.
⑤ 오스포밍 : 과랭 오스테나이트 상태에서 소성가공하고, 그 후의 냉각 중에 마텐자이트화하는 방법으로 인장강도 300kg/mm^2, 신장 10%의 초강력성이 발생된다.

21 정답 ①

압출가공이란 소재를 용기에 넣고 높은 압력을 가하여 다이구멍으로 통과시켜 형상을 만드는 가공법이다.

오답분석

② 단조가공에 대한 설명이다.
③ 인발가공에 대한 설명이다.
④ 압연가공에 대한 설명이다.
⑤ 전조가공에 대한 설명이다.

22 정답 ②

구성인선이 발생되지 않으려면 윤활성이 높은 절삭제를 사용해야 한다.

> **구성인선(Built-up Edge)**
> 연강이나 스테인리스강, 알루미늄과 같이 재질이 연하고 공구재료와 친화력이 큰 재료를 절삭가공할 때, 칩과 공구의 윗면 사이의 경사면에 발생되는 높은 압력과 마찰열로 인해 칩의 일부가 공구의 날 끝에 달라붙어 마치 절삭날과 같이 공작물을 절삭하는 현상으로 발생 → 성장 → 분열 → 탈락의 과정을 반복한다. 구성인선이 발생되면 공작물의 정밀 절삭이 어렵게 되며 공구의 손상을 가져온다.
>
> **구성인선의 방지대책**
> - 절삭깊이를 작게 한다.
> - 세라믹공구를 사용한다.
> - 절삭속도를 빠르게 한다.
> - 바이트의 날 끝을 예리하게 한다.
> - 윤활성이 높은 절삭유를 사용한다.
> - 바이트의 윗면 경사각을 크게 한다.
> - 마찰계수가 작은 절삭공구를 사용한다.
> - 피가공물과 친화력이 작은 공구재료를 사용한다.
> - 공구면의 마찰계수를 감소시켜 칩의 흐름을 원활하게 한다.

23 정답 ③

CBN공구라고도 불리는 입방정 질화붕소(Cubic Boron Nitride)는 미소분말을 고온이나 고압에서 소결하여 만든 것으로 다이아몬드 다음으로 경한 재료이다. 내열성과 내마모성이 뛰어나서 철계금속이나 내열합금과 난삭재, 고속도강의 절삭에 주로 사용한다.

오답분석

① 세라믹 : 무기질의 비금속재료를 고온에서 소결한 것으로, 1,200℃의 절삭열에도 경도변화가 없다.
② 초경합금 : 고속, 고온절삭에서 높은 경도를 유지할 수 있는 공구재료로, WC, TiC, TaC 분말에 Co를 첨가하고 소결시켜 만드는데 진동이나 충격을 받으면 쉽게 깨지는 특성이 있는 공구용 재료이다. 고속도강의 4배 정도로 절삭이 가능하며, 1,100℃의 절삭열에도 경도변화가 없다.
④ 고속도강 : W - 18%, Cr - 4%, V - 1%이 합금된 것으로, 600℃ 정도에서도 경도변화가 없다. 탄소강보다 2배의 절삭속도로 가공이 가능하기 때문에 강력 절삭바이트나 밀링커터에 사용된다.
⑤ 특수강 : 탄소량이 많은 특수용도의 고탄소강과 탄소 이외에 합금원소를 가해서 강의 특성을 개량한 합금강을 합친 것이다.

24 정답 ①

플래싱이란 유압관로 내에 있는 이물질을 회로 밖으로 배출시킴으로써 오래된 오일과 슬러지를 용해하여 내부를 깨끗하게 만드는 작업이다.

오답분석

② 압력 오버라이드 : 스프링의 휨량이 최대일 때 스프링의 가압력이 크랭킹압력보다 높아질 때, 두 압력차를 말한다.
③ 패킹 : 기밀성을 유지하기 위해 파이프의 이음새나 용기의 접합면에 끼우는 재료이다.
④ 매니폴드 : 내부 배관 역할의 통로가 형성되고, 외부에 다수의 기기 접속구를 갖춘 다기관이다.
⑤ 채터링 : 밸브가 진동을 일으켜서 밸브자리에 시트면을 강하게 두드리며 소음을 내는 현상이다.

25 정답 ②

GC300의 GC는 회주철의 약자이며, 300은 최저인장강도[N/mm^2]를 나타낸다.

26 정답 ③

고상용접은 모재를 용융시키지 않고 부품표면을 인력이 작용할 수 있는 거리까지 접근시킨 후 기계적으로 접합면에 열과 압력을 동시에 가함으로써 원자와 원자를 밀착시켜 접합시키는 용접법이다. 일렉트로 슬래그용접은 모재표면을 서로 용융시켜 접합시키는 용접에 속하며, 용융시키지 않고 접합시키는 고상용접과는 거리가 멀다.

> **고상용접의 종류**
> - 확산용접 : 모재의 접합면을 오랜 시간 동안 재결정온도나 그 이상의 온도로 장시간 가압하면 원자의 확산에 의해 재료가 접합되는 용접법이다.
> - 마찰용접 : 모재를 서로 강하게 맞대어 접촉시킨 후 상대운동을 시켜 이때 발생하는 마찰열로 접합하는 방법이다.
> - 폭발용접 : 화약에 의한 폭발을 이용하여 재료를 접합시키는 용접법으로, 용가재에 폭약을 부착시켜 이를 모재의 표면에서 일정거리로 띄운 상태에서 뇌관으로 폭발시켜 재료를 접합한다.
> - 초음파용접 : 모재를 서로 가압한 후 초음파의 진동에너지를 국부적으로 작용시키면 접촉면의 불순물이 제거되면서 금속 원자 간 결합이 이루어져 접합이 되는 용접법이다.

27 정답 ②

인베스트먼트주조법은 생산성이 낮고 제조원가가 비싸다는 단점이 있다.

> **인베스트먼트주조법**
> 제품과 동일한 형상의 모형을 왁스(양초)나 파라핀(합성수지)으로 만든 후 그 주변을 슬러리 상태의 내화재료로 도포한 다음 가열하면 주형은 경화되면서 왁스로 만들어진 내부 모형이 용융되어 밖으로 빼내어짐으로써 주형이 완성되는 주조법이다. 다른 말로는 로스트왁스법, 치수정밀도가 좋아서 정밀주조법으로도 불린다.
>
> **인베스트먼트주조법의 특징**
> - 패턴을 내열재로 코팅한다.
> - 생산성이 낮고 제조원가가 비싸다.
> - 사형주조법에 비해 인건비가 많이 든다.
> - 복잡하고 세밀한 제품을 주조할 수 있다.
> - 제작공정이 복잡하며 고비용의 주조법이다.
> - 주물의 표면이 깨끗하고 치수정밀도가 높다.
> - 패턴(주형)은 왁스, 파라핀과 같이 열을 가하면 녹는 재료로 만든다.

28 정답 ②

$V = \dfrac{\pi d N}{1,000}$ 에서

$N = \dfrac{1,000 V}{\pi d} = \dfrac{1,000 \times 150}{\pi \times 50} ≒ 954.93 \text{rpm}$

$\therefore$ 가공시간(T) $= \dfrac{l}{Nf} = \dfrac{700}{954.93 \times 0.34} ≒ 2.2 \text{min}$

29 정답 ③

전조가공은 절삭칩이 발생하지 않으므로 표면이 깨끗하고 재료의 소실이 거의 없는 가공법이다.

> **전조가공**
> 재료와 공구를 각각이나 함께 회전시켜 재료 내부나 외부에 공구의 형상을 새기는 특수 압연법이다. 대표적인 제품으로는 나사와 기어가 있으며 절삭칩이 발생하지 않아 표면이 깨끗하고 재료의 소실이 거의 없다. 또한 강인한 조직을 얻을 수 있고 가공속도가 빨라서 대량생산에 적합하다.

30 정답 ①

스터드볼트는 양쪽 끝이 모두 수나사로 되어 있는 볼트로, 한쪽 끝은 암나사가 난 부분에 반영구적인 박음 작업을 하고, 반대쪽 끝은 너트를 끼워 고정시킨다.

오답분석
② 관통볼트 : 구멍에 볼트를 넣고 반대쪽에 너트로 죄는 일반적인 형태의 볼트이다.
③ 아이볼트 : 나사의 머리 부분을 고리 형태로 만들고 고리에 로프나 체인, 훅 등을 걸어 무거운 물건을 들어 올릴 때 사용하는 볼트이다.
④ 나비볼트 : 볼트를 쉽게 조일 수 있도록 머리 부분을 날개 모양으로 만든 볼트이다.
⑤ 탭볼트 : 죄려고 하는 부분이 두꺼워서 관통 구멍을 뚫을 수 없거나 길다란 구멍을 뚫었다고 하더라도 구멍이 너무 길어서 관통 볼트의 머리가 숨겨져서 죄기 곤란할 때, 상대편에 직접 암나사를 깎아 너트 없이 죄어서 체결하는 볼트이다.

31 정답 ④

- 최소 자승중심법(LSC; Least Square Center) : 측정한 도형의 중심으로부터 충분한 수의 선을 반지름 방향으로 그려서 n등분한 후에 평균원을 구한 뒤 그 중심을 기준으로 외접원과 내접원의 반지름 차를 진원도로 결정하는 방법이다.
- 진원도(Roundness) : 둥근 형상의 물체가 기준원인 진원에서 벗어난 정도를 말하는데 그 측정법에는 크게 직경법과 3점법, 반경법이 있다. 반경법의 종류에 최소 영역중심법, 최소 외접원중심법, 최대 내접원중심법, 최소 자승중심법이 있다.

32 정답 ②

- 결합용 기계요소 : 나사, 볼트, 너트, 키, 핀, 코터, 리벳 등
- 동력 전달용 기계요소 : 축, 커플링, 클러치, 베어링, 마찰차, 벨트, 체인, 스프로킷 휠, 로프, 기어, 캠 등
- 동력 제어용 기계요소 : 클러치, 브레이크, 스프링 등

33 정답 ①

$e^{\mu\theta}$(벨트 장력비) $= \dfrac{T_t (\text{긴장장력})}{T_s (\text{이완장력})}$

따라서 정답은 ①이다.

34 정답 ③

구멍은 150.04mm 이하 150mm 이상이고, 축은 150.03mm 이하 149.92mm 이하이다.
축의 최소 치수가 구멍의 최대 치수보다 작고, 축의 최대 치수가 구멍의 최소 치수보다 클 때는 중간 끼워맞춤에 속한다.

분류	축과 구멍의 상관관계
억지 끼워맞춤	축의 크기>구멍의 크기
중간 끼워맞춤	축의 크기=구멍의 크기
헐거운 끼워맞춤	축의 크기<구멍의 크기

35 정답 ③

탄소강의 5대 원소
C(탄소), Si(규소), Mn(망간), P(인), S(황)

36 정답 ③

평벨트는 바로걸기와 엇걸기가 가능하나 V벨트는 바로걸기만 가능하다.

37 정답 ②

- 기초원지름(D_g)= $D\cos\alpha$
- 기초원피치= 원주피치(p)= $\dfrac{\pi D}{Z}$

D 대신 기초원지름 $D_g = D\cos\alpha$를 대입하면

$$\therefore p = \frac{\pi D\cos\alpha}{Z} = \frac{\pi D}{Z}\cos\alpha$$

38 정답 ④

코킹(Caulking)은 물이나 가스 저장용 탱크를 리벳팅한 후 밀폐를 유지하기 위해 날 끝이 뭉뚝한 정(코킹용 정)을 사용하여 리벳 머리 등을 쪼아서 틈새를 없애는 작업이다.

39 정답 ④

선반가공 시 재료제거율을 구하는 공식은 다음과 같다.
(재료제거율)=(제거면적)×(회전수)×(이송속도)
$\pi \times 1,000 \times 0.3$
→ $(3.14 \times 10 \times 0.1) \times 1,000 \times 0.03$
$= 94.2 \mathrm{cm}^3/\min$
따라서 재료제거율은 $94.2 \mathrm{cm}^3/\min$이다.

40 정답 ③

수격현상은 배관 내의 압력차로 인해 진동과 음이 발생하는 것을 말한다.

오답분석
① 서징현상 : 펌프에서 일어나는 현상 중, 송출압력과 송출유량 사이에 주기적인 변동이 발생하는 현상
② 공동현상 : 수중에 녹아있던 용존산소가 낮은 압력으로 인하여 기포가 발생하는 현상
④ 진동현상 : 기계나 구조물이 외부 힘이나 내부 불균형 때문에 평형 위치를 중심으로 반복적으로 움직이는 현상
⑤ 과열현상 : 기계나 전기 장치가 정상 운전 범위를 넘어서는 과도한 열이 발생하여 온도가 상승하는 현상

| 02 | 전기일반

01	02	03	04	05	06	07	08	09	10
③	②	⑤	①	②	①	①	②	④	①
11	12	13	14	15	16	17	18	19	20
①	④	⑤	②	③	①	①	④	③	①
21	22	23	24	25	26	27	28	29	30
②	②	②	③	③	③	①	②	②	②
31	32	33	34	35	36	37	38	39	40
①	①	④	③	②	②	②	①	③	②

01 정답 ③
규약 효율

$\eta(\%) = \dfrac{(출력)}{(출력)+(손실)} \times 100 \rightarrow 발전기$

$\eta(\%) = \dfrac{(입력)-(손실)}{(입력)} \times 100 \rightarrow 전동기$

02 정답 ②
전기력선의 성질
- 양전하의 표면에서 나와 음전하의 표면으로 끝나는 연속 곡선이다.
- 전기력선상의 어느 점에서 그어진 접선은 그 점에 있어서 전장 방향을 나타낸다.
- 전기력선은 전위가 높은 점에서 낮은 점으로 향한다.
- 전장에서 어떤 점의 전기력선 밀도는 그 점의 전장의 세기를 나타낸다.
- 전기력선은 서로 교차하지 않는다.
- 단위 전하에서는 $\dfrac{1}{\varepsilon_0}$ 개의 전기력선이 출입한다.
- 전기력선은 도체 표면에 수직으로 출입한다.
- 도체 내부에는 전기력선이 없다.

03 정답 ⑤

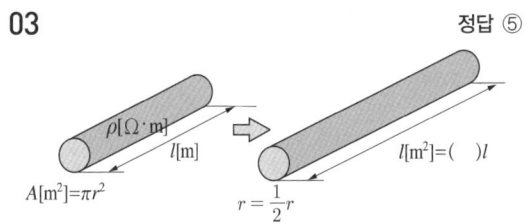

- 도체의 저항

$R = \rho \dfrac{l}{A} [\Omega]$, $A = \pi r^2$ 에서 $r = \dfrac{1}{2}$ 로 한다.

$\therefore R = \rho \dfrac{l}{\pi r^2}$, $r = \dfrac{1}{2}r$ 대입

$= \rho \dfrac{l}{\pi \left(\dfrac{1}{2}r\right)^2} = \rho \dfrac{l}{\pi \left(\dfrac{1}{4}r^2\right)}$

- 체적이 고정되어 있는 상태에서 단면적 $A = \dfrac{1}{4}$ 이 되면, 길이 l은 비례해서 4배가 된다.

$R = \rho \dfrac{4l}{\dfrac{\pi r^2}{4}} = \rho \dfrac{16l}{\pi r^2}$

따라서 도체의 저항은 16배 커진다.

04 정답 ①
진공(공기)의 유전율 $\varepsilon_0 = 8.855 \times 10^{-12}$ 이고,

$C = \varepsilon_0 \dfrac{A}{d}$ 이므로,

$C = 8.855 \times 10^{-12} \times \dfrac{5 \times 10^{-4}}{1 \times 10^{-3}} = 4.428 \times 10^{-12} F$

05 정답 ②
전류를 흐르게 하는 원동력을 기전력이라 하며 단위는 V이다.

$E = \dfrac{W}{Q} [V]$ (Q : 전기량, W : 일의 양)

06 정답 ①

$I[A] = \dfrac{Q}{t} = \dfrac{600}{5 \times 60} = \dfrac{600}{300} = 2A$

07 정답 ①
코일 중심의 자기장 세기는 $H = \dfrac{N \times I}{2r} [AT/m]$이므로 주어진 조건을 대입하면, $\dfrac{10 \times 5A}{2 \times 0.1m} = 250 AT/m$이다.

08 정답 ②

$F = BIL \sin\theta = 2Wb/m^2 \times 8A \times 0.5m \times \cos 30° = 4N$

09 정답 ④

변압기의 용량 $= E_2 I_2$

$E_2 = \dfrac{V_2}{\sqrt{3}} = \dfrac{6{,}600}{\sqrt{3}} = 3{,}810\text{V}$

$I_2 = \dfrac{400 \times \dfrac{10^3}{3}}{3{,}810 \times 0.7} = 50\text{A}$

$\therefore 3{,}810 \times 50 = 190\text{kVA}$

10 정답 ①

유도기전력 $e = L\dfrac{di}{dt}$ [V]이므로

$L[\text{H}] = \dfrac{e \times dt}{di} = \dfrac{20 \times 0.1}{16} = 0.125\text{H}$이다.

11 정답 ①

케이블에 교류가 흐르면, 도체로부터 전자유도작용으로 연피에 전압이 유기되고, 또 그 와전류가 흐르게 되어 손실이 발생한다.

12 정답 ④

선택 배류기는 전기적 부식을 방지해주는 역할을 하며 지하 전력 케이블에 설치한다.

> **선택 배류기**
> 선택 배류기는 지중 케이블의 전기적 부식을 방지해주는 역할을 하며 지하 전력케이블에 설치한다. 매설 금속과 전철 레일 사이에 선택 배류기를 접속한 것으로, 선택 배류기는 매설 금속의 전위가 전철 레일에 대해 가장 높게 그리고 장시간에 걸쳐 정전위가 되는 곳에 설치하는 것이 효과적이다.

13 정답 ⑤

C_s = 대지정전용량, C_m = 선간정전용량일 때,

- 단상 2선식 : 전선 1가닥에 대한 작용정전용량
  단도체 $C = C_s + 2C_m$ μF/km
- 3상 3선식 : 전선 1가닥에 대한 작용정전용량
  단도체 $C = C_s + 3C_m$ μF/km

14 정답 ②

구리선의 경우 온도가 10℃ 상승하면 그 저항은 약 0.004배 증가한다. 따라서 온도가 10℃ 올랐으므로 0.04배, 즉 4% 증가한다.

15 정답 ③

$\delta(\%) = \dfrac{V_S - V_R}{V_R} \times 100 = \dfrac{66-63}{63} \times 100 ≒ 4.76\%$

16 정답 ①

교류송전에서는 송전거리가 멀어질수록 동일 전압에서의 송전 가능 전력이 적어지는 이유는 선로의 유도성 리액턴스가 선로의 길이가 클수록 커지기 때문이다.

17 정답 ①

전선의 접속 시 주의사항으로는 전기의 세기를 20% 이상 감소시키지 않고 80% 이상의 전기세기를 유지하며, 접속 부분에 전기저항이 증가하지 않도록 해야 한다.

18 정답 ④

선로 전압강하 보상기는 배전선의 전압강하를 보상하는 방법으로 부하의 탭절환변압기를 이용하여 배전전압을 중부하 시에는 높게, 경부하 시에는 낮게 자동적으로 조정하여 정격전압으로 위치시킨다.

19 정답 ③

계통연계기 방식 사용 시 전압변동이 작다.

> **계통연계기**
> 계통연계기는 일종의 가변 임피던스 소자로서 계통에 직렬로 삽입하여 평상시에는 낮은 임피던스로 전류를 자유로이 통과시키고 사고 시에는 높은 임피던스로 단락전류를 억제시키는 방법으로 대용량 설비에 적용하며, 설치방법은 수전점, 급전 피더, 모선과 모선사이, 변압기 2차 등에 직결 설치방법이 있다.
>
> **계통연계기의 특징**
> - 단락사고 발생 시 단락전류를 억제시켜 계통의 단락전류를 억제한다.
> - 설치된 차단기를 교체하지 않고 계통용량을 늘릴 수 있다.
> - 정전범위가 축소되어 공급신뢰도가 향상된다.
> - 전압변동이 거의 없다.
> - 응답속도가 빠르다(0.5Hz이내에서 한류동작).
> - 차단기가 고장전류 차단 후 연계기는 즉시 평상시 회로로 회복된다.

20 정답 ①

3상 차단기 용량 $P_s = \sqrt{3} \times$ (정격전압) $\times$ (차단전류)

(차단전류) $= \dfrac{P_s}{\sqrt{3} \times (정격전압)}$

$= \dfrac{250 \times 10^6}{\sqrt{3} \times 7.2 \times 10^3} \fallingdotseq 20{,}047\text{A}$

21 정답 ②

전기자의 유도기전력 $E = \dfrac{pZ}{60a}\Phi n[\text{V}]$

- 자극수 $p = 10$
- 전기자 도체수 $Z = 600$
- 권선의 병렬회로 수 $a = 10$
  (∵ 중권의 병렬회로 수는 극수와 같다)
- 1극당 자속수 $\Phi = 0.01$
- 전기자의 회전속도 $n = 1{,}200$

$\therefore E = \dfrac{pZ}{60a}\Phi n = \dfrac{10 \times 600}{60 \times 10} \times 0.01 \times 1{,}200 = 120\text{V}$

22 정답 ②

주변속도 $v = \pi D \dfrac{N}{60}[\text{m/s}]$

전기자 지름 $D = 0.2\text{m}$, 회전수 $N = 1{,}800\text{rpm}$을 대입하면 주변속도 $v = \pi \times 0.2\text{m} \times \dfrac{1{,}800\text{rpm}}{60}$

$\fallingdotseq 3.14 \times 6 \fallingdotseq 18.84\text{m/s}$임을 알 수 있다.

23 정답 ②

전기자 반작용은 전기자 전류에 의한 자속이 계자 권선의 주자속에 영향을 주는 현상을 말한다.

24 정답 ③

단절권 계수 $K_s = \sin\dfrac{\beta\pi}{2}\left(\beta : \dfrac{권선피치}{자극피치}\right) = \sin\left(\dfrac{13}{15} \times \dfrac{\pi}{2}\right)$

$\therefore \sin\dfrac{13}{30}\pi$

25 정답 ③

$\%Z = \dfrac{I_n Z}{E_n} \times 100 = \dfrac{PZ}{10V^2}$

(I_n : 정격전류, Z : 내부임피던스, P : 변압기용량, E_n : 상전압 또는 유기기전력, V : 선간전압 또는 단자전압)

26 정답 ③

V결선 시의 출력 $P = \sqrt{3}K$

△결선 시의 출력 $3K = 3 \times \dfrac{P}{\sqrt{3}} = \sqrt{3}P$

27 정답 ①

보극이 없는 직류기의 운전 중 무부하 상태는 부하 전류가 0인 상태로 전지가 전류가 없어 반작용이 일어나지 않아 중성점 위치도 변하지 않는다.

28 정답 ②

유도 전동기 회전수가 $N = (1-s)N_s = (1-0.03) \times N_s = 1{,}164$ rpm이면, 동기회전수 $N_s = \dfrac{1{,}164}{0.97} = 1{,}200\text{rpm}$이다.

따라서 동기회전수 $N_s = \dfrac{120f}{P} = \dfrac{120 \times 60}{P} = 1{,}200\text{rpm}$에서 극수를 구하면 $P = \dfrac{120 \times 60}{1{,}200} = 6$극이다.

29 정답 ②

$PIV = \sqrt{2}\,E$이므로,

$E = \dfrac{\pi}{\sqrt{2}}(E_d + v_a) = \dfrac{\pi}{2}(100+15) \fallingdotseq 255.4\text{V}$

$\therefore PIV = \sqrt{2} \times 255.4 \fallingdotseq 361\text{V}$

30 정답 ②

$\eta = \dfrac{\left(\dfrac{I_m}{\pi}\right)^2 \times R}{\left(\dfrac{I_m}{2}\right)^2 \times R} \times 100 = \dfrac{4}{\pi^2} \times 100 \fallingdotseq 40.6\%$

31 정답 ①

제동 권선의 역할은 난조 방지대책 중의 하나이다. 이외에 난조 방지대책은 플라이휠 설치, 고조파 제거를 위한 단절권·분포권 채용, 조속기의 감도를 크게 예민하지 않게 만드는 것이다.

32 정답 ①

최대 전력을 전달하기 위한 조건은 전원측의 내부 저항과 외부 저항이 같을 때이다.

$\therefore r = R$

33
정답 ④

△결선(상전압=선전압)

- 상전류 $I_p = \dfrac{V_p}{Z_p} = \dfrac{200}{100} = 2\text{A}$
- 선전류 $I_l = \sqrt{3}\,I_p = 2\sqrt{3}\,\text{A}$

34
정답 ③

인버터는 직류를 교류로 변화하는 장치로 역변환장치라고도 불린다.

오답분석
① 점등관(Glow Switch) : 점등을 하기 위해 스위치 역할을 하는 글로방전관
② 컨버터(Converter) : 교류를 직류로 바꾸는 장치
④ 정류기(Rectifier) : 교류전력에서 직류전력을 얻을 수 있는 정류작용을 하는 장치
⑤ 안정기(Ballast Stabilizer) : 전류의 증가를 방지하는 장치

35
정답 ②

코일의 자체 인덕턴스 $L = \dfrac{N\Phi}{I}$

$\therefore L = \dfrac{200 \times 0.025}{5} = 1\text{H}$

36
정답 ①

$e = V_m \sin\omega t$ 이고 정현파의 실횻값 $V = \dfrac{V_m}{\sqrt{2}}$ 이므로 $V_m = \sqrt{2}\,V$, $w = 2\pi f$ 이다.

따라서 전압의 순시값 $e = \sqrt{2}\,V\sin(2\pi ft) = \sqrt{2} \times 100 \times \sin(2\pi \times 60 \times t) ≒ 141.4\sin 377t$

37
정답 ②

공진 시 $\omega L = \dfrac{1}{\omega C}$

$\therefore C = \dfrac{1}{\omega^2 L} = \dfrac{1}{(2\pi f)^2 \times L}$

$= \dfrac{1}{4 \times 3.14^2 \times (710 \times 10^3)^2 \times 200 \times 10^{-6}} ≒ 250\text{PF}$

38
정답 ①

선전류 $I_P = \dfrac{V_P}{Z}$, $Z = \sqrt{6^2 + 8^2} = 10$

$I_P = \dfrac{220}{10} = 22\text{A}$

$I_l = \sqrt{3}\,I_P = \sqrt{3} \times 22 ≒ 38\text{A}$

39
정답 ③

RLC 직렬회로

임피던스 $Z = R + j(X_L - X_C)\,[\Omega]$

$X_L = j\omega L = j(5{,}000 \times 32 \times 10^{-3}) = j160$

$X_C = \dfrac{1}{j\omega C} = \dfrac{1}{j(5{,}000 \times 5 \times 10^{-6})} = \dfrac{40}{j} = j40$

$Z = 90 + j(160 - 40) = 90 + j120\,\Omega$

$\therefore$ 리액턴스 $= 120\,\Omega$

40
정답 ②

- 직류전력 $P_{DC} = VI = 100 \times 40 = 4{,}000\text{W}$
- 교류 기본파의 전력 $P_1 = VI\cos\theta$

  $= \left(\dfrac{80}{\sqrt{2}} \angle 0° \times \dfrac{30}{\sqrt{2}} \angle 60°\right) = \dfrac{2{,}400}{2} \angle 60°$

  위상차 $60° = 1{,}200 \times \cos 60°\left(=\dfrac{1}{2}\right) = 600\text{W}$

- 교류 제7고조파의 전력 $P_7 = VI\cos\theta$

  $= \left(\dfrac{40}{\sqrt{2}} \angle 60° \times \dfrac{10}{\sqrt{2}} \angle 60°\right) = \dfrac{400}{2} \angle 0°$

  위상차 $0° = 200 \times \cos 0°(=1) = 200\text{W}$

$\therefore$ 전력 $P = P_{DC} + P_1 + P_7 = 4{,}000 + 600 + 200 = 4{,}800\text{W}$

| 03 | 전자일반

01	02	03	04	05	06	07	08	09	10
④	②	④	⑤	①	③	③	④	②	①
11	12	13	14	15	16	17	18	19	20
⑤	①	⑤	③	④	③	④	⑤	④	③
21	22	23	24	25	26	27	28	29	30
⑤	③	①	③	④	③	①	①	③	④
31	32	33	34	35	36	37	38	39	40
④	①	③	③	③	④	①	③	④	②

01 정답 ④

옴의 법칙은 전류의 세기는 전압에 비례하고, 저항에 반비례하며 공식은 $I=\dfrac{V}{R}$[A]이다. 저항값을 20% 증가시킨 저항은 $R'=(1+0.2)R=1.2R$[Ω]이다. 또한 전류 $I'=\dfrac{V}{R'}=\dfrac{V}{1.2R}≒0.83\dfrac{V}{R}=0.83I$[A]이다.

따라서 증가시킨 저항에 흐르는 전류는 처음 전류의 약 0.83배이다.

02 정답 ②

MPU는 컴퓨터 시스템에서 기억장치 이외의 모든 CPU의 기능을 탑재한 것이다.
즉, MPU는 산술논리연산장치(ALU), 레지스터, 프로그램 계수 장치, 명령해독기, 제어회로 등 CPU의 모든 기능이 1개의 LSI 칩에 조립되어 있어, 기억장치와 전원을 추가하면 주변장치를 제외한 컴퓨터의 모든 기능을 구비하게 된다.

03 정답 ④

$E=30$V/m의 평등전계 내에서 이동거리에 따른 전위차 $V_{AB}=30×0.9=27$V이다. 전하는 전계 방향으로 이동되었으므로 이동한 후의 전위 V_B는 이동하기 전의 전위 $V_A=60$V보다 27V 낮아진다.

따라서 $V_{AB}=V_A-V_B \rightarrow V_B=V_A-V_{AB}=60-27=33$V이다.

$V_A=60$ V_B
   1C $r=90$cm

04 정답 ⑤

정사각형 한 변에서 중심$\left(\dfrac{a}{2}[\text{m}]\right)$ 떨어진 점에 미치는 자계의 세기 (H_1)는 $H_1=\dfrac{I}{4\pi\dfrac{a}{2}}(\sin\beta_1+\sin\beta_2)$이고, 이때 $\beta_1=\beta_2=45°$이다.

$H_1=\dfrac{I}{4\pi\dfrac{a}{2}}(\sin 45°+\sin 45°)=\dfrac{I}{4\pi\dfrac{a}{2}}×2×\dfrac{1}{\sqrt{2}}=\dfrac{I}{\sqrt{2}\pi a}$

[AT/m]이며, 정사각형 단일 코일의 중심에서 자계의 세기는 4개의 변이 있으므로 $H=4H_1$이다.

따라서 $H=4×\dfrac{I}{\sqrt{2}\pi a}=\dfrac{2\sqrt{2}I}{\pi a}$ AT/m이다.

05 정답 ①

전하(Q) 공식 $Q=CV$에서 전압(V)에 대한 식으로 바꾸면 $V=\dfrac{Q}{C}$이다. 따라서 $V=\dfrac{3×10^{-3}}{20×10^{-6}}=150$V이다.

06 정답 ③

코일과 쇄교하는 자속수 $N\phi=LI$이고, 여기서 자기 인덕턴스 $L=\dfrac{N\phi}{I}$이므로 $L=\dfrac{4}{8}=0.5$H이다. 따라서 코일에 축적되는 자기 에너지 $W=\dfrac{1}{2}LI^2$이므로 $W=\dfrac{1}{2}×0.5×8^2=16$J이다.

07 정답 ③

전하를 움직이는 데 쓰인 에너지 공식은 $W=qV$에서 전위차를 유도하면 $V=\dfrac{W}{q}$이다. 전위차 공식에 에너지 180J과 전하량 6C를 대입하면 전위차는 $V=\dfrac{180}{6}=30$V가 나온다.

따라서 전기장의 세기 $E=\dfrac{V}{d}=\dfrac{30}{0.6}=50$V/m이 된다.

08 정답 ④

평균 기억장치 접근시간(T)은 다음과 같이 계산할 수 있다.
T=(적중률)×(캐시메모리의 접근시간)+[1-(적중률)×(주기억장치의 접근시간)]
=(0.99×50)+{(1-0.99)×400}
=49.5+4=53.5
따라서 기억장치 접근시간의 평균은 53.5ns이다.

09 정답 ②

반사계수 $\rho = \dfrac{Z_L - Z_0}{Z_L + Z_0}$ 이므로 $\rho = \dfrac{4Z_0 - Z_0}{4Z_0 + Z_0} = \dfrac{3Z_0}{5Z_0} = \dfrac{3}{5} = 0.6$ 이다. 또한 정재파비 $S = \dfrac{1 + |\rho|}{1 - |\rho|} = \dfrac{1 + 0.6}{1 - 0.6} = \dfrac{1.6}{0.4} = 4$이다.

10 정답 ①

$f(t) = e^{-\alpha t} \sin wt$ 의 라플라스 변환은 다음과 같다.

$$L(f(t)) = \int_0^\infty f(t)e^{-st}\,dt = \int_0^\infty e^{-\alpha t} \sin wt \cdot e^{-st}\,dt$$

$$= \int_0^\infty e^{-\alpha t} \times \dfrac{(e^{jwt} - e^{-jwt})}{2j} \times e^{-st}\,dt$$

$$= \dfrac{1}{2j} \int_0^\infty e^{-(\alpha + s - jw)t} - e^{-(\alpha + s + jw)t}\,dt$$

$$= \dfrac{1}{2j} \left[\dfrac{e^{-(\alpha + s - jw)t}}{-(\alpha + s - jw)} - \dfrac{e^{-(\alpha + s + jw)t}}{-(\alpha + s + jw)} \right]_0^\infty$$

$$= \dfrac{1}{2j} \left(\dfrac{1}{\alpha + s - jw} - \dfrac{1}{\alpha + s + jw} \right)$$

$$= \dfrac{1}{2j} \times \dfrac{(\alpha + s + jw) - (\alpha + s - jw)}{(\alpha + s - jw)(\alpha + s + jw)}$$

$$= \dfrac{1}{2j} \times \dfrac{2jw}{(\alpha + s)^2 - (jw)^2}$$

$$\therefore \dfrac{w}{(\alpha + s)^2 + w^2}$$

11 정답 ⑤

R-C 직렬회로에 직류전압 15V를 인가하고 $t=0$에서 스위치를 켰을 때 커패시터 C에 충전된 전하 $q = CE\left(1 - e^{-\frac{1}{CR}t}\right)$[C]이고, 커패시터 양단에 걸리는 전압 $V_c = \dfrac{q}{C} = \dfrac{CE}{C}\left(1 - e^{-\frac{1}{CR}t}\right) = E\left(1 - e^{-\frac{1}{CR}t}\right)$[V]이다. 따라서 커패시터 양단에 걸리는 전압 $V_c = 15\left(1 - e^{-\frac{t}{2 \times 0.5}}\right) = 15(1 - e^{-t})$[V]이다.

12 정답 ①

π형 4단자 망에서 4단자 정수 $\begin{vmatrix} A & B \\ C & D \end{vmatrix} = \begin{vmatrix} 1 & 0 \\ \frac{1}{5} & 1 \end{vmatrix} \begin{vmatrix} 1 & 10 \\ 0 & 1 \end{vmatrix} \begin{vmatrix} 1 & 0 \\ \frac{1}{5} & 1 \end{vmatrix}$

$= \begin{vmatrix} 1 & 10 \\ \frac{1}{5} & 3 \end{vmatrix} \begin{vmatrix} 1 & 0 \\ \frac{1}{5} & 1 \end{vmatrix} = \begin{vmatrix} 1 + \frac{10}{5} & 10 \\ \frac{1}{5} + \frac{3}{5} & 3 \end{vmatrix} = \begin{vmatrix} 3 & 10 \\ \frac{4}{5} & 3 \end{vmatrix}$ 이 된다. 따라서 임피던스 파라미터는 역방향이므로 $Z_{21} = \dfrac{1}{C} = \dfrac{1}{\frac{4}{5}} = \dfrac{5}{4}$ 가 된다.

13 정답 ⑤

전류비(N)를 이용하여 Neper단위와 국제표준단위인 [dB] 단위의 식은 다음과 같다.

- Neper단위
  : $N = \ln \dfrac{I_1}{I_2} = \log_e \dfrac{I_1}{I_2} = \dfrac{1}{\log_e} \log \dfrac{I_1}{I_2} = 2.3026 \log \dfrac{I_1}{I_2}$

- [dB] 단위 : $N' = 20 \log \dfrac{I_1}{I_2}$

따라서 1dB을 Neper단위로 환산하면 다음과 같다.

$$\dfrac{N}{N'} = \dfrac{\ln_e \dfrac{I_1}{I_2}}{20 \log_{10} \dfrac{I_1}{I_2}} = \dfrac{2.3026 \log_{10} \dfrac{I_1}{I_2}}{20 \log_{10} \dfrac{I_1}{I_2}} = \dfrac{2.3026}{20}$$

$\fallingdotseq 0.115$Nep/dB

14 정답 ③

오답분석

① $\delta(t) = \lim\limits_{a \to 0} \dfrac{1}{a} \{u(t) - u(t-a)\}$

② 임펄스 함수는 $t=0$에서만 값이 존재하므로 임의의 연속 함수 $x(t)$를 곱해도 그 결과는 임펄스 함수가 된다.

④ 단위 계단 함수(Unit Step Function)를 미분한 것이다.

⑤ 임의 회로망의 입력 전압으로 $\delta(t)$를 가하면 출력 전압은 전압비 전달 함수와 같게 된다.

15 정답 ④

공진곡선에서 선택도 $Q_o = \dfrac{(공진주파수)}{(대역폭)} = \dfrac{f_o}{B} = \dfrac{f_o}{f_H - f_L}$ 이다.

따라서 $Q_o = \dfrac{20}{10.1 - 9.9} = \dfrac{20}{0.2} = 100$이 된다.

16 정답 ③

과도현상은 $t=0$인 시간을 기준으로 $t=0$에서 어떤 상태의 변화가 일어난 후에 정상적인 현상이 발생하기 전에 나타나는 전압, 전류 등의 여러 가지 과도기적 현상을 뜻한다. 이러한 과도현상은 시정수(시상수, i)가 클수록 오래 지속되며, 시정수는 특성근의 절댓값의 역수(e^{-1}이 되는 t의 값)이다.

R-L 직렬회로의 전류 $i(t) = \dfrac{E}{R}\left(1 - e^{-\frac{R}{L}t}\right)$[A]이며, 시정수 $\tau = \dfrac{L}{R}$[sec]이다. 따라서 $\dfrac{L}{R}$초 후의 전류 $i(t) = \dfrac{E}{R}\left(1 - e^{-\frac{R}{L} \times \frac{L}{R}}\right) = \dfrac{110}{5}(1 - e^{-t}) = 22\left(1 - \dfrac{1}{e}\right) = 22\left(1 - \dfrac{1}{2.718}\right) = 22(1 - 0.368) = 22 \times 0.632 = 13.904$A이다.

17 정답 ④
전가산기는 반가산기(X-OR) 2개, AND 2개, OR 1개로 구성된다.

18 정답 ⑤
터널 다이오드는 불순물 농도를 증가시킨 반도체로서 PN 접합을 만들면 공핍층이 아주 얇게 되어 터널 효과가 발생하고, 갑자기 전류가 많이 흐르게 되며, 순방향 바이어스 상태에서 부성 저항 특성이 나타난다.

오답분석
① 제너 다이오드 : 제너 항복을 응용한 정전압 소자로, 정전압 다이오드와 전압 표준 다이오드의 두 종류가 있다.
② 발광 다이오드 : 전류를 빛으로 변환시키는 반도체 소자로, LED(Light Emitting Diode)라고도 한다.
③ 포토 다이오드 : 반도체 다이오드의 일종으로 광다이오드라고도 하며, 빛에너지를 전기에너지로 변환한다.
④ 쇼트키 다이오드 : 금속과 반도체의 접촉면에 생기는 장벽의 정류 작용을 이용한 다이오드이다.

19 정답 ④
MOS-FET의 채널은 드레인과 소스 단자 사이에 형성된다.

20 정답 ③
고주파 증폭회로의 트랜지스터는 컬렉터 용량의 영향으로 출력이 궤환된다.

오답분석
①·② 트랜지스터의 베이스 폭이 얇을수록 고주파 증폭에 적합하다.
⑤ 컬렉터 용량의 영향으로 입력 임피던스는 감소한다.

21 정답 ⑤
실리콘 제어 정류소자(Silicon Controlled Rectifier)의 게이트는 P형 반도체에 단자를 연결하여 전류가 흐르도록 한다. SCR은 사이리스터(Thyristor)라고 일반적으로 불리며, 무접점 스위치로 작동하고, 소전력용부터 대전력용까지 각종 제어 정류소자로 쓰인다.

22 정답 ③
초전도 현상은 어떤 물질을 특정 임계 온도 이하로 냉각시켰을 때 저항이 0이 되고 내부 자기장을 밀쳐내는 현상이다. 초전도체의 임계 자기장은 온도가 높아질수록 낮아지고, 모든 초전도체는 외부 자기장이 없거나 외부 자기장의 세기가 특정 값 미만일 때 낮은 전류에 대하여 전기저항이 0이 되는 현상을 보인다.

23 정답 ①
C급의 전력증폭기의 실제 능률은 70~90% 정도이며, 동작점은 역활성 역영이고, 입력신호 반주기에서 동작한다.

오답분석
② 전력효율(η)은 (교류출력)÷(직류입력)×100%이다.
③ 최대 컬렉터손실은 트랜지스터의 최대 정격으로 동작 시에 컬렉터에 소비되는 전력이며, 트랜지스터 내부에서 열에너지로 소비되어 접합부의 온도가 상승한다.
④ A급 전력증폭기는 입력신호는 전주기(0°~360°) 동안 동작한다.
⑤ B급의 동작점은 차단영역이다.

24 정답 ③
금속 표면에서 전자를 튀어나오게 하기 위해 필요한 일의 양을 일함수(E_w)라고 하며, 일함수는 표면전위 장벽에서 페르미 준위를 빼준 값으로 나타낸다. 따라서 이 금속의 일함수는 $E_w = E_B - E_f$ = 17.69 - 6.45 = 11.24eV이다.

25 정답 ④
J-FET(전계 효과 트랜지스터)의 Pinch off 전압은 $V_P = \dfrac{qN_d a^2}{2\epsilon}$이고, 드레인 전류($I_D$)는 $I_D = I_{DSS}\left(1 - \dfrac{V_{GS}}{V_P}\right)^2$이다. V_{GS}는 게이트와 소스 사이의 전압, I_{DSS}는 드레인 포화 전류이다.

26 정답 ③
수정발진기 발진주파수의 안정도는 높으며 범위는 $f_s < f_0 < f_p$로 임피던스가 유도성인 경우에 해당한다.

27 정답 ①
오답분석
② 간접번지 : 대상 데이터의 기억 장소를 직접 지정하지 않고, 이 어드레스를 저장하고 있는 기억 장소의 어드레스를 지정하는 것이다.
③ 절대번지 : 주 메모리에는 미리 번지가 고정적으로 매겨져 있는데, 이것을 절대번지라고 한다.
④ 상대번지 : 절대번지에 대해서 별도로 지정한 번지를 기준으로 하여 상대적으로 나타낸 번지를 말한다.
⑤ 참조번지 : 임시적 상태번지를 최종적 절대번지로 변환시키는 데 사용되는 번지이다.

28 정답 ①

N – 주소 명령어 형식은 명령 내에 N개의 주소를 나타낼 수 있는 형식이다. 프로그램 내장형 컴퓨터의 경우 N은 3보다 작으며, 대부분 컴퓨터의 경우 N은 2 이하인데, 누산기를 1개 가지고 있는 컴퓨터에서는 N이 1, 스택을 사용하는 컴퓨터에서는 N이 0인 명령 형식을 사용한다. 따라서 스택(Stack)이 반드시 필요한 명령문 형식은 0 – 주소 형식이다.

스택(Stack)
컴퓨터에서 사용되는 기본 데이터 구조 중 하나이며, 추상 데이터형이다.

29 정답 ③

오답분석
① BCD 코드 : 숫자, 영문자, 특수 기호를 나타내기 위한 6비트로 이루어지는 코드로, 오류 검사용의 1비트가 부가되어 전체로서는 7비트로 구성된다.
② EBCDIC 코드 : 8비트의 조합으로 1자를 표현하는 부호체계로, 이 8비트를 1바이트라 하며, 1바이트로 영문자(A ~ Z), 숫자(0 ~ 9), 특수기호 등 256종의 문자를 표현할 수 있다.
④ 유니코드 : 세계 모든 나라의 언어를 통일된 방법으로 표현할 수 있게 제안된 국제적인 코드 규약이다.
⑤ 확장 유닉스 코드 : 1985년 일본어 유닉스 시스템 자문 위원회의 제안에 따라 AT&T가 정한 복수 바이트의 문자를 취급할 수 있는 문자 코드 방식이다.

30 정답 ④

절연대란 전기 기기를 대지로부터 전기적으로 절연할 수 있게 하는 받침대를 말한다.

오답분석
①·②·③·⑤ 반도체의 에너지대는 전도대, 금지대, 가전자대(충만대)가 있다.

31 정답 ④

객체지향 프로그래밍은 객체라는 작은 단위로 모든 처리를 기술하는 프로그래밍 방법이다. 이러한 객체지향 프로그래밍 언어로는 C++, C#, JAVA, PYTHON, RUBY, PERL, ASP 등이 있다. FORTRAN은 프로그램을 작성할 때 실행 순서를 지정하게 되는 프로그램 작성 언어인 절차지향 프로그래밍 언어로, 절차지향 프로그래밍 언어로는 C언어, PASCAL, COBOL, FORTRAN, ALGOL, PL/1 등이 있다.

32 정답 ①

오답분석
② 명령 해독기(Instruction Decoder) : 명령어 레지스터에 입력되는 신호의 조합(1과 0)에 의해 어떤 명령인가를 해독하는 회로이며, 중앙 처리 장치 내부의 중요 회로이다.
③ 제어 장치(Control Unit) : 데이터 처리 시스템에서 하나 이상의 주변장치를 제어하는 기능 단위로 기억장치에 축적되어 있는 일련의 프로그램 명령을 순차적으로 꺼내 이것을 분석·해독하여 각 장치에 필요한 지령 신호를 주고, 장치 간의 정보 조작을 제어하는 구실을 한다.
④ 인코더(Encoder) : 디지털 전자회로에서 어떤 부호계열의 신호를 다른 부호계열의 신호로 바꾸는 변환기이다.
⑤ 멀티플렉서(Multiplexer) : 최선의 유효이용을 꾀하기 위하여 각 통신로(채널)의 필요 성분을 재배치하는 장치이며, 다중화 장치라 총칭된다.

33 정답 ③

콘덴서에서 최대 정전용량을 얻을 수 있는 접속은 병렬접속이면 합성정전용량 $C_0 = 2+4+6 = 12\mu F$이다. 최소 정전용량은 직렬접속이므로 $C_0 = \dfrac{1}{\dfrac{1}{2}+\dfrac{1}{4}+\dfrac{1}{6}} = \dfrac{12}{11} \fallingdotseq 1.09[\mu F]$가 된다.

따라서 최대정전용량과 최소정전용량의 차이는 $12-1.09=10.91$ μF이다.

34 정답 ③

Perl(Practical Extraction and Report Language)은 텍스트를 스캐닝하고, 형식화된 보고서를 프린트한다. 또한 중첩된 데이터 구조와 객체 지향의 기능을 지원함으로써, 자료를 추출하고 그에 의거한 보고서를 작성하는 데 적합한 프로그래밍 언어로 볼 수 있다.

오답분석
① C언어 : 운영 체제나 언어 처리계 등의 시스템 기술에 적합한 프로그래밍 언어이다.
② Java : C/C++에 비해 간략하고 쉬우며 네트워크 기능의 구현이 용이하기 때문에, 인터넷 환경에서 가장 활발히 사용되는 프로그래밍 언어이다.
④ HTML : 인터넷 서비스의 하나인 월드 와이드 웹을 통해 볼 수 있는 문서를 만들 때 사용하는 웹 언어의 한 종류이다.
⑤ PHP : 하이퍼텍스트 생성 언어(HTML)에 포함되어 동작하는 스크립팅 언어이다.

35 정답 ③

소수캐리어는 P형 반도체에서 전자, N형 반도체에서는 정공을 뜻하고, 다수캐리어는 반대로 P형에서는 정공, N형에서는 전자를 말한다.
PN 접합 다이오드 양단에 순방향 바이어스 전압을 가해주면 P형 쪽으로 정전압을 가해주는 것이며, 공핍층의 확산전위가 감소하며, 확산전류가 증가하고 전류가 흐르는 것이다.
따라서 전극에서 N형과 P형의 다수 캐리어는 접합영역에서 재결합하며, 공핍층 가까이 소수 캐리어의 농도는 P형과 N형에서 모두 증가하게 된다.

36 정답 ④

전파 삼각파의 최댓값 전류는 I_m, 실효값 전류는 $\frac{I_m}{\sqrt{3}}$, 평균값 전류는 $\frac{I_m}{2}$ 이다.

따라서 파고율은 실효값 대비 최댓값 비율로 $\frac{I_m}{\frac{I_m}{2}} = \sqrt{3}$ 이다.

37 정답 ①

적분기란 연산 회로의 하나로 입력되는 전압의 적분값을 출력하는 것이며, 궤환 소자는 커패시터(C)이다. 미분기는 적분기와 반대로 궤환 임피던스에 저항을 사용하여 입력 전압의 미분값으로 출력전압을 얻는 것이며, 궤환 소자는 저항(R)이다.

38 정답 ③

실효치는 $\frac{(최대값)}{\sqrt{2}} = \frac{220\sqrt{2}}{\sqrt{2}} = 220V$ 이며, 전기각속도는 $\omega = 2\pi f = 140\pi$ 이므로 $f = 70Hz$ 이다.

39 정답 ④

회로에서 유도 리액턴스는 $X_L = 10\Omega$, 용량 리액턴스는 $X_C = 4\Omega$ 이며, 직렬 연결 합성저항은 $R = 6+2 = 8\Omega$ 이다.
따라서 합성 임피던스 $Z = \sqrt{R^2 + (X_L - X_C)^2}$ 이므로 해당되는 수치를 대입하면 다음과 같다.
$Z = \sqrt{R^2 + (X_L - X_C)^2} = \sqrt{(6+2)^2 + (10-4)^2}$
$= \sqrt{8^2 + 6^2} = \sqrt{100} = 10\Omega$ 이다.

40 정답 ②

캐시메모리는 주기억장치를 구성하는 DRAM보다 속도가 빠른 SRAM으로 구성되었으며, 전원이 켜져 있을 때 기억 내용을 유지할 수 있는 임시 메모리이다.

| 04 | 통신일반

01	02	03	04	05	06	07	08	09	10
①	②	④	②	⑤	④	①	①	①	②
11	12	13	14	15	16	17	18	19	20
②	①	②	①	①	③	①	①	③	①
21	22	23	24	25	26	27	28	29	30
②	①	④	①	④	①	①	④	②	③
31	32	33	34	35	36	37	38	39	40
③	③	③	②	①	②	①	④	④	①

01 정답 ①

직선 검파기는 2극관 또는 반도체 다이오드의 직선 특성을 이용한 검파 방식으로 AM 수신기에 사용한다.

> **FM 검파기**
> 주파수 변화에 따른 출력 전압의 변화를 검출하는 장치로서 주파수 변별기라 하며, 그 종류로는 포스터 실리형, 비검파기, 게이티드 빔 검파기, 슬로프 검파기가 있다.

02 정답 ②

공정제어(Process Control)
온도, 유량, 압력, 레벨(level), 액위, 효율 등 공업 프로세스의 상태량을 제어량으로 하는 제어이다.

03 정답 ④

원신호가 1kHz일 때 초당 8개(8개/sec)의 샘플을 얻으려면 8kHz가 되어야 한다.

04 정답 ②

아날로그 전이중 통신 방식에서는 FDM을 사용하므로 2개의 송수신 채널의 주파수가 같으면 반이중 모드로 동작된다.

05 정답 ⑤

데이터 전송률=초당 전송되는 데이터의 비트수
Data Rate=64×8bit=512bps

06 정답 ④

다중화 장비의 입력측의 전송 속도의 합은 전송 선로측의 전송 속도와 같다.

07 정답 ①
산란광의 세기는 λ^4에 반비례한다.

08 정답 ①
비동기식 데이터 전송에서는 패리티 비트를 포함한 전체 데이터의 1의 개수가 짝수가 되도록 짝수 패리티 비트의 값을 선정한다.

09 정답 ①
인코딩 기법의 평가 요소
1. 신호의 스펙트럼
2. 신호의 동기화 능력
3. 에러 검출 능력
4. 신호 간 간섭도
5. 잡음에 대한 면역성

10 정답 ②
금속은 불순물이 섞이면 저항이 증가하나 반도체에 불순물이 섞이면 저항이 감소한다.

11 정답 ②
QPSK, QAM의 전송 대역폭 : B_T
$$B_T \fallingdotseq \frac{r_b}{\log_2 4} = \frac{r_b}{2}$$

12 정답 ①
신호 세력이 적을 때 양자화 오차와 신호 세력은 거의 비슷하게 되어 S/N비가 적어지며, 신호 세력이 클 때 양자화 오차는 상대적으로 신호 세력에 비해 월등히 작아 S/N비는 증가하게 된다. 즉, 신호 세력이 적을 때 불리한 입장이 된다.

13 정답 ②
표본화 주파수 $f_s = 8kHz$이므로 신호를 1초에 8,000회 표본화한다. 이때 부호화할 비트수는 1샘플당 7bit이므로 비트율(정보 속도)은 $8,000 \times 7 = 56,000bit/s \rightarrow 56kb/s$이다.

14 정답 ①
유효전력 $P = VI\cos\theta = 80[kW]$, $\cos\theta = 0.8$이므로 $VI = 100$, 무효전력 $P_\gamma = VI\sin\theta = 100 \times \sqrt{1-0.8^2} = 60[kVar]$이 된다.

15 정답 ①
델린저 현상은 주간의 구역에 한하여 발생하며 저위도 지방에서 발생하며, 돌발적으로 발생하여 10분 혹은 수십 분 계속된다. 일반적으로 델린저 현상을 가장 강하게 하는 주파수대는 단파이다. 즉 델린저 현상은 주파수가 낮은 저단파대에서 영향이 심하다.

16 정답 ③
$$P = I^2 \cdot R_a [W]$$
$$R_a = \frac{P}{I^2} = \frac{300}{5^2} = 12\Omega$$

17 정답 ①
TWTA(Travelling Wave Tube Amplifier)는 3~15[GHz]대의 마이크로파를 증폭하는 진행파관으로 위성 중계기의 대전력 증폭기(HPA)로 많이 사용된다.

18 정답 ①
위성 통신은 전송 지연이 발생한다.

19 정답 ③
반도체의 양단에 전압이 걸려 반도체 내부에 전기장이 작용하고, 이것에 의해서 반송자(정공, 전자)가 가속을 받을 때의 전류를 드리프트 전류라고 한다.

20 정답 ①
전파고도계란 전파를 사용하여 고도를 측정하는 계기로, 항공기에서 대지를 향하여 발사한 전파가 지표면으로 되돌아오는 지연시간을 측정한다.

21 정답 ②
중간주파수를 증폭할수록 원 주파수와의 분리 특성이 증가되므로 선택도가 높아지기 때문이다.

22 정답 ①
데카(Decca)는 쌍곡선 항법의 일종으로 1개의 주국과 3개의 종국에서 동기시킨 연속파(지속 전파)를 발사하고 수신점에서는 주국과 종국에서 도착하는 지속 전파의 도달 시간차에 의한 무선 주파수의 위치를 측정하여 위치를 결정한다.

23   정답 ④
FM 수신기의 저주파 출력단에서는 반송파 입력이 없거나 약할 때에 일반적으로 큰 잡음이 나타난다. 이러한 잡음을 제거하기 위하여 수신 입력 전압이 어느 정도 이하일 때 저주파 증폭기의 동작을 자동적으로 정지시키는 스켈치 회로를 사용한다.

24   정답 ①
웨이브 트랩(Wave Trap)은 특정 주파수의 혼신을 제거하기 위하여 공중선에 직렬 또는 병렬로 접속하는 공진 회로이다.

25   정답 ①
공중선 능률(η) $= \dfrac{1}{1+\left(\dfrac{R_L}{R_r}\right)} \times 100\%$

(단, R_L : 손실저항, R_r : 안테나의 반사저항)

$\therefore \eta = \dfrac{1}{1+\left(\dfrac{50}{250}\right)} \times 100 = 83.3\%$

26   정답 ①
전력 스펙트럼 밀도를 낮게 해서 전송하기 때문에 간섭이나 페이딩 등에 매우 강하다.

27   정답 ④
지구국에서는 파라볼라나 카세그레인 안테나를 사용하지만 반사형 광학 망원경의 원리를 이용한 것은 카세그레인 안테나이다.

28   정답 ④
$G = 20 \log_{10} \dfrac{V_o}{V_i}\, \text{dB} = 20 \log_{10} \dfrac{1}{10 \times 10^{-3}} = 20 \log_{10} 2 = 40\, \text{db}$

29   정답 ②
자태는 도파관내에 나타나는 전자계의 분포도를 말하며, TE파는 전파의 진행방향에 자계 성분만 존재하고 전계 성분은 없는 모드로 H파라고 한다.
한편 TM(Transverse Magnetic)파는 전파의 진행방향에 전계 성분만 있고 자계 성분은 없는 모드로 E파라고 한다.

30   정답 ③
반도체는 자체의 온도가 증가하면 자유 전자가 많이 발생되므로 캐리어의 농도가 높아져서 저항률은 감소한다.

> **반도체의 성질**
> 1. 대부분의 금속은 열을 가하면 저항이 증가하나, 반도체는 저항이 감소된다.
> 2. 순도가 높은 규소(Si)는 거의 부도체에 가까우나 규소 결정에 비소(As)나 인듐(In) 등의 물질을 불순물로 소량 넣으면 전기가 잘 통하는 반도체가 된다.
> 3. 반도체 결정에 빛을 비추면 저항이 감소한다.

31   정답 ③
FET의 게이트 내의 공간 전하층은 게이트 역전압의 크기에 따라서 폭이 넓어지거나 좁아지게 되는데 완전히 막혀서 차단되는 경우의 게이트 전압을 핀치 오프 전압이라고 한다.

32   정답 ③
드레인 전류 $I_D = I_{DSS}\left(1 - \dfrac{V_{GS}}{V_P}\right)^2$

$= 15 \times \left(1 - \dfrac{4}{2}\right)^2$

$= 15\, \text{mA}$

33   정답 ③
반전 연산 증폭기의 출력 전압

$V_o = -\dfrac{R_f}{R_i} V_s = -\dfrac{300}{15} \times 0.5 = -10\, \text{V}$

34   정답 ②
수정 발진기는 높은 주파수를 얻기가 곤란하지만 발진 주파수가 안정한 특징을 지닌다. 일반적으로 수정 발진기는 수정편의 압전 현상에 의해서 발진이 일어난다.

35 정답 ①
①은 MMS(Multimedia Message System)에 대한 설명이다.

36 정답 ②
PN 접합 다이오드 내에서 전위 장벽(Potential Barrier, 전기 2중층 또는 천이 영역)은 정공과 전자가 그 이상 서로 반대쪽으로 흘러나가는 것을 방해한다.

37 정답 ①
온오프(on-off) 제어는 제어 동작이 목표값에서 어느 이상 벗어나면 미리 정해진 일정한 조작량이 제어 대상에 가해지는 단속적인 제어 동작으로 불연속 동작에 해당되며 동작 신호가 연속일지라도 조작량이 단계적인 값으로 변화하는 on-off 동작이다.

38 정답 ④
파형을 정형하는 회로의 한 형태인 클램프(Clamp) 회로는 파형을 재생하거나 레벨 변동을 하는 회로이다. 클램핑 회로는 입력 파형에 (+) 또는 (-)의 직류 전압을 가해 입력 파형의 기준 레벨을 변화시키는 회로이므로 클램핑 레벨은 일정하다.

39 정답 ④
컨덴서 입력형 필터는 초크 결합형의 컨덴서 필터이므로 비교적 맥동률이 낮고 대용량의 컨덴서의 사용으로 높은 전압의 출력을 낼 수 있다.

40 정답 ①
1. 분배 잡음 : 주파수에 비례
2. 플리커 잡음 : 신호 주파수에 반비례

| 05 | 건축일반

01	02	03	04	05	06	07	08	09	10
③	③	④	②	①	①	④	①	①	③
11	12	13	14	15	16	17	18	19	20
③	④	③	②	②	③	③	③	②	⑤
21	22	23	24	25	26	27	28	29	30
③	②	③	④	③	①	④	②	④	①
31	32	33	34	35	36	37	38	39	40
④	①	①	⑤	①	④	①	④	③	①

01 정답 ③
플라이갤러리(Fly Gallery)는 무대 주위의 벽에 6~9m 높이로 설치되는 좁은 통로이다. 캣워크(Cat Walk)라고도 불린다.

오답분석
① 출연자 대기실을 일컫는 용어이다.
② 와이어로프의 조정장소를 일컫는 용어이다.
④ 이동식 무대 장치를 일컫는 용어이다.
⑤ 무대 배경용 벽을 일컫는 용어이다.

02 정답 ③
전압이 0.9배 감소하였을 때, 전력은 9^2배로 감소한다.
따라서 소비전력은 500W×0.81=405W이다.

03 정답 ④
약전설비란 저전압·저전력으로 운용되는 통신·신호·제어·정보 전달용 전기설비이며, 전화설비가 이에 해당한다.

04 정답 ②
회전속도는 분당회전수가 8회를 넘지 아니하도록 해야 한다.

회전문
- 원통형을 기준으로 3~4개의 문으로 구성되며, 축을 중심으로 회전시켜 개폐하는 창호이다.
- 회전문의 중심축에서 회전문과 문틀 사이의 간격을 포함한 회전문날개 끝부분까지의 길이는 140센티미터 이상이어야 한다.
- 회전문의 회전속도는 분당회전수가 8회를 넘지 아니하도록 한다.
- 사람의 출입을 조절하고 외기의 유입과 실내공기의 유출을 막을 수 있다.

05   정답 ①
수변전실의 위치는 가능한 최하층을 피하며, 침수 및 누수로 인한 사고에 대비해야 한다.

06   정답 ①
옥내조명의 설계는 '소요조도 계산 – 조명방식, 광원의 선정 – 조명기구의 선정 – 조명기구의 배치 결정' 순으로 진행된다.

07   정답 ④
기경성 미장재료에는 진흙, 회반죽, 돌로마이트 플라스터 등이 있다.

미장재료의 응결경화방식

수경성	시멘트, 석고(순/혼합석고), 경석고 플라스터(킨즈 시멘트) 등
기경성	석회, 소석회, 석회크림, 회반죽, 회사벽, 진흙, 돌로마이트 플라스터 등
화학경화성	에폭시, 수지 바닥재 등
고화성	유화, 아스팔트 바닥재 등

08   정답 ①
조도는 거리의 제곱에 반비례하므로, 거리가 2배 멀어지면 $\frac{1}{4}$배 작아진다.

따라서 $200\text{lx} \times \frac{1}{4} = 50\text{lx}$

09   정답 ①
수관식 보일러는 하부의 물드럼과 상부의 기수드럼을 연결하는 수관을 연소실 주위에 배치한 보일러이다.

10   정답 ③
$\frac{5,000\text{kg/h} \times 4.2\text{kJ/kg}\cdot\text{K} \times (70-10)°\text{C}}{3,600} = 350\text{kW}(\because 5\text{m}^3 = 5,000\text{kg})$

11   정답 ③
휴식각을 고려할 경우, 터파기 경사각도는 흙의 휴식각(자연상태의 최대경사각)의 2배 정도로 한다.

12   정답 ④
모멘트 분배법
- B절점의 고정단 모멘트

$$M_B = \frac{wl^2}{12} = \frac{6\text{kN/m} \times (4\text{m})^2}{12} = 8\text{k}\cdot\text{m}$$

- BA부재에 대한 분배율

$$f_{BA} = \frac{K_{BA}}{\Sigma K} = \frac{2}{2+2} = \frac{1}{2}$$

- BA부재에 대한 분배모멘트

$$M_{BA} = f_{BA} \times M_B = \frac{1}{2} \times 8\text{kN}\cdot\text{m} = 4\text{kN}\cdot\text{m}$$

- B부재에 대한 재단모멘트

$$M_{AB} = \frac{1}{2} \times M_{BA} = \frac{1}{2} \times 4\text{kN}\cdot\text{m} = 2\text{kN}\cdot\text{m}$$

13   정답 ③
슬리브압착이음은 원형의 슬리브 내에 이형철근을 삽입하고 상온에서 압착가공하여 접합하는 방식이다.

14   정답 ②
$$\frac{3,600 \times 3.5\text{kW}}{4.2\text{kJ/kg}\cdot\text{K} \times (90-85)°\text{C}} = 600\text{kg/h}$$

15   정답 ②
②는 전수방식에 속한다.

16   정답 ③
분관식은 저층 건물을 분산시키는 형식이므로 넓은 대지면적이 필요하다.

병원의 분관식(파빌리온식) 배치의 특징
- 저층 분산형이므로 관리가 어렵고 동선과 배관이 길어진다.
- 보통 3층 이하의 저층 건물로 구성되며 넓은 대지가 필요하다.
- 각 병실의 일조, 통풍을 균일하게 할 수 있다.
- 병원의 확장 등 성장변화에 대한 대응이 용이하다.
- 환자는 주로 경사로를 이용한 보행 또는 들것으로 운반된다.

17 정답 ③

[압축강도(MPa)]=[최대하중(N)]÷[π×{공시체의 지름(mm)}²÷4]
$200,000N \div (\pi \times 100 \times 100 \div 4) ≒ 25.464N/mm^2$
∴ $25.464N/mm^2 = 25.46MPa$

18 정답 ③

AE 콘크리트의 공기량 표준값은 굵은골재 최대치수가 20mm이고 보통 노출(간혹 수분과 접촉하여 결빙이 되면서 제빙화학제를 사용하지 않는 경우)인 경우 5.0%이다.

19 정답 ②

이중덕트 방식은 냉풍과 온풍을 공급받아 각 실 또는 각 존의 혼합유닛에서 혼합하여 공급하는 방식이다.

이중덕트 방식
- 2개의 공급덕트(냉풍, 온풍)와 1개의 환기덕트로 구성되어 있으며, 각 실의 혼합상자에서 공기를 혼합하는 방식이다.
- 부하변동에 즉시 대응할 수 있고, 다수의 실이나 존에 적용할 수 있다.
- 실의 냉난방부하가 감소되어도 취출공기의 부족현상이 없다.
- 혼합상자에서 냉풍과 온풍의 혼합손실과 소음, 진동이 발생한다.
- 에너지소비량이 가장 많고 덕트 스페이스가 크며 설비비가 고가이다.

20 정답 ⑤

일사에 의한 건물의 수열이나 흡열은 하계의 실내 기후를 악화시킨다.

일사조절
- 일사에 의한 건물의 수열이나 흡열은 하계의 실내 환경을 악화시킨다.
- 일사에 의한 건물의 수열은 시간, 계절, 방위에 따라 상당한 차이가 있다.
- 추녀와 차양은 창면에서의 일사조절 방법으로 사용된다.
- 블라인드, 루버, 롤스크린은 계절이나 시간, 실내의 사용 상황에 따라 일사를 조절할 수 있다.

21 정답 ③

매스 콘크리트로 다루어야 하는 구조물의 치수는 평판구조의 경우 두께 0.8m 이상, 하단이 구속된 벽조의 경우 두께 0.5m 이상으로 한다.

22 정답 ②

타일의 흡수율은 도기>석기>자기 순서이다.

도기질 타일	석기질 타일	자기질 타일	클링커 타일
18% 이하	5% 이하	3% 이하	8% 이하

23 정답 ③

망입유리는 금속망이 삽입된 안전유리로, 방화·방재, 도난방지용 및 진동이 심한 장소에 사용된다.

24 정답 ④

④는 단일덕트 방식에 대한 설명이며, 이중덕트 방식은 각 실의 혼합상자에서 공기를 혼합하는 방식이다.

25 정답 ③

표준관입시험은 지반의 지지력이나 지층의 분포 상태 및 지질을 파악하기 위한 조사 방법으로, 사질토에 대한 정확도가 높아 모래의 밀도나 전단력을 측정하는 데 적합하다.

오답분석
① 보링(Boring) : 지중의 토질 분포, 토층의 구성, 지하수의 수위 등을 알아보기 위하여 기계를 이용해 지중에 구멍을 뚫고 그 안에 있는 토사를 채취하여 조사하는 방법
② 베인시험(Vane Test) : 점토의 비배수 전단 강도를 측정하기 위해 실시하는 시험
④ 재하시험(Load Test) : 지반에 정적인 하중을 가하여 지반의 지지력과 안정성을 살피기 위한 시험
⑤ 콘관입시험(Cone Penetration Test) : 원뿔형 콘이 땅속을 뚫고 들어갈 때 생기는 저항력으로 지반의 단단함과 다짐 정도를 조사하는 시험

26 정답 ①

갱폼은 주로 고층 아파트와 같이 평면상 상·하부가 동일한 단면 구조물에서 외부 벽체 거푸집과 발판용 케이지를 일체로 제작하는 대형 거푸집이다. 이때, 케이지(Cage)는 갱폼에서 외부 벽체 거푸집을 제외한 부분으로, 거푸집의 설치 및 해체, 후속 미장 및 견출 등의 작업을 안전하게 수행할 수 있도록 설치한 작업 발판이다.

오답분석
② 슬라이딩 폼(Sliding Porm) : 단면의 변화가 없는 구조물을 수직으로 이동하면서 콘크리트를 타설하는 연속 거푸집
③ 동바리(Floor Post) : 타설된 콘크리트의 하중을 고정하기 위해 설치하는 가설 부재
④ 스틸 폼(Steel Form) : 강판이나 형강 등을 조합하여 만든 콘크리트 거푸집
⑤ 슬립 폼(Slip Form) : 단면의 변화가 있는 구조물을 수직으로 이동하면서 콘크리트를 타설하는 연속 거푸집

27 정답 ④
플라스티시티(성형성)는 거푸집 등의 형상에 순응하여 채우기 쉽고, 재료분리가 일어나지 않는 성질을 말한다.

28 정답 ②
부순굵은골재의 실적률은 55% 이상이다.

29 정답 ④
④는 증기난방에 대한 설명이다.

지역난방의 특징

장점	• 각 건물마다 보일러 시설을 할 필요가 없다. • 관리가 용이하고 열효율면에서 유리하다. • 설비면적이 감소하고 유효면적이 증가한다. • 도시의 매연을 경감시킬 수 있다. • 위험물 취급이 제한되어 화재위험이 적다. • 보일러의 용량을 줄일 수 있다.
단점	• 초기투자비가 높다. • 배관의 길이가 길어서 열손실이 많다. • 사용요금의 분배가 곤란하다.

30 정답 ①
고속덕트는 마찰저항을 줄이기 위해 주로 원형덕트를 사용한다.

31 정답 ④
잔류응력은 외력을 제거한 후에도 내부에 존재하는 응력을 말하며, 소성설계에 적용되지는 않는다.

철골구조의 소성설계법

개요	강재의 단면이 항복하면서 발생한 소성힌지로 인해 붕괴기구에 이를 때의 하중을 산출하여 설계하는 경제적인 설계법이다.
주요 용어	소성모멘트, 항복모멘트, 형상계수, 하중계수, 소성힌지, 종국하중(붕괴하중), 붕괴기구 등

32 정답 ①
강구조(철골구조)는 콘크리트구조물에 비해 처짐 및 진동 등의 사용성 측면에서 불리하다.

33 정답 ①
완전용입된 맞댐용접(그루브용접)의 유효목두께는 접합판 중 얇은 쪽 판두께로 한다.

34 정답 ⑤
• 모살치수 8mm, 용접길이 80mm, 2면에 용접한다.
• 유효목두께 : $8mm \times 0.7 = 5.6mm$
• 유효길이 : $80mm - 8mm \times 2 = 64mm$
• 유효면적 : $64mm \times 5.6mm \times 2 = 716.8mm^2$

35 정답 ①
• A : 루트간격
• B : 루트면
• C : 덧용접(덤용접, 여분)
• D : 개선각
• E : 목두께

36 정답 ④
냉각과정에서 건구온도는 낮아지며, 포화수증기량의 감소에 따라 상대습도는 높아진다.

37 정답 ①
개방형헤드를 사용하는 연결살수설비에 있어서 하나의 송수구역에 설치하는 살수헤드의 수는 10개 이하가 되도록 하여야 한다.

연결살수설비의 살수헤드
• 개방형헤드를 사용하는 연결살수설비에 있어서 하나의 송수구역에 설치하는 살수헤드의 수는 10개 이하가 되도록 하여야 한다.
• 송수구는 구경 65mm의 쌍구형으로 설치하여야 한다. 다만, 하나의 송수구역에 부착하는 살수헤드의 수가 10개 이하인 것은 단구형의 것으로 할 수 있다.

38
정답 ④

- [현열부하(kJ/h)]=(질량)×(비열)×(온도의 차이)

$400\text{kg} \times 4.2\text{kJ/kg} \cdot \text{K} \times (50-0)℃ \times \dfrac{60}{30} = 168,000\text{kJ/h}$

39
정답 ③

- 환기량 : $400\text{m}^3 \times 0.5\text{회/h} = 200\text{m}^3/\text{h}$
- [현열부하(kJ/h)]=(밀도)×(환기량)×(비열)×(온도의 차이)

$1.2\text{kg/m}^3 \times 200\text{m}^3/\text{h} \times 1.01\text{kJ/kg} \cdot \text{K} \times (20-0)℃ = 4,848\text{kJ/h}$

1W=3.6kJ/h이므로, 4,848kJ/h ≒ 1,347W이다.

40
정답 ①

방위별 조닝은 외부존의 조닝 방법이다.

공기조화 조닝의 종류

외부존	방위별, 층별 조닝
내부존	용도에 따른 시간별, 관리별, 부하 특성별, 온습도 설정별, 현열비별, 부하 변동별, 외기의 비율별, 용량별, 소음별, 취기별, 배기별, 공기의 청정도별, 생산 제품의 종류별 조닝

| 06 | 토목일반

01	02	03	04	05	06	07	08	09	10
④	⑤	⑤	③	④	②	③	②	③	①
11	12	13	14	15	16	17	18	19	20
①	③	③	①	④	④	③	②	③	②
21	22	23	24	25	26	27	28	29	30
④	③	②	④	①	⑤	③	④	①	④
31	32	33	34	35	36	37	38	39	40
②	⑤	③	③	③	②	④	②	②	④

01
정답 ④

단면 상승모멘트는 좌표축에 따라 양수와 음수 모두 될 수 있다.

02
정답 ⑤

- 레이놀즈 수 $Re = \dfrac{VD}{\nu}$

$Re = \dfrac{\left(\dfrac{4 \times 0.03}{0.15^2 \times \pi}\right) \times 0.15}{1.35 \times 10^{-4}} ≒ 1,886.28$

- 레이놀즈 수 비교

  $Re < 2,000$: 층류

  $Re > 2,000$: 난류

∴ 층류

03
정답 ⑤

점고법은 선이나 색의 형태로 표시하지 않고, 지형도의 하천, 항만의 깊이를 나타낼 때 주로 사용되는 방법이다.

04
정답 ③

오답분석

① 오수관로는 계획시간 최대오수량을 기준으로 한다.
② 내부검사 및 보수가 곤란하므로 가급적 역사이펀을 피하는 것이 좋다.
④ 우수관로는 계획우수량을 기준으로 계획한다.
⑤ 오수관로와 우수관로가 교차하여 역사이펀을 피할 수 없는 경우는 오수관로를 역사이펀으로 한다.

05
정답 ④

오존처리에서 오존살균은 염소살균에 비해 잔류성이 약하다.

06 정답 ②

KDS 61 45 00(펌프장시설 설계 기준)
표면부하율은 오수침사지의 경우 $1,800\,\mathrm{m^3/m^2 \cdot d}$ 정도로 하고, 우수침사지의 경우 $3,600\,\mathrm{m^3/m^2 \cdot d}$ 정도로 한다.
따라서 ②는 옳지 않은 설명이다.

07 정답 ③

트래버스 측량에서 폐합오차 조정방법 중 컴퍼스법칙은 각관측 정밀도와 거리관측의 정밀도가 동일할 때 실시하며, 트랜싯법칙은 각관측 정밀도가 거리관측의 정밀도보다 더 높을 때 실시한다.

08 정답 ②

BOD농도(C_m)

$$C_m = \frac{(C_1 \times Q_1) + (C_2 \times Q_2)}{Q_1 + Q_2}$$
$$= \frac{(2 \times 100,000) + (1,000 \times 100)}{100,000 + 1,000} \fallingdotseq 2.97\,\mathrm{mg/L}$$

09 정답 ③

사질토의 경우 진동 롤러(Vibratory Roller)로, 점성토의 경우 탬핑 롤러(Tamping Roller), 양족 롤러(Sheeps Foot Roller)로 다지는 것이 유리하다.

10 정답 ①

점토지반에서의 최대접지압은 기초 모서리 부분에서 발생하므로 ①이 옳은 설명이다.

11 정답 ①

베인전단 시험에 의한 전단강도(c_u)

$$S = c_u = \frac{T}{\pi \cdot D^2 \cdot \left(\frac{H}{2} + \frac{D}{6}\right)}$$
$$= \frac{5,900}{\pi \times 5^2 \times \left(\frac{10}{2} + \frac{5}{6}\right)} \fallingdotseq 12.88\,\mathrm{N/cm^2}$$

12 정답 ③

토질조사에서 심도가 깊어지면 Rod의 변형에 의한 타격에너지의 손실과 마찰로 인해 N치가 크게 나오므로 로드(Rod)길이에 대한 수정을 하게 된다.

13 정답 ③

흙의 투수계수에 영향을 미치지 않는 것은 활성도, 흙의 비중이다.
투수계수는 $K = D_s^2 \cdot \dfrac{\gamma_w}{\eta} \cdot \dfrac{e^3}{1+e} \cdot C$와 같이 나타낼 수 있으며, 계산식에서 각 요소들은 다음을 나타낸다.
D_s : 흙입자의 입경(보통 D_{10})
γ_w : 물의 단위중량($\mathrm{g/cm^3}$)
η : 물의 점성계수($\mathrm{g/cm \cdot sec}$)
e : 공극비
C : 합성형상계수(Composite Shape Factor)
K : 투수계수(cm/sec)

흙의 투수계수에서 나타나는 특징
- 흙입자의 크기가 클수록 투수계수가 증가한다.
- 물의 밀도와 농도가 클수록 투수계수가 증가한다.
- 물의 점성계수가 클수록 투수계수가 감소한다.
- 온도가 높을수록 물의 점성계수가 감소하여 투수계수는 증가한다.
- 간극비가 클수록 투수계수가 증가한다.
- 지반의 포화도가 클수록 투수계수가 증가한다.
- 점토의 구조에 있어서 면모구조가 이산구조(분산구조)보다 투수계수가 크다.
- 점토는 입자에 붙어 있는 이온농도와 흡착수 층의 두께에 영향을 받는다.
- 흙입자의 비중은 투수계수와 관계가 없다.

14 정답 ①

단순보에 등분포하중이 작용하고 있는 경우

- 최대처짐 : $y = \dfrac{5wl^4}{384EI}$
- 최대처짐각 : $\theta_A = \theta_B = \dfrac{wl^3}{24EI}$

15 정답 ④

비에너지 $H_e = h + \dfrac{\alpha V^2}{2g}$에서 $V = \dfrac{Q}{A}$이다.

따라서 비에너지 H_e를 구하는 식은 $H_e = h + \dfrac{\alpha}{2g}\left(\dfrac{Q}{A}\right)^2$이다.

16 정답 ④

전단철근의 설계기준 항복강도는 500MPa을 초과할 수 없다.

17 정답 ③

콘크리트 지압력의 강도감소계수 $\phi = 0.65$이다.

18 정답 ②
②는 장기처짐에 대한 설명이다.

19 정답 ③
$\sum M_B = 0$, $R_A \times l - \left(\frac{1}{2}lq\right) \times \frac{1}{3}l = 0 \rightarrow R_A = \frac{1}{6}ql$

$V_x = 0$, $\frac{ql}{6} - \frac{1}{2}x \cdot \frac{x}{l}q = 0 \rightarrow x = \frac{l}{\sqrt{3}}$

20 정답 ②
$Q = AV = \frac{\pi D^2}{4} \times \sqrt{\frac{2gh}{f_i + f\frac{l}{D} + 1}}$ 에서

$f = \frac{124.5n^2}{D^{1/3}} = \frac{124.5 \times 0.013^2}{0.8^{1/3}} ≒ 0.0230$이다.

그러므로 $1.2 = \frac{\pi \cdot 0.8^2}{4} \times \sqrt{\frac{2 \times 9.8 \times h}{0.5 + 0.023 \times \frac{50}{0.8} + 1}}$ 이고,

$h ≒ 0.854$임을 알 수 있다.
따라서 두 수조의 수위차는 약 0.85m이다.

21 정답 ④
$I = \frac{bh^3}{12}$ 또는 $\frac{hb^3}{12}$

22 정답 ③
전단응력은 보의 복부에서 가장 크며, 구형단면의 경우 최대전단응력이 평균전단응력보다 $\frac{3}{2}$배 더 크다.

23 정답 ②
파랑에 의한 반사율은 $\frac{(반사에너지)}{(입사에너지)}$이다.
제시된 조건의 값을 대입하면 다음과 같다.
∴ $\frac{0.3}{0.8} = 0.375$
따라서 반사율은 0.375이다.

24 정답 ④
Hooke의 법칙
$\sigma = E\varepsilon$에서
$E = \frac{\sigma}{\varepsilon} = \frac{2,400}{1.143 \times 10^{-3}} ≒ 2.1 \times 10^6 \text{kg}_f/\text{cm}^2$

25 정답 ①
$P_L = 8 \times \frac{3}{4} + 2 \times \frac{3}{8} = 6.75$t

26 정답 ⑤

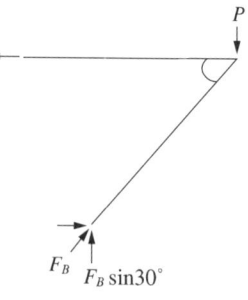

$\sum F_y = 0$, $P - F_B \sin 30° = 0$
$F_B = \frac{P}{\sin 30°} = \frac{P}{\cos 60°}$

27 정답 ③
전시와 후시의 거리를 같게 하면 시준축오차, 구차와 기차, 초점나사로 인해 생기는 오차를 제거할 수 있다.

28 정답 ④
제1측선의 배횡거는 제1측선의 경거이므로 $(\overline{AB}$측선의 배횡거$)$ $=81.57$m이다. 임의 측선의 배횡거는 '(전 측선의 배횡거)+(전 측선의 경거)+(그 측선의 경거)'이므로 $(\overline{BC}$측선의 배횡거$)=$ $81.57 + 81.57 + 18.78 = 181.92$m이다.

29 정답 ①
도수현상은 사류에서 상류로 흐를 때 수면이 불연속적으로 뛰는 현상을 말하며, 유체의 에너지를 감세시키는 것이 목적이다.

30 정답 ④
$1 : 10^5 = \frac{D^2}{2R} : D$에서
$D = \frac{2R}{10^5} ≒ 127$m

31 정답 ②

토적곡선은 굴착 공사 현장에서 흙 쌓기와 땅 깎기의 양을 조절하기 위하여 기록하는 곡선이며, 곡토량을 누적한 것으로 경제적인 노선을 만들기 위함이다.
토적곡선을 작성하는 목적으로는 토량 배분, 토량의 운반거리 산출, 토공기계 선정, 토량과 건축물의 중량 산정을 위한 시공방법 결정이 있다.

> **토적곡선(Mass Curve)을 작성하는 목적**
> - 토량 배분
> - 평균운반거리 산출
> - 토공기계 선정
> - 운반토량 산출
> - 시공방법 결정(작업환경 결정)

32 정답 ⑤

$\ell = \sqrt{100} = 10$이다.
이때 면적의 정밀도 $\dfrac{dA}{A}$는 거리정밀도 $\dfrac{d\ell}{\ell}$의 2배이므로 $d\ell$은 다음과 같다.

$\dfrac{dA}{A} = 2\left(\dfrac{d\ell}{\ell}\right) \rightarrow \dfrac{0.2}{100} = 2\left(\dfrac{d\ell}{10}\right)$

∴ $d\ell = 0.01\text{m} = 10\text{mm}$

33 정답 ④

지하수 투수계수의 영향인자로는 토양의 평균입경, 지하수의 단위중량, 지하수의 점성계수, 지하수의 온도 등이 있다. ④는 지하수의 투수계수에 영향을 주는 인자로는 거리가 멀다.

34 정답 ②

유출계수 $C = 0.8$, 강우강도 $I = 80$, 유역면적 $A = 4$이므로 홍수량 Q는 다음과 같다.

$Q = \dfrac{1}{3.6} CIA = \dfrac{1}{3.6} \times 0.8 \times 80 \times 4 ≒ 71.1 \text{m}^3/\text{s}$이다.

35 정답 ③

$Re = \dfrac{VD}{\nu} = \dfrac{(관성력)}{(점성력)}$에서 난류는 $Re > 4,000$일 때이므로 관성력의 점성력에 대한 비율은 난류일수록 큰 것을 의미하며, 층류의 경우보다 크다. 따라서 ③은 옳은 설명이다.

36 정답 ③

- 0 ~ 10분일 경우 : $8 \times \dfrac{60}{10} = 48 \text{mm/hr}$
- 5 ~ 15분일 경우 : $(18-2) \times \dfrac{60}{10} = 96 \text{mm/hr}$
- 10 ~ 20분일 경우 : $(25-8) \times \dfrac{60}{10} = 102 \text{mm/hr}$

따라서 10분 지속 최대 강우강도는 102mm/hr이다.

37 정답 ②

유의파고란 특정시간 주기 내에서 일어나는 모든 파고 중 큰 순서부터 $\dfrac{1}{3}$ 안에 드는 파고의 평균 높이이다.

따라서 자료의 유의파고 $H_{\frac{1}{3}} = \dfrac{9.5 + 8.9 + 7.4}{3} = 8.6\text{m}$이다.

38 정답 ④

유기물 농도값은 일반적으로 TOD > COD > BOD > TOC이다.

39 정답 ②

가장 일반적인 장방형 침사지의 표면부하율은 200 ~ 500mm/min을 표준으로 한다.

40 정답 ④

표준관입시험(SPT)의 목적으로는 현장 지반의 강도를 추정(N값)하고, 흐트러진 시료를 채취하는 것이다. 표준관입시험으로는 흐트러지지 않은 시료를 얻을 수 없다.

서울교통공사 기술직 신입사원 필기시험
제2회 모의고사 정답 및 해설

제1영역 직업기초능력평가

01	02	03	04	05	06	07	08	09	10
②	①	①	③	④	③	④	③	③	②
11	12	13	14	15	16	17	18	19	20
④	①	④	③	①	①	②	②	②	③
21	22	23	24	25	26	27	28	29	30
④	②	④	④	④	④	②	④	④	②
31	32	33	34	35	36	37	38	39	40
①	③	⑤	③	③	⑤	①	③	④	②

01 정답 ②

제시문은 재산권 제도의 발달에 따른 경제 성장을 예로 들어 제도의 발달과 경제 성장의 상관관계에 대해 설명하고 있다. 더불어 제도가 경제 성장에 영향을 줄 수는 있지만 동시에 경제 성장으로부터 영향을 받을 수도 있다는 점에서 그 인과관계를 판단하기 어렵다는 한계점을 제시하고 있다. 따라서 제목으로 가장 적절한 것은 '경제 성장과 제도 발달'이다.

02 정답 ①

INT 함수는 소수점 아래를 버리고 가장 가까운 정수로 내림하는 함수이다. 따라서 결괏값으로 100이 표시된다.

03 정답 ①

피터의 법칙(Peter's Principle)이란 무능력이 개인보다는 위계조직의 메커니즘에서 발생한다고 보는 이론으로, 무능력한 관리자를 빗대어 표현한다. 우리 사회에서 많이 볼 수 있는 무능력, 무책임으로 인해 우리는 많은 불편을 겪으며 막대한 비용을 지출하게 된다. 그렇지만 이러한 무능력은 사라지지 않고 있으며, 오히려 무능한 사람들이 계속 승진하고 성공하는 모순이 발생하고 있다. 대부분의 사람은 무능과 유능이 개인의 역량에 달려 있다고 생각하기 쉬우나, 로런스 피터(Laurence J. Peter)와 레이몬드 헐(Raymond Hull)은 우리 사회의 무능이 개인보다는 위계조직의 메커니즘에서 발생한다고 주장하였다.

04 정답 ③

C대리의 인사평가 점수는 2024년 업무평가 점수인 89점에서 지각 1회에 따른 5점, 결근 1회에 따른 10점을 제한 74점이다. 따라서 승진 대상에 포함되지 못하므로, 그대로 대리일 것이다.

오답분석
① A사원은 근속연수가 3년 미만이므로 승진 대상이 아니다.
② B주임은 출산휴가 35일을 제외하면 근속연수가 3년 미만이므로 승진 대상이 아니다.
④·⑤ 승진 대상에 대한 자료이므로 대리가 될 수 없다.

05 정답 ④

- 그때의 감정은 4년이 지난 지금, 다시 떠올려도 '형언'할 길이 없다.
- 그렇게 올곧은 사람이 왜 그 사건은 '묵인'하고 넘어갔는지 모르겠다.
- 태풍으로 인해 비행기가 어쩔 수 없이 연착되는 것을 '양해'해 줄 것을 부탁했다.
- 팀장님은 프로젝트 시 어떠한 실수도 '용납'하지 않는다.
- 팀원들의 '양해'를 구하지 않고 막무가내로 결정하는 그의 행동은 정말 불쾌하다.
- 1년 반 만의 취업으로 '형언'할 수 없는 기쁨을 느꼈다.

'공인(公認)'이란 '국가나 공공단체 또는 사회단체 등이 어느 행위나 물건에 대하여 인정하다'라는 의미로, 빈칸 어떠한 곳에도 문맥상 어울리지 않음을 알 수 있다.

06 정답 ③

제시문은 동양과 서양에서 서로 다른 의미를 부여하고 있는 달에 대해 설명하고 있는 글이다. 따라서 (나) 동양에서 나타나는 해와 달의 의미 – (라) 동양과 상반되는 서양에서의 해와 달의 의미 – (다) 최근까지 지속되고 있는 달에 대한 서양의 부정적 의미 – (가) 동양에서의 변화된 달의 이미지의 순서대로 배열하는 것이 적절하다.

07 정답 ④

식사 속도는 윗사람에게 맞추는 것이 예의이다.

오답분석
① 식사 중에는 음식 먹는 소리를 내지 않는 것이 좋다.
② 회식 중에 주량이 넘을 경우 정중하게 거절하는 것이 좋다.
③ 식사 중에 국은 그릇째 들고 마시지 않는다.
⑤ 식사는 윗사람보다 먼저 시작하지 않도록 한다.

08 정답 ③

승강기 이용 시 승강기 문이 이미 닫히기 시작한 경우에는 무리하게 타지 말고 다음 승강기를 이용하도록 한다.

09 정답 ③

자신과 제품에 대한 일이라도 잘못된 것, 실패한 것, 실수한 것에 대하여 정직하게 인정하고 밝히는 것이 중요하다.

10 정답 ②

'조직목표 간에는 수평적 상호관계가 있다.'와 '불변적 속성을 가진다.' 2가지가 옳지 않은 내용이다.

> **조직목표의 특징**
> - 공식적 목표와 실제적 목표가 다를 수 있다.
>   - 조직목표는 조직이 존재하는 이유와 관련된 조직의 사명과 사명을 달성하기 위한 세부목표를 가지고 있다. 조직의 사명은 조직의 비전, 가치와 신념, 조직의 존재 이유 등을 공식적인 목표로 표현한 것이다. 반면에 세부목표는 조직이 실제적인 활동을 통해 달성하고자 하는 것으로 사명에 비해 측정 가능한 형태로 기술되는 단기적인 목표이다.
> - 다수의 조직목표를 추구할 수 있다.
> - 조직목표 간에는 위계적 상호관계가 있다.
>   - 조직은 다수의 조직목표를 추구할 수 있으며, 이러한 조직목표들은 위계적 상호관계가 있어 서로 상하관계에 있으면서 영향을 주고받는다.
> - 가변적 속성을 가진다.
>   - 조직목표는 한번 수립되면 달성될 때까지 지속되는 것이 아니라, 환경이나 조직 내의 다양한 원인들에 의하여 변동되거나 없어지고, 새로운 목표로 대치되기도 한다.
> - 조직의 구성 요소와 상호관계를 가진다.
>   - 조직목표들은 조직의 구조, 조직의 전략, 조직의 문화 등과 같은 조직체제의 다양한 구성 요소들과 상호관계를 가지고 있다.

11 정답 ④

청년들의 해외 취업을 지원하는 프로그램인 K-Move 취업센터 운영은 해외취업국이 담당하므로 외국인력국의 업무와 거리가 멀다.

오답분석
①·②·③·⑤ 외국인력국은 외국인 근로자의 입국을 지원하고, 입국 초기 외국인 근로자를 모니터링 하는 등 외국인 근로자의 국내 체류를 돕는다. 또한 외국인 근로자 고용허가제의 일환인 한국어능력시험을 시행하는 등 주로 외국인 근로자의 고용 지원 업무를 담당한다.

12 정답 ①

(ㄱ) : 2021년 대비 2022년 의료 폐기물의 증감률
→ $\dfrac{48,934-49,159}{49,159} \times 100 ≒ -0.5\%$

(ㄴ) : 2019년 대비 2020년 사업장 배출시설계 폐기물의 증감률
→ $\dfrac{123,604-130,777}{130,777} \times 100 ≒ -5.5\%$

13 정답 ①

A사와 B사의 전체 직원 수를 알 수 없으므로, 비율만으로는 판단할 수 없다.

오답분석
② B, C, D사 각각 남직원보다 여직원의 비율이 높다. 따라서 B, C, D사 모두에서 남직원 수보다 여직원 수가 많다. 즉, B, C, D사의 직원 수를 다 합해도 남직원 수는 여직원 수보다 적다.
③ 여직원 대비 남직원 비율은 여직원 비율이 높을수록, 남직원 비율이 낮을수록 값이 작아진다. 따라서 여직원 비율이 가장 높으면서, 남직원 비율이 가장 낮은 D사가 비율이 가장 낮고, 남직원 비율이 여직원 비율보다 높은 A사가 비율이 가장 높다.
④ A, B, C사의 전체 직원 수를 a명이라 하면, 여직원의 수는 각각 $0.46a$명, $0.52a$명, $0.58a$명이다. 따라서 $0.46a+0.58a=2 \times 0.52a$이므로 옳은 설명이다.
⑤ A사의 전체 직원 수를 a명, B사의 전체 직원 수를 b명이라 하면, A사의 남직원 수는 $0.54a$명, B사의 남직원 수는 $0.48b$명이고 다음과 같은 식이 성립한다.
$\dfrac{0.54a+0.48b}{a+b} \times 100 = 52$
→ $54a+48b=52(a+b)$
∴ $a=2b$
따라서 옳은 설명이다.

14 정답 ③

ㄱ. '다' 카드를 활용해 9와 1이 적힌 낱말퍼즐 조각을 바꾸고, '가' 카드를 활용해 3과 11이 적힌 낱말퍼즐 조각을 바꾸면 가로로 'BEAR'라는 단어를 만들 수 있다.

ㄷ. '가' 카드를 활용하여 5와 13이 적힌 낱말퍼즐 조각을 바꾸고, '나' 카드를 활용하여 6과 11이 적힌 낱말퍼즐 조각을 바꾸면 가로로 'COLD'라는 단어를 만들 수 있다.

오답분석

ㄴ. 2와 9가 적힌 낱말퍼즐 조각을 바꿀 수 있는 카드 조건이 없으며, 낱말퍼즐 조각들을 3번 자리바꿈을 하는 것도 규칙에 어긋난다.

15 정답 ①

'PLAY'라는 단어를 만들기 가장 쉬운 줄은 위에서부터 두 번째 가로줄이다. 하지만 이 경우에도 Y, L, A를 모두 이동시켜야 하므로 최소한 3번의 자리바꿈이 필요하다. 따라서 불가능하다.

오답분석

ㄴ. 3번째 게임규칙에 따르면 카드 2장을 모두 사용할 필요는 없다. 따라서 '가' 카드는 사용하지 않고, '마' 카드를 이용해 11과 12가 적힌 낱말퍼즐 조각을 바꾸면 가로로 'XERO'라는 단어를 만들 수 있다.

ㄷ. '라' 카드를 활용하여 5와 13의 낱말퍼즐 조각을 바꾸고, '마' 카드를 활용하여 6과 11의 낱말퍼즐 조각을 바꾸면 가로로 'COLD'라는 단어를 만들 수 있다.

16 정답 ①

실행 중인 여러 개의 작업 창에서 다른 프로그램 실행 창으로 전환할 때 〈Alt〉를 누른 상태에서 〈Tab〉을 계속 눌러 전환할 창을 선택한다.

17 정답 ②

분류코드에서 알 수 있는 정보를 순서대로 나열하면 다음과 같다.
- 발송코드 : c4(충청지역에서 발송)
- 배송코드 : 304(경북지역으로 배송)
- 보관코드 : HP(고가품)
- 운송코드 : 115(15톤 트럭으로 배송)
- 서비스코드 : 01(당일 배송 서비스 상품)

따라서 분류코드에서 확인할 수 없는 정보는 ②이다.

18 정답 ②

제품 A의 분류코드는 앞에서부터 순서대로 수도권인 경기도에서 발송되었으므로 a1, 울산지역으로 배송되므로 062, 냉동보관이 필요하므로 FZ, 5톤 트럭으로 운송되므로 105, 배송일을 7월 7일로 지정하였으므로 02가 연속되는 'a1062FZ10502'이다.

19 정답 ②

영업부장이 실수할 수도 있으므로 바로 생산계획을 변경하는 것보다는 이중 확인 후 생산라인에 통보하는 것이 좋다.

20 정답 ③

데이터 레이블은 데이터 계열을 대상으로 전체 데이터나 하나의 데이터 또는 하나의 데이터 요소를 선택하여 계열 이름, 항목 이름, 값 등을 표시하는 것이다. 이러한 데이터 레이블은 차트에서는 입력이 가능하나, 스파크라인에서는 입력이 불가능하다.

21 정답 ④

오답분석

① (가)에 들어갈 내용으로, 엘도라도는 '황금으로 가득 찬 도시'가 아니라 '황금의 사나이'란 뜻이다.
② (나)에 들어갈 내용으로, 180여 명의 군대에 의해 멸망한 것이 아니라 민간 무장 집단이 주도했다고 언급하고 있다.
③ (가)에 들어갈 내용으로, 코르테스는 16세기 중반이 아니라 16세기 초반인 1519년에 멕시코의 베라크루스 지역에 도착했다.
⑤ (가)에 들어갈 내용으로, '라틴아메리카'가 아니라 '아메리카'가 되어야 의견에 부합한다.

22 정답 ②

본인의 컴퓨터가 32bit 운영체제인지 64bit 운영체제인지 확인하는 방법은 다음과 같다.
1) [시작] - [컴퓨터] - [바로 가기 메뉴] - [속성]에서 확인
2) [시작] - [제어판] - [시스템]을 통해 확인

23 정답 ④

제품군별 지급해야 할 보관료는 다음과 같다.
- A제품군 : 300억×0.01=3억 원
- B제품군 : 2,000×20,000=4천만 원
- C제품군 : 500×80,000=4천만 원

따라서 S기업이 보관료로 지급해야 할 총금액은 3억+4천만+4천만=3억 8천만 원이다.

24 정답 ④

- 한국시각 기준 비행기 탑승 시각 : 21일 8시 30분+13시간=21일 21시 30분
- 비행기 도착 시각 : 21일 21시 30분+17시간=22일 14시 30분

따라서 김사원의 출발 시각은 22일 14시 30분-1시간 30분-30분=22일 12시 30분이다.

25 정답 ④
손과 몸의 상하좌우 움직임은 2차원적인 것, 앞뒤 움직임은 3차원적인 것이다. TOF 카메라는 깊이 정보를 측정하는 기계이므로 3차원 공간 좌표에서 이루어지는 손과 몸의 앞뒤 움직임도 인지할 수 있다.

오답분석
① TOF 카메라는 밝기 또는 색상으로 표현된 동영상 형태로 깊이 정보를 출력한다.
②·⑤ TOF 카메라는 적외선을 사용하기 때문에 태양광이 있는 곳에서는 사용하기 어렵고, 보통 10m 이내로 촬영 범위가 제한된다.
③ TOF 카메라는 대상에서 반사된 빛을 통해 깊이 정보를 측정한다. 따라서 빛 흡수율이 높은 대상은 깊이 정보를 획득하기 어렵다.

26 정답 ④
자기실현의 욕구는 자신의 목표를 끊임없이 추구하며 성취를 통해 만족을 얻고자 하는 욕구로, 한 번 충족되면 더 이상 추구되지 않는 하위단계의 욕구들과 달리 완전히 충족되지 않아 끊임없이 자기성장과 실현을 위해 노력하게 하는 욕구이다.

27 정답 ④
회사와 팀의 업무 지침은 변화하는 환경 속에서 그 일의 전문가들에 의해 확립된 것이므로, 기본적으로 지켜야 할 것은 지키되 그 속에서 자신의 방식을 발견해야 한다. 따라서 본인이 속한 팀의 업무 지침이 마음에 들지 않는다는 이유로 이를 지키지 않고 본인만의 방식을 찾겠다는 D대리의 행동전략은 적절하지 않다.

28 정답 ③
전자레인지를 사용하면서 불꽃이 튀는 경우와 조리 상태에 만족하지 않을 때 확인해야 할 사항에 사무실, 전자레인지의 전압을 확인해야 한다는 내용은 명시되어 있지 않다.

29 정답 ④
업체별 정비 1회당 품질개선효과와 1년 정비비, 1년 정비횟수를 정리하면 다음과 같다.

구분	1년 계약금 (만 원)	1년 정비비 (만 원)	1년 정비횟수 (회)	정비 1회당 품질개선효과 (점)
A업체	1,680	2,120	424	51
B업체	1,920	1,880	376	51
C업체	1,780	2,020	404	45
D업체	1,825	1,975	395	56
E업체	2,005	1,795	359	53

이를 토대로 품질개선점수를 도출하면 다음과 같다.

구분	1년 정비횟수 (회)	정비 1회당 품질개선효과 (점)	품질개선점수 (점)
A업체	424	51	21,624
B업체	376	51	19,176
C업체	404	45	18,180
D업체	395	56	22,120
E업체	359	53	19,027

따라서 선정될 업체는 D이다.

30 정답 ②
제품설명서 중 A/S 신청 전 확인 사항을 살펴보면, 비데 기능이 작동하지 않을 경우 수도필터가 막혔거나 착좌센서 오류가 원인이라고 제시되어 있다. 따라서 K사원으로부터 접수받은 현상(문제점)의 원인을 파악하려면 수도필터의 청결 상태를 확인하거나 비데의 착좌센서의 오류 여부를 확인해야 한다. 따라서 ②가 가장 적절하다.

31 정답 ①
30번에서 확인한 사항(원인)은 '수도필터의 청결 상태'이다. 즉, 수도필터의 청결 상태가 원인이 되는 또 다른 현상(문제점)으로는 수압이 약해지는 것이다. 따라서 ①이 가장 적절한 행동이다.

32 정답 ③
30번에서 확인한 원인은 수도필터가 막히거나 이물질이 끼는 것으로, 이는 흐르는 물에 수도필터를 닦음으로써 문제를 해결할 수 있다. 따라서 ③과 같이 수도필터가 청결함을 유지할 수 있도록 수시로 닦아주는 것이 가장 적절한 해결방안이다.

33 정답 ⑤
고객이 요청한 업무를 처리함에 있어 수수료 발생 등과 같이 고객이 반드시 알아야 하는 사항은 업무를 처리하기 전에 고객에게 확인을 받고 진행해야 한다. 업무가 완료된 후에 고객이 알아야 할 사항을 전달해야 한다는 것은 적절하지 않다.

34 정답 ③
제시문은 고객에게 사전에 반품 배송비가 있다는 것을 공지하지 않아서 발생한 상황이다. 따라서 반품 배송비가 있다는 항목을 명시하겠다는 내용이 가장 적절하다.

35
정답 ③

ⓒ 흥미나 적성검사를 통해 자신에게 알맞은 직업을 도출할 수는 있으나 이러한 결과가 직업에서의 성공을 보장해 주는 것은 아니다. 실제 직장에서는 직장문화, 풍토 등 외부적인 요인에 의해 적응을 하지 못하는 경우가 발생하기 때문에 기업의 문화와 풍토를 잘 이해하고 활용할 필요가 있다.

ⓔ 일을 할 때는 너무 커다란 업무보다는 작은 단위로 나누어 수행한다. 작은 성공의 경험들이 축적되어 자신에 대한 믿음이 강화되면 보다 큰일을 할 수 있게 되기 때문이다.

36
정답 ⑤

플라잉 요가의 강좌 1회당 수강료는 플라잉 요가가 $\frac{330,000}{20}=$ 16,500원이고, 가방 공방은 $\frac{360,000}{12}=30,000$원이다. 따라서 플라잉 요가는 가방 공방보다 강좌 1회당 수강료가 30,000-16,500=13,500원 저렴하다.

오답분석

① 운동 프로그램인 세 강좌는 모두 오전 시간에 신청할 수 있으며, 공방 프로그램의 강좌시간은 모두 오후 1시 이후에 시작하므로 가능하다.
② 가방 공방의 강좌시간은 2시간 30분이며, 액세서리 공방은 2시간이므로 가방 공방 강좌시간이 30분 더 길다.
③ 공방 중 하나를 수강하는 경우 오후 1시 이전에 수강이 가능한 필라테스와 플라잉 요가를 모두 들을 수 있으므로 최대 두 프로그램을 들을 수 있다.
④ 프로그램을 최대로 수강할 경우는 필라테스와 플라잉 요가를 오전에 수강하고, 오후에는 액세서리 공방, 가방 공방, 복싱 중 한 강좌를 듣는 것이다. 따라서 세 강좌 중 가장 비싼 수강료는 가방 공방이므로 총 수강료가 가장 비쌀 경우는 가방 공방을 수강하는 것이다.

37
정답 ①

B보다 시대가 앞선 유물은 두 개다.

1	2	3	4
		B	

나머지 명제를 도식화하면 'C-D', 'C-A', 'B-D'이다. 이를 정리하면 다음과 같다.

1	2	3	4
C	A	B	D

38
정답 ③

ㄱ. • 검수대상 : 1,000×0.1=100건(∵ 검수율 10%)
 • 모조품의 적발개수 : 100×0.01=1건
 • 평균 벌금 : 1,000만×1=1,000만 원
 • 인건비 : 30만×10=300만 원
 ∴ (평균 수입)=1,000만-300만=700만 원

ㄴ. • 전수조사 시 검수율 : 100%
 • 조사인력 : 10+20×9=190명
 • 인건비 : 30만×190=5,700만 원
 • 모조품의 적발개수 : 1,000×0.01=10건
 • 벌금 : 1,000만×10=1억 원
 • 수입 : 1억-5,700만=4,300만 원
 따라서 전수조사를 할 때 수입보다 인건비가 더 크다.

ㄹ. • 검수율이 30%일 때
  - 조사인력 : 10+20×2=50명
  - 인건비 : 30만×50=1,500만 원
  - 검수대상 : 1,000×0.3=300건
  - 모조품의 적발개수 : 300×0.01=3건
  - 벌금 : 1,000만×3=3,000만 원
  - 수입 : 3,000만-1,500만=1,500만 원
 • 검수율을 10%로 유지한 채 벌금을 2배 인상하는 방안
  - 검수대상 : 1,000×0.1=100건
  - 모조품의 적발개수 : 100×0.01=1건
  - 벌금(2배) : 1,000만×2×1=2,000만 원
  - 인건비 : 30만×10=300만 원
  - 수입 : 2,000만-300만=1,700만 원
 따라서 벌금을 인상하는 방안의 1일 평균 수입이 더 많다.

오답분석

ㄷ. 검수율이 40%일 때
 • 조사인력 : 10+20×3=70명
 • 인건비 : 30만×70=2,100만 원
 • 검수대상 : 1,000×0.4=400건
 • 모조품의 적발 개수 : 400×0.01=4건
 • 벌금 : 1,000만×4=4,000만 원
 • 수입 : 4,000만-2,100만=1,900만 원
 현재 수입은 700만 원이므로 검수율이 40%일 때 1일 평균 수입은 현재의 1,900÷700≒2.71배이다.

39
정답 ④

지표에 나타난 프로그램 수입비용을 모두 합하면 380만 불이며, 이 중 영국에서 수입하는 액수는 150만 불이므로 그 비중은 약 39.47%에 달한다.

40
정답 ②

미술과 수학을 신청한 학생의 비율 차이는 16-14=2%p이고, 신청한 전체 학생은 200명이므로 수학을 선택한 학생 수는 미술을 선택한 학생 수보다 200×0.02=4명 더 적다.

제2영역 직무수행능력평가

01 기계일반

01	02	03	04	05	06	07	08	09	10
③	②	③	⑤	①	③	②	①	①	②
11	12	13	14	15	16	17	18	19	20
④	⑤	③	④	③	④	②	③	④	②
21	22	23	24	25	26	27	28	29	30
④	①	③	②	③	④	③	④	②	⑤
31	32	33	34	35	36	37	38	39	40
①	③	④	④	⑤	②	④	③	②	④

01 정답 ③

$M_{\max} = \dfrac{1}{8}wl^2 = \dfrac{1}{8} \times 450 \times 1^2 = 56.25\text{N}\cdot\text{m}$

$Z = \dfrac{1}{6}bh^2 = \dfrac{1}{6} \times 0.05 \times 0.06^2 = 30 \times 10^{-6}\text{ m}^3$

(최대 굽힘응력 $\sigma_{\max}) = \dfrac{M_{\max}}{Z} = \dfrac{56.25}{30 \times 10^{-6}} = 1.88\text{MPa}$

02 정답 ②

내압을 받는 얇은 원통에서 원주(후프)응력은 $\sigma_r = \dfrac{Pd}{2t}$, 축방향의 응력은 $\sigma_s = \dfrac{Pd}{4t}$ 이다.

$\sigma_r = \sigma_y = \dfrac{Pd}{2t} = \dfrac{860,000 \times 3}{2 \times 0.03} = 43,000,000 N/m^2 = 43\text{MPa}$

$\sigma_s = \sigma_x = \dfrac{Pd}{4t} = \dfrac{860,000 \times 3}{4 \times 0.03} = 21,500,000 N/m^2 = 21.5\text{MPa}$

2축 응력에서 최대 전단응력은 $\theta = 45°$일 때,

$\therefore \tau_{\max} = \dfrac{1}{2}(\sigma_x - \sigma_y) = \dfrac{1}{2}(21.5 - 43) = -10.75\text{MPa}$

03 정답 ③

2축 응력(서로 직각인 두 수직응력의 합성)에서

$\sigma_n = \sigma_x \cos^2\theta + \sigma_x \sin^2\theta$

법선응력(σ_n)

$= \dfrac{1}{2}(\sigma_x + \sigma_y) + \dfrac{1}{2}(\sigma_x - \sigma_y)\cos 2\theta$

$= \dfrac{1}{2}(132.6 + 45.6) + \dfrac{1}{2}(132.6 - 45.6) \times \cos(2 \times 60°)$

$= 67.4\text{MPa}$

전단응력(τ)

$= \sigma_x \cos\theta \sin\theta - \sigma_y \sin\theta \cos\theta = (\sigma_x - \sigma_y)\cos\theta\sin\theta$

$= \dfrac{1}{2}(\sigma_x - \sigma_y)\sin 2\theta$

$= \dfrac{1}{2}(132.6 - 45.6) \times \sin(2 \times 60°)$

$= 37.7\text{MPa}$

04 정답 ⑤

비틀림각$(\theta) = \dfrac{Tl}{GI_p} = \dfrac{32\,Tl}{G\pi d^4}$

$T = \dfrac{G\pi d^4 \theta}{32l}$

$= \dfrac{(100 \times 10^9) \times \pi \times 0.15^4 \times \dfrac{1}{20}}{32 \times 1}$

$= 248,504.9 N\cdot m \fallingdotseq 248.5\text{kN}\cdot\text{m}$

05 정답 ①

관마찰계수는 레이놀즈 수와 관벽의 표면조도와의 함수이며, 관 길이 1m에 흐르는 동안 유체 1kg당 마찰 일량은 유체 속도에너지에 비례하고, 고나의 안지름에 반비례한다. 이 함수의 비례 정수를 관 마찰계수라 한다.

관마찰계수$(f) = \dfrac{64}{(\text{레이놀즈 수})}$

따라서 레이놀즈 수가 1,000인 경우의 관마찰계수는 $\dfrac{64}{1,000} = 0.064$이다.

06 정답 ③

응력집중계수(k)는 노치부의 유무나 급격한 단면변화와 같이 재료의 모양변화에는 영향을 받지만, 재료의 크기나 재질에는 영향을 받지 않는다. 응력집중현상 감소를 위해서는 필릿의 반지름을 크게하고, 단면부분을 열처리하거나 표면거칠기를 향상시킨다.

07 정답 ②

크리프(Creep) 현상은 금속을 고온에서 오랜 시간 외력을 가하면 시간의 경과에 따라 서서히 변형이 증가하는 현상을 말한다.

오답분석
① 전성 : 얇은 판으로 넓게 펼 수 있는 성질
③ 가단성 : 금속을 두드려 늘릴 수 있는 성질
④ 연성 : 가느다란 선으로 늘어나는 성질
⑤ 피로 : 재료의 파괴력보다 적은 힘으로 오랜 시간 반복 작용하면 파괴되는 현상

08 정답 ①

$\delta = \dfrac{PL}{AE}$

$2 = \dfrac{50 \times 10^3 \times 100}{500 \times E}$

$E = \dfrac{50 \times 10^3 \times 100}{500 \times 2}$

$\quad = 5,000 \text{N/mm}^2$

$\quad = 5,000 \times 10^6 \text{N/m}^2$

$\quad = 5 \times 10^9 \text{N/m}^2$

∴ 5GPa

변형량(δ) 구하기

$\delta = \dfrac{PL}{AE}$

P : 작용한 하중[N]
L : 재료의 길이[mm]
A : 단면적[mm^2]
E : 세로탄성계수[N/mm^2]

09 정답 ①

$P_B = P_c$

$P_A + \gamma_물 \times S_{기름} \times h = \gamma_물 \times S_{수은} \times H$

$P_A + 9,800 \times 0.9 \times 0.09 = 9,800 \times 13.6 \times 0.2$

∴ $P_A = 25,862.2\text{Pa} ≒ 25.86\text{kPa}$

10 정답 ②

구상흑연주철은 황 성분이 적은 선철을 용해로, 전기로에서 용해한 후 주형에 주입 전 마그네슘, 세륨, 칼슘 등을 첨가시켜 흑연을 구상화하여 보통주철보다 강력한 성질을 갖은 주철이다.

오답분석
① 합금주철 : 보통주철에 니켈, 구리 등을 첨가하여 특수강 성질을 갖게 하는 주철
③ 칠드주철 : 표면의 경도를 높게 만들기 위해 금형에 접해서 주철용탕을 응고하고, 급랭하여 제조한 주철
④ 가단주철 : 주조성이 좋은 주철을 용해하여 열처리를 함으로써 견인성을 높인 주철
⑤ 백주철 : 회주철을 급랭시킨 주철로 파단면이 백색을 띠며, 흑연의 함유량이 매우 적고, 다른 주철보다 시멘타이트의 함유량이 많아서 단단하지만 취성이 있는 주철

11 정답 ④

고주파 경화법은 고주파 유도 전류로 강(Steel)의 표면층을 급속 가열한 후 급랭시키는 방법으로 가열 시간이 짧고, 피가열물에 대한 영향을 최소로 억제하며 표면을 경화시키는 표면경화법이다. 고주파수는 소형 제품이나 깊이가 얕은 담금질 층을 얻고자 할 때, 낮은 주파수는 대형 제품이나 깊은 담금질 층을 얻고자 할 때 사용한다.

기본 열처리 4단계
- 담금질(Quenching, 퀜칭) : 재료를 강하게 만들기 위하여 변태점 이상의 온도인 오스테나이트 영역까지 가열한 후 물이나 기름 같은 냉각제 속에 집어넣어 급랭시킴으로써 강도와 경도가 큰 마텐자이트 조직을 만들기 위한 열처리 조작이다.
- 뜨임(Tempering, 템퍼링) : 잔류 응력에 의한 불안정한 조직을 A_1변태점 이하의 온도로 재가열하여 원자들을 좀 더 안정적인 위치로 이동시킴으로써 잔류응력을 제거하고 인성을 증가시키기 위한 열처리법이다.
- 풀림(Annealing, 어닐링) : 강 속에 있는 내부 응력을 제거하고 재료를 연하게 만들기 위해 A_1변태점 이상의 온도로 가열한 후 가열 노나 공기 중에서 서랭함으로써 강의 성질을 개선하기 위한 열처리법이다.
- 불림(Normalizing, 노멀라이징) : 주조나 소성가공에 의해 거칠고 불균일한 조직을 표준화 조직으로 만드는 열처리법으로 A_3변태점보다 30~50℃ 높게 가열한 후 공랭시킴으로써 만들 수 있다.

12 정답 ⑤

쇼트피닝은 일종의 표면경화법으로서 금속 재료의 표면에 강이나 주철의 작은 입자들을 고속으로 분사시켜 가공경화에 의하여 표면층의 경도를 높이는 방법이다.

항온 열처리
- 오스템퍼링 : A'과 Ar'' 사이 염욕에 퀜칭하여 베이나이트조직을 얻는 열처리
- 마템퍼링 : Ms점과 Mf점 사이에서 항온처리하며 마텐자이트와 베이나이트의 혼합조직을 얻는 방식
- Ms퀜칭 : Ms보다 약간 낮은 온도에서 항온 유지 후 급랭하여 잔류 오스테나이트를 감소
- 오스포밍 : 과랭 오스테나이트 상태에서 소성 가공을 한 후 냉각 중에 마텐자이트화
- 마퀜칭 : 담금균열과 변형이 적은 마텐자이트 조직을 얻는 방식

13
정답 ③

스테인리스강은 일반 강재료에 Cr(크롬)을 12% 이상 합금하여 부식이 잘 일어나지 않는다. 스테인리스강에 탄소량이 많아지면 부식이 잘 일어나게 되므로 내식성은 저하된다.

구분	종류	주요성분	자성
Cr계	페라이트계 스테인리스강	Fe+Cr(12% 이상)	자성체
Cr계	마텐자이트계 스테인리스강	Fe+Cr(13%)	자성체
Cr+Ni계	오스테나이트계 스테인리스강	Fe+Cr(18%)+Ni(8%)	비자성체
Cr+Ni계	석출경화계 스테인리스강	Fe+Cr+Ni	비자성체

14
정답 ④

탄소의 양과 탄소 연소 시 필요한 산소의 양의 비는 1 : 1이고 탄소의 원자량은 12, 산소의 원자량은 16이다.

그러므로 $12 : 32 = 6 : x \rightarrow x = \frac{32 \times 6}{12} = 16$kg이다.

따라서 공기 내 산소의 비가 20%이므로 전체 공기의 양은 $\frac{16}{0.2} = 80$kg이다.

15
정답 ③

오답분석
① · ② · ⑤ 면심입방격자
④ 조밀육방격자

금속의 결정 구조

종류	성질	원소	단위격자	배위수	원자충진율
체심입방격자(BCC ; Body Centered Cubic)	• 강도가 크다. • 용융점이 높다. • 전성과 연성이 작다.	W, Cr, Mo, V, Na, K	2개	8	68%
면심입방격자(FCC ; Face Centered Cubic)	• 전기전도도가 크다. • 가공성이 우수하다. • 장신구로 사용된다. • 전성과 연성이 크다. • 연한 성질의 재료이다.	Al, Ag, Au, Cu, Ni, Pb, Pt, Ca	4개	12	74%
조밀육방격자(HCP ; Hexagonal Close Packed lattice)	• 전성과 연성이 작다. • 가공성이 좋지 않다.	Mg, Zn, Ti, Be, Hg, Zr, Cd, Ce	2개	12	74%

16
정답 ④

Y합금(내열합금)은 Al-Cu 4% - Ni 2% - Mg 1.5%로 내연기관의 실린더 및 피스톤에 사용된다.

오답분석
① 실루민 : Al-Si계 합금으로 절삭성은 나쁘나 주조성이 좋고 적당량의 규소 함유 시 고열에 대한 내성이 증가한다.
② 하이드로날륨 : Al-Mg계 합금으로 내식성이 가장 우수하다.
③ 두랄루민 : Al-Cu-Mg-Mn계 합금으로 주로 항공기 재료로 사용된다.
⑤ 코비탈륨 : Y합금에 Ti, Cu 0.5%를 첨가한 내열합금이다.

17
정답 ②

심냉처리의 목적
• 공구강의 경도 상승, 성능 향상
• 기계부품 조직의 안정화, 형상 변화 방지
• 스테인리스강의 기계적 성질 향상

심냉처리(Sub Zero-treatment)
담금질 후 시효변형을 방지하기 위해 잔류 오스테나이트를 마텐자이트로 만드는 처리과정

18
정답 ③

조직의 결정격자 및 특징

기호	조직명	결정격자 및 특징
α	페라이트 (α-ferrite)	BCC (탄소 0.025%)
γ	오스테나이트 (austenite)	FCC (탄소 2.11%)
δ	페라이트 (δ-ferrite)	BCC
Fe_3C	시멘타이트 (Cementite)	금속 간 화합물 (탄소 6.68%)
$\alpha + Fe_3C$	펄라이트 (Pearlite)	$\alpha + Fe_3C$의 혼합 조직 (탄소 0.8%)
$\gamma + Fe_3C$	레데부라이트 (Ledeburite)	$\gamma + Fe_3C$의 혼합 조직 (탄소 4.3%)

19 정답 ④

가공도$\left(=\dfrac{A'}{A_0}\times 100\%\right)$가 커 거친가공에 적합한 것은 열간가공의 특징이다.

> **냉간가공의 특징**
> - 가공면이 아름답다(치수 정밀도가 높다).
> - 기계적 성질이 개선된다.
> - 가공방향으로 섬유조직이 되어 방향에 따라 강도가 달라진다.
> - 인장강도, 항복점, 탄성한계, 경도가 증가한다.
> - 연신율(신장률), 단면수축률, 인성 등은 감소한다.

20 정답 ②

열영향부(HAZ; Heat Affected Zone)는 용접 시 발생된 열 중 철의 용융점인 1,538℃ 이하의 온도에 의해 용융부(융합부)와 인접한 금속조직이 용융되지는 않았으나 용접열에 의해 조직이 변하게 된 부분이다. 열영향부는 융합부와 직접 접촉된 부분이나 그 경계는 뚜렷하지 않다.

21 정답 ④

선반은 공작물의 회전운동과 절삭공구의 직선운동에 의해 절삭가공을 하는 공작기계이다.

공작기계의 절삭가공 방법

종류	공구	공작물
선반	축 방향 및 축에 직각 (단면 방향) 이송	회전
밀링	회전	고정 후 이송
보링	직선 이송	회전
	회전 및 직선 이송	고정
드릴링 머신	회전하면서 상·하 이송	고정
셰이퍼, 슬로터	전·후 왕복운동	상하 및 좌우 이송
플레이너	공작물의 운동 방향과 직각 방향으로 이송	수평 왕복운동
연삭기 및 래핑	회전	회전 또는 고정 후 이송
호닝	회전 후 상하운동	고정
호빙	회전 후 상하운동	고정 후 이송

22 정답 ①

1kcal은 대기압에서 순수한 물 1kg의 온도를 1℃ 올릴 때 필요한 열량이다. 대기압이 작용하는 물 3,000kg의 수온을 10℃ 올릴 때 필요한 열량은 3,000×10=30,000kcal이다.
따라서 1kcal=4.2kJ이므로 30,000kcal을 kJ로 변환하면 필요한 열량은 30,000×4.2=126,000kJ이다.

23 정답 ③

사출성형품에 수축 불량이 발생하는 원인은 금속이 응고할 때 부피가 수축되는 현상 때문인데, 이를 방지하기 위해서는 용탕을 추가로 보충해 주거나 급랭을 피해야 한다.
따라서 성형수지의 온도를 낮추는 것은 해결방안이 아니다.

24 정답 ③

상향절삭은 마찰이 커서 마모가 더 빨리되어 공구수명도 짧다.

상향절삭과 하향절삭의 특징

상향절삭	하향절삭
커터날의 절삭방향과 공작물 이송방향이 반대이다.	커터날의 절삭방향과 공작물 이송방향이 같다.
• 마찰열이 커서 가공면이 거칠다. • 공구날의 마모가 빨라서 공구 수명이 짧다. • 백래시의 영향이 적어 백래시 제거장치가 필요 없다. • 하향절삭에 비해 가공면이 깨끗하지 못하다. • 기계에 무리를 주지 않아 강성은 낮아도 된다. • 칩이 가공할 면 위에 쌓이므로 시야가 안 좋다. • 날 끝이 일감을 치켜 올리므로 일감을 단단히 고정해야 한다. • 동력 소비가 크다.	• 표면거칠기가 좋다. • 날의 마멸이 적어서 공구의 수명이 길다. • 백래시 제거장치가 반드시 필요하다. • 가공면이 깨끗하고 고정밀절삭이 가능하다. • 절삭가공 시 마찰력은 작으나 충격량이 크기 때문에 높은 강성이 필요하다. • 절삭된 칩이 이미 가공된 면 위에 쌓이므로 작업시야가 좋아서 가공하기 편하다. • 커터날과 일감의 이송방향이 같아서 날이 가공물을 누르는 형태이므로 가공물 고정이 간편하다. • 날 하나마다의 자리 간격이 짧다.

25 정답 ②

절삭가공은 바이트와 같은 절삭공구로 공작물을 깎아 내는 작업으로 전성, 연성과는 관련성이 낮다. 따라서 절삭가공에 속하는 구멍뚫기와 밀링가공, 선삭가공은 정답에서 제외된다.
- 전성 : 넓게 펴지는 성질로 가단성으로도 불린다. 전성(가단성)이 크면 큰 외력에도 쉽게 부러지지 않아서 단조가공의 난이도를 나타내는 척도로 사용된다.
- 연성 : 탄성한도 이상의 외력이 가해졌을 때 파괴되지 않고 잘 늘어나는 성질을 말한다.

26 정답 ④

인베스트먼트주조법은 제품과 동일한 형상의 모형을 왁스(양초)나 파라핀으로 만든 다음 그 주변을 슬러리상태의 내화재료로 도포한다. 그리고 가열하면 주형은 경화되면서 왁스로 만들어진 내부 모형이 용융되어 밖으로 빠지고 주형이 완성되는 주조법이다.

오답분석
① 셸몰드법 : 금속모형을 대략 240 ~ 280℃로 가열한 후, 모형 위에 박리제인 규소수지를 바른다. 규사와 열경화성 합성수지를 배합한 주형재에 잠기게 하여 주형을 제작하는 주조법이다.
② 다이캐스팅법 : 용융금속을 금형에 고속으로 주입한 뒤 응고될 때까지 고압을 가해 주물을 얻는 주조법이다. 또한 주형을 영구적으로 사용할 수 있고 주입 시간이 매우 짧아서 생산속도가 빨라 대량생산에 적합하다.
③ 원심주조법 : 고속으로 회전하는 사형이나 금형주형에 용탕을 주입한 후 회전시켜 작용하는 원심력이 주형의 내벽에 용탕이 압착된 상태에서 응고시키는 주조법이다.
⑤ 풀몰드법 : 모형에 발포 폴리스티렌을 사용하고 주형 모래로 이 모형을 감싸서 굳히므로 주형에 분할면이 생기지 않으며, 코어는 미리 주형 속에 고정시켜 놓고 연소하여 모형 공동 속에 남는 것은 극히 적으며, 거의 쇳물과 모형이 교체되듯이 쇳물 주입이 이루어지는 것이 특징인 주조법이다.

27 정답 ③

유동형 칩은 바이트 경사면에 따라 흐르듯이 연속적으로 발생하는 칩으로, 절삭 저항의 크기가 변하지 않고, 진동을 동반하지 않아 양호한 치수 정도를 얻을 수 있다.

오답분석
① 열단형 칩(Tear Type Chip)에 대한 설명이다.
② 유동형 칩은 절삭 저항의 크기가 변하지 않고, 진동을 동반하지 않는다.
④ 전단형 칩(Shear Type Chip)에 대한 설명이다.
⑤ 유동형 칩은 바이트가 충격에 의한 결손을 일으키지 않아 양호한 절삭 상태이다.

28 정답 ②

불활성가스 아크용접법의 종류로는 TIG용접과 MIG용접이 있다. 이 두 용접법에는 용제(Flux)가 사용되지 않으며 따로 넣어주지도 않는다. 용접봉으로는 피복되지 않은 용접 Wire가 사용된다.

29 정답 ③

미끄럼 베어링 특징
- 큰 하중이 가능하다.
- 구조가 간단하고 가격이 저렴하다.
- 진동과 소음이 적은 편이다.
- 충격에 강하다.
- 윤활이 원활한 경우 반영구적으로 사용 가능하다.

30 정답 ⑤

웜 기어(웜과 웜휠기어로 구성)는 회전운동하는 운동축을 90°로 회전시켜서 다시 회전운동을 시키는 기어장치로 역회전을 방지할 수 있다.

웜과 웜휠기어의 특징
- 부하용량이 크다.
- 잇 면의 미끄럼이 크다.
- 역회전을 방지할 수 있다.
- 감속비를 크게 할 수 있다.
- 운전 중 진동과 소음이 거의 없다.
- 진입각이 작으면 효율이 떨어진다.
- 웜에 축방향의 하중이 발생된다.

31 정답 ①

(최대 틈새) = (구멍의 최대 허용치수) − (축의 최소 허용치수)
→ $45.024 - 45.003 = 0.021$

(최대 죔새) = (축의 최대 허용치수) − (구멍의 최소 허용치수)
→ $45.017 - 45 = 0.017$

틈새와 죔새값 계산

최소 틈새	(구멍의 최소 허용치수) − (축의 최대 허용치수)
최대 틈새	(구멍의 최대 허용치수) − (축의 최소 허용치수)
최소 죔새	(축의 최소 허용치수) − (구멍의 최대 허용치수)
최대 죔새	(축의 최대 허용치수) − (구멍의 최소 허용치수)

32 정답 ③

나사를 풀기 위해 필요한 힘 $P' = Q\tan(p-\alpha)$에서
- P'가 0보다 크면, $p-\alpha>0$이므로 나사를 풀 때 힘이 든다. 따라서 나사는 풀리지 않는다.
- P'가 0이면, $p-\alpha=0$이므로 나사가 풀리다가 정지한다. 따라서 나사는 풀리지 않는다.
- P'가 0보다 작으면, $p-\alpha<0$이므로 나사를 풀 때 힘이 안 든다. 따라서 나사는 스스로 풀린다.

33 정답 ④

오답분석

① $M8\times 3$: 바깥지름이 8mm, 피치가 3mm인 미터 가는 나사
② $\frac{1}{4}-20\,UNC$: 바깥지름이 $\frac{1}{4}$인치이고 인치당 나사산 수가 20인 유니파이 보통 나사
③ $\frac{1}{2}-10\,UNF$: 바깥지름이 $\frac{1}{2}$인치이고 인치당 나사산 수가 10인 유니파이 가는 나사
⑤ $Tr30\times 2$: 바깥지름이 30mm이고 피치가 2mm인 미터 사다리꼴 나사

34 정답 ④

V벨트는 벨트 풀리와의 마찰이 크므로 접촉각이 작더라도 미끄럼이 생기기 어렵고 속도비를 높일 수 있어 동력 전달에 좋다.

V벨트의 특징
- 고속운전이 가능하다.
- 벨트를 쉽게 끼울 수 있다.
- 미끄럼이 적고 속도비가 크다.
- 이음매가 없어서 운전이 정숙하다.
- 접촉 면적이 넓어서 큰 회전력 전달이 가능하다.
- 조작이 간단하고 비용이 싸다.

35 정답 ⑤

프로판가스의 특징
- 액화되기 쉽고 용기에 넣어 수송이 편리하다.
- 상온에서 기체상태이고 무색, 투명이며 약간의 냄새가 난다.
- 온도변화에 따른 팽창률이 크고 물에 잘 녹지 않는다.
- 쉽게 기화하며 발열량이 높다(12,000kcal/kg).
- 폭발한계가 좁아 안전도가 상대적으로 높고 관리가 쉽다.
- 연소할 때 필요한 산소양은 1 : 4.5이다.

36 정답 ②

표면거칠기 표시 중에서 산술평균 거칠기값인 R_a값이 가장 작다.

※ 산술 평균 거칠기(중심선 평균 거칠기) : R_a
기준길이(L)의 표면거칠기 곡선에서 기준인 중심선을 기준으로 모든 굴곡부분을 더한 후 기준길이로 나눈 것을 마이크로미터[μm]로 나타낸 값

표면거칠기 기호 및 거칠기값[μm]

기호	용도	표면거칠기값		
		R_a (산술 평균 거칠기)	R_y (Rmax) (최대 높이)	R_z (10점 평균 거칠기)
$\overset{w}{\nabla}$	다른 부품과 접촉하지 않는 면에 사용	25_a	100_S	100_Z
$\overset{x}{\nabla}$	다른 부품과 접촉해서 고정되는 면에 사용	6.3_a	25_S	25_Z
$\overset{y}{\nabla}$	기어의 맞물림 면이나 접촉 후 회전하는 면에 사용	1.6_a	6.3_S	6.3_Z
$\overset{z}{\nabla}$	정밀 다듬질이 필요한 면에 사용	0.2_a	0.8_S	0.8_Z

37 정답 ④

체크 밸브는 유체의 한쪽 방향으로 흐름은 자유로우나 역방향의 흐름은 허용하지 않는 밸브이다.

오답분석

① 셔틀 밸브 : 항상 고압측의 압유만을 통과시키는 밸브
② 로터리 밸브 : 밸브의 구조가 간단하며 조작이 쉽고, 확실하므로 원격 제어용 파일럿 밸브
③ 스풀 밸브 : 스풀에 대한 압력이 평형을 유지하여 조작이 쉽고, 고압 대용량 밸브
⑤ 스톱 밸브 : 작동유의 흐름을 완전히 멈추게 하거나 또는 흐르게 하는 것을 목적으로 하는 밸브

38 정답 ③

유체 퓨즈는 유압 회로 내의 압력이 설정 압을 넘으면 유압에 의하여 막이 파열되어 유압유를 탱크로 귀환시키며, 압력 상승을 막아주는 기기이다.

오답분석

① 입력 스위치 : 액체 또는 기체의 압력이 일정범위를 벗어날 경우 다시 범위 내로 압력을 유지하게 도와주는 스위치
② 감압밸브 : 유체의 압력을 감소시켜 동력을 절감시키는 밸브
④ 포핏 밸브 : 내연기관의 흡·배기 밸브로 사용하는 밸브
⑤ 카운터 밸런스 밸브 : 한쪽 흐름에 배압을 만들고, 다른 방향은 자유 흐름이 되도록 만들어 주는 밸브

39 정답 ②

원심 펌프의 특징
- 가격이 저렴하다.
- 맥동이 없으며 효율이 좋다.
- 평형공으로 축추력을 방지한다.
- 작고 가벼우며 구조가 간단하다.
- 고장률이 적어서 취급이 용이하다.
- 용량이 작고 양정이 높은 곳에 적합하다.
- 고속 회전이 가능해서 최근 많이 사용한다.
- 비속도를 통해 성능이나 적정 회전수를 결정한다.

40 정답 ④

베인 펌프의 작동유는 점도 제한이 있다. 동점도는 약 35cSt(Centi Stokes)이다.

베인 펌프의 특징
- 압력 저하량이 적다.
- 펌프 중량에 비해 형상치수가 작다.
- 송출(토출)압력의 맥동이 적고 소음이 작다.
- 작동유의 점도에 제한이 있다.
- 호환성이 좋고 보수가 용이하다.
- 다른 펌프에 비해 부품수가 많다.

| 02 | 전기일반

01	02	03	04	05	06	07	08	09	10
③	②	②	⑤	①	①	①	④	④	①
11	12	13	14	15	16	17	18	19	20
①	②	①	④	①	①	③	⑤	③	①
21	22	23	24	25	26	27	28	29	30
①	④	②	①	①	④	①	④	④	④
31	32	33	34	35	36	37	38	39	40
①	③	①	①	⑤	③	②	①	④	①

01 정답 ③

동기회전수(분당 동기속도)

$N_s = \dfrac{120f}{P} = \dfrac{120 \times 60}{4} = 1{,}800\,\text{rpm}$ 이고,

슬립 $s = \dfrac{N_s - N}{N_s} = \dfrac{1{,}800 - 1{,}700}{1{,}800} = 0.055\cdots$ 이므로

약 5.56%이다.

02 정답 ②

전기력선의 성질
- 도체 표면에 존재(도체 내부에는 없다)
- (+) → (−) 이동
- 등전위면과 수직으로 발산
- 전하가 없는 곳에는 전기력선이 없음(발생, 소멸이 없다)
- 전기력선 자신만으로 폐곡선을 이루지 않음
- 전위가 높은 곳에서 낮은 곳으로 이동
- 전기력선은 서로 교차하지 않음
- (전기력선 접선방향)=(그 점의 전계의 방향)
- $Q[\text{C}]$ 에서 $\dfrac{Q}{\varepsilon_0}$ 개의 전기력선이 나옴
- 전기력선의 밀도는 전기장의 세기에 비례

03 정답 ②

정전용량 $Q = CV$ 에서 $C_1 = \dfrac{Q}{V_1}$, $C_2 = \dfrac{Q}{V_2}$

$\therefore \dfrac{C_1}{C_2} = \dfrac{\frac{Q}{V_1}}{\frac{Q}{V_2}}$, $V_1 = V_2$ 이므로 $\dfrac{C_1}{C_2} = \dfrac{V_2}{V_1} = 1$

04
정답 ⑤

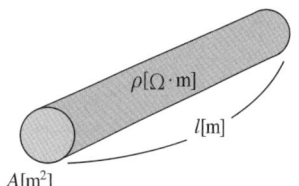

전선의 고유저항 $R=\rho\dfrac{l}{A}[\Omega]$일 때

ㄱ. 전기저항 $R[\Omega] \propto$ 고유저항 $\rho[\Omega \cdot m]$
ㄷ. 전기저항 $R[\Omega] \propto$ 길이 $l[m]$
ㄹ. 도체의 길이를 n배 늘리고, 단면적을 $\dfrac{1}{n}$배 감소 시, 전기저항 $R[\Omega]$은 n^2배로 증가한다.

오답분석

ㄴ. 전기저항 $R[\Omega] \propto$ 단면적 $\dfrac{1}{A[m^2]}$ 이다.

05
정답 ①

자유전자는 음전하를 가지므로 자유전자가 과잉된 상태는 음전하로 대전된 상태를 말한다.

오답분석

② 발열상태 : 화학반응 등에 의해 물체가 열이 나는 상태이다.
③ 중성상태 : 음전하와 양전하의 양이 같아 물체의 전하 합이 0인 상태이다.
④ 양의 대전상태 : 전자가 다른 곳으로 이동하여 전자가 있던 자리에 양전하를 갖는 양공이 생성되어 양전하로 대전된 상태이다.
⑤ 전이상태 : 원자와 분자 등의 입자에서 내부의 전자 배치 상태가 다른 전자 배치 상태로 바뀌는 상태이다.

06
정답 ①

전력량 $W=Pt[Wh]$

• $W_{220V} = Pt = 55\left(2 \times \dfrac{1}{2} \times 10\right) = 550Wh$
• $W_{110V} = Pt = 55 \times (1 \times 1 \times 10) = 550Wh$

따라서 전력량의 비는 1 : 1로 같다.

07
정답 ①

두 도선 사이의 간격이 $r[m]$인 경우 두 도선 사이에 작용하는 힘, $F=2\times 10^{-7} \times \dfrac{I^2}{r}[N/m]$인데, 간격이 $2r$로 되었으므로 $F'=2 \times 10^{-7} \times \dfrac{I^2}{2r} = \dfrac{1}{2}F$가 된다.

따라서 원래 작용하던 힘의 반으로 줄게 된다.

08
정답 ④

• a점에서의 자계의 세기
$H = \dfrac{I}{2\pi r} = \dfrac{1}{2\pi a}$ ($\because I=1,\ r=a$)

• b점에서의 자계의 세기
$H' = \dfrac{I}{2\pi r} = \dfrac{8}{2\pi b}$ ($\because I=8,\ r=b$)

$H=H'$라 두면 $\dfrac{1}{2\pi a} = \dfrac{8}{2\pi b}$, $\dfrac{1}{a} = \dfrac{8}{b}$

$\therefore \dfrac{b}{a} = 8$

09
정답 ④

OCB(Oil Circuit Breaker) '유입차단기'로 오일차단기라고도 한다. 대전류를 차단할 때 생기는 아크가 절연유 속에서는 쉽게 사라지는 점을 이용한 장치이다.

오답분석

① 진공차단기 : VCB(Vacuum Circuit Breaker) 절연 내력이 매우 높은 것에 착안하여 진공 속에서 전로를 차단하는 장치
② 기중차단기 : ACB(Air Circuit Breaker) 압축공기를 사용하여 아크를 끄는 전기개폐장치
③ 자기차단기 : MBB(Magnetic Blow-out Circuit Breaker) 교류 고압 기중 차단기로, 소호에 자기 소호를 응용한 장치
⑤ 누전차단기 : ELB(Earth Leakage Breaker) : 전동기계기구가 접속되어 있는 전로에서 누전에 의한 감전위험을 방지하기 위해 사용되는 장치

10
정답 ①

인덕턴스 $LI = N\phi$

$L = \dfrac{N\phi}{I} = \dfrac{600 \times 10^{-3}}{3} = 200 \times 10^{-3}H = 200mH$

11
정답 ①

궁지선은 비교적 장력이 작고 협소한 장소에서 사용된다.

> **지선의 종류**
> 지선의 설치목적은 지지물에 가하는 하중을 일부 분담하여 지지물의 강도를 보강하여 전도사고를 방지함에 있으며, 종류는 다음과 같다.
> • 보통지선 : 일반적으로 사용되는 지선
> • 궁지선 : 비교적 장력이 작고 협소한 장소에 사용되는 지선
> • 공동지선 : 지지물 상호거리가 비교적 근접한 경우에 사용되는 지선
> • Y지선 : 다단의 완철이 설치된 경우 장력의 불균형이 큰 경우 사용되는 지선
> • 수평지선 : 도로나 하천을 지나가는 경우 사용되는 지선

12   정답 ②

ACSR은 강선과 경알루미늄연선의 합성연선으로 명칭은 강심알루미늄연선이다.

> **전선의 종류 및 용도**
> - 연동선 : 옥내배선 및 지중전선로 사용
>   - IV : 600V 비닐절연전선
>   - HIV : 내열용 비닐절연전선
>   - RB : 600V 고무절연전선
>   - FL : 1000V 형광방전등용전선
>   - GV : 접지용 비닐절연전선
> - 경동선 : 인입선 및 저압 가공전선로
>   - DV : 인입용 비닐절연전선
>   - OW : 옥외용 비닐절연전선
> - 합성연선
>   - ACSR : 강심알루미늄연선

13   정답 ①

충전용량 $Q = \omega CV^2$에서 전압을 2배 올리면 충전용량은 4배가 된다.

14   정답 ④

대지정전용량의 감소와 연가는 관계없다.

> **연가(Transposition)**
> 전선로 각 상의 선로정수를 평형이 되도록 선로 전체의 길이를 3등분하여 각 상의 위치를 개폐소나 연가철탑을 통하여 바꾸어주는 것
>
> **연가의 목적**
> - 선로정수의 평형
> - 유도장해 감소
> - 소호리엑터 접지 시 직렬공진 방지
> - 임피던스의 평형

15   정답 ①

가공전선로로 케이블을 사용하는 경우 케이블은 조가용선에 행거로 시설하고, 사용전압이 고압인 경우 행거의 간격을 50cm 이하로 한다.

16   정답 ①

계통을 연계할 경우, 사고 시 타 계통으로 파급 확대가 우려된다.

> **전력계통 연계의 장·단점**
> - 장점
>   - 전력의 융통으로 설비용량이 절감된다.
>   - 건설비 및 운전 경비 절감으로 경제 급전이 용이하다.
>   - 계통 전체로서의 신뢰도가 증가한다.
>   - 부하 변동의 영향이 작아 안정된 주파수 유지가 가능하다.
> - 단점
>   - 연계설비를 신설해야 한다.
>   - 사고 시 타 계통으로 파급 확대가 우려된다.
>   - 병렬회로수가 많아져 단락전류가 증대하고 통신선의 전자 유도장해가 커진다.

17   정답 ③

고압 배전선로의 길이가 길어서 전압강하가 너무 클 경우 배전선로의 중간에 승압기를 설치하여 2차측 전압을 높여줌으로서 말단의 전압강하를 방지한다.

18   정답 ⑤

고조파 제거와 서지흡수기는 관계가 없다.

> **고조파 제거방법**
> - △결선하여 3고조파 제거
> - 직렬리엑터를 설치하여 제5고조파의 제거
> - 1차측 필터 설치
> - 고조파 전용변압기 사용
> - 무효전력 보상장치 설치

19   정답 ③

선간 단락 고장 발생 시 영상분은 나타나지 않고, 정상분과 역상분만 나타나므로 정상 임피던스도와 역상 임피던스도가 필요하다.

> **고장의 종류별 대칭분**
> - 1선지락 고장 : 정상분, 역상분, 영상분
> - 선간단락 고장 : 정상분, 역상분
> - 3상단락 고장 : 정상분

20 정답 ①
계통의 단락전류를 제한하기 위해서는 계통의 전압을 높여야 한다.

> **단락전류의 억제 대책**
> - 계통의 전압을 높인다.
> - 임피던스가 큰 기기를 채택한다.
> - 송전선 또는 모선 간에 한류리엑터를 삽입한다.
> - 계통분할방식을 채택한다.
> - 계통연계기를 사용한다.

21 정답 ①
비정현파의 전류로 $i = I_0 + I_{m1}\sin(\omega t) + I_{m2}\sin(2\omega t)[A] =$ (직류분)+(기본파)+(고조파)의 형태이다.

이 회로의 전류 실횻값은 $I = \sqrt{I_0^2 + \left(\dfrac{I_{m1}}{\sqrt{2}}\right)^2 + \left(\dfrac{I_{m2}}{\sqrt{2}}\right)^2}$ 이지만, $I_{m1} = 10\sqrt{2}$, $I_{m2} = 5\sqrt{2}$ 로 주어졌으므로

$I = \sqrt{I_0^2 + \left(\dfrac{10\sqrt{2}}{\sqrt{2}}\right)^2 + \left(\dfrac{5\sqrt{2}}{\sqrt{2}}\right)^2} = \sqrt{3^2 + 10^2 + 5^2} \fallingdotseq 11.6A$

22 정답 ④
$V = I_f(R_f + R)$에서 $R_f = \dfrac{V}{I_f} - R = \dfrac{100}{2} - 10 = 40\,\Omega$이다.

23 정답 ②
동기 발전기의 병렬운전 조건은 기전력의 크기, 위상, 주파수, 파형, 상회전 방향이 같아야 한다.

24 정답 ③
동기 발전기의 단락비를 크게 한 것은 안정도를 높이기 위한 대책이다. 단락비가 큰 동기 발전기는 동기 임피던스·전압변동률·전기자 반작용·효율이 작고, 출력·선로의 충전 용량·계자기자력·단락전류·공극이 크다. 또한 안정도가 좋으며, 중량은 무겁고 가격이 비싸다.

25 정답 ①
단상 변압기 4대(Pvv) : $Pvv = 2\sqrt{3}\,P_a = 2\sqrt{3} \times 100$
$2\sqrt{3} \times P = 200\sqrt{3}\,\text{kVA}$

26 정답 ④
30kVA인 변압기가 3대이므로 각각의 변압기에 $\dfrac{30}{3} = 10$kVA 부하가 걸리므로 2차 상전류는 $I_{2p} = \dfrac{10 \times 10^3}{200} = 50$A이다.

따라서 1차 상전류는 변압비가 20이므로 $I_{1p} = \dfrac{I_{2p}}{a} = \dfrac{50}{20} = 2.5$A가 된다.

27 정답 ①
$s = \dfrac{N_s - N}{N_s}$, $N_s = \dfrac{120f}{p} = \dfrac{120 \times 60}{6} = 1,200$

$\therefore s = \dfrac{1,200 - 1,152}{1,200} = 0.04$

따라서 $E_{2s} = sE_2 = 0.04 \times 200 = 8$V이다.

28 정답 ④
1극의 전기각은 $a = \pi$이며, 1극의 홈 수는 $\dfrac{(홈\ 수)}{(극\ 수)} = \dfrac{36}{4} = 9$이다. 따라서 홈 간격의 전기각은 $\dfrac{\pi}{9} = \dfrac{180°}{9} = 20°$이다.

29 정답 ④
- 플레밍(Fleming)의 오른손법칙 : 발전기의 원리이며 자계 내에 놓인 도체가 운동하면서 자속을 끊어 기전력을 발생시키는 원리이다.
- 플레밍(Fleming)의 왼손법칙 : 자기장 속에 있는 도선에 전류가 흐를 때 자기장의 방향과 도선에 흐르는 전류의 방향으로 도선이 받는 힘의 방향을 결정하는 규칙이다.
- 렌츠의 법칙(Lenz's Law) : 코일에서 발생하는 기전력의 방향은 자속 ϕ의 증감을 방해하는 방향으로 발생한다는 법칙이다.
- 앙페르(Ampère)의 오른나사법칙 : 도선에 전류가 흐를 때 발생하는 자계의 방향을 알 수 있다는 법칙으로, 전류가 들어가는 방향일 때의 자력선의 방향을 알 수 있다.

30 정답 ④
주어진 회로는 단상 전파 정류 회로이므로, $E_d = 0.9$, $E = 9$이다.

따라서 $I_d = \dfrac{E_d}{R} = \dfrac{9}{5,000} = 1.8$mA이다.

31 정답 ①

- 직류 평균 전압 $E_d = \dfrac{2\sqrt{2}}{\pi}E - e_a = \dfrac{2\sqrt{2}}{\pi} \times 100 - 15 = 72\text{V}$
- 평균 부하 전류 $I_d = \dfrac{E_d - 60}{0.2} = \dfrac{75 - 60}{0.2} = 75\text{A}$
- ∴ 평균 출력 $P_0 = E_d I_d \rightarrow P_0 = 75 \times 75 = 5,625\text{W}$

32 정답 ③

- 정상상태 초기전류
  $I_L = \dfrac{12}{2+2+2} = \dfrac{12}{6} = 2\text{A}$
- 과도상태 최종전류
  $I_L = \dfrac{4}{2+2} = 1\text{A}$
- 시정수
  $\tau = \dfrac{L}{R} = \dfrac{2}{4} = \dfrac{1}{2}$
  $t = \dfrac{1}{\tau} = 2$
  ∴ $i_L(t) = 1 + e^{-2t}$

33 정답 ①

$Z = \dfrac{(2-j6) \times (j4)}{(2-j6) \times (j4)} = \dfrac{24+j8}{2-j2}$

$Z = \dfrac{(24+j8) \times (2+j2)}{(2-j2) \times (2+j2)} = \dfrac{48+j48+j16-16}{4+j4-j4+4}$

$= \dfrac{32+j64}{8} = 4 + j8$

∴ $|Z| = \sqrt{(4)^2 + (8)^2} = \sqrt{80} = 4\sqrt{5}$

34 정답 ①

(A) 렌츠의 법칙 : 유도전류에 의한 자기장은 자속의 변화를 방해하는 방향으로 진행한다.
(B) 플레밍의 왼손법칙 : 전동기의 회전방향을 결정한다.
(C) 패러데이의 유도법칙 : $e = -L\dfrac{di}{dt} = -N\dfrac{d\phi}{dt}$ 이다.

35 정답 ⑤

- $\dfrac{V-13}{1} + \dfrac{V}{1} + \dfrac{V+10I_A}{1} = 0$
  $V - 13 + V + V + 10I_A = 0$
- $V = I_A \times 1 = I_A$
  $I_A = V$
- ∴ $V - 13 + V + V + 10V = 0$
  $13V = 13$
  ∴ $V = 1\text{V}$

전류 $I_A = \dfrac{V}{R} = \dfrac{1}{1} = 1\text{A}$

36 정답 ②

- $V_{R2} = 5\text{V}$이므로 $V_a = 14 - 5 = 9\text{V}$
- $V_a = V_b$이므로 $5 - V_{R1} = V_b$에서 $V_b = V_a = 9\text{V}$ 대입
  $5 - V_{R1} = 9$
  ∴ $V_{R1} = -4\text{V}$

37 정답 ②

전압과 전류가 동위상일 경우는 부하가 순저항일 경우이며, 위상차 $\theta = 0°$가 된다. 따라서 역률 $\cos\theta = \cos 0° = 1$이 된다.

38
정답 ①

기전력에 대하여 90° 늦은 전류가 통할 때 자극축과 일치하는 감자작용이 일어난다.
• 감자작용 : 전압이 앞설 때(지상) – 유도성
• 증자작용 : 전류가 앞설 때(진상) – 용량성

39
정답 ④

교류는 직류와 달리 전압과 전류의 곱이 반드시 전력이 되지는 않는다. 위상차를 이용한 역률까지 곱해야 전력을 얻을 수 있는 것이다. 여기서 역률은 $\cos\theta$를 의미한다. 즉 교류의 전력은 $P=VI$가 아니고 $P=VI\cos\theta$이다.

40
정답 ①

합성수지 전선관공사에서 CD관과 관을 연결할 때 사용하는 부속품은 '커플링'이다.

오답분석
② 커넥터 : 전기 기구와 코드, 코드와 코드를 연결하여 전기 회로를 구성하는 접속기구
③ 리머 : 금속관이나 합성 수지관의 끝 부분을 다듬기 위해 사용하는 공구
④ 노멀 벤드 : 직각으로 연장할 때 사용하는 전선관용 부속품
⑤ 샤프 벤드 : 노멀 벤드에 비해서 굴곡 반경이 작은 전선관용의 곡관

| 03 | 전자일반

01	02	03	04	05	06	07	08	09	10
②	③	⑤	①	④	④	②	⑤	②	⑤
11	12	13	14	15	16	17	18	19	20
⑤	④	①	①	②	②	⑤	③	⑤	③
21	22	23	24	25	26	27	28	29	30
③	④	③	①	③	③	①	②	②	④
31	32	33	34	35	36	37	38	39	40
④	②	③	②	③	③	⑤	②	②	⑤

01
정답 ②

전류는 1초당 단면을 지나가는 전하량을 나타낸 것으로 $I=\dfrac{Q}{t}$이다. 단면을 통과하는 자유 전자수는 지나가는 전하량을 1개의 전자 전하량으로 나눠주면 구할 수 있다.
따라서 이 단면을 1초 동안에 통과하는 전자수는 다음과 같다.
$$N=\dfrac{Q}{e}=\dfrac{I\times t}{e}=\dfrac{3\times 1}{1.602\times 10^{-19}}≒1.87\times 10^{19}\text{ 개}$$

02
정답 ③

플레밍의 오른손법칙(직류발전기의 원리)에 따르면 도체의 양단에 유기되는 기전력 $e=Blv\sin\theta$이다.
따라서 기전력 $e=Blv\sin\theta=0.4\times 0.3\times 30\times\sin 30°=3.6\times\dfrac{1}{2}=1.8V$이다.

03
정답 ⑤

암페어의 오른나사법칙
전류에 의해서 발생하는 자계의 방향은 전류 방향에 따라 결정된다는 법칙이다. 전류의 방향이 오른나사가 진행하는 방향이라면 자계의 방향은 오른나사의 회전 방향이 된다.

오답분석
① 전자유도에 의해 유기되는 기전력의 방향은 자속의 변화를 방해하는 방향이라는 식 $\left(e=-N\dfrac{d\phi}{dt}=-L\dfrac{di}{dt}\text{ [V]}\right)$이다.

② 전류(I)와 자계(H)의 관계를 정의한 식 $\left(\triangle H=\dfrac{I\triangle l\sin\theta}{4\pi r^2}\text{ [AT/m]}\right)$이다.

③ 키르히호프의 제1법칙은 회로에서 전류의 총계는 0으로 공식 $\sum_{k=1}^{n} i_k = 0$이고, 제2법칙은 폐회로 내에 전위차의 합은 0으로 $\sum_{K=1}^{n} E_K - IR_K = 0$이다.

④ 직류발전기의 원리로서, 유기된 기전력 $e = Blv\sin\theta$[V]으로 정의된다.

04　정답 ①

무한평면도체와 점전하 $+Q$[C] 사이에 작용하는 전기력은 영상전하 $-Q$[C]과의 작용력이다. 따라서 쿨롱의 힘 $F = k\dfrac{Q_1 Q_2}{r^2} = \dfrac{-Q^2}{4\pi\epsilon(2a)^2} = \dfrac{-Q^2}{16\pi\epsilon a^2}$[N]이고, 힘의 방향은 음의 부호로 서로 끌어당기는 흡인력이 작용한다. 또한, 힘의 크기는 $\dfrac{Q^2}{16\pi\epsilon a^2}$[N]이다.

05　정답 ④

레이저의 작동은 유도방출이다.

오답분석

레이저는 파와 파의 간격이 등간격의 성질인 코히런트(Coherent) 성과 지향성을 가진다. 활성 매질의 상태에 따라 고체 레이저, 액체 레이저, 기체 레이저로 구분되는데 고체 레이저는 반도체 레이저, 광섬유 레이저 등이 속하며, 액체 레이저는 색소 레이저, 기체 레이저는 연속적으로 광파를 방출하며 이산화탄소 레이저 등이 있다.

06　정답 ④

2개의 자극판 사이의 에너지는 $W = \dfrac{1}{2}LI^2$이며, 여기에 인덕턴스 $L = \dfrac{N\phi}{I}$를 대입하면 $W = \dfrac{1}{2} \times \dfrac{N\phi}{I} \times I^2 = \dfrac{1}{2}N\phi \cdot I = \dfrac{1}{2} \ni \cdot \phi = \dfrac{1}{2}Hl \cdot BS = \dfrac{1}{2}HBSl$[J]이다. 따라서 단위체적당 에너지밀도는 $W = \dfrac{1}{2}HB = \dfrac{1}{2}H \times \mu H = \dfrac{1}{2}\mu H^2$[J/m³]이 된다$(B = \mu H)$.

07　정답 ②

$$\oint_c H \cdot dl = \int_s rot\, H ds = \int_s (\nabla \times H) \cdot ds$$

스토크스(Stokes)의 정리는 자계의 연속성을 정리한 것으로, 자계의 경계면 조건에서 자계의 수평(접선) 성분은 경계면의 양쪽이 같다.

08　정답 ⑤

막대자석이 받는 회전력(Torque)은 $T = MH\sin\theta$이다. 따라서 $T = MH\sin\theta = mlH\sin\theta = 6 \times 10^{-6} \times 4 \times 10^{-2} \times 100 \times \dfrac{1}{2} = 1,200 \times 10^{-8} = 1.2 \times 10^{-5}$N·m이다($M$: 자기 모멘트, m : 자극의 세기).

09　정답 ②

4단자 회로망의 기초방정식의 전압과 전류 방정식은 각각 $V_1 = AV_2 + BI_2$, $I_1 = CV_2 + DI_2$(역방향 기준)에서 2차 개방의 경우 $I_2 = 0$이며, 4단자 정수의 정의는 다음과 같다.

- 전압궤환율 $A = \dfrac{V_1}{V_2}\Big|_{I_2 = 0}$

- 단락 전달 임피던스(임피던스 차원식) $B = \dfrac{V_1}{I_2}\Big|_{V_2 = 0}$

- 개방 전달 어드미턴스(어드미턴스 차원식) $C = \dfrac{I_1}{V_2}\Big|_{I_2 = 0}$

- 전류궤환률 $D = \dfrac{I_1}{I_2}\Big|_{V_2 = 0}$

10　정답 ⑤

회고의 권선비 $a = \dfrac{V_1}{V_2} = \dfrac{I_2}{I_1} = \dfrac{N_1}{N_2} = \dfrac{3}{1} = 3$이며, 권선비를 제곱하여 저항에 관한 식으로 바꾸면 $a^2 = \dfrac{V_1}{V_2} \times \dfrac{I_2}{I_1} = \dfrac{I_2}{V_2} \times \dfrac{V_1}{I_1} = \dfrac{1}{R_L} \times R \rightarrow R = a^2 R_L$이 된다. 따라서 부하에 전력을 최대로 공급하기 위한 입력 저항은 $R = a^2 R_L = 3^2 \times 9 = 81\,\Omega$이 되어야 한다.

11　정답 ⑤

등가저항 R_{AB}는 정전압이 단락되었을 때 AB 단자에서 본 합성저항이다. 따라서 $R_{AB} = 15 + \dfrac{4 \times 4}{4 + 4} = 15 + \dfrac{16}{8} = 15 + 2 = 17\,\Omega$이다. 또한, 등가전압 $V = IR$이므로 $V = \dfrac{4}{4 + 4} \times 8 = \dfrac{1}{2} \times 8 = 4$V이다.

12　정답 ④

자속 방향과 전류가 같으므로 상호 인덕턴스는 가극성$(+M)$이다. 따라서 2개의 단자 사이 인덕턴스 L은 $L_1 + L_2 + 2M$[H]가 된다.

13 정답 ①

광전효과에서 물질에 따라 특정 진동수를 가지고 있으며, 광전자를 방출하기 위해서는 특정 진동수(=문턱 진동수)보다 높은 빛을 쬐어줘야 광자가 금속 원자를 때려 전자를 방출하게 되며 이 전자를 광전자라고 한다.
$E_k = h\nu - E_w$ 에서 $h\nu$는 쬐어준 빛의 에너지이며, E_w는 광전물질의 일함수로 광전자를 내보내기 위한 최소의 에너지를 말하며 $E_w = hf_0$ 이다(f_0는 문턱 진동수).

14 정답 ①

$R-L$ 직렬회로의 과도현상에서 스위치를 닫는 순간($t=0$)의 과도전류 $i(t) = \dfrac{E}{R}(1-e^{-\frac{R}{L}t})$[A]이다. 반대로 스위치를 열어 기전력을 제거할 때의 과도전류 $i'(t) = \dfrac{E}{R}e^{-\frac{R}{L}t}$[A]이다.

15 정답 ②

직각좌표 $4+j3$의 극좌표 형식은 $\sqrt{4^2+3^2} \angle \tan^{-1}\dfrac{3}{4} = 5\angle 36.9°$가 된다.

16 정답 ②

가극성($+M$)은 자속과 전류의 방향이 같은 등가 회로의 합성 인덕턴스는 다음과 같다.

$L_{eq} = M + \dfrac{(L_1-M)(L_2-M)}{L_1+L_2-2M}$

$= \dfrac{M(L_1+L_2-2M) + L_1L_2 - M(L_1+L_2) + M^2}{L_1+L_2-2M}$

$= \dfrac{L_1L_2 - M^2}{L_1+L_2-2M}$ [H]

17 정답 ⑤

드리프트(Drift) 현상은 기기나 증폭기의 특성 등이 시간적으로 서서히 변동하는 것을 말한다. 이러한 드리프트가 일어나는 원인으로는 전원 전압의 변동에 의한 것, 온도 변화에 수반하는 트랜지스터나 저항기의 특성 변화에 의한 것, 부품의 경년 변화에 의한 것 등이 있다.

18 정답 ③

전자 결합회로에서 상호인덕턴스 $M = k\sqrt{L_1L_2}$ 이므로 자체 인덕턴스 L_2를 구하면 다음과 같다.

$M = k\sqrt{L_1L_2} \rightarrow \sqrt{L_1L_2} = \dfrac{M}{k} = \dfrac{10}{0.25} = 40$

$\rightarrow L_1L_2 = 40^2 = 1,600 \rightarrow L_2 = \dfrac{1,600}{L_1} = \dfrac{1,600}{80} = 20$

따라서 전자 결합회로에서 자체 인덕턴스 $L_2 = 20$mH이다.

19 정답 ⑤

발진회로는 궤환을 거는 방법에 따라 컬렉터 동조, 베이스 동조, 콜피츠, 하틀레이, CR형 등이 있다.

20 정답 ③

광전자 방출이란 금속 표면에서 빛을 조사하면 전자가 튀어나오는 현상으로 이때 전자를 광전자라 한다. 광전자가 나오기 위해서는 금속이 가지고 있는 일함수보다 큰 에너지를 가진 빛을 쬐어줘야 한다. 빛 에너지는 파장에 반비례하므로 한계 파장보다 짧으며, 진동수는 높은 빛을 조사해야 한다. 또한 빛의 세기가 클수록 방출되는 전자수는 많아진다.

21 정답 ③

전압 변동률(ε)은 다음과 같이 계산할 수 있다.

$\varepsilon(\%) = \dfrac{(무부하 시 단자전압) - (단자전압)}{(단자전압)} \times 100$

$= \dfrac{15-10}{10} \times 100 = 50$

따라서 전압 변동률은 50%이다.

22 정답 ④

증폭기에서 부궤환을 하면 이득은 감소하지만 일그러짐을 완화할 수 있고, 이득의 변동을 억제하여 안정된 동작을 시킬 수 있다.

23 정답 ③

QAM(Quadrature Amplitude Modulation : 직교 잔폭 변조)은 두 개의 직교 반송파를 이용해 각각 ASK로 변조한 것을 합성, 동일 전송로에 송출시켜 비트 전송 속도의 2배 향상이 가능하다.

24 정답 ①

오답분석
② ASK(진폭 위상 변조) : 2진수를 반송 주파수의 두 가지 다른 진폭에 의해 표현하는 방식으로, 펄스의 유무에 따라 특정 주파수의 사인파 진폭을 다르게 대응시킴으로써 변조한다.
③ FSK(주파수 편이 변조) : 반송파로 사용되는 정현파의 주파수에 정보를 실어 보내는 변조 방식이다.
④ PCM(펄스 부호 변조) : 송신측에서 아날로그 파형을 일단 디지털화하여 전송하고 수신측에서 그것을 다시 아날로그화 함으로써 아날로그 정보를 전송하는 방식이다.
⑤ FDM(주파수 분할 다중) : 입력 정보 파형이 주어진 주파수대역 내에 있을 때, 이것을 변조하여 조금씩 주파수를 추이시켜 서로 중복되지 않게 하나의 전송로에서 다수의 통신을 동시에 행하는 다중화 방식이다.

25 정답 ③

진성반도체의 Fermi 준위는 온도에 관계없이 일정하며, 에너지 갭(금지대)의 중앙에 위치한다.

오답분석
① 진성반도체의 Fermi 준위는 금지대의 중앙에 위치한다.
②·④ N형 반도체와 P형 반도체의 Fermi 준위는 도핑의 종류와 농도 및 온도에 따라 변한다.
⑤ N형 반도체의 Fermi 준위는 도너 준위 위에, P형 반도체는 억셉터 준위 밑에 있다.

26 정답 ②

파울리의 베타원리는 원자 내 2개 이상의 전자가 같은 양자상태에 있을 수 없는 전자 배열을 지배하는 법칙으로, 원자의 전자껍질구조를 설명한다. 하나의 양자궤도에는 반대의 스핀을 가진 2개의 전자가 존재하고, 원자 내 존재하는 어떠한 전자도 4개의 양자수가 전부 같을 수 없다.

27 정답 ③

서미스터는 반도체의 일종이며, 일반적으로 부(−)의 온도계수를 가진다. NTC 서미스터(Negative Temperature Coefficient Thermistor)는 온도가 높아지면 저항이 감소하는 것으로 온도 측정, 전류 제한 등의 용도로 사용되며, 반면 PTC 서미스터(Positive Temperature Coefficient Thermistor)는 온도가 높아지면 저항이 증가하는 것으로 가열방지용 온도 제어 등에 사용된다.

28 정답 ①

PN접합 다이오드에 역방향 바이어스 전압을 걸어주면 공간전하의 영역, 전위장벽, 공핍층, 이온화가 증가하고, 접합용량은 감소한다.

29 정답 ②

드브로이 파장은 $\lambda = \dfrac{h}{mv}$이므로 전자 속도는 $v = \dfrac{h}{m\lambda}$이다.

드브로이 파장이 2×10^{-8}m인 경우 플랑크 상수 $h = 6.6 \times 10^{-34}$ J·sec와 전자의 질량 $m = 9.1 \times 10^{-31}$ kg을 대입하여 전자 속도를 구하면 다음과 같다.

$$\therefore v = \frac{h}{m\lambda} = \frac{6.6 \times 10^{-34}}{9.1 \times 10^{-31} \times 2 \times 10^{-8}} = \frac{6.6 \times 10^{-34}}{18.2 \times 10^{-39}}$$
$$\fallingdotseq 3.6 \times 10^4 \text{m/s}$$

30 정답 ④

페르미 디락 통계에서 어떤 에너지 준위 내에 전자가 존재할 수 있는 확률 분포 함수는 다음과 같다(K : 볼츠만 상수, T : 절대온도, E : 에너지 준위, E_f : 페르미 준위).

$$f(E) = \frac{1}{1 + e^{\frac{E-E_f}{KT}}} = \frac{1}{1 + e^{\frac{-0.03}{0.026}}} \fallingdotseq \frac{1}{1+e^{-1.2}} \fallingdotseq \frac{1}{1+0.3}$$
$$\fallingdotseq 0.77$$

따라서 300K에서 페르미 준위보다 0.03eV만큼 낮은 에너지 준위에 전자가 점유하는 확률은 약 0.77이다.

31 정답 ④

전기장의 세기가 $E = 400$V/m인 곳에 놓인 전자는 쿨롱의 법칙에 의해 쿨롱의 힘(F)을 받는다. 쿨롱의 법칙에서 힘은 전하량(e)과 전기장(E)의 곱으로 $F = eE$이며, 가속도의 법칙$\left(a = \dfrac{F}{m}\right)$에 대입하여 가속도를 구한다($m$은 전자의 질량이다).

$F = eE = ma$

$\rightarrow a = \dfrac{eE}{m} = \dfrac{1.602 \times 10^{-19} \times 400}{9.11 \times 10^{-31}} = \dfrac{640.8 \times 10^{12}}{9.11}$

$\fallingdotseq 70.3 \times 10^{12}$

따라서 전자에 가해지는 가속도는 70.3×10^{12} m/s² 이다.

32 정답 ②

자기회로(자성체에 코일을 감은 회로)의 자기저항은 $R = \dfrac{l}{\mu s}$이므로 자기회로 길이(l)에 비례하고, 그 단면적(s)과 투자율(μ)에 반비례한다.

33
정답 ③

Schottky 효과란 전자전류가 증가하는 것은 강한 외부전기장의 작용에 의해 음극으로부터 전자를 방출하는데 필요한 에너지가 낮아지는 현상이며, 즉 일함수가 낮아지는 것이다.

오답분석
① Zener 현상 : PN접합 다이오드에 특정 전압보다 높은 전압을 가해주면 역방향 전류가 급격히 증가하는 현상이다.
② Piezo 효과 : 물체에 압력을 가하면 전기 분극에 의해 전압이 발생하는 현상이다.
④ Shot 효과 : 진공관에서 음극으로부터 방출된 전자가 속도와 비율이 균일하지 않게 움직이는 현상이다.
⑤ Edison 효과 : 가열된 금속이나 반도체 표면에서 전자가 방출되는 현상이다.

34
정답 ②

연관기억장치는 저장된 내용을 이용해 접근하는 기억장치로, 보통 한 CPU에 하나의 연관기억장치가 사용된다.

35
정답 ③

2진수와 16진수 사이의 변환은 16이 2^4이라는 점을 이용해서 10진수를 거치지 않고 간단히 변환시킬 수 있다. 16진수 한 자리는 2진수 네 자리에 해당하며, 역으로 2진수 네 자리는 16진수 한 자리에 해당된다. 16진수 연산은 0~9까지 10개의 숫자와 두 자리 숫자 10~15는 차례대로 영문자 A, B, C, D, E, F로 표현하며, 16개의 기호를 사용한다.
이를 통해 2진수 10111101001의 경우, 오른쪽부터 네 자리씩 묶어서 변환시키면 다음과 같다.
101 → $2^2+2^0=5$
1110 → $2^3+2^2+2^1=14=$ E
1001 → $2^3+2^0=9$
따라서 2진수 10111101001을 16진수로 변환시킨 것은 $5E9_{(16)}$이다.

36
정답 ③

코딩은 알고리즘을 기호가 아닌 컴퓨터가 이해할 수 있는 언어로 바꾸어 컴퓨터에 입력하는 작업이다.

37
정답 ⑤

2의 보수 10101101을 우측 시프트로 세 번 수행하면, 우선 맨 앞자리 1은 부호비트로 변하지 않으며, 나머지는 우측으로 3자리씩 이동하게 된다. 따라서 맨 뒤에 101은 이동할 자리가 없으므로 사라지고, 이동하면서 비는 세 자리는 부호비트 값인 1로 채워진다. 따라서 11110101이 된다.

38
정답 ②

Biot-Savart의 법칙은 전자기학에서 주어진 전류가 생성하는 자기장이 전류에 수직이고, 전류에서의 거리 제곱의 역수에 비례한다는 물리 법칙이다.

오답분석
① 자계의 세기는 전류의 크기에 비례한다.
③ MKS단위계를 사용할 경우 비례상수는 $\frac{1}{4\pi}$이다.
④ 자계의 방향은 전류소 및 이 전류소와 점 P를 연결하는 직선을 포함하는 면에 법선방향이다.
⑤ 자계의 세기는 전류소와 점 P와의 거리 제곱의 역수에 비례한다.

39
정답 ②

C언어는 ASCII코드 체계로 영문 소문자 집합을 바탕으로 하고 있다.

40
정답 ⑤

부동 소수점은 하드웨어의 비용이 증가하고 고정 소수점 방식에 비해 연산 속도가 느리다.

04 통신일반

01	02	03	04	05	06	07	08	09	10
①	④	①	①	③	②	①	①	③	①
11	12	13	14	15	16	17	18	19	20
①	③	③	③	②	①	②	②	①	①
21	22	23	24	25	26	27	28	29	30
③	②	①	③	⑤	⑤	①	②	④	①
31	32	33	34	35	36	37	38	39	40
②	③	④	②	④	②	①	②	②	①

01 정답 ①
가우시안 분포는 도수 분포 곡선이 평균값을 중심으로 좌우 대칭인 종 모양을 이루는 분포로, 오차 분포라고도 한다.

오답분석
② 도수 분포(Frequency Distribution)에 대한 설명이다.
③ 히스토그램(Histogram)에 대한 설명이다.
④ 확률 분포(Probability Distribution)에 대한 설명이다.
⑤ 이항 분포(Binomial Distribution)에 대한 설명이다.

02 정답 ④
반이중 통신은 동시 양방향 전송을 수행하기보다는 전송 회선의 용량이 작을 때 사용하며, 실질적으로 단방향 통신에 해당된다.

03 정답 ①
LAN은 비교적 좁은 범위(100m ~ 1km)에서 네트워크를 구축할 때 사용된다.

LAN의 기술적 특징
- 물리적(또는 논리적)인 네트워크 토폴로지(배선 형태)로서는 버스형, 링형, 스타형이 있다.
- 매체 액세스 제어(케이블에 언제 데이터를 송출하면 좋은지 등의 제어)로서 CSMA / CD, 토큰링, 토큰버스 방식이 표준화되어 있다.
- 사용하는 네트워크의 매체로 동축 케이블, 트위스트 페어 케이블, 광섬유 케이블, 무선 등이 사용된다.
- 전송 방식으로는 베이스 밴드 방식과 브로드 밴드 방식이 있다.
- 전송 속도는 1Mbps 이상으로 한다.

04 정답 ①
IEEE1394는 Apple사에서 Fore Wire라는 이름으로 개발되었고 이 후에는 Sony사에서 iLink라는 이름으로 개발된 것으로 USB는 직렬 전송에 대한 규약이다.

05 정답 ③
마이크로파 통신은 광대역성 신호를 쉽게 전송하는 것이 가능하다. 여기서 마이크로파 통신의 특징을 고려하면 다음과 같다.
- 300 ~ 3,000MHz 대의 UHF 및 3,000 ~ 30,000MHz 대의 SHF의 전파
- 이 영역에서 통신을 행하는 경우에는 파장이 짧고, 지향성이 강하며, 타 회선에 대한 영향을 적게 받는다.

06 정답 ②
병렬 전송은 동시에 전송하고자 하는 데이터의 비트수만큼의 전송 회선이 필요하므로 직렬 전송에 비하여 비용이 증가된다.

07 정답 ①
FSK 방식은 1,200bps 이내의 비동기식 모뎀에서 널리 이용된다.

FSK(Frequency Shift Key)
디지털 클럭이 0일 때는 낮은 주파수를, 1일 때는 높은 주파수를 보내는 형식의 FM 디지털 전송 방법이다. 전반적으로 ASK와 FSK의 차이점은 AM과 FM의 근본적인 차이와 유사하다.

08 정답 ①
압축 팽창 방법은 입력 신호에 이득을 다르게 주는 방법이다.

09 정답 ③
UDP는 전송 계층의 프로토콜이다.

OSI 7계층의 프로토콜

계층	계층 이름	프로토콜 종류
7	응용 계층	HTTP, FTP, DNS, SMTP 등
6	표현 계층	JPG, MPEG, AFP, PAP 등
5	세션 계층	SSH, NetBIOS 등
4	전송 계층	TCP, UDP 등
3	네트워크 계층	IP, RIP, ARP, ICMP 등
2	링크 계층	Ethernet, PPP, HDLC 등
1	물리 계층	RS - 232, RS - 449 등

10 정답 ①
통신망
- PSTN(Public Service Telecommunication Network, 공중 통신망) : PSTN은 전세계적으로 연결된 음성 위주의 공중 전화망 집합을 의미하며, 상용망과 국가소유 모두를 포함한다. PSTN은 전화를 발명한 벨(Alexander Graham Bell)의 시대로부터 계속해서 발전해온 회선 교환 방식 전화망의 집합체이다. 오늘날의 PSTN은 전화국에서 사용자까지의 종단 링크 부분을 제외하고는 기술적으로 거의 완전히 디지털 방식으로 변화되었다.
- PSDN(Public Service Data Network, 공중 데이터 통신망) : PSDN은 컴퓨터와 통신 회선의 이용률을 높이기 위한 교환 방식으로 보통 1024비트의 정보를 하나의 패킷으로 구분하여 전송하는 방식이다. 전송될 데이터는 전송되기 전에 패킷단위로 분할되어 각 패킷에 수신측의 주소와 일련번호가 붙여진다. 이와 같이 하여 동일한 회선 상에 여러 사람의 메시지가 섞여 전송되는데 이렇게 하더라도 수신측의 주소와 일련번호에 따라 정확하게 구분되어 목적된 수신측으로 전송된다. 또한 회선의 상태와 통신량을 미리 알아 통신량이 적은 곳으로 패킷을 전송하며 하나의 회선으로 여러 사용자의 데이터를 전송할 수 있어 회선을 경제적으로 이용할 수 있는 통신 방식이다. PSDN은 지연의 발생은 크게 문제가 되지 않지만 데이터 오류의 발생은 억제되어야 하는 통신 서비스(예를 들어, 은행의 예금 데이터)를 목표로 설계된 네트워크이다.

11 정답 ①
전송 에러는 열잡음, 상호 변조 잡음, 지연 왜곡, 누화 등에 의하여 발생되며 전송 지연은 데이터 전송률을 저하시킬 뿐 에러를 직접적으로 발생시키는 요소에는 해당되지 않는다.

12 정답 ③
4상차분위상 변조에서는 1회의 변조로 2비트를 전송할 수 있으므로, (신호 속도)=1,600×2=3,200bps이다.

13 정답 ③
$f_s = 2f_m$ 을 nyquist의 표본화 주파수라고 부른다.

14 정답 ③
(국부발진주파수)=(입력신호주파수)+(중간주파수)
(중간주파수)=1,255−800=455[kHz]
(영상주파수)=(입력신호주파수)+[2×(중간주파수)]=800+(2×455)=1,710[kHz]

15 정답 ②
전송 제어 문자
1. SOH(Start of Heading) : 정보 메시지의 헤딩 개시를 나타냄.
2. STX(Start of Text) : 텍스트 개시 및 헤딩 종료
3. ETX(End of Text) : 텍스트의 끝
4. ETB(End of Transmission Block) : 전송 블록의 끝
5. EOT(End of Transmission) : 전송을 종료하고 데이터 링크를 초기화
6. ENQ(Enquiry) : 상대국에 데이터 링크 설정 및 응답을 요구
7. DLE(Data Link Escape) : 다른 전송 제어 문자 앞에 붙어 본래의 의미를 바꿈.
8. SYN(Syncronous / Idle) : 문자 동기를 유지
9. ACK(Acknowledge) : 수신한 메시지에 대한 긍정 응답
10. NAK(Negative Acknowledge) : 수신한 메시지에 대한 부정 응답

16 정답 ①
$$P_m = P_c\left(1+\frac{m^2}{2}\right) = P_c\left(1+\frac{1}{2}\right) = \frac{3}{2}P_c$$

17 정답 ②
성질이 빛에 가깝기 때문에 날카로운 지향성, 직선성, 반사성을 가진다.

18 정답 ②
현재 위성에서 가장 많이 사용되는 주파수 대는 4~8GHz(C 밴드)와 12.5GHz~18GHz(Ku 밴드)이다.

19 정답 ①
SWR(Standing Wave Ratio, 정재파비)은 전송선로상에서 진행파와 반사파 세력의 간섭으로 생기는 정재파의 크기로서 SWR=1이면 완전 정합상태이고, SWR>1이면 부정합 상태로 선로에는 반사파가 실리게 된다.

20 정답 ①
FDMA(Frequency Division Multiple Access)는 사용 가능한 주파수 대역을 여러 대역으로 분할하여 각 지구국에 할당하고 각 지구국은 할당받은 주파수 대역만을 이용해 위성에 접속하는 방식이다.

21 정답 ③

$T = \dfrac{1}{f} = \dfrac{1}{15,750} = 63.5\,\mu s$

유효 주사기간 $T_n = 63.5 \times \dfrac{84}{100} = 53.3\,\mu s$

22 정답 ②

PPI 방식은 'Plane Position Indication'의 약자로서 반사파의 휘도변조를 이용해서 거리 반경의 방향으로 표시되고, 방위는 원주 방향으로 측정된다.

23 정답 ①

AGC(Automatic Gain Control) 회로 : 검파기 출력의 일부를 정류하여 얻은 신호로 RF 증폭기 및 IF 증폭기의 이득을 제거하여 증폭기가 직선성을 유지하게 함으로써 수신기의 직선성을 보호하고 출력 레벨을 일정하게 유지(페이딩 방지)하여 통신의 질 저하를 막아주는 수신기의 보조회로이다.

24 정답 ③

멀티바이브레이터는 2개의 트랜지스터를 사용하여 RC결합 증폭기의 출력을 양 되먹임시키고 2개의 트랜지스터를 교대로 ON, OFF하여 두 상태를 반복 유지하며 펄스를 발생시키는 회로이다. 회로의 시정수(C와 R)로서 주기(T)가 결정된다.

25 정답 ⑤

푸시풀 증폭기는 B급으로 동작시키기 때문에 직류 바이어스 전류가 작아도 되며, 입력이 없을 때 컬렉터 손실이 적으므로 짝수(우수) 고조파의 성분이 상쇄된다.

26 정답 ⑤

전달 함수(Transfer Function)는 제어계에 가해지는 입력 신호에 대하여 출력 신호가 어떤 모양으로 나오는가 하는 신호 전달 특성을 제어 요소에 따라 수식적으로 표현하는 것이다.

27 정답 ①

FET는 잡음이 적고 방사능의 영향이 적은 장점이 있으나 입력 임피던스가 비교적 높고 증폭도가 떨어지는 단점이 있다.

28 정답 ②

급전선의 필요조건을 고려하면 누설이 적고 급전선 자체가 외부로 전파 복사가 없어야 하며, 정합이 되어야 하며, 전송 효율이 좋아야 하며, 유도 방해를 주거나 받지 말아야 하며, 송신일 경우에는 내력이 커야 한다. 그리고 급전선의 특성 임피던스는 적당해야 한다.

29 정답 ④

단상 반파 정류 회로에서 정류 효율의 이론적인 최대값은
$\sigma = \dfrac{4R_i}{(R_i + r_i)^2 \pi^2} \times 100$
여기서 $R_i \to \infty$이면 $\dfrac{4}{\pi^2} \times 100 = 40.6\%$이다.

30 정답 ①

이미터 접지형 증폭기의 전압 증폭률은
$A_v = -h_{fe}\dfrac{R_0}{h_{ie}} = -50,000 \times \dfrac{20}{4,000} = -250$

31 정답 ②

궤환 증폭기의 저역 차단 주파수는
$f_{lf} = \dfrac{f_l}{1+\beta A} + \dfrac{200}{1+0.01 \times 70} = 117.6\,Hz$

32 정답 ③

반결합 발진기의 주파수는 모두 같은 식으로 계산된다.

발진 주파수 $f = \dfrac{1}{2\pi\sqrt{LC}}$

$= \dfrac{1}{2 \times 3.14 \times \sqrt{0.02 \times 10 \times 10^{-12}}} = 356,061.78\,[Hz]$

$\fallingdotseq 356\,[kHz]$

33 정답 ④

(충격계수)=(펄스폭/반복 주기)=(펄스폭)×(주파수)
$= 20 \times 10-6 \times 20 \times 103 = 0.4$

34 정답 ②

리미터 회로의 복조 감도는 포스터-실리 회로에 비하여 절반 정도로 감도가 낮다.

35 정답 ④

무지향성 비컨은 지향성을 가진 수신기로 측정하여 그 발사지점의 방위를 아는 방법으로 무지향성 라디오 비컨, 회전식 라디오 비컨, AN식 레인지 비컨, VHF 전방향성 레인지 비컨(VOR) 등이 있다.

36 정답 ②

주파수 변조 방식에서의 주파수 변조 지수는
$$m_f = \frac{\Delta f_c}{f_s} = \frac{24}{2} = 12[Hz]$$
변조파의 주파수 점유 대역폭은
$$B = 2f_s(1+m_f) = 2(\Delta f_c + f_s)$$
$$= 2 \times (24+2) = 52[kHz]$$

37 정답 ①

GCA(Ground Control Approach)는 지상에서 레이더로 항공기를 유도하여 항공기와 무선통신을 함으로써 레이더상의 위치를 조절하며 활주로로 착륙시키는 장치이다.

38 정답 ②

PDM 변조방식은 반송파를 펄스에 의해서 변조하는 것이 아니고, 음성신호파를 PDM 방식으로 처리하고 변조관과 출력관을 직결하여 원래의 음성신호파로 재생시켜 양극변조를 하는 것이다.

39 정답 ②

우리 나라의 표준 TV 방식은 주사선수 525개, 2 : 1 비월주사, 프레임수 30매/초이다.

40 정답 ①

수직 접지 안테나의 임피던스는 약 36Ω 이고 실효고는 $\frac{\lambda}{2\pi}$ 이다.

| 05 | 건축일반

01	02	03	04	05	06	07	08	09	10
④	④	①	③	⑤	①	④	④	①	③
11	12	13	14	15	16	17	18	19	20
④	③	③	④	①	③	④	②	③	①
21	22	23	24	25	26	27	28	29	30
②	①	①	③	①	④	①	④	①	②
31	32	33	34	35	36	37	38	39	40
②	②	④	①	③	③	②	④	④	②

01 정답 ④

④는 주심포식 건축물에 해당한다.

건축물과 공포의 형식

주심포식	• 봉정사(극락전), 관음사(원통전), 부석사(무량수전, 조사당), 수덕사(대웅전), 무위사(극락전), 강릉 객사문 등
다포식	• 경복궁(근정전), 창경궁(명정전), 남대문, 동대문, 심원전(보광전), 불국사(극락전), 전등사(대웅전), 화암사(극락전), 위봉사(보광명전), 석왕사(응진전), 봉정사(대웅전), 내소사(대웅전) 등 • 가장 오래된 건축물은 심원사(보광전)이다.
익공식	• 강릉 오죽헌 등
절충식	• 경복궁(향원정) 등

02 정답 ④

커버플레이트는 플레이트보의 휨내력을 보강하기 위해 플랜지에 접합시키는 부재이다.

03 정답 ①

조명설비는 약전설비가 아니라 강전설비이다.

강전설비와 약전설비

강전설비	• 교류, 110V 이상의 전력을 사용하는 설비이다. • 변전설비, 발전설비, 축전지설비, 동력설비, 조명설비, 전열설비 등이 있다.
약전설비	• 직류, 24V 정도의 전력을 사용하는 설비이다. • 표시설비, 주차관제설비, 전기음향설비, 전기방재설비, 감시제어설비 등이 있다. • 정보・통신설비를 포함하면 전화설비, 인터폰설비, 전기시계설비, 안테나 및 방송설비, 정보통신설비 등이 해당한다.

04 정답 ③

1대 + (12,000m² − 3,000m²) ÷ 3,000m² = 4대

승용승강기의 설치대수

건축물의 용도	6층 이상 거실면적의 합계	
	3,000m² 이하	3,000m² 초과
공연장, 집회장, 관람장, 판매시설, 의료시설	2대	2대에 3,000m²를 초과하는 2,000m² 이내마다 1대를 더한 대수
전시장, 동물원, 식물원, 업무시설, 숙박시설, 위락시설	1대	1대에 3,000m²를 초과하는 2,000m² 이내마다 1대를 더한 대수
공동주택, 교육연구시설, 노유자시설, 기타	1대	1대에 3,000m²를 초과하는 3,000m² 이내마다 1대를 더한 대수

※ 8인승 이상 15인승 이하 1대 기준이며, 16인승 이상의 승강기는 2대로 본다.

05 정답 ⑤

오픈 시스템은 미국·유럽식 운영방식이며, 클로즈드 시스템은 한국·일본식 운영방식이다.

외래진료부의 운영 방식

오픈 시스템 (Open System)	종합병원에 등록된 일반 개업 의사가 종합병원의 진찰실과 시설을 사용하는 미국·유럽식 운영방식이다.
클로즈드 시스템 (Closed System)	종합병원 내에 대규모의 각종 과(외과, 내과 등)를 설치하고 진료하는 한국·일본식 운영방식이다.

06 정답 ①

극장은 모듈 시스템의 적용보다는 가시선, 음향계획 등이 더욱 우선시 된다.

극장 건축의 특징
- 객석 배열은 무대의 중심 또는 스크린을 중심으로 한 원호의 배열이 이상적이다.
- 세로통로는 무대를 중심으로 하는 방사선상이 좋다.
- 관객의 수용과 함께 쾌적한 감상을 위한 가시한계를 고려한다.
- 음이 확산작용을 하도록 평면형은 부채꼴형 등이 가장 적합하다.

07 정답 ④

도로와 대지의 관계
- 건축물의 대지는 2m 이상이 도로(자동차만의 통행에 사용되는 도로는 제외)에 접하여야 한다.
- 연면적의 합계가 2,000m²(공장인 경우에는 3,000m²) 이상인 건축물의 대지는 너비 6m 이상의 도로에 4m 이상 접하여야 한다.

08 정답 ④

- $\Sigma M_B = 0, -P_1 \times (a+b+c) + V_A \times (b+c) - P_2 \times c = 0$
- $-20\text{kN} \times 6\text{m} + V_A \times 4\text{m} - 40\text{kN} \times 2\text{m} = 0$
- $R_A = V_A = 50\text{kN}$

09 정답 ①

13매/m² × 2m² = 26매

기본블록쌓기

구분	할증	단위	블록매수
기본블록	포함(4%)	m²당	13매

10 정답 ③

종교시설의 부설주차장 설치기준은 시설면적 150m²당 1대이다.

시설면적당 부설주차장 설치기준

400m²당 1대	창고시설, 학생용 기숙사
350m²당 1대	수련시설, 공장(아파트형 제외), 발전시설
300m²당 1대	기타 건축물
200m²당 1대	제1, 2종근린생활시설, 숙박시설
150m²당 1대	문화 및 집회시설(관람장 제외), 종교시설, 판매시설, 운수시설, 의료시설(정신병원·요양병원·격리병원 제외), 운동시설(골프장·골프연습장·옥외수영장 제외), 업무시설(외국공관·오피스텔 제외), 방송국, 장례식장
100m²당 1대	위락시설

11 정답 ④

공사관리(CM)는 관리기술을 서비스하는 계약방식이며, 이에 속하지 않는 것은 ④이다.

공사관리(CM)의 주요업무
- 설계부터 공사관리까지 전반적인 지도·조언·관리업무
- 입찰 및 계약관리, 원가관리업무
- 현장조직관리, 공정관리업무

12 정답 ③

가우징은 용접부의 수정 등을 위하여 고온의 아크열로 홈을 파내는 것을 말한다.

가우징(Gouging)
- 용접이 잘못된 부분을 수정하기 위해 사용되는 방법이다.
- 고온의 아크열로 모재를 순간적으로 녹이는 동시에 압축공기의 강한 바람으로 용해된 금속을 뿜어내어 용접부에 깊은 홈을 파내는 방식으로, 불완전 용접부 제거 및 밑면 파내기 등에 사용된다.

13 정답 ③

스프레이도장(뿜칠)은 운행의 한 줄마다 뿜칠 폭의 $\frac{1}{3}$ 정도를 겹쳐서 뿜어야 한다.

스프레이도장(뿜칠)의 시공
- 스프레이건의 운행은 항상 평행하게 한다.
- 운행의 한 줄마다 뿜칠 폭의 $\frac{1}{3}$ 정도를 겹쳐 뿜는다.
- 뿜칠의 각도는 칠바탕에 직각으로 한다.
- 각회의 뿜도장 방향은 전회의 방향에 직각으로 한다.
- 매회 붓도장과 동등한 정도의 두께로 한다.
- 2회분의 도막 두께를 한 번에 도장하지 않는다.
- 뿜칠 공기압은 $2 \sim 4 \text{kg/cm}^2$를 표준으로 한다.

14 정답 ④

상세한 감상의 가시한계는 15m이다.

극장의 가시한계

상세한 감상의 가시한계	• 15m • 연기자의 표정이나 동작을 상세히 감상할 수 있다. • 인형극, 아동극, 연극 등에 해당한다.
제1차 허용한도	• 22m • 잘 보이는 동시에 많은 관객을 수용할 수 있다. • 국악, 실내악 등에 해당한다.
제2차 허용한도	• 35m • 연기자의 일반적인 동작만 감상할 수 있다. • 뮤지컬, 발레, 오페라 등에 해당한다.

15 정답 ①

건물이 대지의 북측에 배치되는 것이 대지와 건물의 남향 일조에 좋다.

주택 부지의 자연적 고려사항

대지의 위치	• 자연환경이 좋고 소음, 공해, 재해 등의 염려가 없어야 한다.
대지의 방위	• 건물의 일조와 관계가 깊고, 남향으로 열린 것이 가장 좋다. • 동지 때 최소 4시간 이상의 일조가 가능해야 한다.
대지의 형태	• 대지는 직사각형, 정사각형에 가까운 것이 좋다. • 건물은 남향 일조를 위해 대지의 북측에 배치되는 것이 좋으며, 가능한 한 동서로 긴 형태가 좋다.
지형과 지반상태	• 경사지 주택은 평지 주택에 비해 통풍, 조망, 프라이버시 확보 등이 유리하나, 접근성이 떨어진다. • 부동침하 등이 우려되지 않는 견고한 지반이 좋다.

16 정답 ③

금속관 공사에는 제3종 접지공사를 실시한다.

금속관 배선공사
- 금속관 내부에 절연전선을 넣어서 설치하는 공사이다.
- 은폐 및 노출장소, 옥내, 옥외, 다습한 장소에도 시공이 가능하다.
- 과열에 의한 화재의 우려가 없고 기계적인 보호성이 우수하다.
- 고압, 저압, 통신설비 등 옥내배선의 모든 공사에 널리 사용된다.
- 전선의 인입이 우수하며 철근콘크리트건물의 매입배선으로 사용된다.

17 정답 ④

구조물의 부정정 차수
- $m = (n+s+r) - 2k$
  $=$ 지점 반력수(n) + 부재수(s) + 강절점수(r) - $2 \times$ 절점수(k)
- 불안정$(m<0)$, 안정·정정$(m=0)$, 안정·부정정$(m>0)$이다.

절점과 부재의 개수
절점수(k) 산정 시 지점과 자유단의 끝점도 개수에 포함한다.

- $m = (n+s+r) - 2k$
  $= (3+3+3) + (5) + (2) - (2 \times 6) = 4$
- $m > 0$, 4차 부정정 구조물이다.

18
정답 ②

- 1W=3.6kJ/h이므로, 7,000W=25,200kJ/h이다.
- $\dfrac{25,200\text{kJ/h}}{1.2\text{kg/m}^3 \times 1.01\text{kJ/kg}\cdot\text{K} \times (22-12)℃} ≒ 2,079.2\text{m}^3/\text{h}$

필요환기량 및 송풍량의 계산
- [필요환기량(m^3/h)] = (현열부하) / {(밀도)×(비열)×(온도의 차이)}
- [밀도(kg/m^3)] × [비열(kJ/kg·K)] = [비열(kJ/m^3·K)]

19
정답 ③

높이 6m를 넘는 장식탑이 축조 시 신고 대상이다.

축조 시 신고 대상 주요 공작물
- 높이 8m를 넘는 고가수조
- 높이 6m를 넘는 굴뚝, 장식탑, 기념탑, 골프연습장 등의 운동시설을 위한 철탑, 주거지역·상업지역에 설치하는 통신용 철탑
- 높이 5m를 넘는 태양에너지를 이용하는 발전설비
- 높이 4m를 넘는 광고탑, 광고판
- 높이 2m를 넘는 옹벽 또는 담장
- 바닥면적 30m^2를 넘는 지하대피호

20
정답 ①

디오라마 전시는 특정 사실 또는 주제를 전시물과 각종 특수효과 등을 사용하여 가장 실감나게 표현하는 기법이다.

디오라마 전시

개요	• 특정 장면을 전시물, 영상, 음향, 조명 등으로 실제처럼 연출하는 기법이다.
특징	• 하나의 사실 또는 주제의 시간상황을 고정시켜 연출한다. • 현장에 임한 느낌을 주며, 현장감을 가장 실감나게 표현한다.

21
정답 ②

미장 시공 부위에서는 백화현상, 균열, 들뜸, 탈락, 오염 등의 결함이 발생할 수 있다. 따라서 ②는 미장공사에서 나타나는 결함의 유형과는 거리가 멀다.

22
정답 ①

피시아이는 용착금속 단면에 수소의 영향으로 생긴 은색의 점으로, 100℃로 가열하여 24시간 정도 방치하면 회복된다.

주요 용접결함

블로홀	• 금속이 녹아들 때 용접부분 안에 발생하는 기포이다.
언더컷	• 용착금속이 채워지지 않고 홈이 남아있는 것이다.
오버랩	• 용착금속이 모재와 융합하지 않고 겹쳐져 있는 상태이다.
피시아이	• 용착금속 단면에 수소의 영향으로 생긴 은색의 점이다. • 100℃로 가열하여 24시간 정도 방치하면 회복된다.
피트	• 블로홀이 용접부분 표면에 부상하여 생긴 작은 구멍이다. • 도료, 녹, 밀 스케일, 모재의 수분 등에 의해 발생한다.
크랙	• 용착금속과 모재 사이에 냉각 속도의 차이 또는 가스 등의 요인으로 인해 발생하는 균열이다.
슬래그 섞임	• 용접부분 안에 슬래그가 섞여 있는 것을 말한다.
크레이터	• 용접부분 비드 종단부가 움푹 패인 것을 말한다.

23
정답 ①

옥내 가스배관은 외부에 노출하여 시공한다.

가스배관의 시공
- 배관은 원칙적으로 직선, 직각으로 한다.
- 배관 도중에 신축 흡수를 위한 이음을 한다.
- 건물의 주요구조부를 관통하여 설치하지 않는다.
- 건축물 내의 배관은 외부에 노출하여 시공한다.
- 보호조치를 한 배관을 이음매 없이 설치할 때에는 매설할 수 있다.
- 건물 규모가 크고 배관 연장이 긴 경우는 계통을 나누어 배대한다.
- 가스사용시설의 지상배관은 황색으로 도색하는 것이 원칙이다.

24
정답 ③

㉠ (조경면적) = $1,500\text{m}^2 \times 0.1 = 150\text{m}^2$
㉡ (조경면적의 50%) = $150\text{m}^2 \times 0.5 = 75\text{m}^2$
㉢ $\left(\text{옥상조경면적의 } \dfrac{2}{3}\right) = 150\text{m}^2 \times \dfrac{2}{3} = 100\text{m}^2$

- ㉠에서 ㉡과 ㉢ 중 작은 면적을 차감한다.
- (대지의 조경면적) = $150\text{m}^2 - 75\text{m}^2 = 75\text{m}^2$

> **건축물의 옥상조경**
> - 건축물의 옥상에 조경이나 그 밖에 필요한 조치를 하는 경우에는 옥상부분 조경면적의 3분의 2에 해당하는 면적을 대지의 조경면적으로 산정할 수 있다.
> - 조경면적으로 산정하는 옥상부분 조경면적은 조경면적의 100분의 50을 초과할 수 없다.

25
정답 ①

셀룰로오스 섬유판은 유기질의 식물성 수지인 셀룰로오스로 만들어진 단열재료이다.

> **천연수지**
> 자연으로부터 얻어지는 수지이다.
>
> | 동물성 수지 | 셸락(곤충의 분비물), 카세인(우유 단백질) 등 |
> |---|---|
> | 식물성 수지 | 셀룰로오스, 다마르, 로진(송진 추출물), 코펄 등 |

26
정답 ④

복사난방은 방열기가 필요하지 않으므로 실의 바닥면적의 이용도가 높다.

> **복사난방의 장점**
> - 실내의 온도분포가 균등하고 쾌감도가 높다.
> - 방열기가 필요하지 않으며 바닥면의 이용도가 높다.
> - 대류가 적으므로 바닥면의 먼지가 상승하지 않는다.
> - 방이 개방상태인 경우에도 난방효과가 있다.
> - 실내 상하온도차가 작아 천장고가 높은 공장에 적합하다.
> - 실온을 낮게 유지할 수 있어서 열손실이 적다.

27
정답 ①

㉠ A지점의 반력
- $\Sigma M_E = 0$
  $V_A \times l - P_1 \times (l-a) - P_2 \times (c+d) - P_3 \times d = 0$
- $V_A \times 5.5\text{m} - 30\text{kN} \times 4.5\text{m} - 30\text{kN} \times 2.5\text{m} - 60\text{kN} \times 1\text{m} = 0$
- $V_A \fallingdotseq 49.09\text{kN}$

㉡ BC구간 내 x점에 작용하는 전단력
- $S_x = V_A - P_1 = 49.09\text{kN} - 30\text{kN} = +19.09\text{kN}$
- 부호가 정(+)이므로, 전단력은 시계진행방향(↑↓)으로 가해진다.

28
정답 ④

도막방수 공사는 바탕면 시공과 관통공사가 종결된 후에 실시한다.

> **도막방수의 바탕면 · 관통부 시공**
> 바탕면 및 바닥을 관통하거나 매설되는 파이프, 고정철물 등과의 접속부에서는 누수 등의 결함이 발생하기 쉬우므로 사전에 접속부 처리를 계획하여야 하며, 시공이 종결된 후 세심하게 방수처리를 실시한다.

29
정답 ①

체육관의 크기는 농구코트 기준이며, $400 \sim 500\text{m}^2$의 면적이 필요하다.

> **체육관의 크기**
> - 표준적으로 농구코트를 둘 수 있는 크기가 필요하다($400 \sim 500\text{m}^2$).
> - 천정 높이는 6m 이상, 징두리벽 높이는 $2.5 \sim 2.7\text{m}$ 정도로 한다.

30
정답 ②

열기식 공정표는 인부, 재료, 노력, 원척도 등이 필요한 기일까지 반입, 동원될 수 있도록 준비하는 데 적합한 공정표이다.

> **공정표의 종류**
>
> | 횡선식 공정표 | • 세로축에 공정, 가로축에 날짜를 표시하고 막대그래프로 표시하는 공정표이다.
• 예정 · 실시의 비교가 용이하다. |
> |---|---|
> | 열기식 공정표 | • 표의 각 칸에 글자를 나열시키는 공정표이다.
• 인부, 재료, 노력, 원척도 등이 필요한 기일까지 반입, 동원될 수 있도록 준비하는 데 적합하다. |
> | 사선식 공정표 | • 세로축에 공정, 가로축에 날짜를 표시하고 사선 또는 곡선으로 진척상황 등을 표시하는 공정표이다.
• 작업 간의 관련성을 나타낼 수 없다. |
> | 일순식 공정표 | • 특정 기간(1주일이나 10일 등) 단위로 상세하게 작성한 공정표이다. |
> | 네트워크 공정표 | • 각 작업 간의 관계를 네트워크로 표현하는 공정표이다.
• 공정표 작성에 특별한 기능이 요구된다. |

31 정답 ②

②는 오수처리시설 공사의 착공 전 신고사항이다.

> **공사 착공시점의 주요 인허가항목**
> 비산먼지 발생사업 신고, 특정공사 사전신고, 사업장폐기물 배출자 신고, 가설건축물 축조신고, 도로점용허가 등이 있다.

32 정답 ②

내민보에 작용하는 집중하중·반력
- $\Sigma M_B = 0$이며,
  $-P_1 \times (a+b+c) + V_A \times (b+c) - P_2 \times c + P_3 \times d = 0$
- $-1kN \times 8m + V_A \times 6m - 3kN \times 2m + 1kN \times 2m = 0$
- $V_A = 2kN$
- $P_1 + P_2 + P_3 = V_A + V_B$이므로, $V_B = 5kN - 2kN = 3kN$

33 정답 ④

- 보수율은 감광보상률의 역수이므로, $\dfrac{10}{15}$이다.
- (램프수량) $= \dfrac{800lx \times 10m^2}{2{,}000lm \times 0.6 \times \dfrac{10}{15}} = 10$개

> **조도의 계산**
> - 보수율은 램프의 신설 시와 교체 시의 조도 차이의 비이다.
> - 감광보상률은 보수율의 역수이다.
>
> | 평균조도 | $=\dfrac{(\text{램프당 광속})\times(\text{램프수량})\times(\text{조명률})\times(\text{보수율})}{(\text{실의 면적})}$ |
> |---|---|
> | 램프수량 | $=\dfrac{[\text{평균조도}(E)]\times[\text{실의 면적}(A)]}{[\text{램프당 광속}(F)]\times[\text{조명률}(U)]\times[\text{보수율}(M)]}$ |

34 정답 ①

AE제의 혼입량이 많을수록 공기량이 증가한다.

> **콘크리트의 공기량 변화**
>
> | 증가 | 감소 |
> |---|---|
> | • AE제 혼입량이 많을수록
• 혼합온도가 낮을수록
• 슬럼프가 클수록
• 잔골재 중 0.15~0.6mm 입경분포가 증가할수록 | • 단위시멘트량이 클수록
• 시멘트 분말도가 클수록
• 혼합시간이 길수록
• 진동을 가할수록 |

35 정답 ②

- (수용률) $= \dfrac{(\text{최대수용전력})}{(\text{총부하설비용량})} \times 100\%$
- (총부하설비용량) $= \dfrac{500kW}{80\%} \times 100\% = 625kW$

> **수전설비용량의 추정**
>
> | 수용률 | • 최대수용전력을 구하기 위한 것이다.
• (최대수용전력)÷(총부하설비용량)×100(%) |
> |---|---|
> | 부등률 | • 합성최대수용전력을 구하는 계수이다.
• (각 부하의 최대수용전력의 합계)÷(합성최대수용전력) |
> | 부하율 | • 전기설비가 어느 정도 유효하게 사용되는가를 나타내는 것이다.
• (부하의 평균전력)÷(최대수용전력)×100(%) |

36 정답 ③

$l_{hb} = \dfrac{0.24 \times 1 \times 15.9 \times 400}{1 \times \sqrt{30}} ≒ 278.68mm$

> **표준갈고리를 갖는 인장 이형철근의 정착길이**
> - 정착길이(l_{dh})는 기본정착길이(l_{hb})×적용 가능한 모든 보정계수이며, 항상 150mm 이상이어야 한다.
> - $l_{hb} = \dfrac{0.24 \times \beta \times d_b \times f_y}{\lambda \sqrt{f_{ck}}}$

37 정답 ②

0.5B 정미량 : $40m^2 \times 75$매$/m^2 = 3{,}000$장

> **기본벽돌쌓기**
> - 기본벽돌은 정미량, 모르타르는 소요량이다.
> - 할증률 : 붉은벽돌 3%, 내화벽돌 3%, 시멘트벽돌 5%
>
> | 구분 | 단위 | 0.5B | 1.0B | 1.5B |
> |---|---|---|---|---|
> | 기본벽돌 | m^2당 | 75매 | 149매 | 224매 |
> | 모르타르 | 1,000매당 | $0.25m^3$ | $0.33m^3$ | $0.35m^3$ |

38 정답 ④

안전개가식은 서가에 접근하여 열람 후 도서를 선택하고, 대출 수속 후 열람실로 이동하는 방식이다.

> **안전개가식 출납시스템**
>
> | 절차 | • 서가 접근 → 열람 후 선택 → 대출 수속 → 열람석 |
> |---|---|
> | 특징 | • 서고와 열람실이 분리되어 있다.
• 서가 열람이 가능하여 도서를 직접 뽑을 수 있다.
• 검열·기록·감시를 위한 관원이 필요하다. |
> | 적용 | • 1실 15,000권 이하의 소규모 도서관에 적합하다. |

39
정답 ④

④는 애리나형에 대한 설명이며, 프로시니엄형은 객석 수용 능력에 제한이 있다.

프로시니엄형(Proscenium) 극장

개요	연기자와 관객의 접촉면이 한 면으로 한정된 가장 일반적인 형태로, Picture frame stage라고도 한다.
특징	• 투시도법을 무대공간에 응용한 형식이다. • 연기는 한정된 액자 속에서 나타나는 구성화의 느낌을 준다. • 배경이 한 폭의 그림과 같은 느낌을 주므로 전체적인 통일의 효과를 얻는 데 가장 좋은 형태이다. • 객석 수용 능력에 제한이 있다. • 강연, 콘서트, 독주, 연극 공연 등에 적합하다.

40
정답 ②

비드는 용착금속을 연속시켜 놓은 상태를 말하며, 슬래그는 금속 산화물 등의 찌꺼기, 스패터는 용접 중 용접불꽃으로 비산하는 슬래그 및 금속재 알갱이를 말한다.

> **밀 스케일**
> 금속을 800℃ 이상으로 가열하면 표면에 발생하는 산화 피막을 말한다.

| 06 | 토목일반

01	02	03	04	05	06	07	08	09	10
④	②	④	②	③	③	④	⑤	④	④
11	12	13	14	15	16	17	18	19	20
④	①	③	②	⑤	④	⑤	⑤	④	④
21	22	23	24	25	26	27	28	29	30
③	⑤	②	④	②	②	④	③	④	①
31	32	33	34	35	36	37	38	39	40
①	①	⑤	①	③	②	③	②	①	②

01
정답 ④

훅(Hooke)의 법칙은 $\sigma = E\varepsilon$ 이다.

$$\sigma = \frac{P}{A} = \frac{8,000}{1} = 8,000 \text{kg/cm}^2$$

$$\varepsilon = \frac{\Delta l}{l} = \frac{0.8}{200} = 0.004$$

$$\therefore E = \frac{\sigma}{\varepsilon} = \frac{8,000}{0.004} = 2.0 \times 10^6 \text{kg/cm}^2$$

$$\therefore G = \frac{E}{2(HD)} = \frac{2.0 \times 10^6}{2(1+0.3)} \fallingdotseq 7.69 \times 10^5 \text{kg/cm}^2$$

$$\fallingdotseq 7.7 \times 10^5 \text{kg/cm}^2$$

02
정답 ②

오답분석

① 상대측위란 두 대 이상의 수신기를 사용하여 동시에 측량을 한 후 데이터를 처리하여 측량정도를 높이는 GNSS 측량법이다.
③ 위상차의 계산은 단일차분, 이중차분, 삼중차분 기법으로 한다.
④ 절대측위보다 정밀도가 높다.
⑤ 고전적인 삼각측량에 해당된다.

03
정답 ④

$A = 240 \times 240 = 57,600 \text{m}^2$

$\frac{dA}{A} = 2 \times \frac{dl}{l}$ 이므로, $\frac{dA}{57,600} = 2 \times \frac{0.04}{60}$ 이다.

따라서 $dA = 76.8 \text{m}^2$ 이다.

04
정답 ②

DGPS란 GPS가 갖는 오차를 보정하여 정확도를 높이고자 기준국을 설치하고 여기서 보정신호를 받아 수신기의 위치오차를 보정하는 방식이다. 여기서 보정되는 오차에는 위성의 궤도오차, 위성의 시계오차, 전리층 신호 지연, 대류권 신호지연 등이 있다.
다중경로 오차는 수신기에서 신호의 세기를 비교하여 약한 신호를 제거하여 오차를 보정한다.

05 정답 ③
유관이란 옆면이 유선으로 둘러싸인 관을 말한다.

06 정답 ③
강우자료의 일관성을 조사하는 방법은 이중누가우량분석이다.

07 정답 ④
$D=2m=200cm$이므로
레이놀즈 수$(Re)=\dfrac{VD}{v}$에 대입하면,
$Re=\dfrac{50 \times 200}{0.0101}=990,000$이다.

08 정답 ⑤
양단힌지로 된 장주의 좌굴하중과 양단 고정인 경우의 비는 1 : 4이다. 따라서 40t이다.

09 정답 ④
수리학적 상사
- 시간비(T_r)
$T_r=\dfrac{T_m(\text{모형시간})}{T_p(\text{원형시간})}$
- (축척비)=[길이비(L_r)]
$L_r=\dfrac{L_m(\text{모형길이})}{L_p(\text{원형길이})}$
- 시간비와 축척비 관계
$T_r=(L_r)^{\frac{1}{2}}$
$\dfrac{4}{T_P}=\left(\dfrac{1}{225}\right)^{\frac{1}{2}} \rightarrow T_P=60$분

10 정답 ④
상류 상태로 흐르는 하천에 댐을 구축했을 때, 저수지의 수면곡선은 배수곡선에 해당한다. 그러나 ①·②·③·⑤는 배수곡선에 해당하는 수면곡선이 아니다.

11 정답 ④
생물화학적 산소요구량(BOD)은 수중 유기물이 호기성 미생물에 의해 5일간 분해될 때 소비되는 산소량을 PPm(mg/L)으로 표시한다.

12 정답 ①
슬러지 용량 지표(SVI)는 폭기조 혼합액 1L를 30분간 침전시킨 후 1g의 MLSS가 슬러지로 형성 시 차지하는 부피를 말하며, SVI $=SV \times 10^4/\text{MLSS}$의 식으로 계산할 수 있다. 적정 SVI는 50~150이며, SVI≥200의 경우 슬러지 팽화를 의심할 수 있다.

13 정답 ③
KDS 57 45 00(상수도 취수시설 설계 기준)
유입속도는 0.4~0.8m/s를 표준으로 한다.

14 정답 ②
간극수압의 증가량의 공식은 $\Delta u = B\{\Delta\sigma_3 + A(\Delta\sigma_1 - \Delta\sigma_3)\}$이다.
위의 식에서 $2.0\text{kg}_f/\text{cm}^2$의 구속응력을 가하여 시료를 완전히 압밀시킨 이후, 축차응력을 가하여 비배수 상태로 전단시켜 파괴되었기 때문에 $\Delta\sigma_3=0$이다(∵ 들어가는 힘이 없기 때문에 $\Delta\sigma_3=0$이다).
따라서 $A=\dfrac{\Delta u}{\Delta\sigma_1}=\dfrac{1.5}{2.6}≒0.58$이다.

15 정답 ⑤
액상화현상
포화된 모래가 비배수(非排水) 상태로 변하여 전단 응력을 받으면, 모래 속의 간극수압이 차례로 높아지면서 최종적으로는 액상 상태가 되는 현상으로, 액상화현상의 요인 중 외적 요인으로는 지진의 강도나 그 지속시간 등을 들 수가 있으며, 내적 요인으로는 모래의 밀도(간극비, 상대밀도 등), 지하수면의 깊이, 모래의 입도 분포, 기반암의 지질구조 등이 있다.

16 정답 ④
$1.4\text{kg}_f/\text{cm}^2=14\text{t/m}^2$이므로 한계고 $H_c=\dfrac{2q_u}{\gamma_t}=\dfrac{2 \times 14}{2}=14$
이다(단, q_u는 일축압축강도이다).
따라서 안전율은 $F_s=\dfrac{H_c}{H}=\dfrac{14}{7}=2.0$이다.

17 정답 ⑤
탄성파 측정은 물리학적 측지학에 해당한다. 한편, 천문측량, 길이 및 시간 결정, 면적 및 체적 측정, 측지학적 3차원 위치결정은 모두 기하학적 측지학에 해당한다.

18 정답 ⑤
부피와 무게와의 관계를 보면, $w \times G_s = S \times e$이므로 $0.3 \times 2.60 = S \times 0.8 \rightarrow S = 97.5\%$
따라서 포화도는 97.5%이다.

19 정답 ④
나선철근으로 둘러싸인 경우 축방향 주철근의 최소 개수는 6개이다.

축방향 주철근의 최소 개수
- 삼각형 띠철근 : 3개
- 사각형 및 원형 띠철근 : 4개
- 나선철근 : 6개

20 정답 ④
벽체 최소 전단 철근 배치 예외 규정
- 슬래브와 기초판(또는 확대기초)
- 콘크리트 장선 구조
- 전체깊이가 250mm 이하인 보
- I형보와 T형보에서 그 깊이가 플랜지 두께의 2.5배와 복부폭 $\frac{1}{2}$ 중 큰 값 이하인 보
- 교대 벽체 및 날개벽, 옹벽의 벽체, 암거 등과 같이 휨이 주거동인 판 부재

21 정답 ③
보통골재를 사용하는 경우 $f_{ck} \leq 40\text{Mpa} \rightarrow \triangle f = 4\text{Mpa}$
$E_c = 8{,}500 \times \sqrt[3]{(38+4)} \fallingdotseq 29{,}546\text{MPa}$

22 정답 ⑤
$V_s > \frac{1}{3}\lambda\sqrt{f_{ck}}\, b_w d$의 경우에는 전단철근의 간격(s)은 1, 2, 3 중에서 작은 값을 선택한다.
1. $\frac{1}{4}$ 이하
2. 300mm 이하
3. $[\text{간격}(s)] = \frac{f_{yt} \times A_v \times d}{V_s}$ 이하

23 정답 ②
$P = \frac{A_1 P_1 + A_2 P_2 + A_3 P_3}{A_1 + A_2 + A_3} = \frac{20 \times 40 + 30 \times 30 + 50 \times 20}{20 + 30 + 50}$
따라서 평균 강수량 P는 27mm이다.

24 정답 ④
복부판의 두께가 너무 얇으면 지간 중앙부의 휨모멘트가 증가하여 복부판에는 큰 압축응력이 생기므로 좌굴의 우려가 있다. 따라서 강종에 따라 복부판의 두께를 제한하고 있다.

25 정답 ②
$\sum F = -100 + F - 300 - P + 200 = 0$
$\sum M_A = (-100 \times 0) - (2 \times F) + (4 \times 300) + (5 \times P) - (7 \times 200) = 0$
연립하여 풀면 $F = 400\text{kg}_f$, $P = 200\text{kg}_f$이다.

26 정답 ②
- 양단 활절 기둥의 좌굴 하중 : $P_{cr} = \frac{\pi^2 EI}{L^2}$
- 양단 고정 기둥의 좌굴 하중 : $P_{cr} = \frac{\pi^2 EI}{\left(\frac{L}{2}\right)^2}$

따라서 둘의 비율은 1 : 4이다.

27 정답 ④
- $A : 1 \times 1 = 1$
- $B : 0.5 \times 1 + 0.5 \times 1 = 1$
- $C : 1 \times 1 = 1$
- $D : 1 \times 2 - 1 \times 1 = 1$

28 정답 ③
$V_c = +\left[-30 - 5\left(\frac{1}{2} \times 40 \times 35\right)\right] = -90\text{kN}$
$M_c = +\left[-(30) \times (4) - \left(\frac{1}{2} \times 40 \times 3\right)\right] = -180\text{kN}$

29 정답 ④
(포아송비) $= \dfrac{\frac{\triangle l}{l}}{\frac{\triangle d}{d}} = \dfrac{10 \times \triangle d}{0.5 \times 0.1} = 0.2$

$\triangle d = \dfrac{0.2 \times 0.5 \times 0.1}{10} = 0.001\text{m}(=0.1\text{cm})$

반지름 $\dfrac{\triangle d}{2} = \dfrac{0.1}{2} = 0.05$

따라서 0.05cm 감소한다.

30   정답 ①

우력(偶力 ; Couple of Forces)
일직선상이 아니고 크기가 같으며, 방향이 서로 평행으로 반대인 두 힘을 우력이라 한다. 우력은 두 힘이 작용하는 평면으로 수직인 축 둘레에 회전시키는 작용을 한다. 두 힘의 작용선 사이의 거리 a(우력의 팔의 길이)와 각 힘의 크기 F의 곱 aF를 우력의 모멘트라 한다.

31   정답 ①

$\sum M_A = 0$, $2 \times 8 \times 4 - H_D \times 2 - R_D \times 8 = 0$

$R_D = 8 - \dfrac{H_D}{4}$

$M_E = 0$, $2 \times 2 \times 1 + H_D \times 4 - R_D \times 2 = 0$

$H_D = \dfrac{12}{\frac{9}{2}} \fallingdotseq 2.67\text{t}$

32   정답 ①

$\sigma_a = \dfrac{My}{I} = \dfrac{6M}{bh^2}$

$h = \sqrt{\dfrac{6M}{b \cdot \sigma_a}} = \sqrt{\dfrac{6 \times 8,000 \times 100}{25 \times 120}} = 40\text{cm}$

33   정답 ⑤

상대밀도 $D_r = \dfrac{e_{\max} - e}{e_{\max} - e_{\min}} \times 100$에서 간극비가 $e_{\min}$이므로 $e = e_{\min}$을 대입하면 다음과 같다.

$D_r = \dfrac{e_{\max} - e_{\min}}{e_{\max} - e_{\min}} \times 100 = 100$

따라서 간극비가 $e_{\min}$이면, 가장 촘촘한 상태이므로 상대밀도는 100%이다.

34   정답 ①

수평각 관측법은 트랜싯, 데오돌라잇, 토털스테이션 등으로 수평축을 기준하여 교각법, 편각법, 방위각법 등으로 관측한다.
- 교각법 : 각 측선 간의 교각을 측정해 가는 방법
- 편각법 : 각 측선이 그 앞 측선의 연장과 이루는 각을 관측하는 방법
- 방위각법 : 각 측선이 일정한 기준선(진북, 자오선) 방향과 이루는 각을 우회로 관측하는 방법

35   정답 ③

삼각망 중에서 정확도가 가장 높은 것은 조건식의 수가 가장 많은 사변형망이다.

36   정답 ②

평균유속(V_m)에 있어 2점법은 $\dfrac{1}{2}(V_{0.2} + V_{0.8})$이므로, 수면으로부터 수심의 $\dfrac{1}{5}$, $\dfrac{4}{5}$ 지점을 관측해야 한다.

1점법은 $V_{0.6}$, 3점법은 $\dfrac{1}{4}(V_{0.2} + 2V_{0.6} + V_{0.8})$이다.

> 평균유속(V_m)
> - 1점법 $V_m = V_{0.6}$
> - 2점법 $V_m = \dfrac{1}{2}(V_{0.2} + V_{0.8})$
> - 3점법 $V_m = \dfrac{1}{4}(V_{0.2} + 2V_{0.6} + V_{0.8})$

37   정답 ③

A의 거리는 2km이므로, A → P의 거리비는 $\dfrac{2+3+1}{2} = 3$

B의 거리는 3km이므로, B → P의 거리비는 $\dfrac{2+3+1}{3} = 2$

C의 거리는 1km이므로, C → P의 거리비는 $\dfrac{2+3+1}{1} = 6$

$124.00 + \dfrac{(3 \times 0.583) + (2 \times 0.295) + (6 \times 0.792)}{3+2+6} \fallingdotseq 124.645\text{m}$

38   정답 ②

$\dfrac{1}{m} = \dfrac{f}{H-h} = \dfrac{0.153}{3,000-600} = \dfrac{1}{15,686}$

따라서 사진축척은 $\dfrac{1}{15,686}$이다.

39   정답 ①

일시적인 개량공법의 종류로는 웰 포인트(Well Point) 공법, 대기압 공법(진공 압밀 공법), 동결 공법 등이 있다.

40   정답 ②

DAD 해석은 최대 우량깊이, 유역면적, 강우지속시간과의 관계를 수립하는 작업으로 유역면적을 대수축에 최대 평균 강우량을 산술축에 표시한다.

서울교통공사 기술직 신입사원 필기시험
제3회 모의고사 정답 및 해설

제1영역 직업기초능력평가

01	02	03	04	05	06	07	08	09	10
④	③	①	③	③	④	⑤	②	④	③
11	12	13	14	15	16	17	18	19	20
③	⑤	③	①	⑤	③	②	②	④	③
21	22	23	24	25	26	27	28	29	30
②	④	②	④	②	⑤	④	⑤	③	①
31	32	33	34	35	36	37	38	39	40
⑤	②	⑤	①	②	④	③	④	④	③

01 정답 ④

기안문 작성 시 유의사항
- 정확성(바른 글)
  - 필요한 내용을 빠뜨리지 않고, 잘못된 표현이 없도록 문서를 작성한다.
  - 의미전달에 혼동을 일으키지 않도록 정확한 용어를 사용하고 문법에 맞게 문장을 구성한다.
  - 애매모호하거나 과장된 표현에 의하여 사실이 왜곡되지 않도록 한다.
- 용이성(쉬운 글)
  - 상대방의 입장에서 이해하기 쉽게 작성한다.
  - 추상적이고 일반적인 용어보다는 구체적이고 개별적인 용어를 쓴다.
- 성실성(호감 가는 글)
  - 문서는 성의 있고 진실하게 작성한다.
  - 감정적이고 위압적인 표현을 쓰지 않는다.
- 경제성(효율적으로 작성하는 글)
  - 용지의 규격·지질을 표준화한다.
  - 서식을 통일하여 규정된 서식을 사용하는 것이 경제적이다.

02 정답 ③

RIGHT 함수는 오른쪽에서부터 문자를 추출하는 함수이다. RIGHT(문자열,추출할 문자 수)이므로 「=RIGHT(A3,4)」가 옳은 함수식이다.

03 정답 ①

필기점수와 면접점수의 합을 바탕으로 순위를 구하면 다음과 같다. 이때, 동점자일 경우 면접점수가 높은 사원이 먼저 배정된다.

구분	필기점수	면접점수	합계	순위
A사원	70	40	110	10
B사원	90	80	170	3
C사원	60	70	130	8
D사원	100	50	150	4
E사원	80	90	170	2
F사원	80	100	180	1
G사원	50	60	110	9
H사원	60	80	140	5
I사원	70	70	140	6
J사원	90	50	140	7

순위를 토대로 1지망을 배정하면 다음과 같다.

구분	1지망	2지망	추천부서	배정부서
F사원	개발부	영업부	홍보부	개발부
E사원	홍보부	총무부	총무부	홍보부
B사원	개발부	총무부	사업부	개발부
D사원	영업부	홍보부	개발부	영업부
H사원	총무부	사업부	영업부	총무부
I사원	홍보부	개발부	총무부	홍보부
J사원	홍보부	영업부	총무부	–
C사원	영업부	개발부	영업부	영업부
G사원	영업부	사업부	사업부	–
A사원	개발부	사업부	홍보부	–

1지망에 배정된 인원을 제외하고 2지망에 배정하면 다음과 같다.

구분	1지망	2지망	추천부서	배정부서
J사원	홍보부	영업부	총무부	
G사원	영업부	사업부	사업부	사업부
A사원	개발부	사업부	홍보부	사업부

마지막으로 J사원은 추천부서인 총무부에 배정이 된다. 따라서 B사원은 개발부에 배정된다.

04 정답 ③

추천부서와 배정부서를 정리하면 다음과 같다.

구분	추천부서	배정부서
A사원	홍보부	사업부
B사원	사업부	개발부
C사원	영업부	영업부
D사원	개발부	영업부
E사원	총무부	홍보부
F사원	홍보부	개발부
G사원	사업부	사업부
H사원	영업부	총무부
I사원	총무부	홍보부
J사원	총무부	총무부

따라서 C사원과 G사원, J사원이 일치한다.

05 정답 ③

제21조의7 제1항 제2호에 따라 선로전환기 업무에 대하여 10년의 경력을 취득한 사람은 관제교육훈련의 일부를 면제받을 수 있다.

오답분석

① 제21조의8 제2항
② 제21조의7 제1항 2호
④ 제21조의7 제2항·제4항
⑤ 제21조의8 제3항

06 정답 ④

직업윤리는 근로윤리와 공동체윤리로 구분할 수 있으며, 근로윤리의 판단 기준으로는 정직한 행동, 근면한 자세, 성실한 태도이다.

오답분석

㉠·㉡·㉣ 공동체윤리의 판단 기준이다.

07 정답 ⑤

제시문에서는 우리 민족과 함께해 온 김치의 역사를 비롯하여 김치의 특징과 다양성 등을 함께 이야기하고 있으며, 복합 산업으로 발전하면서 규모가 성장하고 있는 김치 산업에 관해서도 이야기하고 있다. 따라서 글 전체의 내용을 아우를 수 있는 제목으로 가장 적절한 것은 ⑤이다.

오답분석

①·④ 첫 번째 문단이나 두 번째 문단의 소제목은 될 수 있으나, 글 전체 내용을 나타내는 제목으로는 적절하지 않다.
② 마지막 문단에서 김치산업에 관한 내용을 언급하고 있지만, 이는 현재 김치산업의 시장 규모에 대한 내용일 뿐이므로 산업의 활성화 방안과는 거리가 멀다.

08 정답 ⑤

- 최종점수는 [E2] 셀에 「=ROUND(AVERAGE(B2:C2)*0.9+D2*0.1,1)」를 넣고 드래그하면 된다. 따라서 ②와 ④는 사용하는 함수이다.
- 등수는 [F2] 셀에 「=RANK(E2,$E$2:$E$8)」를 넣고 드래그하면 된다. 따라서 ③은 사용하는 함수이다.
- 등급은 [G2] 셀에 「=IFS(RANK(E2,$E$2:$E$8)<=2,"A",RANK(E2,$E$2:$E$8)<=5,"B",TRUE,"C")」를 넣고 드래그하면 된다. 따라서 ①은 사용하는 함수이다.

09 정답 ④

엑셀에서 〈F12〉와 〈Shift〉+〈F12〉는 '다른 이름으로 저장'의 단축키이다.

오답분석

① 〈Alt〉+〈F〉 : 파일 메뉴 / 〈Alt〉+〈N〉 : 삽입 메뉴
② 〈Alt〉+〈Enter〉 : 한 셀에 두 줄 입력 / 〈Alt〉+〈=〉 : 자동 합계
③ 〈Shift〉+〈F5〉 : 찾기 / 〈Shift〉+〈F3〉 : 함수 마법사
⑤ 〈Ctrl〉+〈9〉 : 행 숨기기 / 〈Ctrl〉+〈F9〉 : 창 최소화

10 정답 ③

피벗 테이블에 셀에 메모를 삽입한 경우 데이터를 정렬하여도 메모는 피벗 테이블의 셀에 고정되어 있다.

11 정답 ③

흥미나 적성은 선천적으로 부여되지만 꾸준한 연습으로 개발할 수 있으므로, 자신의 흥미나 적성을 발견하고 이를 적극적으로 개발하려는 노력이 필요하다.

12 정답 ⑤

자신이 그동안 성취한 것을 평가하고, 생산성을 그대로 유지하는 단계는 경력 중기에 해당하는 것이므로 경력 초기 단계의 사원 D의 과제로 ⑤는 적절하지 않다.

13
정답 ③

김대리의 일정을 10월 달력에 정리하면 다음과 같다.

〈10월 스케줄〉

일	월	화	수	목	금	토
				1 추석	2 추석 연휴, 제주도 여행	3 개천절, 제주도 여행
4 제주도 여행	5 제주도 여행	6 제주도 여행, 휴가 마지막 날	7	8	9 한글날	10
11	12	13	14	15	16	17
18	19	20 외부출장	21 외부출장	22 외부출장	23 외부출장	24
25	26	27	28 프로젝트 발표	29 프로젝트 발표	30	31

12일 월요일부터 그 주에 스케줄이 없으므로 이틀간 연차를 쓰고 할머니댁 방문이 가능하다.

오답분석
① 제주도 여행 기간이며, 주말에는 할머니댁에 가지 않는다고 하였다.
② 6일은 제주도 여행에서 돌아오는 날로 휴가 기간이다.
④ 20 ~ 23일 외부출장이 있다.
⑤ 28일에는 프로젝트 발표가 있다.

14
정답 ①

인간은 누구나 반대되는 의견이나 생각에 부딪히게 되면 자연스럽게 반대의견을 펴게 된다. 하지만 상대방을 자기의견에 따르도록 유도하는 것이 아니라 논쟁을 통해 굴복시키게 되면 그의 자아에 심대한 타격을 주게 된다. 따라서 적대감을 품게 되며 복수의 기회를 엿보게 만든다.

15
정답 ⑤

김대리는 자기개발의 목표(해외 근무를 지원하기 위한 자격증·어학 공부)와 일상생활(시부모님이 편찮으셔서 돌봐드려야 함) 간의 갈등으로 인해 자기개발 계획의 수립이 어려운 상황이다.

오답분석
① 자기 정보의 부족 : 자신의 흥미, 장점, 가치, 라이프스타일을 충분히 이해하지 못해 자기개발 계획의 수립이 어려운 것을 뜻한다.
② 내부 작업 정보의 부족 : 회사 내의 경력 기회 및 직무 가능성에 대해 충분히 알지 못해 자기개발 계획의 수립이 어려운 것을 뜻한다.
③ 외부 작업 정보의 부족 : 다른 직업이나 회사 밖의 기회에 대해 충분히 알지 못해 자기개발 계획의 수립이 어려운 것을 뜻한다.
④ 의사결정 시 자신감의 부족 : 자기개발과 관련된 결정을 내릴 때 자신감이 부족해 자기개발 계획의 수립이 어려운 것을 뜻한다.

16
정답 ③

- 702 나 2838 : '702'는 승합차에 부여되는 자동차 등록번호이다.
- 431 사 3019 : '사'는 운수사업용 차량에 부여되는 자동차 등록번호이다.
- 912 라 2034 : '912'는 화물차에 부여되는 자동차 등록번호이다.
- 214 하 1800 : '하'는 렌터카에 부여되는 자동차 등록번호이다.
- 241 가 0291 : '0291'은 발급될 수 없는 일련번호이다.

따라서 보기에서 비사업용 승용차의 자동차 등록번호로 잘못 부여된 것은 모두 5개이다.

17
정답 ②

면접평가 결과를 점수로 변환하면 다음과 같다.

(단위 : 점)

구분	갑	을	병	정	무
의사소통능력	100	100	100	80	50
문제해결능력	80	75	100	75	95
조직이해능력	95	90	60	100	90
대인관계능력	50	100	80	60	85

변환된 점수에 최종 합격자 선발기준에 따른 평가비중을 반영하여 최종 점수를 구하면 다음과 같다.

- 갑 : $(100 \times 0.4) + (80 \times 0.3) + (95 \times 0.2) + (50 \times 0.1) = 88$점
- 을 : $(100 \times 0.4) + (75 \times 0.3) + (90 \times 0.2) + (100 \times 0.1) = 90.5$점
- 병 : $(100 \times 0.4) + (100 \times 0.3) + (60 \times 0.2) + (80 \times 0.1) = 90$점
- 정 : $(80 \times 0.4) + (75 \times 0.3) + (100 \times 0.2) + (60 \times 0.1) = 80.5$점
- 무 : $(50 \times 0.4) + (95 \times 0.3) + (90 \times 0.2) + (85 \times 0.1) = 75$점

따라서 최종 합격자는 상위자 2명이므로 을, 병이 선발된다.

18
정답 ②

L부장에게는 '나 자신뿐만 아니라 나의 부서의 일은 내 책임이라고 생각하는' 책임 의식이 필요하다.

19
정답 ④

직장에서의 정직한 생활을 위해서는 '남들도 하는 것이다.' 같은 생각으로 부정직한 관행을 따라서는 안 된다.

20 정답 ③

직장에서의 근면한 생활을 위해서는 B사원과 같이 일에 지장이 없도록 항상 건강관리에 유의해야 하며, C대리와 같이 오늘 할 일을 내일로 미루지 않고, 업무 시간에 개인적인 일을 하지 않아야 한다.

오답분석
- A사원 : 항상 일을 배우는 자세로 임하여 열심히 해야 한다.
- D대리 : 사무실 내에서 메신저 등을 통해 사적인 대화를 나누지 않아야 한다.

21 정답 ②

제시문은 실제 일어났던 전쟁을 배경으로 한 작품들이 전쟁을 어떤 방식으로 다루고 있는지 비교하는 글로, 『박씨전』과 『시장과 전장』을 통해 전쟁 소설이 실재했던 전쟁을 새롭게 인식하려 함을 설명한다. 따라서 (가) 실존 인물을 허구의 인물로 물리침으로써 패전의 치욕을 극복하고자 한 『박씨전』 → (라) 패전의 슬픔을 위로하고 희생자를 추모하여 연대감을 강화하고자 한 『박씨전』 → (나) 전쟁이 남긴 상흔을 직시하고 좌절하지 않으려는 작가의 의지가 드러나는 『시장과 전장』 → (다) 『시장과 전장』에서 나타나는 개인의 연약함과 존엄의 탐색의 순서대로 배열하는 것이 적절하다.

22 정답 ④

B씨는 15t 화물트럭을 이용하므로 B씨의 차종은 4종에 해당하며, 4종의 km당 주행요금은 62.9원이다. 이를 바탕으로 B씨의 고속도로 통행요금을 구하면 다음과 같다.
- 서울 → 영천
  - 개방식 6차로 비용 : $720+180\times(62.9\times1.2)=14,306.4 ≒ 14,306$원
  - 폐쇄식 4차로 비용 : $900+150.4\times62.9=10,360.16 ≒ 10,360$원
- 영천 → 부산 : $(900\times0.5)+44.4\times(62.9\times0.5)=1,846.38 ≒ 1,846$원

따라서 B씨가 최종적으로 지불해야 할 고속도로 통행요금은 $14,306+10,360+1,846=26,512$원이다.

23 정답 ⑤

- 2024년 전체 어린이보호구역 : $5,946+6,735+131+2,313+11=15,136$개소
- 2022년 전체 어린이보호구역 : $5,850+5,476+126+1,755+10=13,217$개소

∴ $15,136-13,217=1,919$개소

24 정답 ④

학원을 제외한 시설별 전년 대비 2021년 어린이보호구역 지정개소 증가율은 다음과 같다.
- 초등학교 : $\frac{5,654-5,526}{5,526}\times100 ≒ 2.32\%$
- 유치원 : $\frac{2,781-2,602}{2,602}\times100 ≒ 6.88\%$
- 특수학교 : $\frac{107-93}{93}\times100 ≒ 15.05\%$
- 보육시설 : $\frac{1,042-778}{778}\times100 ≒ 33.93\%$

따라서 전년 대비 2021년 어린이보호구역 지정개소 증가율이 가장 높은 시설은 보육시설이다.

25 정답 ②

- 2024년 전체 어린이보호구역 : $5,946+6,735+131+2,313+11=15,136$개소
- 2019년 전체 어린이보호구역 : $5,365+2,369+76+619+5=8,434$개소

따라서 2024년 어린이보호구역은 2019년 어린이보호구역보다 $15,136-8,434=6,702$개소 증가했으므로 옳지 않은 설명이다.

오답분석
① 2019년 어린이보호구역으로 지정된 시설은 $5,365+2,369+76+619+5=8,434$개소이다.
③ 2023년과 2024년의 특수학교 어린이보호구역 지정개소 수는 131개소로 같은 것을 확인할 수 있다.
④ 2019 ~ 2024년 초등학교 어린이보호구역은 꾸준히 증가하고 있으므로 옳은 설명이다.
⑤ 학원 어린이보호구역은 2024년에 11개로 2023년과 동일하므로 증가율은 0%이다.

26 정답 ⑤

공정경쟁의 원칙이란 법규를 준수하고, 경쟁원리에 따라 공정하게 행동하는 원칙으로 A식당의 경우 원산지법을 위반했음은 물론 공정하게 다른 식당과 경쟁하지 못하였으므로, 해당 원칙을 위반했다고 볼 수 있다.

오답분석
① 객관성의 원칙 : 업무의 공공성을 바탕으로 공사구분을 명확히 하고, 모든 것을 숨김없이 투명하게 처리하는 원칙
② 고객중심의 원칙 : 고객에 대한 봉사를 최우선으로 생각하고 현장중심, 실천중심으로 일하는 원칙
③ 전문성의 원칙 : 자기업무에 전문가로서의 능력과 의식을 가지고 책임을 다하며, 능력을 연마하는 원칙
④ 정직과 신용의 원칙 : 업무와 관련된 모든 것을 숨김없이 정직하게 수행하고, 본분과 약속을 지켜 신뢰를 유지하는 원칙

27 정답 ④
경영계획에 따라 경영실행이 이루어지는 경영실행의 단계에서는 조직목적을 달성하기 위한 활동을 수행하고 조직구성원을 관리한다. 따라서 조직구성원 관리는 경영평가의 단계가 아닌 경영실행의 단계에서 이루어진다.

28 정답 ⑤
ㄷ. 정부의 최저임금 정책은 임금 분배 개선에 영향을 주었다. 정부의 일자리사업, 근로시간 단축, 일생활 균형 문화의 확산 등이 단기간 근로자 수 증가에 영향을 미쳤다.
ㅁ. 인구 고령화는 단시간 근로 증가·장시간 근로 개선, 40대 노동자 감소·60대 노동자 증가에 영향을 미쳤다.

29 정답 ③
사용 전 알아두기 네 번째에 제습기의 물통이 가득 찰 경우 작동이 멈춘다고 하였으므로 서비스센터에 연락해야 한다.

오답분석
① 실내 온도가 18℃ 미만일 때 냉각기에 결빙이 시작되어 제습량이 줄어들 수 있다.
② 컴프레서 작동으로 실내 온도가 올라갈 수 있다.
④ 여섯 번째 사항에서 10분 꺼두었다가 다시 켜서 작동하면 정상이라고 하였다.
⑤ 희망 습도에 도달하면 운전이 멈추고, 습도가 높아지면 다시 자동 운전으로 작동한다.

30 정답 ①
보증서가 없으면 영수증이 대신하는 것이 아니라, 제조일로부터 3개월이 지난 날이 보증기간 시작일이 된다.

오답분석
② 보증기간 안내 두 번째 항목 보증기간 산정 기준을 보면 제품 보증기간 정의가 나와 있다. '제품 보증기간이라 함은 제조사 또는 제품 판매자가 소비자에게 정상적인 상태에서 자연 발생한 품질 성능 기능 하자에 대하여 무료 수리해 주겠다고 약속한 기간'이므로 옳은 내용이다.
③·④ 2017년 이전 제품은 2년 나머지는 1년이 보증기간이다.
⑤ 제습기 부품 보증기간에 2016년 1월 이후 생산된 제품은 10년이라고 하였다.

31 정답 ⑤
기술교양을 지닌 사람들의 특징
- 기술학의 특성과 역할을 이해한다.
- 기술체계가 설계되고, 사용되고, 통제되어지는 방법을 이해한다.
- 기술과 관련된 이익을 가치화하고 위험을 평가할 수 있다.
- 기술에 의한 윤리적 딜레마에 대해 합리적으로 반응할 수 있다.

32 정답 ②
미국에서는 악수를 할 때 상대의 눈이나 얼굴을 봐야 한다. 눈을 피하는 태도를 진실하지 않은 것으로 보기 때문이다. 상대방과 시선을 마주보며 대화하는 것을 실례라고 생각하는 나라는 아프리카이다.

33 정답 ⑤
미국 정부의 전자여행허가제(ESTA)
대한민국 국민으로서 관광 및 상용 목적으로 90일 이내의 기간 동안 미국을 방문하고자 하는 경우, 2008년 11월 17일부터 원칙적으로 비자 없이 미국 입국 가능하지만, 미 정부의 전자여행허가제에 따라 승인을 받아야만 한다.

34 정답 ①
상향식 기술선택(Bottom Up Approach)은 기술자들로 하여금 자율적으로 기술을 선택하게 함으로써 기술자들의 흥미를 유발할 수 있고, 이를 통해 그들의 창의적인 아이디어를 활용할 수 있는 장점이 있다.

오답분석
② 하향식 기술선택은 먼저 기업이 직면하고 있는 외부환경과 기업의 보유 자원에 대한 분석을 통해 기업의 중장기적인 사업목표를 설정하고, 이를 달성하기 위해 확보해야 하는 핵심고객층과 그들에게 제공하고자 하는 제품과 서비스를 결정한다.
③ 상향식 기술선택은 기술자들이 자신의 과학기술 전문 분야에 대한 지식과 흥미만을 고려하여 기술을 선택하게 함으로써, 시장의 고객들이 요구하는 제품이나 서비스를 개발하는 데 부적합한 기술이 선택될 수 있다.
④ 하향식 기술선택은 기술에 대한 체계적인 분석을 한 후, 기업이 획득해야 하는 대상기술과 목표기술수준을 결정한다.
⑤ 상향식 기술선택은 기술자들로 하여금 자율적으로 기술을 선택하게 함으로써 시장에서 불리한 기술이 선택될 수 있다.

35 정답 ②
임파워먼트는 책임과 권한을 구성원에게 위임함으로써 구성원이 과업을 적극적으로 책임있게 수행하려는 것이므로, 학습 혹은 성장의 기회가 되지 않는 단순 업무의 위임 및 분산, 지시는 임파워먼트에 해당하지 않는다.

오답분석
ㄴ. 업무에 관한 결정을 위임함으로써 조직 내 성과 향상을 끌어낼 수 있으므로 임파워먼트로 적절한 사례이다.
ㄷ. 실무자에게 권한을 위임함으로써 직접적이고 적실한 업무 추진이 가능하므로 바람직한 임파워먼트 사례에 해당한다.

36
정답 ④

사회적 입증 전략이란 사람은 과학적 이론보다 자신의 동료나 이웃의 말이나 행동에 의해서 쉽게 설득된다는 것과 관련된 전략이다.

오답분석

① See-Feel-Change 전략 : 시각화하고 직접 보게 하여 이해시키고(See), 스스로가 느끼게 하여 감동시키며(Feel), 이를 통해 상대방을 변화시켜(Change) 설득에 성공한다는 전략이다.
② 호혜 관계 형성 전략 : 협상당사자 간에 어떤 혜택들을 주고받은 관계가 형성되어 있으면 그 협상과정상의 갈등해결에 용이하다는 것이다.
③ 헌신과 일관성 전략 : 협상당사자 간에 기대하는 바에 일관성 있게 헌신적으로 부응하여 행동하게 되면 협상과정상의 갈등해결이 용이하다는 것이다.
⑤ 희소성 해결 전략 : 인적, 물적 자원 등의 희소성을 해결하는 것이 협상과정상의 갈등해결에 용이하다는 것이다.

37
정답 ③

시험 준비는 각자 자신의 성적을 위한 것으로 팀워크의 특징인 공동의 목적으로 보기 어렵다. 또한 상호관계성을 가지고 협력하는 업무로 보기 어려우므로 팀워크의 사례로 적절하지 않다.

38
정답 ④

사소한 것에 트집을 잡는 트집형 고객의 모습이다. 트집형 고객의 대응 방안으로는 이야기를 경청하고, 맞장구치고, 추켜세우고, 설득해 가는 방법이 가장 효과적이다.

39
정답 ④

사원수를 a명, 사원 1명당 월급을 b만 원이라고 가정하면, 월급 총액은 $(a \times b)$가 된다.
두 번째 정보에서 사원수는 10명이 늘어났고, 월급은 100만 원 작아졌다. 또한 월급 총액은 기존의 80%로 줄었다고 하였으므로, 이에 따라 방정식을 세우면
$(a+10) \times (b-100) = (a \times b) \times 0.8 \cdots \ㄱ$
세 번째 정보에서 사원은 20명이 줄었으며, 월급은 동일하고 월급 총액은 60%로 줄었다고 했으므로 사원 20명의 월급 총액은 기존 월급 총액의 40%임을 알 수 있다.
$20b = (a \times b) \times 0.4 \cdots \ㄴ$
ㄴ에서 사원수 a를 구하면
$20b = (a \times b) \times 0.4 \rightarrow 20 = a \times 0.4$
$\rightarrow a = \dfrac{20}{0.4} = 50$명
ㄱ에 사원수 a를 대입하여 월급 b를 구하면
$(a+10) \times (b-100) = (a \times b) \times 0.8 \rightarrow 60 \times (b-100) = 40b$
$\rightarrow 20b = 6,000 \rightarrow b = 300$만 원
따라서 사원수는 50명이며, 월급 총액은 $(a \times b) = 50 \times 300$만 = 1억 5천만 원이다.

40
정답 ③

각 과제의 최종 점수를 구하기 전에 항목당 최하위 점수가 부여된 과제는 제외하므로, 중요도에서 최하위 점수가 부여된 B, 긴급도에서 최하위 점수가 부여된 D, 적용도에서 최하위 점수가 부여된 E를 제외한다. 나머지 두 과제에 대하여 주어진 조건에 의해 각 과제의 최종 평가 점수를 구해보면 다음과 같다. 가중치는 별도로 부여되므로 추가 계산한다.
· A : $(84+92+96)+(84 \times 0.3)+(92 \times 0.2)+(96 \times 0.1) = 325.2$점
· C : $(95+85+91)+(95 \times 0.3)+(85 \times 0.2)+(91 \times 0.1) = 325.6$점
따라서 C과제를 가장 먼저 수행해야 한다.

제2영역 직무수행능력평가

| 01 | 기계일반

01	02	03	04	05	06	07	08	09	10
④	①	③	①	①	②	⑤	①	⑤	①
11	12	13	14	15	16	17	18	19	20
②	⑤	①	③	④	②	④	④	①	②
21	22	23	24	25	26	27	28	29	30
③	③	②	④	①	③	③	④	①	④
31	32	33	34	35	36	37	38	39	40
②	③	⑤	③	①	①	②	③	④	③

01   정답 ④

오일러 방정식은 유선상의 한 점에 있어서 어떤 순간에 여기를 통과하는 유체 입자의 속도와 그것에 미치는 힘의 관계를 나타낸 방정식이다. 식을 유도하기 위해 요구되는 가정은 유체입자는 유선에 따라 움직이고 유체는 마찰이 없으며(점성력이 0) 정상유동이어야 한다.

오답분석

ⓒ 비압축성 유체 : 베르누이 방정식의 유도과정에 필요한 가정이다.

02   정답 ①

- 굽힘모멘트(M)와 비틀림모멘트(T)가 동시 작용할 때 상당굽힘모멘트(M_e)

$$M_e = \frac{1}{2}(M + \sqrt{M^2 + T^2})\ (M : 굽힘모멘트,\ T : 비틀림모멘트)$$

03   정답 ③

$$I_p = \frac{\pi(d_1^4 - d_2^4)}{32} = \frac{\pi(5^4 - 3^4)}{32} = 53.4\text{cm}^4$$

04   정답 ①

축의 비틀림각 $\theta = \dfrac{T \cdot L}{G \cdot I_P}$

I_P(극단면 2차 모멘트)$= \dfrac{\pi d^4}{32}$을 대입하면

$$= \frac{T \cdot L}{G \cdot \frac{\pi d^4}{32}} = \frac{32 T \cdot L}{G \cdot \pi d^4}$$

여기서, 비틀림각(θ)을 $\dfrac{1}{4}\theta$로 줄이고, 축 지름(d)만을 고려하면

$$\frac{1}{d_\theta^4} = \frac{1}{4} \times \frac{1}{d^4}$$

양변을 역수하면

$d_\theta^4 = 4d^4$

$d_\theta = \sqrt{2}\,d$

05   정답 ①

$S = \dfrac{\sigma_{\max}}{\sigma_a}$, $\sigma_a = \dfrac{\sigma_{\max}}{S} = \dfrac{600}{7} = 85.71\text{MPa}$

$\sigma_a = \dfrac{P}{A} = \dfrac{4P}{\pi d^2}$

$$\therefore d = \sqrt{\frac{4P}{\pi \sigma_a}} = \sqrt{\frac{4 \times 50 \times 10^3}{\pi \times 85.71 \times 10^6}} = 0.027\text{m} = 2.7\text{cm}$$

06   정답 ②

주철의 장점

- 주조성 및 마찰저항이 우수하다.
- 인장 및 굽힘강도는 적으나 압축강도는 크다.
- 금속 중 가격이 제일 저렴하다.
- 복잡한 물체 제작이 가능하다.

07   정답 ⑤

- 시멘타이트 : 순철에 탄소 약 6.6%가 합금된 금속조직으로 경도가 가장 높다.
- 강에서 열처리 조직의 경도 순서
  페라이트<오스테나이트<펄라이트<소르바이트< 베이나이트<트루스타이트<마텐자이트<시멘타이트

08   정답 ①

- 웨버수(We)란 표면장력에 영향을 미치는 것과 관련된 무차원수이다.

$$We = \frac{(관성력)}{(표면장력)}$$

- 표면장력(σ) : 유체입자 간 응집력으로 인해 액체의 자유표면이 어떤 장력에 의해 잡아당기는 것과 같은 얇은 탄성 막이 형성되는 성질

$$\sigma = \frac{g}{cm} = \frac{F}{A} = \frac{ma}{A} = \frac{kg \cdot m/s^2}{m} = kg/s^2 = [MT^{-2}]$$

09 정답 ⑤

쇼어 경도(H_S)는 낙하시킨 추의 반발높이를 이용하는 충격경도 시험이다. $\dfrac{10,000}{65} \times \dfrac{h}{h_0}$

오답분석

① 피로 시험 : 반복되어 작용하는 하중 상태의 성질을 알아낸다.
② 브리넬 경도(H_B) 시험 : 지름 Dmm인 구형 누르개를 일정한 시험하중으로 시험편에 압입시켜 시험하며, 이때 생긴 압입 자국의 표면적을 시험편에 가한 하중으로 나눈 값이다.
③ 샤르피식 시험 : 금속의 인성과 메짐을 알아보는 충격시험의 일종으로 시험편의 양단을 지탱하고 해머로 중앙에 충격을 가해 1회로 시험편을 판단한다.
④ 로크웰 경도(H_R) 시험 : 원추각이 120°, 끝단 반지름이 0.2mm 인 원뿔형 다이아몬드를 누르는 방법(HRC)과 지름이 1.588mm 인 강구를 누르는 방법(HRB) 두 가지가 있다.

10 정답 ①

재결정온도는 1시간 안에 95% 이상 새로운 입자인 재결정이 완전히 형성되는 온도이다. 재결정을 하면 불순물이 제거되며 더 순수한 결정을 얻어낼 수 있는데, 이 재결정은 금속의 순도, 조성, 소성변형의 정도, 가열시간에 큰 영향을 받는다.

- **재결정**
  특정한 온도영역에서 이전의 입자들을 대신하여 변형이 없는 새로운 입자가 형성되는 현상
- **재결정의 일반적인 특징**
  - 가공도가 클수록 재결정온도는 낮아진다.
  - 재결정온도는 가열시간이 길수록 낮아진다.
  - 재결정은 강도를 저하시키나 연성은 증가시킨다.
  - 냉간가공도가 커질수록 재결정온도는 낮아진다.
  - 결정입자의 크기가 작을수록 재결정온도는 낮아진다.
  - 재결정온도는 일반적으로 1시간 안에 95% 이상의 재결정이 이루어지는 온도로 정의한다.
  - 금속의 용융온도를 절대온도 T_m이라 할 때 재결정온도는 대략 $0.3 \sim 0.5\, T_m$ 범위에 있다.

금속의 재결정온도

금속	온도[℃]	금속	온도[℃]
주석(Sn)	상온 이하	은(Ag)	200
납(Pb)	상온 이하	금(Au)	200
카드뮴(Cd)	상온	백금(Pt)	450
아연(Zn)	상온	철(Fe)	450
마그네슘(Mg)	150	니켈(Ni)	600
알루미늄(Al)	150	몰리브덴(Mo)	900
구리(Cu)	200	텅스텐(W)	1,200

11 정답 ②

면심입방격자는 금속이 무른 것이 특징으로 Pt와 Ag, Cu가 이에 속한다.

철의 결정구조

종류	체심입방격자 (BCC ; Body Centered Cubic)	면심입방격자 (FCC ; Face Centered Cubic)	조밀육방격자 (HCP ; Hexagonal Close Packed lattice)
성질	• 강도가 크다. • 용융점이 높다. • 전성과 연성이 작다.	• 전기전도도가 크다. • 가공성이 우수하다. • 장신구로 사용된다. • 전성과 연성이 크다. • 연한 성질의 재료이다.	• 전성과 연성이 작다. • 가공성이 좋지 않다.
원소	W, Cr, Mo, V, Na, K	Al, Ag, Au, Cu, Ni, Pb, Pt, Ca	Mg, Zn, Ti, Be, Hg, Zr, Cd, Ce
단위 격자	2개	4개	2개
배위 수	8	12	12
원자 충진율	68%	74%	74%

12 정답 ⑤

관용 나사의 나사산 각도는 55°이다.

오답분석

① 인치계(TW) 사다리꼴 나사 : 29°
② 미터계(TM) 사다리꼴 나사 : 30°
③ 아메리카 나사 : 60°
④ 미터보통 나사 : 60°

13 정답 ③

두랄루민은 Al에 Cu+Mg+Mn이 합금된 가공용 알루미늄합금이다.

14 정답 ③

크리프(Creep)시험은 고온에서 재료에 일정 크기의 하중을 작용시키면 시간에 따라 변형이 증가하는 현상을 알아보는 것으로, 온도에 따른 재료의 특성인 크리프 한계를 결정하거나 예측하기 위한 시험법이다.

15 정답 ④

구성인선(Built Up Edge)은 재질이 연하고 공구재료와 친화력이 큰 재료를 절삭가공할 때, 칩과 공구의 윗면 사이의 경사면에 발생되는 높은 압력과 마찰열로 인해 칩의 일부가 공구의 날 끝에 달라붙어 마치 절삭날과 같이 공작물을 절삭하는 현상이다.
구성인선을 방지하기 위해서 절삭깊이를 작게 하고, 절삭속도는 빠르게 하며, 윤활성이 높은 절삭유를 사용하고 마찰계수가 작고 피가공물과 친화력도 작은 절삭공구를 사용한다.

16 정답 ②

한계게이지는 허용할 수 있는 부품의 오차범위인 최대·최소를 설정하고 제품의 치수가 그 범위에 드는지 검사하는 기기이다.

오답분석

① 블록게이지 : 길이 측정의 표준이 되는 측정기기로 공장용 측정기들 중에서 가장 정확한 기기이다.
③ 간극게이지 : 작은 틈새나 간극을 측정하는 기기로 필러게이지라고도 불린다.
④ 다이얼게이지 : 측정자의 직선 또는 원호운동을 기계적으로 확대하여 그 움직임을 회전 지침으로 변환시켜 눈금을 읽을 수 있도록 한 측정기이다.
⑤ 센터게이지 : 선반으로 나사를 절삭할 때 나사 절삭 바이트의 날끝각을 조사하거나 바이트를 바르게 부착하는데 사용하는 게이지이며, 또한 공작품의 중심 위치의 좋고 나쁨을 검사하는 게이지를 가리키기도 한다.

17 정답 ④

공작물을 절삭할 때는 바이트와 공작물 사이에 마찰열이 발생하는데, 가공할수록 온도가 상승하므로 가공물의 온도를 일정하게 유지하는 것은 불가능하다. 따라서 이것으로 공구의 수명을 판정할 수는 없다.

공구수명이 다 되었음을 판정하는 기준
- 절삭저항이 급격히 증가했을 때
- 공구인선의 마모가 일정량에 달했을 때
- 가공물의 완성치수 변화가 일정량에 달했을 때
- 제품표면에 자국이나 반점 등의 무늬가 있을 때

18 정답 ①

먼저 회전속도를 구하면 $v=\dfrac{\pi dn}{1,000}=100\pi \text{m/min}=1.66\pi \text{m/s}$

이를 동력(H) 구하는 식에 효율(η)을 달리해서 대입하면

- $\eta=100\%$임을 가정할 경우

$$H=\dfrac{F\times v}{102\times 9.8\times \eta}[\text{kW}]$$
$$=\dfrac{60\times 1.66\pi}{102\times 9.8\times 1}=\dfrac{99.6\pi}{999.6}≒0.09\pi≒0.1\pi$$

- $\eta=1\%$임을 가정할 경우

$$H=\dfrac{F\times v}{102\times 9.8\times \eta}[\text{kW}]$$
$$=\dfrac{60\times 1.66\pi}{102\times 9.8\times 0.01}=\dfrac{99.6\pi}{9.9}≒10.06\pi≒10\pi$$

따라서 최소동력은 0.1π가 된다.

동력 구하는 식

$$H=\dfrac{F\times v}{102\times 9.8\times 60\times \eta}[\text{kW}]$$

$$H=\dfrac{F\times v}{75\times 9.8\times 60\times \eta}[\text{PS}]$$

19 정답 ②

$$T=\dfrac{(\text{가공할 길이})}{(\text{회전수})\times(\text{이송속도})}=\dfrac{120\text{mm}}{400\text{rev/min}\times 2\text{mm/rev}}$$
$$=0.15\text{min}=9\text{s}$$

따라서 절삭시간은 9초가 된다.

선반가공의 가공시간(T)을 구하는 식

$$T=\dfrac{l}{n\cdot f}=\dfrac{[\text{가공할 길이(mm)}]}{[\text{회전수(rpm)}]\times[\text{이송속도(mm/rev)}]}$$

20 정답 ②

완제품을 가공할 때 원래 그 소재에 없던 구멍을 가공하는 데 가장 적합한 가공법은 밀링가공이다. 브로칭가공도 구멍가공은 할 수 있으나 정밀도가 밀링가공에 비해 떨어진다.

오답분석

① 브로칭(Broaching) : 가공물에 홈이나 내부구멍을 만들 때 가늘고 길며 길이방향으로 많은 날을 가진 총형공구인 브로치를 일감에 대고 누르면서 관통시켜 단 1회의 절삭공정만으로 완성시키는 절삭가공법이다. 브로치의 압입방식에는 나사식, 기어식, 유압식이 있다.
③ 셰이핑(Shaping) : 공구를 전진시키면서 공작물을 절삭하고 공구를 뒤로 후퇴시킨 후 다시 전진시키면서 가공하는 공작기계인 셰이퍼로 가공하는 작업으로, 구조가 간단하고 다루기 쉬워서 소형 공작물의 평면가공에 널리 사용된다.
④ 리밍(Reaming) : 드릴로 뚫은 구멍을 정밀하게 가공하기 위하여 리머공구로 구멍의 안쪽 면을 다듬는 작업이다.
⑤ 카운터 보링(Counter Boring) : 탭공 작업 후 나사 또는 볼트로 결합 시 나사머리 또는 볼트가 외부로 돌출되지 않도록 동축의 상대적으로 더 큰 직경으로 가공하는 작업이다.

21   정답 ③

헬리컬 기어는 바퀴 주위에 비틀린 이가 절삭되어 있는 원통 기어로, 톱니 줄기가 비스듬히 경사져 있어 헬리컬이라고 한다. 헬리컬 기어는 평 기어보다 큰 힘을 전달할 수 있어 회전이 원활하고 조용하지만, 제작이 어려운 단점이 있다. 주로 감속 장치나 동력의 전달 등에 사용된다. 방향이 서로 다른 헬리컬 기어를 조합하여 산(山) 모양의 톱니로 만든 것을 2중 헬리컬 기어라고 하며, 이중 가운데 홈이 없이 좌·우 기어의 톱니가 중앙에서 만나는 것을 헤링본 기어(Herringbone Gear)라고 한다.

22   정답 ③

나사를 1회전 시켰을 때 축방향으로 이동한 거리는 리드(L)이다. $L = n \times p$이므로 이 식에 대입하면 이동한 거리가 6mm인 ③번이 가장 크다.

오답분석

① M48×5, $L = 1$줄×5 = 5mm
② 2줄 M30×2, $L = 2$줄×2 = 4mm
④ 3줄 M8×1, $L = 3$줄×1 = 3mm
⑤ 4줄 M12,1, $L = 4$줄×1 = 4mm

23   정답 ②

단열 깊은 홈 볼베어링을 비롯한 모든 볼베어링은 전동체인 볼과 외면이 점으로 접촉되므로 접촉면적이 크지 않다. 반면에 미끄럼베어링은 면으로 접촉하기 때문에 면적은 상대적으로 크다.

구름(볼)베어링(점접촉)	미끄럼베어링(면접촉)

24   정답 ④

도면의 필수요소에는 윤곽선, 표제란, 중심마크가 있다.
㉠ 윤곽선 : 도면의 영역을 명확히 하고, 제도 용지의 손상으로부터 기재 사항을 보호하기 위해 굵은 실선으로 그리는 선
㉡ 표제란 : 도면의 오른쪽 아래에 도면 번호, 도면 이름 등을 기록하는 난
㉢ 중심마크 : 도면의 사진 촬영 및 복사의 편의를 위해 좌우 중앙의 4개소에 표시

오답분석

㉣ 부품란 : 도면의 오른쪽 위나 표제란 위에 제품번호, 품명, 재질 등을 기록하는 난

25   정답 ①

철근의 단면적의 넓이는 $5 \times 5 = 25\text{cm}^2$이다.
따라서 철근에 작용하는 응력의 크기는 $\dfrac{30,000 \times 10^3}{25 \times 10^{-4}} = 12\text{GPa}$이다.

26   정답 ③

체인 전동장치는 진동과 소음이 크며 고속회전에 부적합하다.

체인 전동장치의 특징
- 유지 및 보수가 쉽다.
- 접촉각은 90° 이상이 좋다.
- 체인의 길이를 조절하기 쉽다.
- 내열이나 내유, 내습성이 크다.
- 진동이나 소음이 일어나기 쉽다.
- 축간거리가 긴 경우 고속전동이 어렵다.
- 여러 개의 축을 동시에 작동시킬 수 있다.
- 마멸이 일어나도 전동 효율의 저하가 적다.
- 큰 동력 전달이 가능하며 전동 효율이 90% 이상이다.
- 체인의 탄성으로 어느 정도의 충격을 흡수할 수 있다.
- 고속회전에 부적합하며 저속회전으로 큰 힘을 전달하는 데 적당하다.
- 전달효율이 크고 미끄러짐(슬립)이 없이 일정한 속도비를 얻을 수 있다.
- 초기 장력이 필요 없어서 베어링 마멸이 적고 정지 시 장력이 작용하지 않는다.
- 사일런트(스) 체인은 정숙하고 원활한 운전과 고속회전이 필요할 때 사용되는 체인이다.

27   정답 ③

$$T = P \times \dfrac{D}{2}$$

$$P = 4500 \times \dfrac{2}{60}$$

$$P = 4,500\text{N} \cdot \text{cm} \dfrac{1}{30\text{cm}} = 150\text{N}$$

드럼브레이크의 제동력 구하는 식

$$T = P \times \dfrac{D}{2} = \mu Q \times \dfrac{D}{2}$$

T : 토크
P : 제동력($P = \mu Q$)
D : 드럼의 지름
Q : 브레이크 드럼과 블록 사이의 수직력
μ : 마찰계수

28 정답 ④

묻힘키는 가장 널리 쓰이는 키(Key)로 축과 보스 양쪽에 모두 키 홈을 파서 동력을 전달하는 키이다. $\frac{1}{100}$ 기울기를 가진 경사키와 평행키가 있다.

오답분석
① 평키 : 축에 키의 폭만큼 편평하게 가공한 키로 안장키보다는 큰 힘을 전달한다. 축의 강도를 저하시키지 않으며 $\frac{1}{100}$ 기울기를 붙이기도 한다.
② 안장키 : 축에는 키 홈을 가공하지 않고 보스에만 키 홈을 파서 끼운 뒤, 축과 키 사이의 마찰에 의해 회전력을 전달하는 키로 작은 동력의 전달에 적당하다.
③ 접선키 : 전달토크가 큰 축에 주로 사용되며 회전 방향이 양쪽 방향일 때 일반적으로 중심각이 120°가 되도록 한 쌍을 설치하여 사용하는 키이다. 90°로 배치한 것은 케네디키라고 불린다.
⑤ 새들키 : 보스에만 홈을 파고 축에는 홈을 파지 않고 끼울 수 있는 단면의 키를 말한다.

29 정답 ①

미터 아웃 회로는 유압 회로에서 속도제어를 하며, 실린더 출구 쪽에서 유출되는 유량을 제어한다.

오답분석
② 블리드 오프 회로 : 유압 회로에서 속도제어를 하며, 실린더로 유입되는 유량을 바이패스로 제어한다.
③ 미터 인 회로 : 유압 회로에서 속도제어를 하며, 실린더 입구 쪽에서 유입되는 유량을 제어한다.
④ 카운터 밸런스 회로 : 부하가 급격히 제거되었을 때 관성력에 의해 소정의 제어를 못할 경우 감입된다.
⑤ 언로딩 회로 : 유압 회로에서 조작의 안정성을 위해 작업을 하지 않을 때 펌프를 무부하 상태로 유지한다.

30 정답 ④

유압장치에 사용되는 유체는 비압축성인 특성을 갖는 액체(기름)이므로 이 기름을 체적만큼 밀어내면 그 즉시 밀어낸 체적만큼의 응답이 이루어진다. 그러나 기체가 사용되는 공압은 기체가 압축성 유체이므로 유체와 동일한 체적만큼 밀어내도 압축이 이루어진 후 응답이 이루어지므로 응답속도는 유압보다 떨어진다. 따라서 유압은 공압에 비해 응답속도가 빠른 것이다.

31 정답 ②

축압기(Accumulator)는 유체를 저장해서 충격흡수, 에너지축적, 맥동완화 등의 역할을 하는 유압장치이나 유속을 증가시키지는 않는다. 유속은 주로 관의 직경을 변화시킴으로써 변화시킬 수 있다.

축압기의 특징
- 충격압력의 흡수
- 유압에너지의 축적
- 유압 회로 내 맥동의 제거 및 완화

32 정답 ③

유압 작동유는 체적탄성계수가 커야 한다.

작동유 구비조건
- 내열성, 체적탄성계수, 열전달률이 클 것
- 비중, 공기 흡수도, 증기압, 열팽창계수가 작을 것

33 정답 ⑤

$h = \frac{4\sigma \cos\beta}{\gamma d}$ 에서 $d_A : d_B : d_C = 1 : 2 : 3$인 모세관의 올라간 물의 높이 비율은 $h_A : h_B : h_C = 6 : 3 : 2$이다.

34 정답 ③

[벽이 받는 힘(F)] $= \rho A v^2$ (ρ : 밀도, A : 면적, v : 속도)
따라서 벽이 받는 힘은 $\rho A v^2 = 1,000 \times 0.035^2 \times \pi \times 50^2 ≒ 9600\text{N} = 9.6\text{kN}$이다.

35 정답 ①

정상류란 유체가 흐르고 있는 과정 중 임의의 한 점에서 유체의 모든 특성이 시간이 경과하여도 조금도 변화하지 않는 흐름의 상태를 말한다.
$\frac{\partial V}{\partial t} = 0$, $\frac{\partial p}{\partial t} = 0$, $\frac{\partial T}{\partial t} = 0$, $\frac{\partial \rho}{\partial t} = 0$

36 정답 ①

열역학 제2법칙이란 엔트로피(최소 0, 무질서의 정도)가 항상 증가하는 방향으로 물질 시스템이 움직인다는 법칙이다.

37
정답 ②

템퍼링(뜨임, 소려)은 변형점 이하(600℃)로 가열 후 서서히 냉각시켜 안정시키며, 담금질한 강의 취성 개선이 목적이다. 경도와 강도가 감소되고 신장률, 수축률이 증가한다.

오답분석
① 퀜칭(담금질, 소입) : 고온가열 후(오스테나이트 상태) 물이나 기름으로 급냉시켜 마텐자이트 조직을 얻는다. 경도, 내마모성이 증가되고 신장률, 수축률은 감소한다.
③ 표면경화처리 : 내부의 강인성과 표면의 경도를 겸비한 재료를 얻기 위해 강도와 인성이 큰 재료에 표면경도만을 높이는 열처리 조작이다.
④ 어닐링(풀림, 소둔) : 고온으로 가열하여 노중에서 서서히 냉각하여 강의 조직이 표준화, 균질화되어 내부변형이 제거된다. 인장강도가 저하되고 신율과 점성이 증가된다.
⑤ 노멀라이징(불림, 소준) : 미세한 조직을 얻기 위해 변태점 이상 가열 후 공기 중에서 냉각시킨다. 연질화되며, 항복점 강도가 증가된다.

38
정답 ③

앳킨슨 사이클은 2개의 단열과정과 1개의 정적과정, 1개의 정압과정으로 이루어진 가스터빈(외연기관) 이상 사이클이다.

오답분석
① 에릭슨 사이클(Ericsson Cycle) : 등온 압축, 등온 연소 및 등온 팽창을 시키는 가스 터빈 사이클로, 2개의 정압과정과 2개의 등온과정으로 이루어진다.
② 사바테 사이클(Sabathé Cycle) : 정압 사이클과 정적 사이클로 이루어진 고속 디젤기관의 기본 사이클로, 복합 사이클 또는 정적·정압 사이클이라고도 한다.
④ 브레이턴 사이클(Brayton Cycle) : 2개의 정압과정과 2개의 단열과정으로 구성된 가스터빈 기관의 이상적 사이클이다.
⑤ 카르노 사이클(Carnot Cycle) : 2개의 가역등온변화와 2개의 가역단열변화로 구성된 가장 이상적인 효율의 사이클이다.

39
정답 ④

용접 이음은 모재의 열응력에 의해 변형되기 쉬우나 리벳 이음은 용접 이음과는 달리 변형의 우려가 작다.

40
정답 ③

- 냉동사이클의 성능계수 : $\epsilon_r = \dfrac{(증발온도)}{(응축온도)-(증발온도)}$

따라서 성능계수는 $\dfrac{270}{330-270} = 4.5$가 된다.

| 02 | 전기일반

01	02	03	04	05	06	07	08	09	10
①	②	①	②	②	①	②	③	④	④
11	12	13	14	15	16	17	18	19	20
②	④	③	②	④	③	②	①	④	①
21	22	23	24	25	26	27	28	29	30
③	④	④	③	②	①	①	③	②	②
31	32	33	34	35	36	37	38	39	40
①	⑤	②	④	④	④	①	③	①	③

01
정답 ①

Y결선 → △결선으로 변형
- 상전압 $V_P = \dfrac{V_l}{\sqrt{3}} = \dfrac{20}{\sqrt{3}}$ kV
- 선전류 $I_L = \sqrt{3}\, I_p = \sqrt{3} \times 6 = 6\sqrt{3}$ A

02
정답 ②

$W = \dfrac{1}{2} DE[\text{J/m}^3]$이므로 $W = \dfrac{1}{2} \times 100 \times 50 = 2{,}500 \text{J/m}^3$

03
정답 ①

콘덴서들을 병렬로 접속했을 때의 합성 정전 용량은 각 콘덴서의 정전 용량의 합과 같다.
$C = C_1 + C_2 + C_3 \cdots$
콘덴서들을 직렬로 접속했을 때의 합성 정전 용량은 각 콘덴서의 정전 용량의 곱을 합으로 나눈 값이다.
$C = \dfrac{C_1 \times C_2 \times C_3 \cdots}{C_1 + C_2 + C_3 \cdots}$
$C_s = \dfrac{4 \times 6}{4+6} = \dfrac{24}{10} = 2.4\,\mu\text{F}$

04
정답 ②

$a = 2a$, $b = 2b$를 대입하면
$C' = \dfrac{4\pi\varepsilon_0 \cdot 2a2b}{2b-2a} = \dfrac{4\pi\varepsilon_0 \cdot 4ab}{2(b-a)} = \dfrac{4\pi\varepsilon_0 \cdot 2ab}{(b-a)} = 2C$

따라서 2배가 된다.

05 정답 ①

펠티에 효과는 서로 다른 두 종류의 금속을 접합한 후, 두 금속의 접합 부분에 전류를 흘려 보내면 양쪽 접합점 사이에 온도차가 발생하는 현상이다.

오답분석
② 제벡 효과 : 서로 다른 두 종류의 금속을 접합하고 두 금속의 양쪽 접점 부분에 온도 차이를 주면 열기전력이 발생하여 전류가 흐르는 현상이다.
③ 제3금속의 법칙 : 서로 다른 두 금속으로 만든 접점에 임의의 다른 금속을 연결해도 온도를 유지하면 기전력이 변하지 않는다는 법칙이다.
④ 열전 효과 : 이중의 금속을 연결하여 한쪽은 고온, 다른 쪽은 저온으로 했을 때 기전력이 발생한다.
⑤ 톰슨 효과 : 단일한 도체로 된 막대기의 양 끝에 전위차가 가해지면 이 도체의 양 끝에서 열의 흡수나 방출이 일어나 온도차가 생기는 현상을 말한다.

06 정답 ②

전위가 높은 곳에서 낮은 곳으로 이동하여 운동 에너지는 증가하므로 $W = qV = \frac{1}{2}mv^2$에서

$$v = \sqrt{\frac{2qV}{m}} = \sqrt{\frac{2 \times 1C \times 2V}{1kg}} = 2m/s$$

07 정답 ①

플레밍의 왼손법칙
$F = BIl\sin\theta[N]$

$\therefore F = 1.5 \times 5 \times 40 \times 10^{-2} \times \frac{1}{2} = 150 \times 10^{-2} = 1.5N$

08 정답 ④

일정한 크기와 방향의 정상전류가 흐르는 도선 주위의 자기장 세기를 구할 수 있는 법칙은 '비오 – 사바르 법칙'이다.

오답분석
① 옴의 법칙 : 전류의 세기는 전압에 비례하고, 저항에 반비례한다.
② 렌츠의 법칙 : 유도 전류의 자속은 자속의 증가 또는 감소를 방해하는 방향으로 나타난다는 법칙이다.
③ 키르히호프의 법칙 : 회로상에 한 교차점으로 들어오는 전류의 합은 나가는 전류의 합과 같다는 전하량 보존 법칙이다.
⑤ 플레밍의 왼손법칙 : 전동기 원리와 관련 있는 법칙으로 자기장과 전류의 방향을 알고 있을 때 힘의 방향을 알 수 있다.

09 정답 ③

자체 인덕턴스 $L = \frac{N\emptyset}{I}[H]$에 대입하면

$L = \frac{300 \times 0.05Wb}{6A} = 2.5H$이다.

10 정답 ④

- 평균기전력 $e = -L\frac{di}{dt}[V] = 100 \times 10^{-3} \times \frac{10}{0.5} = 2V$
- 자속의 변화량 $e = -N\frac{d\phi}{dt}[V] \rightarrow 2 = 1 \times \frac{\phi}{0.5}$

$\therefore \phi = 2 \times 0.5 = 1Wb$

11 정답 ②

가공전선에 사용하는 전선의 비중(밀도)은 작아야 한다.

전선의 구비조건
- 도전율이 클 것
- 비중(밀도)이 작을 것
- 부식성이 작을 것
- 기계적 강도가 클 것
- 가선공사가 용이할 것
- 내구성이 있을 것
- 가격이 저렴할 것

12 정답 ④

- 소선 가닥수 : $N = 3n \times (n+1) + 1$ (n : 층수)
- 연선의 직경 : $D = (2n+1) \times d$ (d : 소선의 직경)

소선 가닥수 $N = 37$, 소선의 직경 $D = 3.2mm$이므로
$37 = 3n \times (n+1) + 1 \rightarrow n = 3$
$D = (2 \times 3 + 1) \times 3.2 = 22.4mm$

13 정답 ③

복도체를 사용할 경우 전선표면의 전위경도는 감소한다.

복도체의 특징
- 코로나 방지에 가장 효과적인 방법이다.
- 인덕턴스는 감소하고, 정전용량은 증가한다.
- 허용전류가 증가하고, 송전용량이 증가한다.
- 전선표면의 전위경도가 감소하고 코로나 임계전압이 증가한다.
- 154kV는 2도체, 345kV는 4도체, 765kV는 6도체 방식을 채용한다.

14   정답 ②

코로나 손실을 나타내는 Peek식은 다음과 같다.

$$P = \frac{241}{\delta}(f+25)\sqrt{\frac{d}{2D}}(E-E_o)^2 \times 10^{-5}\,[\text{kW/km/선}]$$

- δ : 상대공기밀도
- D : 선간거리[cm]
- d : 전선의 지름[cm]
- f : 주파수[Hz]
- E : 전선에 걸리는 대지전압[kV]
- E_o : 코로나 임계전압[kV]

15   정답 ④

$P_L = 3I^2R = \dfrac{P^2R}{V^2\cos^2\theta} = \dfrac{P^2\rho l}{V^2\cos^2\theta A}\,[\text{W}]$ 에서 $P_L \propto P^2$

$3P_L = (\sqrt{3}P)^2$, $3P_L = (1.73P)^2$

따라서 약 73% 증가해야 한다.

16   정답 ③

직류 송전에서는 회전자계를 얻을 수 없다.

> **직류 송전 방식의 장·단점**
> - 장점
>   - 리액턴스가 없으므로, 리액턴스에 의한 전압강하가 없다.
>   - 절연계급을 낮출 수 있으므로 기기 및 선로의 절연에 요하는 비용이 절감된다.
>   - 안정도가 좋으므로 송전 용량을 높일 수 있다.
>   - 도체이용률이 좋다.
> - 단점
>   - 교류 – 직류 변환장치가 필요하며 설비가 비싸다.
>   - 고전압 대전류 차단이 어렵다.
>   - 회전자계를 얻을 수 없다.

17   정답 ②

페란티 현상의 주 원인은 선로의 정전용량이다.

> **페란티 현상**
> 선로의 충전전류 때문에 무부하 시 송전단전압보다 수전단 전압(앞선충전전류)이 커지는 현상이다. 방지법으로는 분로 리액터 설치 및 동기조상기의 지상용량을 공급한다.

18   정답 ①

RLC 직렬회로의 임피던스 $Z = R + j\left(wL - \dfrac{1}{wC}\right)$ 에서

$wL = \dfrac{1}{wC}$ 이면 RLC 직렬회로는 공진한다.

즉, 코일 L의 리액턴스 wL과 콘덴서 C의 리액턴스 $\dfrac{1}{wC}$의 값이 같은 것이 공진 조건이다.

$wL = \dfrac{1}{wC}$ 이면 $Z = R$이 되기 때문에 R 양단의 전압은 인가 전압은 같다.

19   정답 ④

3상 차단기의 정격차단용량은 정격전압과 정격차단전류의 곱에 $\sqrt{3}$배를 곱하며, 단상의 선로에서 정격차단용량은 정격전압과 정격차단전류의 곱으로만 계산한다.

- 3상 차단기 정격용량
  $P_s = \sqrt{3} \times (\text{정격전압}) \times (\text{정격차단전류})$
- 단상 차단기 정격용량
  $P_s = (\text{정격전압}) \times (\text{정격차단전류})$
- (정격전압) = (공칭전압) $\times \dfrac{1.2}{1.1}$

20   정답 ①

수변전 설비 1차측에 설치하는 차단기의 용량은 공급측 단락용량 이상의 것을 설정해야 한다.

21   정답 ③

$P = 9.8\omega\tau$
$ = 9.8 \times 2\pi \times n \times \tau$
$ = 9.8 \times 2\pi \times \dfrac{N}{60} \times W \times L \left(\because \tau = WL,\ n = \dfrac{N}{60}\right)$
$ = 9.8 \times 2 \times 3.14 \times \dfrac{1,500}{60} \times 5 \times 0.6 \fallingdotseq 4.616\,\text{kW}$

22   정답 ④

보상권선은 자극편에 슬롯을 만들어 여기에 전기자 권선과 같은 권선을 하고 전기자 전류와 반대 방향으로 전류를 통하여 전기자의 기자력을 없애도록 한 것이다.

23 정답 ④

전동기 전원에 접속된 상태에서 전기자의 접속을 반대로 하여 회전 방향과 반대 방향으로 토크를 발생시켜 급정지시키는 '역상제동'을 사용한다.

오답분석

① 단상제동 : 유도 전동기의 고정자에 단상 전압을 걸어주어 회전자 회로에 큰 저항을 연결할 때 일어나는 제동이다.
② 회생제동 : 전동기가 갖는 운동에너지를 전기에너지로 변화시키고, 이것을 전원으로 반환하여 제동한다.
③ 발전제동 : 운전 중인 전동기를 전원에서 분리하여 발전기로 작용시키고, 회전체의 운동에너지를 전기에너지로 변환하여 저항에서 열에너지로 소비시켜 제동한다.
⑤ 저항제동 : 전동기가 갖는 운동 에너지에 의해서 발생한 전기에너지가 가변 저항기에 의해서 제어되고, 소비되는 일종의 다이내믹 제동방식이다.

24 정답 ③

전기자 동손은 부하손으로 전기자 권선에 전류가 흐르면서 생기는 동손이다.

오답분석

①·②·④·⑤ 무부하로 운전하고 있을 때 생기는 손실이다.

동기기 손실의 종류
- 고정손(무부하손) : 부하의 변화에 무관한 손실
  - 철손 → 와류손, 히스테리시스손
  - 기계손 → 마찰손, 베어링손, 풍손
- 가변손(부하손) : 부하의 변화에 따라 변하는 손실
  - 동손
  - 표유부하손

25 정답 ②

변압기유는 절연내력과 냉각효과가 크고, 고온에서 화학 반응을 일으키면 안 된다. 또한 침식되거나 침전물이 생기지 않아야 하며, 낮은 응고점과 높은 발화점을 가져야 하고, 산화되지 않아야 한다.

26 정답 ①

$Z_1 = a^2 Z_2 \rightarrow a = \sqrt{\dfrac{Z_1}{Z_2}} = \sqrt{\dfrac{18,000}{20}} = 30$

27 정답 ①

반발 기동형 > 반발 유도형 > 콘덴서 기동형 > 분상 기동형 > 셰이딩 코일형

28 정답 ③

$\tau = \dfrac{P_2}{\omega}$ 에서 $P_2 = \dfrac{P_{c2}}{s} = \dfrac{94.25}{0.05} = 1,885$

$\therefore \tau = \dfrac{P_2}{2\pi n}$ $\left(\because N = \dfrac{120f}{P} = \dfrac{120 \times 60}{4} = 1,800$이므로,

$n = \dfrac{N}{60} = \dfrac{1,800}{60}\right)$

$= \dfrac{1,885}{2\pi \times \dfrac{1,800}{60}} = \dfrac{1,885}{2 \times 3.14 \times \dfrac{1,800}{60}} ≒ 10 \text{N} \cdot \text{m}$

29 정답 ②

3상 반파 회로이므로, $E_d = 1.17 \times E[\text{V}] = 1.17 \times 300 = 351 \text{V}$이다.

정류기의 평균전압
- 단상 반파 회로의 평균직류전압 $E_d = 0.45 \times E[\text{V}]$
- 단상 전파 회로의 평균직류전압 $E_d = 0.9 \times E[\text{V}]$
- 3상 반파 회로의 평균직류전압 $E_d = 1.17 \times E[\text{V}]$
- 3상 전파 회로의 평균직류전압 $E_d = 1.35 \times E[\text{V}]$

30 정답 ②

무한히 긴 직선 도선으로부터의 자기장 $B = \dfrac{\mu_0 i}{2\pi d}$ 로 도선으로부터의 직선거리 d에 반비례한다.

31 정답 ①

기전력이 3V가 되려면 1.5V 건전지 2개를 직렬 접속하고, 전류 용량이 3A가 되려면 1.5V 건전지 3개를 병렬 접속한다.

32 정답 ⑤

파형의 각주파수는 $\omega = 2\pi f$이므로 주파수 $f = \dfrac{\omega}{2\pi} = \dfrac{120\pi}{2\pi} = 60 \text{Hz}$이다.

33 정답 ②

$t = 0$일 때, 순시값으로의 전압과 전류는 다음과 같다.

- 전압 : $e = 100 \sin\left(377t + \dfrac{\pi}{3}\right) = 100 \sin\left(377 \times 0 + \dfrac{\pi}{3}\right)$
  $= 100 \sin \dfrac{\pi}{3} = 50\sqrt{3} \text{ V}$
- 전류 : $I = \dfrac{V}{R} = \dfrac{50\sqrt{3}}{10} = 5\sqrt{3} \text{ A}$

34
정답 ④

내부저항과 외부저항이 같을 때 전력은 최댓값을 갖는다. 또한, 두 항이 같은 값이라면 각각의 전압 V_1은 $\frac{V}{2}$인 60V로 분배된다. 따라서 부하저항(외부저항, R)에서 얻을 수 있는 최대전력은 $P = \frac{V_1^2}{R} = \frac{60^2}{15} = 240\text{W}$임을 알 수 있다.

35
정답 ④

최대 저항값은 모두 직렬로 연결할 경우이고, 최소 저항값은 모두 병렬로 연결할 때이다. 하나의 저항을 R0이라고 할 때, 직렬 전체저항은 4R이며, 병렬 전체저항은 $\frac{R}{4}$이다. 따라서 최대 저항값 직렬 전체저항은 최소 저항값 병렬 전체저항의 16배임을 알 수 있다.

36
정답 ④

부하의 결선 방법에 관계없이 다음과 같이 나타낼 수 있다.
(3상 전력) = $\sqrt{3} \times$(선간 전압)$\times$(선전류)$\times$(역률)[W]

37
정답 ①

용량 리액턴스 $X_C = \frac{1}{2\pi fC}$ (f : 주파수, C : 정전용량),
$X_C = \frac{1}{2 \times 3.14 \times 1 \times 10^6 \times 0.1 \times 10^{-6}} ≒ 1.59\,\Omega$

38
정답 ③

어드미턴스 $Y = \frac{1}{R} + j\left(\omega C - \frac{1}{\omega L}\right)[\mho]$

ㄱ. RLC 병렬이므로 전압은 모두 같다.
ㄷ. 공진 시 전류는 저항 R에만 흐른다.
ㅁ. 공진 시 에너지는 저항 R에서만 소비된다.

오답분석

ㄴ. 어드미턴스 $Y = \frac{1}{R} + j\frac{1}{X_c} - j\frac{1}{X_L}[\mho]$
$= \frac{1}{R} + j\left(\frac{1}{X_c} - \frac{1}{X_L}\right)$, $X_c = \frac{1}{\omega C}$, $X_L = \omega L$ 대입
$= \frac{1}{R} + j\left(\frac{1}{1 \div \omega C} - \frac{1}{\omega L}\right) = \frac{1}{R} + j\left(\omega C - \frac{1}{\omega L}\right)[\mho]$

ㄹ. L과 C의 전류 위상차 : $-90°$와 $+90°$, 즉 180° 위상차 발생)

L[H]	C[F]
$v > I\left(\frac{\pi}{2}\right)$	$v < I\left(\frac{\pi}{2}\right)$

39
정답 ③

테브난 등가저항 : 전압원 단락, 전류원 개방
$R_{TH} = \left(\frac{2 \times 2}{2 + 2}\right) + 1$
$= 1 + 1$
$= 2\,\Omega$

40
정답 ③

밀만의 정리

$V_o = \frac{\text{(각 저항분의 전압)}}{\text{(각 저항분의 1)}}$
$= \frac{\frac{20}{20} + \frac{50}{10}}{\frac{1}{20} + \frac{1}{10}} = \frac{\frac{20 + 100}{20}}{\frac{1 + 2}{20}}$
$= \frac{120}{3}$
$= 40\text{V}$

| 03 | 전자일반

01	02	03	04	05	06	07	08	09	10
②	①	②	③	④	②	②	③	③	①
11	12	13	14	15	16	17	18	19	20
④	①	④	③	③	①	②	②	①	⑤
21	22	23	24	25	26	27	28	29	30
①	①	⑤	③	①	③	③	①	④	④
31	32	33	34	35	36	37	38	39	40
①	③	④	②	③	②	⑤	③	①	②

01 정답 ②

최종치 정리 $\lim_{t \to \infty} f(t) = \lim_{s \to 0} sF(s)$에 함수 $F(s)$를 대입하면

$\lim_{s \to 0} sF(s) = \lim_{s \to 0} s \times \frac{12(s+3)}{2s^3+s^2+6s} = \lim_{s \to 0} \frac{12s+12 \times 3}{2s^2+s+6}$

$\to \frac{12 \times 3}{6} = 6$

따라서 함수 $F(s)$에 대한 $f(t)$의 최종치는 6이다.

02 정답 ①

외부자계와 자성체가 직각을 이룰 경우 감자율이 $N=1$이다.

자성체 자계

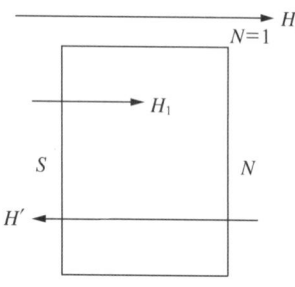

$H_1 = H_0 - H' = H_0 - N\frac{J}{\mu_0} = H_0 - N\frac{\chi H_1}{\mu_0}$

$\to H_1\left(1 + N\frac{\chi}{\mu_0}\right) = H_0$

$\to H_1 = \frac{H_0}{1 + N\frac{\chi}{\mu_0}} = \frac{H_0}{1 + N\frac{\mu_0(\mu_r-1)}{\mu_0}}$

$= \frac{H_0}{1+N(\mu_r-1)}$ [AT/m]

따라서 자화의 세기는 $J = \chi H$이고, 자화율 $\chi = \mu_0(\mu_r-1)$과 자성체 자계 $H_1 = \frac{H_0}{1+N(\mu_r-1)}$를 대입하면,

$J = \chi H_1 = \frac{\mu_0(\mu_r-1)H_0}{1+N(\mu_r-1)} = \frac{H_0\mu_0(\mu_r-1)}{1+N(\mu_r-1)}$ [Wb/m²]

03 정답 ②

코일에 발생하는 자속은 전류와 코일을 감은 권수에 비례한다. 이때 권수(N)와 전류(I)의 곱을 기자력(F, 자속을 흐르게 하는 힘)이라 한다. 즉, $F = NI$이다. 따라서 환상철심 코일의 기자력 $F = NI = R\phi$[AT]이므로 권선수 $N = \frac{F}{I} = \frac{1,000}{10} = 100$회이다.

04 정답 ③

1바이트(byte)는 8비트(bit)이므로 16비트는 2바이트임을 알 수 있다.
따라서 데이터 버스 폭이 2byte이고 버스 클럭 주파수가 20MHz 이므로, 버스 대역폭은 2byte×20MHz, 40Mbyte/sec가 된다.

05 정답 ④

전자계 고유임피던스 $Z_0 = \frac{E}{H} = \sqrt{\frac{\mu}{\varepsilon}} = \sqrt{\frac{\mu_o\mu_r}{\varepsilon_o\varepsilon_r}}$ 이며, $\sqrt{\frac{\mu_o}{\epsilon_o}}$ ≒ 377을 고유임피던스에 대입하면 $Z_0 = \sqrt{\frac{\mu_o\mu_r}{\varepsilon_o\varepsilon_r}} = \frac{377}{\sqrt{\varepsilon_r}}$ ≒ $\frac{377}{\sqrt{80}}$ ≒ 42Ω이다.

06 정답 ②

• 처음의 정전용량 : $C_1 = \frac{Q}{V} = \frac{Q}{\frac{Q}{4\pi\varepsilon_o}\left(\frac{1}{a} - \frac{1}{b}\right)} = \frac{4\pi\varepsilon_o ab}{b-a}$ [F]

(a : 안쪽 반지름, b : 바깥반지름, Q : 전하, ϵ_0 : 유전율)

• 반지름 5배씩 증가 후 정전용량

$C_2 = \frac{4\pi\epsilon_o \times 5a \times 5b}{5b-5a} = \frac{4\pi\epsilon_o 25ab}{5(b-a)} = \frac{25}{5} \times \frac{4\pi\epsilon_o ab}{b-a} = 5C_1$ [F]

따라서 안쪽과 바깥 반지름이 각각 5배로 증가시키면 처음 정전용량의 5배가 된다.

07 정답 ②

맥스웰–볼츠만 분포는 열평형상태인 기체분자의 속도에 따른 확률분포이다. 따라서 플라즈마와 같은 기체상태에 적용될 수 있는 방정식은 맥스웰–볼츠만 방정식이며, $f(E) = Ae^{-\frac{E}{KT}}$로 나타낸다.

오답분석
① 아인슈타인 방정식 : 특정한 물질의 배치로부터 시공간의 왜곡을 계산할 수 있는 방정식으로 에너지, 운동량 텐서를 항으로 하여 중력을 제외한 물질의 에너지와 운동량의 밀도를 나타낸다.
③ 슈뢰딩거 방정식 : 양자계가 시간에 따라 어떻게 변하는지 계산하는 방정식으로 파동함수의 변화를 기술하는 미분방정식이다.
④ 푸아송 방정식 : 특정 밀도로 분포되어 있는 전하의 장에서의 전위와의 관계를 나타낸 식이다.
⑤ 베르누이 방정식 : 이상 유체에 가해지는 일이 없는 경우 유체의 속도, 압력, 위치에너지 사이의 관계를 나타낸 방정식이다. 마찰에 의한 에너지 손실이 없을 경우 위치·운동·압력 에너지는 일정하다.

08 정답 ③

렌츠의 법칙의 기전력 $e = L\frac{di}{dt}$ [V]에서 자기인덕턴스 유도하면 $L = e\frac{dt}{di}$이다. 따라서 자기 인덕턴스 L의 단위는 공식을 바탕으로 V·sec/A=Ω·sec=H이다.

오답분석
① 전류(I)의 단위이다.
② 전압(V)의 단위이다.
④ 자기장(B)의 단위이다.
⑤ 자속(ϕ)의 단위이다.

09 정답 ③

TFT(Thin Film Transistor, 박막트랜지스터)에 대한 설명이다.

오답분석
① FET(Field Effect Transistor) : 전계(電界) 효과 트랜지스터로, 일반 트랜지스터가 전류를 증폭시키는 데 비해 FET는 전압을 증폭시킨다.
② SCR(Silicon Controlled Rectifier) : 실리콘 제어 정류소자를 말하며, 사이리스터(Thyristor)라고도 한다. 릴레이 장치, 조명·조광 장치, 인버터, 펄스 회로 등 대전력의 제어용으로 사용된다.
④ UJT(Unijunction Transistor) : 반도체의 n형 막대 한 쪽에 p합금 영역을 가진 구조의 트랜지스터이다.
⑤ CRT(Cathode Ray Tube) : 전기신호를 전자빔의 작용에 의해 영상이나 도형, 문자 등의 광학적인 영상으로 변환하여 표시하는 특수진공관이다.

10 정답 ①

L형 4단자 회로망의 4단자 정수

$$\begin{vmatrix} A & B \\ C & D \end{vmatrix} = \begin{vmatrix} 1 & Z_1 \\ 0 & 1 \end{vmatrix}\begin{vmatrix} 1 & 0 \\ \frac{1}{Z_2} & 1 \end{vmatrix} = \begin{vmatrix} 1+\frac{Z_1}{Z_2} & Z_1 \\ \frac{1}{Z_2} & 1 \end{vmatrix}$$

• 영상임피던스

$$Z_{01} = \sqrt{\frac{AB}{CD}} = \sqrt{\frac{\frac{Z_1+Z_2}{Z_2}\times Z_1}{\frac{1}{Z_2}\times 1}} = \sqrt{Z_1(Z_1+Z_2)}\ \Omega$$

• 영상임피던스

$$Z_{02} = \sqrt{\frac{BD}{CA}} = \sqrt{\frac{Z_1\times 1}{\frac{1}{Z_2}\times\frac{Z_1+Z_2}{Z_2}}} = \sqrt{\frac{Z_1 Z_2}{Z_1+Z_2}}Z_2\ \Omega$$

11 정답 ④

전류원이 개방되었을 때의 $I_1 = \frac{6}{5+10} = 0.4$A이고, 전압원이 단락되었을 때의 $I_2 = \frac{5}{5+10}\times 3 = 1$A이다.

따라서 전류 $I = I_1 + I_2 = 0.4 + 1 = 1.4$A이며, 방향은 I의 화살표 방향과 같으므로 (+)이다.

12 정답 ①

지문은 10진 연산 중 하나인 언팩(Unpack) 연산에 대한 설명이다. 팩(Pack) 연산은 언팩 연산과 달리 연산이 가능하고, 데이터 입·출력이 불가능하며, 1바이트로 10진수 2자리를 표현한다.

오답분석
③ 2진 연산 : 정수값을 2진수로 변환하여 표현하는 방식이다.
④ 직렬 연산 : 가산기, 감산기, 비교기 등에서 수의 각 자리마다 연산 동작이 각기 분리되어 일어나는 것을 말한다.
⑤ 병렬 연산 : 하나의 수치를 나타내는 각 자릿수에 동시에 연산을 수행하여 부분적인 합과 부분적인 숫자를 형성하거나 자리 이동을 하는 방법이다.

13 정답 ④

'N=b점' 기준 독립적인 전류방정식(키르히호프의 제1법칙)은 1개, 'B=폐회로'인 독립적인 전압방정식(키르히호프 제2법칙)은 2개이다.

14
정답 ③

정저항 회로는 두 단자의 임피던스가 주파수와 무관하게 일정한 저항과 같은 회로를 뜻한다. 이때 근사치는 $\frac{Z_1}{Y_2}=Z_1Z_2=R^2$으로 계산하며, 정밀치 계산은 허수부가 0일 때이다. $\frac{Z_1}{Y_2}=Z_1Z_2=j\omega L \times \frac{1}{j\omega C}=\frac{L}{C}=R^2$이므로 $C=\frac{L}{R^2}$이다. 따라서 $C=\frac{L}{R^2}=\frac{500\times 10^{-3}}{1,000^2}=0.5\times 10^{-6}=0.5\mu F$가 된다.

15
정답 ③

해밍코드는 1비트 오류만 수정 가능하고, 2개 이상의 비트에 오류가 발생하면 수정할 수 없다.

16
정답 ①

카워형(사다리형) 방정식은

$$Z(s)=\frac{1}{Y(s)}=Z_1+\cfrac{1}{Y_2+\cfrac{1}{Z_3+\cfrac{1}{Y_4+\cfrac{1}{Z_5+\cfrac{1}{Y_6+\cfrac{1}{Z_7}}}}}}\ \Omega$$

이다. 리액턴스 함수 $Z(s)=\frac{3s}{s^2+9}$의 분자를 1로 만들기 위해 $3s$로 각 항을 나누면

$$Z(s)=\frac{1}{\frac{s^2}{3s}+\frac{9}{3s}}=\frac{1}{\frac{s}{3}+\frac{3}{s}}=Z_1+\cfrac{1}{\frac{s}{3}+\cfrac{1}{\frac{s}{3}}}\ \Omega$$

이고, 2단자 회로망을 구하면 Z_1(직렬)=0이다. 그러므로 Z_2(병렬)=$\frac{1}{Y_2}=\frac{1}{\frac{s}{3}}=\frac{1}{j\omega\frac{1}{3}}$이며 C_2(콘덴서)=$\frac{1}{3}$F이고, Z_3(직렬)=$\frac{s}{3}=j\omega\frac{1}{3}$이며 L_3(인덕턴스)=$\frac{1}{3}$H이다.

따라서 리액턴스 함수에 부합하는 2단자 회로망은 ①이다.

17
정답 ②

Si(규소)는 4가인 원소이다. P형 반도체는 순수한 반도체에서 양공을 증가시키기 위해서 3가인 불순물[알루미늄(Al), 붕소(B), 갈륨(Ga), 인듐(In)]을 첨가한 것으로 전자수를 증가시킨 N형 반도체와 대조된다.

- N형 반도체 : 전하 운반자 역할을 하는 전자의 수가 양공의 수에 비해서 훨씬 많이 있는 반도체로 순수한 규소(Si)나 게르마늄(Ge) 등에 5가인 불순물(Bi, Sb, P, As 등)을 넣는다.

18
정답 ②

접합형 트랜지스터의 특성에서 스위칭 작업에 필요한 동작영역은 '포화영역, 차단영역, 역활성영역'이며 플러스 동작이라고도 한다.

19
정답 ①

열잡음은 전도전자의 열교란운동에 의해 생기는 잡음이다.

오답분석

② 백색잡음 : 어떤 주파수 대역 내에서의 모든 주파수의 출력이 포함되어 있는 잡음이다.
③ 산탄잡음 : 전자의 특수한 현상 때문에 전류에 불규칙한 요동이 생겨 발생하는 잡음이다.
④ 분배잡음 : 여러 개의 극(極)을 갖는 소자 중의 전류가 각각의 극으로 나뉠 때 그 비율이 변동함으로써 생기는 잡음이다.
⑤ 충격잡음 : 비교적 계속 시간이 짧으며, 잡음 발생의 시간 간격이 계속 시간에 비해 긴 불규칙한 잡음이다.

20
정답 ⑤

증폭기는 입력신호의 에너지를 증가시켜 출력측에 큰 에너지의 변화로 출력하는 장치로 앰프라고도 부른다.

21
정답 ①

FET는 반도체결정의 도전성과 전기저항을 전장으로 제어하는 것이며 입력저항이 $10^{14}\ \Omega$ 정도로 매우 높다. FET에는 실질적으로 제어전류는 거의 흐르지 않고, 제어전압으로 제어한다. 또한, 일반 트랜지스터는 전류를 증폭시키지만, FET는 전압을 증폭시킨다.

22
정답 ①

오답분석

② 클리퍼 : 전기 신호 파형을 적당한 레벨로 잘라내는 회로이다.
③ 리미터 : 작업자의 부담을 줄이고, 감시의 실수에 의한 사고를 방지하기 위해 한도에 도달하면 자동적으로 기계를 정지시키는 장치이다.
④ 필터 : 각종 진동현상에서 파장이 다른 많은 부분진동 성분 가운데 특정한 파장 영역 안의 성분을 빼내는 장치이다.
⑤ 커패시터 : 절연체 금속판 두개로 이루어져 전기에너지를 저장할 수 있는 장치이다.

23 정답 ⑤
수정발진기의 주파수 안정도는 10^{-6} 이상에 달하고 있다.

24 정답 ③
슈미트 트리거 회로는 입력진폭이 소정의 값을 넘으면 급격히 작동하여 거의 일정한 출력을 얻고, 소정의 값 이하가 되면 즉시 복구하는 동작을 하는 회로를 말한다.

25 정답 ①
피에조 저항은 압력(외력)에 따라 변하는 저항이다.

26 정답 ③
초전도 상태에 있는 물질 내의 전계는 0이다. 마이스너 효과란 특정 온도 이하에서 초전도체가 저항이 0이 되고 전류가 무한히 흐르게 된다. 초전도 현상을 이용한 예는 핵자기 공명, 자기부상 열차, 자기공명화상 등이 있다.

27 정답 ③
계단형 PN 접합 다이오드의 접속 전위차는 $V_o = \dfrac{kT}{q}\ln\dfrac{N_a N_d}{n_i^2}$ 으로 P영역과 N영역에서의 불순물 농도가 각각 $10^{13} \mathrm{cm}^{-3}$, $10^{17} \mathrm{cm}^{-3}$일 때를 구하면 다음과 같다(N_a : p영역 불순물 농도, N_d : n영역 불순물 농도).

$$\therefore V_o = \dfrac{kT}{q}\ln\dfrac{N_a N_d}{n_i^2} = 0.0259 \times \ln\dfrac{10^{13} \times 10^{17}}{(1.5 \times 10^{10})^2}$$
$$\fallingdotseq 0.0259 \times 22.215 \fallingdotseq 0.575\mathrm{V}$$

28 정답 ①
평형상태의 트랜지스터는 세 단자가 접속되지 않은 상태이며, 페르미 준위가 균일한 상태이다. 다수캐리어는 확산운동, 소수캐리어는 드리프트 운동을 하며 균형을 유지하고 있으며, 트랜지스터가 열평형 상태에 있는 것을 말한다.

29 정답 ④
물질 입자의 파동성을 물질파로 드브로이파라고 한다. 물질파의 파장 $\lambda = \dfrac{h}{mc}$ 이고, 파장과 진동수의 곱은 속도 $\lambda f = v = c$이므로 진동수 $f = \dfrac{c}{\lambda}$ 를 유도할 수 있다. 따라서 물질파 파장 $\left(\lambda = \dfrac{h}{mc}\right)$ 을 진동수 공식 $\left(f = \dfrac{c}{\lambda}\right)$ 에 대입하면 $f = \dfrac{c}{\lambda} = \dfrac{c}{\dfrac{h}{mc}} = \dfrac{mc^2}{h}$ 이다.

30 정답 ④
전자 소자인 트랜지스터, 다이오드 등은 불순물 반도체인 N형과 P형 반도체로 사용된다.

31 정답 ①
PN 접합 양측에 불순물 함유량이 많을 경우 공핍층 폭이 넓어지고, 접촉전위차(전위 장벽)가 높아진다.

32 정답 ③
터널 다이오드는 높은 순방향 다이오드에서 보통 다이오드와 같이 확산 전류가 흐른다. 전압이 커지면 저항이 증가하여 전류가 감소하는 부성저항 특성을 갖고, 역바이어스 상태에서 전도성이 좋으며, 순바이어스 전압일 때 N형에서 P형으로 전자가 이동한다.

33 정답 ④
다중처리 시스템은 하나의 처리기가 고장났을 경우 다른 처리기들이 계속 그 기능을 유지할 수 있다.

34 정답 ②
1비트를 비교하는 진리표는 입력 신호를 다음과 같이 정리할 수 있다.
- A<B일 경우, 0<1 → 1이므로 (ㄱ)에 들어갈 값은 1이다.
- A=B일 경우, 0=0 → 1, 1=1 → 1이고, 다른 나머지의 경우는 0이다. 따라서 (ㄴ)에 들어갈 값은 0이다.
- A>B일 경우, 1>0 → 1이고, 다른 나머지의 경우는 0이다. 따라서 (ㄷ)에 들어갈 값은 0이다.

따라서 빈칸에 알맞은 값은 (ㄱ) : 1, (ㄴ) : 0, (ㄷ) : 0이다.

35 정답 ③
광전자 방출이란 금속 표면에서 빛을 조사하면 전자가 튀어나오는 현상으로 이때 전자를 광전자라 한다. 광전자가 나오기 위해서는 금속이 가지고 있는 일함수보다 큰 에너지를 가진 빛을 쬐어줘야 한다. 빛 에너지는 파장에 반비례하므로 한계 파장보다 짧으며, 진동수는 높은 빛을 조사해야 한다. 또한 빛의 세기가 클수록 방출되는 전자수는 많아진다.

36 정답 ②
분산처리시스템은 여러 대의 컴퓨터에 작업을 나누어 처리하여 그 내용이나 결과가 통신망을 통해 상호교환되도록 연결되어 있는 시스템으로, 접근 가능 경로와 접근 방법이 많아 보안이 취약해질 수 있다.

37　정답 ⑤
I/O 제어기는 데이터 구성 기능이 아닌 데이터 버퍼링 기능을 수행한다.

38　정답 ③
인터럽트는 컴퓨터 작동 중에 예기치 않은 문제가 발생한 경우라도 업무 처리가 계속될 수 있도록 하는 컴퓨터 운영체계의 기능이며, 동작순서는 다음과 같다.

인터럽트 동작순서
① 인터럽트를 요청한다.
② 프로그램 실행을 중단한다(현재 실행 중이던 Micro Operation까지 수행).
③ 현재의 프로그램 상태를 보존한다.
④ 인터럽트 처리 루틴을 실행한다(인터럽트를 요청한 장치를 식별).
⑤ 인터럽트 서비스 루틴을 실행한다.
　- 인터럽트 원인을 파악하고 실질적인 작업을 수행하고, 처리 시 레지스터 상태를 보존한다.
　- 서비스 루틴 수행 중 우선순위가 더 높은 인터럽트가 발생하면 또 재귀적으로 ①~⑤의 과정을 수행한다.
　- 인터럽트 서비스 루틴을 실행할 때 인터럽트 플리그(IF)를 0으로 하면 인터럽트 발생을 방지할 수 있다.
⑥ 상태를 복구한다[인터럽트 발생 시 저장해둔 PC(Program Counter)를 다시 복구].
⑦ 중단된 프로그램의 실행을 재개한다(PC의 값을 이용하여 이전에 수행 중이던 프로그램을 재개).

39　정답 ①
MBR(Memory Buffer Register)은 메모리로부터 읽게 해낸 자료를 넣어두기 위한 일시 기억 회로로, Word의 크기와 관계가 있다. 따라서 MBR은 한 Word 크기인 24비트 이상이어야 한다.
다음으로 MAR(Memory Address Register)은 컴퓨터의 중앙 처리 장치(CPU) 내부에서 기억 장치 내의 정보를 호출하기 위해 그 주소를 기억하고 있는 제어용 레지스터이다.
PC(Program Counter)는 다음에 실행할 명령어의 주소를 기억하고 있는 중앙처리장치(CPU)의 레지스터 중 하나로, 모두 메모리 용량에 관계 있는 레지스터이다. 32,768은 2^{15}이므로 MAR과 PC는 15비트 크기 이상이어야 한다.
따라서 MBR은 24비트, MAR과 PC는 15비트 이상이 필요하다.

40　정답 ②
CPU는 Major State의 네 가지 단계를 반복적으로 거치면서 동작을 수행한다.

오답분석
① Fetch Cycle(인출 단계) : 명령어를 주기억장치에서 중앙처리장치의 명령 레지스터로 가져와 해독하는 단계로, 명령이 실행되기 위해서 가장 먼저 수행되는 동작이다.
③ Indirect Cycle(간접 단계) : 인출 단계에서 해석된 명령의 주소부가 간접주소인 경우 수행된다.
④ Execute Cycle(실행 단계) : 인출 단계에서 인출하여 해석한 명령을 실행하는 단계이다.
⑤ Interrupt Cycle(인터럽트 단계) : 인터럽트 발생 시 복귀주소를 저장시키고, 제어 순서를 인터럽트 처리 프로그램의 첫 번째 명령으로 옮기는 단계이다.

04 | 통신일반

01	02	03	04	05	06	07	08	09	10
④	②	⑤	②	④	②	④	②	③	⑤
11	12	13	14	15	16	17	18	19	20
①	①	⑤	②	②	①	③	④	④	③
21	22	23	24	25	26	27	28	29	30
②	③	③	⑤	③	④	①	⑤	④	①
31	32	33	34	35	36	37	38	39	40
④	⑤	②	①	②	②	④	①	②	②

01　정답 ④
CDMA3x는 1.25MHz의 3배의 주파수 내역을 사용한다.

02　정답 ②
샘플링 이론에 의하면 최고 주파수의 2배 이상의 주기로 표본을 취하면 원신호에 가까운 신호를 재생할 수 있다.

03　정답 ⑤
오답분석
① 신호파 : 전송하고자 하는 데이터의 파형
② 변조파 : 반송파에 신호파가 변조된 파형
③ 정현파 : 파형이 정현 곡선을 이루는 파동
④ 고조파 : 본래의 신호 이외의 발생되는 복합파

04　정답 ②
4진폭 편이 변조에서는 4가지 진폭 변화를 가지므로 2비트의 데이터(00, 01, 10, 11)를 한 번에 인코딩할 수 있다.

05　정답 ④
코덱에서는 아날로그 데이터를 디지털 데이터로 변환하기 위하여 PCM(Pulse Code Modulation) 방식이나 DM(Delta Modulation) 방식을 사용한다.

06　정답 ②
전송 제어 기법은 데이터를 전송하는 데에 관련된 포괄적인 기법들로 여기에는 입출력 제어, 회선 제어, 동기 제어, 에러 제어 등이 해당된다.

07　정답 ④
Router의 기능
1. NAT(Network Address Translation) 기능
2. DHCP(Dynamic Host Configuration Protocol) 기능
3. Static/Dynamic 경로 지정 기능
4. 자동 착발신 기능 / 자동 절단 기능

08　정답 ②
일반적으로 마이크로파 통신에서는 2 ~ 20GHz의 대역이 사용되며, 지상 마이크로파의 경우에는 2 ~ 40GHz 대역이 사용되기도 한다.

09　정답 ③
(비트 에러율) $= \dfrac{(에러\ 비트수)}{(총전송한\ 비트수)}$ 에서

(에러 비트수) $= (5 \times 10^{-5}) \times (9,600 \times 15 \times 60) = 432$개

10　정답 ⑤
⑤는 UDP의 개념이다.

> UDP(User Datagram Protocol) : 인터넷에서 정보를 주고받을 때, 서로 주고받는 형식이 아닌 한쪽에서 일방적으로 보내는 방식의 통신 프로토콜

11　정답 ①
로컬라이저는 착륙로를 따라 수평면 중앙의 좌측과 우측을 구별할 수 있는 예민한 지향 특성을 가진 전파를 발사하는데 항공기는 이 전파를 수신하여 착륙로의 중심선을 정확히 향하고 있는지 여부를 알 수 있게 된다.

12　정답 ①
궤환 증폭 회로에서 궤환이 있을 때의 증폭도는 다음과 같이 계산할 수 있다.
$$A_f = \dfrac{A}{1+\beta A} = \dfrac{66}{1+0.002 \times 66} = 58.30$$

13　정답 ⑤
급전선은 소출력의 경우 동축케이블을 사용하며, 중출력의 경우는 6선식, 대출력의 경우는 24선식을 사용한다.

14 정답 ②
S/N비가 개선되어 잡음이 적다.

15 정답 ②
리미터(Limiter, 진폭제한기)는 중간 주파 증폭된 수신 신호의 진폭을 일정하게 하며, 단파 수신기에서는 페이딩을 방지하기 위하여 사용한다.

16 정답 ①
1. 영상신호 변조 : AM 방식
2. 음성신호 변조 : FM 방식

17 정답 ③
음성신호는 영상 반송파 주파수보다 4.5MHz 높은 반송파로 보내며 변조방식은 주파수 변조방식이다.

18 정답 ④
SSB 통신 방식의 장점을 고려하면 점유주파수대역폭이 DSB의 절반이며, S/N비가 개선(3dB 개선)되며, 선택성 페이딩(3dB 개선)에 의한 왜곡이 적으며, 소 전력으로 통신이 가능하다. 또한, 통신 비밀이 상당히 보존된다. 이에 대해 단점으로 송수신기의 회로구성이 복잡하며, 높은 주파수 안정도를 필요로 하고, 가격이 비싸다.
※ SSB (J_3E) 통신은 DSB 통신에 비교하여 수신기 출력에서 신호 대 잡음비는 12dB 개선된다(단, 선택성 Fading이 심하며 변조도는 100%이고 첨두 전력은 동일하다).
 (1) J_3E수신기의 출력은 첨두(Peak) 전력이 동일할 때 DSB 통신(A_3E)의 4배를 얻을 수 있어 10log4=6dB 개선되며
 (2) 주파수 대역폭이 DSB의 $\frac{1}{2}$이므로 잡음 출력도 $\frac{1}{2}$배 감소되므로, 10log2=3dB 개선된다.
 (3) 선택성 페이딩이 있을 때 3dB 정도 개선된다. 따라서 종합적인 S/N비의 개선은 S/N=6+3+3=12dB 개선된다.

19 정답 ④
(속도)=$\frac{(거리)}{(시간)}$에서
(전파 속도)=3×10^8m/sec
$\therefore$ (시간)=$\frac{150\times10^3}{3\times10^8}=5\times10^{-4}$sec=0.0005sec

20 정답 ③
정재파비(SWR)=$\frac{V_{\max}}{V_{\min}}=\frac{(입사파)+(반사파)}{(입사파)-(반사파)}=\frac{6+3}{6-3}=3$

21 정답 ②
오답분석
① 자유 전자의 열적 생성
③ 자유 전자의 재결합
④ 광전 효과
⑤ 콤프턴 효과

22 정답 ③
멀티바이브레이터는 안정점의 수에 따라서 분류될 수 있는데 이 안정점의 수는 멀티바이브레이터의 결합 회로 방식에 따라서 구분된다.

23 정답 ③
• 전압 변동률
=$\frac{(무부하시의 출력 전압)-(부하에 걸리는 전압)}{(부하에 걸리는 전압)}\times100$
=$\frac{14-12}{12}\times100$
$\fallingdotseq 16.7\%$

24 정답 ⑤
잡음 지수
NF=$20\log\frac{(입력 신호의 S/N비)}{(출력 신호의 S/N비)}=20\log\frac{20}{100}=-13.98$
$\fallingdotseq -14$

25 정답 ③
NPN일 때는 전자가, PNP일 때는 정공이 다수캐리어가 된다.

26 정답 ④
C급 증폭기는 고주파 특성이 좋으므로 고주파 증폭 회로에 많이 사용된다.

27 정답 ①
수정 발진기는 발진 조건을 만족하는 주파수 유도성폭이 매우 좁으므로 안정된 발진이 가능하다.

28   정답 ⑤

오답분석
① 위상 변조 : 2진 신호를 반송파의 위상으로 변조
② 진폭 변조(AM) : 반송파의 진폭을 전달하고자 하는 신호의 진폭에 따라 변화시키는 변조
③ 델타 변조(DM) : 아날로그 신호의 증감을 2진 펄스로 변조
④ 펄스 코드 변조(PCM) : 아날로그 신호를 샘플링하여 펄스 코드로 양자화

29   정답 ④

바리스터는 전압에 의해 저항이 크게 변하는 소자로 여기서 전류와 전압의 관계식은 다음과 같다.
$I = kV^n[A]$ (k : 상수, n : 대개 5~9 사이의 값)

30   정답 ①

오답분석
② 지연 시간에 대한 설명이다.
③ 언더슈트에 대한 설명이다.
④ 펄스 폭에 대한 설명이다.
⑤ 대역 폭에 대한 설명이다.

31   정답 ④

정현 대칭 함수에 대한 푸리에 급수의 성분은 $a_n = 0$이며 a_0, b_n 성분만 나타난다. 즉, 직류 성분과 sin 성분만 존재한다.

32   정답 ⑤

주파수 분할 다중화(FDM)는 전송하고자 하는 신호의 대역폭보다 전송 매체의 유효 대역폭이 더 큰 경우에 사용된다.

33   정답 ②

오답분석
①·④ 인코딩, 디코딩은 데이터를 디지털 신호로 변환하는 과정이다.

34   정답 ①

ARP(Address Resolution Protocol)
네트워크 환경에서 임의의 호스트가 다른 호스트에 데이터를 전송하려면 수신 호스트의 IP 주소뿐만 아니라, MAC 주소도 알아야 한다. 수신 호스트의 IP 주소는 보통 응용 프로그램 사용자가 프로그램을 실행하는 과정에서 직접 입력하므로, IP 주소로부터 수신 **호스트 MAC 주소를 얻는 작업이 추가로 필요하다.**

35   정답 ②

데이터 전송 제어의 종류
1. 입출력 제어 : 입출력 기기들에 대한 직접적인 제어
2. 회선 제어 : DCE – 전송 회선 간의 제어 절차 규정
3. 동기 제어 : 송수신 단말 간의 데이터 전송 순서 및 타이밍 규정
4. 에러 제어 : 오류의 검출 및 수정

36   정답 ②

PCM 송신 과정
1. 음성 발생
2. LPF(저역통과필터)로 통과시켜 잡음 줄이기
3. 표본화 : 대푯값을 뽑아 PAM파로 변환
4. 압축 : 양자화 시 잡음을 줄이기 위해 압축
5. 양자화 : PAM파를 이산적인 신호로 변환
6. 부호화 : PCM파로 변환

37   정답 ④

전체적인 데이터 전송률은 회선 접속 방식에 크게 관계되지 않는다.

38   정답 ①

동기식 전송에서는 시작 비트와 정지 비트는 사용되지 않고 대신 제어 문자(8 – bit flag)들이 사용된다.

39   정답 ②

여파기에서 상승 시간은 출력 파형의 10%에서 90%에 도달하는 시간으로, 상승 시간을 t_r, 대역폭을 B라고 하면 $-3dB$ 대역폭은 다음과 같다.
$t_r \fallingdotseq \dfrac{1}{2B}$ (상승 시간과 여파기의 대역폭은 반비례한다)

40   정답 ②

QPSK의 점유 대역폭은 BPSK의 $\dfrac{1}{2}$ 배이고, 8진 PSK의 점유 대역폭은 BPSK의 $\dfrac{1}{3}$ 배이다.

05 건축일반

01	02	03	04	05	06	07	08	09	10
④	②	④	④	①	②	④	④	⑤	③
11	12	13	14	15	16	17	18	19	20
⑤	②	①	③	③	③	①	③	⑤	③
21	22	23	24	25	26	27	28	29	30
③	①	④	①	③	④	③	⑤	④	③
31	32	33	34	35	36	37	38	39	40
②	②	③	①	④	④	④	③	②	④

01 정답 ④
배연설비의 설치대상
다음 건축물은 거실에 배연설비를 한다(피난층의 거실은 제외).

용도	
6층 이상	요양병원, 정신병원, 노인요양시설, 장애인 거주시설
	문화 및 집회시설, 종교시설, 판매시설, 운수시설, 의료시설, 연구소, 아동 관련 시설, 노인복지시설, 유스호스텔, 운동시설, 업무시설, 숙박시설, 위락시설, 관광휴게시설, 장례시설
바닥면적 합계 300m² 이상	공연장, 종교집회장, 인터넷컴퓨터게임시설제공업소

02 정답 ②
멤브레인방수는 연속적인 방수막을 형성하는 공법으로 아스팔트방수층, 개량아스팔트시트 방수층 등을 총칭한다.

방수공사의 분류

멤브레인	• 연속적인 방수막을 형성하는 공법이다. • 아스팔트방수, 시트방수, 도막방수, 개량아스팔트시트방수, 합성고분자시트방수, 시트도막복합방수 등이 있다.
시멘트 모르타르계	• 방수성이 높은 모르타르를 이용해 방수층을 형성하는 공법이다. • 시멘트액체방수 등이 있다.
기타	• 콘크리트구체방수, 침투방수, 실링방수 등이 있다.

03 정답 ④
- 유효목두께 : 8mm×0.7=5.6mm
- 유효길이 : 500mm−8mm×2=484mm
- 유효면적 : 484mm×5.6mm=2,710.4mm²

양면 모살용접이므로 2,710.4mm²×2(면)=5,420.8mm² 이다.

필릿용접(모살용접)의 유효면적
- 필릿용접의 유효면적은 유효길이에 유효목두께를 곱한 것으로 한다.
- 필릿용접의 유효길이는 필릿용접의 총길이에서 2배의 필릿사이즈를 공제한 값으로 하여야 한다.
- 필릿용접의 유효목두께는 용접루트로부터 용접표면까지의 최단거리로 한다. 단, 이음면이 직각인 경우에는 필릿사이즈의 0.7배로 한다.
- 구멍필릿과 슬롯필릿용접의 유효길이는 목두께의 중심을 잇는 용접중심선의 길이로 한다.

04 정답 ④
직류 엘리베이터는 저속 엘리베이터에 주로 사용되는 교류 엘리베이터에 비해 가격이 고가이다.

직류 엘리베이터
- 직류전동기로 구동하는 방식으로, 부하에 의한 속도 변동이 없다.
- 속도를 임의로 선택할 수 있으며 속도 조정이 자유롭다.
- 기동 토크를 쉽게 얻을 수 있고 착상오차가 적다.
- 중속, 고속 엘리베이터에 주로 사용되며 직류 기어드, 기어레스 등이 있다.

05 정답 ③
초고층 건축물에는 피난층 또는 지상으로 통하는 직통계단과 직접 연결되는 피난안전구역(건축물의 피난·안전을 위하여 건축물 중간층에 설치하는 대피공간을 말한다)을 지상층으로부터 최대 30개 층마다 1개소 이상 설치하여야 한다.

직통계단과 직접 연결되는 피난안전구역

초고층 건축물	지상층으로부터 최대 30개 층마다 1개소 이상
준초고층 건축물	전체 층수의 절반에 해당하는 층으로부터 상하 5개 층 이내에 1개소 이상

06 정답 ①
각 소화전의 노즐선단에서의 방수압력은 0.17MPa 이상, 방수량은 130l/min 이상이 되어야 한다.

옥내소화전설비의 가압송수장치의 성능
해당 층의 옥내소화전(5개 이상 설치된 경우에는 5개의 옥내소화전)을 동시에 사용할 경우 각 소화전의 노즐선단에서의 방수압력은 0.17MPa 이상이고, 방수량은 130l/min 이상이 되도록 한다.

07　　　　　　　　　　　　　　　　　　　정답 ②
의료시설은 2대, 업무시설·숙박시설·위락시설·교육연구시설은 1대이다.

승용 승강기의 설치대수

건축물의 용도	6층 이상 거실면적의 합계	
	3,000m² 이하	3,000m² 초과
공연장, 집회장, 관람장, 판매시설, 의료시설	2대	2대에 3,000m²를 초과하는 2,000m² 이내마다 1대를 더한 대수
전시장, 동물원, 식물원, 업무시설, 숙박시설, 위락시설	1대	1대에 3,000m²를 초과하는 2,000m² 이내마다 1대를 더한 대수
공동주택, 교육연구시설, 노유자시설, 기타	1대	1대에 3,000m²를 초과하는 3,000m² 이내마다 1대를 더한 대수

※ 8인승 이상 15인승 이하 1대 기준이며, 16인승 이상의 승강기는 2대로 본다.

08　　　　　　　　　　　　　　　　　　　정답 ④
주철근으로 사용된 D10~D25 철근 180° 표준갈고리 구부림의 최소 내면 반지름은 $3d_b$이다.

구부림의 최소 내면 반지름
철근의 직경(d_b)에 따른 표준갈고리의 구부림 최소 내면 반지름 기준이다.

구부림의 최소 내면 반지름	주철근 표준갈고리	스터럽·띠철근 표준갈고리
$2d_b$	–	D16 이하
$3d_b$	D10~D25	D19~D25
$4d_b$		D29~D35
$5d_b$		D38 이상

09　　　　　　　　　　　　　　　　　　　정답 ⑤
공장의 레이아웃은 공장 건축의 평면요소 간의 위치관계를 결정하는 것으로, 공장규모의 변화에 대한 융통성을 부여하여야 한다.

공장의 레이아웃(Layout)

개요	• 기계설비, 작업자의 작업구역, 자재나 제품 두는 곳 등에 대한 상호 위치관계를 말한다. • 넓은 의미로는 생산 작업뿐만 아니라 사무작업, 복리후생, 보건위생, 문화관리 등 공장의 전반적인 시설을 다룬다.
형식	• 레이아웃은 공장의 생산성에 큰 영향을 미친다. • 공장규모의 변화에 대응할 수 있도록 충분한 융통성을 부여하여야 한다.

10　　　　　　　　　　　　　　　　　　　정답 ③
달비계
• 건물의 외부 수리 등에 사용되는 줄에 매달린 비계이다.
• 와이어로프로 매단 비계 권상기에 의해 상하로 이동시킨다.

11　　　　　　　　　　　　　　　　　　　정답 ⑤
몰(Mall)의 계획 시 고려사항
• 확실한 방향성과 식별성이 요구된다.
• 전문점과 핵점포의 주 출입구는 몰에 면하도록 한다.
• 다층으로 계획할 경우, 시야의 개방감이 고려되어야 한다.
• 자연광을 끌어들여 외부공간과 같은 성격을 갖게 한다.
• 코트를 설치해 각종 연회, 이벤트 행사 등을 유치하기도 한다.
• 폭은 3~12m 정도, 핵점포 간의 거리는 240m 미만인 것이 좋다.

12　　　　　　　　　　　　　　　　　　　정답 ②
벤치마크(기준점)는 건물의 높이 및 위치의 기준이 되는 표식을 말하며, 세로(수직)규준틀은 조적공사 등에서 수직면의 기준으로 사용되는 직접가설공사이다.

규준틀

수평규준틀	• 수평규준틀은 주로 토공사에서 사용된다. • 건물의 각부 위치, 기초의 너비, 길이 등의 기준으로 사용된다.
세로규준틀	• 세로규준틀은 조적공사에서 수직면의 기준으로 사용된다.
귀규준틀	• 귀규준틀은 건물의 모서리 등에 사용된다.

13　　　　　　　　　　　　　　　　　　　정답 ①
①은 QC활동의 도구에 해당하지 않는다.

통합품질관리(TQC)를 위한 7가지 도구
ⓐ 파레토도　　ⓑ 특성요인도　　ⓒ 산포도(산점도)
ⓓ 히스토그램　ⓔ 층별　　　　　ⓕ 체크시트
ⓖ 관리도

14　　　　　　　　　　　　　　　　　　　정답 ③
팬코일유닛(FCU) 방식은 전동기 직결의 소형 송풍기, 냉온수 코일 및 필터 등을 갖춘 실내형 소형 공조기를 각 실에 설치하여 중앙 기계실로부터 냉수 또는 온수를 공급받아 공기조화를 하는 전수방식이다. 따라서 누수의 우려가 있다.

15 정답 ③

재료량 : $300m^2 \times 1.1 = 330m^2$

건설공사표준품셈에서 석재판 붙임용재의 할증률

정형돌	부정형돌
10%	30%

16 정답 ③

연립주택은 주택으로 쓰는 1개 동의 바닥면적(2개 이상의 동을 지하주차장으로 연결하는 경우에는 각각의 동으로 본다) 합계가 $660m^2$를 초과하고, 층수가 4개층 이하인 주택을 말한다.

오답분석
① 아파트의 정의이다.
② 다세대주택의 정의이다.
④ · ⑤ 다중주택의 정의이다.

17 정답 ①

고압수은램프의 평균 연색평가수(Ra)는 45 ~ 50 범위이다.

연색성
- 물체가 광원에 의하여 조명될 때 물체의 색의 보임을 정하는 광원의 성질이다.
- 평균 연색평가수는 많은 물체의 대표색으로서 8종류의 시험색을 사용하여 그 평균값으로부터 구한 것으로, 100에 가까울수록 연색성이 좋다.
- 연색성은 할로겐전구(Ra=100)>주광색 형광램프>메탈핼라이드램프>고압나트륨램프, 고압수은램프 순이다.

18 정답 ③

㉠ 평형조건식
- 단순보 A에 P_1, B에 P_2가 작용한다고 볼 때, $P = P_1 + P_2$
- 단순보 A의 길이는 L, 단순보 B의 길이는 $\dfrac{L}{2}$이다.
- 서로 직교하는 단순보 A, B의 하중점에서의 변위는 같으므로, $\dfrac{P_1 L^3}{48EI} = \dfrac{P_2 \left(\dfrac{L}{2}\right)^3}{48EI}$, $8P_1 = P_2$
- $P = P_1 + 8P_1 = 9P_1$이므로, $P_1 = \dfrac{P}{9}$, $P_2 = \dfrac{8P}{9}$

㉡ 단순보 A의 최대 휨모멘트
- 중앙점에 $\dfrac{P}{9}$가 가해지며, 각 지점 반력은 $\dfrac{P}{9} \times \dfrac{1}{2} = \dfrac{P}{18}$이다.
- $M_C = \dfrac{P}{18} \times \dfrac{L}{2} = \dfrac{PL}{36}$

㉢ 단순보 B의 최대 휨모멘트
- 중앙점에 $\dfrac{8P}{9}$가 가해지며, 각 지점 반력은 $\dfrac{8P}{9} \times \dfrac{1}{2} = \dfrac{4P}{9}$이다.
- $M_C = \dfrac{4P}{9} \times \dfrac{L}{4} = \dfrac{4PL}{36}$

㉣ 단순보 A, B의 최대 휨모멘트의 비
- 단순보 A에서 $\dfrac{PL}{36}$, 단순보 B에서 $\dfrac{4PL}{36}$이므로, 1 : 4이다.

단순보의 처짐

집중하중		등분포하중	
최대처짐	처짐각	최대처짐	처짐각
$\dfrac{Pl^3}{48EI}$	$\dfrac{Pl^2}{16EI}$	$\dfrac{5wl^4}{384EI}$	$\dfrac{wl^3}{24EI}$
중앙	지점	중앙	지점

19 정답 ⑤

단열시공바탕은 단열재 또는 방습재 설치에 지장이 없도록 못, 철선, 모르타르 등의 돌출물을 제거하여 평탄하게 청소한다.

단열공사의 공법 및 시공

공법의 분류	단열재료	성형판단열재 공법, 현장발포재 공법, 뿜칠단열재 공법 등이 있다.
	시공부위	벽단열, 바닥단열, 지붕단열 공법 등이 있다.
	설치위치	내단열, 중단열, 외단열 등이 있다. 내단열공법은 단열성능이 적고 내부 결로가 발생할 우려가 있다.
시공		단열시공바탕은 단열재 또는 방습재 설치에 지장이 없도록 못, 철선, 모르타르 등의 돌출물을 제거하여 평탄하게 청소한다. 단열재를 접착제로 바탕에 붙이고자 할 때에는 바탕면을 평탄하게 한 후 밀착하여 시공하되 초기박리를 방지하기 위해 압착상태를 유지시킨다.

20 정답 ③

병렬형은 식당과 부엌이 개방되지 않고 외부로 통하는 출입구의 설치가 가능하다.

병렬형 부엌
- 양쪽 벽면에 작업대가 마주보도록 배치한 형식이다.
- 일렬형에 비해 작업동선이 단축된다.
- 외부로 통하는 출입구의 설치가 가능하다.
- 작업 시 몸을 앞뒤로 바꾸어야 한다.
- 부엌의 폭이 길이에 비해 넓은 부엌에 적합하다.

21 정답 ③

바닥면적의 합계가 3,000m² 이상인 경우에 대한 기준이다.

지하층과 피난층 사이의 개방공간 설치
바닥면적의 합계가 3,000m² 이상인 공연장·집회장·관람장 또는 전시장을 지하층에 설치하는 경우, 각 실에 있는 자가 지하층 각 층에서 건축물 밖으로 피난하여 옥외 계단 또는 경사로 등을 이용하여 피난층으로 대피할 수 있도록 천장이 개방된 외부 공간을 설치하여야 한다.

22 정답 ①

CO_2 농도에 따른 필요환기량

- 1L=0.001m³이며, 1ppm=$\frac{1}{1,000,000}$ 이다.
- (CO_2 발생량)=(수용인원)×(1인당 CO_2 배출량)
- (필요환기량)=$\frac{(O_2\ 발생량)}{(대허용\ CO_2\ 농도)-(외기\ 중의\ CO_2\ 농도)}$
- $\frac{0.018m^3/h \times 900}{0.001-0.0004}$ =27,000m³/h

23 정답 ④

프리스트레스하지 않는 부재의 현장치기콘크리트 중 흙에 접하여 콘크리트를 친 후 영구히 흙에 묻혀 있는 콘크리트의 최소 피복두께는 80mm이다.

최소 피복두께
프리스트레스하지 않는 부재의 현장치기콘크리트의 최소 피복두께는 다음과 같다.

수중에서 타설하는 콘크리트		100mm
흙에 접하여 콘크리트를 친 후 영구히 흙에 묻혀 있는 콘크리트		80mm
흙에 접하거나 옥외의 공기에 직접 노출되는 콘크리트	D29 이상	60mm
	D25 이하	50mm
	D16 이하	40mm
옥외의 공기나 흙에 직접 접하지 않는 콘크리트	슬래브, 벽체, 장선 D35 초과	40mm
	D35 이하	20mm
	보, 기둥 ($f_{ck} \geq$ 40MPa인 경우, 10mm 저감시킨다.)	40mm
	셸, 절판부재	20mm

24 정답 ①

건물의 평면상 길이를 짧게 설계하는 것이 효과적이다.

부동침하 및 연약지반에 대한 대책
- 경질지반에 기초 지지, 지반반력을 같게, 지반개량 실시
- 건물의 경량화, 지중보의 크기 및 강성 보강
- 강성체의 지하실, 지지말뚝, 마찰말뚝, 피어기초 사용
- 건물의 평면상 길이를 짧게 설계, 부분 증축 지양
- 일부 지정, 이질 지정, 이질 기초의 지양
- 신축이음의 설치, 인접건물과의 거리 이격

25 정답 ③

커머셜 호텔은 도심지에 위치하고 부대시설이 최소화된 객실 위주의 호텔로, 호텔 중에서 연면적에 대한 숙박면적의 비가 가장 크다.

커머셜 호텔(Commercial Hotel)
- 비즈니스 관련 여행객을 대상으로 하는 호텔이다.
- 호텔 경영내용의 주체를 객실로 하며, 부대시설은 최소화된다.
- 연면적에 대한 숙박면적의 비가 가장 큰 호텔이다.

26 정답 ④

비잔틴 → 로마네스크 → 고딕 → 르네상스 → 바로크 순이다.

서양 건축양식의 발달 순서
이집트 → 서아시아 → 그리스 → 로마 → 초기 기독교 → 비잔틴 → 이슬람(사라센) → 로마네스크 → 고딕 → 르네상스 → 바로크 → 로코코

27 정답 ③

적층공법은 미리 공장 생산한 부재를 이용하여 한 층씩 쌓아 올라가며 마감 및 설비공사까지 병행하는 조립식 공법이다.

적층공법
- 미리 공장 생산한 기둥이나 보, 바닥판, 외벽, 내벽 등을 한 층씩 쌓아 올라가는 조립식공법으로, 구체를 구축하고 마감 및 설비공사까지 포함하여 차례로 한 층씩 시공한다.
- 구체공사와 함께 외벽 및 내부마감이 연속적으로 진행되므로 공기단축 효과가 있다.

28
정답 ③

㉠ 전도 발생지점에 대한 옹벽의 도심
- 옹벽 단면의 좌하단 꼭짓점으로부터의 옹벽의 도심을 구한다.
- 옹벽의 전면부 삼각형($2m \times 6m$)과 배면부 사각형($1m \times 6m$)으로 나누어 계산한다.

$$x_0 = \frac{G_y}{A}$$

$$= \frac{\left(2 \times 6 \times \frac{1}{2}\right)\left(2 \times \frac{2}{3}\right) + (1 \times 6)\left(2 + 1 \times \frac{1}{2}\right)}{\left(2 \times 6 \times \frac{1}{2}\right) + (1 \times 6)}$$

$$= \frac{23}{12} m$$

㉡ 전도모멘트와 저항모멘트의 계산
- 전도모멘트 : $P \times y_1 = 10kN \times 2 = 20kN \cdot m$
- 저항모멘트 : $W \times x_0 = W \times \frac{23}{12} m$
- (저항모멘트)>(전도모멘트)이어야 하므로,
$W \times \frac{23}{12} m > 20kN \cdot m,\ W > 10.435kN$

29
정답 ④

- $3.5kg/cm^2 ≒ 수두\ 35m ≒ 압력\ 350kPa$
- $H \geq 35m + 5m = 40m$

압력수조의 실양정
- 물의 경우, $1kg/cm^2 ≒ 수두\ 10m ≒ 압력\ 100kPa$이다.
- 압력수조의 실양정(H) ≥ (수조 내 최고압력) + (흡입양정)

30
정답 ③

건축물의 내부에서 피난안전구역으로 통하는 계단은 특별피난계단의 구조로 설치하여야 한다.

피난안전구역의 구조

높이	2.1m 이상일 것
마감	내부마감재료는 불연재료로 설치할 것
계단	• 건축물 내부에서 피난안전구역으로 통하는 계단은 특별피난계단의 구조로 설치할 것 • 피난안전구역에 연결되는 특별피난계단은 피난안전구역을 거쳐서 상·하층으로 갈 수 있는 구조로 설치할 것

31
정답 ②

데크플레이트는 바닥 슬래브를 타설하기 전에 철골보 위에 설치하고 콘크리트를 타설하여 바닥판 등으로 사용하는 절곡된 얇은 판의 합성 슬래브이다.

주각(Column base)
기둥과 기초의 접합부로, 상부의 하중을 기둥을 통해 기초에 전달하는 역할을 한다.

구조		
	플레이트	베이스플레이트, 리브플레이트, 윙플레이트
	앵글	사이드앵글, 클립앵글

32
정답 ②

- $P \times h = M_{상부} + M_{하부}$이므로, $P = \frac{M_{상부} + M_{하부}}{h}$이다.
- $P = \frac{(20kN \cdot m \times 2) + (40kN \cdot m \times 2)}{4m} = \frac{120kN \cdot m}{4m}$

이므로, $P = 30kN$

33
정답 ③

바실리카 울피아는 재판 및 집회에 사용된 시장 건물이며, 아일(Aisle) 부분의 천정에 배럴 볼트가 사용되었다.

고대 로마의 주요 건축물

판테온	• 거대한 돔을 얹은 로툰다와 대형 열주 현관으로 구성된 신전이다.
콜로세움	• 석재, 콘크리트, 볼트 등으로 구성된 원형 투기장이다. • 1층은 도릭, 2층은 이오닉, 3층은 코린트 오더를 수직으로 중첩시키는 방식을 사용하였다.
바실리카 (공회당)	• 재판 및 집회에 사용된 시장 건물이다. • 바실리카 울피아는 로마식의 광대한 내부 공간을 보여주며, 초기 기독교 교회당의 규준이 된 건축물이다.
인술라	• 다층의 평민용 집합주거 건물이다.

34
정답 ①

경량골재 콘크리트의 단위시멘트량의 최솟값은 $300kg/m^3$이다.

경량골재 콘크리트의 배합
- 공기연행 콘크리트로 하는 것을 원칙으로 한다.
- 슬럼프 값은 180mm 이하로 하고, 단위시멘트량의 최솟값은 $300kg/m^3$, 물-결합재비의 최댓값은 60%로 한다.
- 굵은골재의 최대치수는 원칙적으로 20mm로 한다.
- 기건단위질량의 범위는 1종은 $1,700 \sim 2,000m^3$, 2종은 $1,400 \sim 1,700m^3$이다.

35   정답 ④
집중형은 채광·통풍이 불량하여 기계적 환경 조절이 필요하다.

집중(코어)형 아파트
- 중앙에 엘리베이터나 계단실을 두고 많은 주호가 집중 배치된다.
- 대지 이용률이 가장 높고, 건물 이용도가 높다.
- 주호의 환경이 균등하지 않고 기계적 환경 조절이 필요하다.

36   정답 ④
파이프구조는 부재의 형상이 단순하며 상대적으로 공사비가 저렴하다.

파이프구조
- 건축물의 주요 구조부를 파이프로 구성한 것을 말한다.
- 큰 간사이의 건물에 적합하며, 대규모의 공장, 창고, 체육관, 동·식물원 등에 이용된다.
- 부재의 형상이 단순하고 외관이 경쾌하다.
- 형강에 비해 경량이며, 공사비가 저렴하다.
- 접합부의 절단 및 가공이 어렵다.

37   정답 ③

- $V_u \leq \phi V_c \times \frac{1}{2}$ 인 경우, 전단보강 철근을 배치하지 않는다.
- $V_c = \frac{1}{6} \times \lambda \times \sqrt{f_{ck}} \times b_w \times d$ 이므로, 대입하면

  $V_u \leq \frac{\phi \lambda \sqrt{f_{ck}} \times b_w \times d}{12}$ 이고, $d \geq \frac{12 \times V_u}{\phi \lambda \sqrt{f_{ck}} \times b_w}$ 이다.

- $d \geq \frac{12 \times V_u}{\phi \lambda \sqrt{f_{ck}} \times b_w} = \frac{12 \times 50,000}{0.75 \times 1 \times \sqrt{28} \times 300} \fallingdotseq 503.95 mm$

보의 최소 전단철근

계수전단력 V_u 가 콘크리트에 의한 설계전단강도 ϕV_c의 $\frac{1}{2}$을 초과하는 모든 철근콘크리트 및 프리스트레스트 콘크리트 휨부재에는 최소 전단철근을 배치하여야 한다(예외사항 있음).

구분	콘크리트 부담(전단력)+(휨모멘트)
공칭강도	$V_c = \frac{1}{6} \times \lambda \times \sqrt{f_{ck}} \times b_w \times d$
설계강도	$V_n = \phi V_c$

38   정답 ③
저압의 범위는 교류 600V 이하, 직류 750V 이하이다.

전압의 분류

구분	직류	교류
저압	750V 이하	600V 이하
고압	750V 초과 7,000V 이하	600V 초과 7,000V 이하
특고압	7,000V 초과	7,000V 초과

39   정답 ②
리모델링에 대비한 특례로 용적률, 건축물의 높이 제한, 일조 등의 확보를 위한 건축물의 높이 제한을 100분의 120의 범위에서 완화하여 적용할 수 있다.

용적률의 완화와 리모델링
공동주택을 리모델링이 쉬운 구조로 하여 건축허가를 신청하면 ㉠ 용적률, ㉡ 건축물의 높이 제한, ㉢ 일조 등의 확보를 위한 건축물의 높이 제한 기준을 100분의 120의 범위에서 대통령령으로 정하는 비율로 완화하여 적용할 수 있다.

40   정답 ④
④는 전수방식에 해당한다.

전공기 방식의 종류

단일덕트	1개의 공급덕트와 1개의 환기덕트를 통해 조화공기를 공급하는 방식이다.
이중덕트	2개의 공급덕트(냉풍, 온풍)와 1개의 환기덕트로 구성되어 있으며, 각 실의 혼합상자에서 공기를 혼합하는 방식이다.
멀티존 유닛	부하조건에 따라 건물 내 존(Zone)을 구분하여 중앙 공기조화기 내부에서 각 존에 적합한 조화공기를 혼합하여 송풍하는 방식이다.
각층 유닛	각 층마다 공기조화기를 설치하여 공기조화를 하는 방식이다.

| 06 | 토목일반

01	02	03	04	05	06	07	08	09	10
①	④	③	②	②	④	①	⑤	③	④
11	12	13	14	15	16	17	18	19	20
①	④	③	③	②	④	②	②	①	③
21	22	23	24	25	26	27	28	29	30
①	③	⑤	①	④	④	⑤	③	③	③
31	32	33	34	35	36	37	38	39	40
④	②	③	③	④	②	④	①	②	②

01 정답 ①

$\sigma_t = E\alpha\Delta_t$

$E\alpha\Delta_t = 2.1 \times 10^7 \times 1.1 \times 10^{-5} \times (50-20) = 6,930 \text{N/cm}^2$

02 정답 ④

중립축에서 $I_A = \dfrac{bh^3}{12}$, 밑면에서 $I_B = \dfrac{bh^3}{3}$ 이다.

따라서 $\dfrac{I_A}{I_B} = \dfrac{\frac{bh^3}{12}}{\frac{bh^3}{3}} = \dfrac{1}{4}$ 이다.

03 정답 ③

$P = \dfrac{AE}{l}\delta = \dfrac{1 \times 2.1 \times 10^4}{100} \times 1 = 210\text{kN}$

04 정답 ②

겹침의 원리는 외력과 변형이 탄성한도 이하의 관계에서만 성립하므로 ②는 옳지 않다.

05 정답 ②

전단력이 0인 곳에 최대 휨모멘트가 일어난다.
$R_A + R_B = 3 \times 6 = 18\text{t}$
$M_A = 18 \times 9 - R_B \times 12 = 0$
$R_A = 13.5\text{t},\ R_B = 4.5\text{t}$
B점에서 x인 곳이 전단력 0이라면
$\sum V = 4.5 - 3(6-x) = 0$
$x = 4.5\text{m}$

06 정답 ④

좌굴하중 $P_{cr} = \dfrac{\pi^2 EI}{(KL)^2}$ 에서 양단이 고정되어 있으므로 $K=0.5$ 이다.

따라서 $P_{cr} = \dfrac{\pi^2 EI}{(KL)^2} = \dfrac{\pi^2 EI}{(0.5L)^2} = \dfrac{4\pi^2 EI}{L^2}$ 이다.

07 정답 ①

유연도는 단위하중으로 인한 변형으로 $\dfrac{L}{EA}$로 표시하며, 강성도는 단위 변형을 일으키는 데 필요한 힘으로 $\dfrac{EA}{L}$로 표시한다.

08 정답 ⑤

축척과 면적과의 관계를 살펴보면 $\left(\dfrac{1}{m}\right)^2 = \dfrac{a(\text{도상면적})}{A(\text{실제면적})}$ 으로 $A = am^2$임을 알 수 있다.

실제 면적은 축척분모수 제곱에 비례하므로
$1,000^2 : 24,000 = 2,000^2 : A$
→ $A = 96,000\text{m}^2$
따라서 실제 면적은 $96,000\text{m}^2$ 이다

09 정답 ③

방위각법은 오차가 이후의 측량에 계속 누적되는 단점이 있다.

> **방위각법**
> 각 측선이 일정한 기준선(진북, 자오선) 방향과 이루는 각을 우회로 관측하는 다각측량에서의 각 관측의 한 방법으로서, 반전법과 고정법의 2가지 방법이 있다. 각 관측값의 계산과 제도에 편리하며 신속히 관측할 수 있어 노선측량 또는 지형측량에 널리 쓰인다.

10 정답 ④

지형측량의 순서는 '측량계획 – 골조측량 – 세부측량 – 측량원도 작성'의 순서이다.

11 정답 ①

오차의 범위를 제외한 면적을 $A_0 \text{m}^2$이라 하면,
$A_0 = 75 \times 100 = 7,500$이다. 이때, 면적 A의 오차의 범위
$dA = \pm\sqrt{(100 \times 0.003)^2 + (75 \times 0.008)^2} = \pm 0.67$이므로
$A = 7,500 \pm 0.67\text{m}^2$ 이다.

12 정답 ④
후처리 DGPS는 반송파를 이용함으로 정밀도가 높은 편이다.

13 정답 ③
$f = \dfrac{124.5n^2}{D^{\frac{1}{3}}} \rightarrow 0.02 = \dfrac{124.5n^2}{0.4^{\frac{1}{3}}}$ 이므로

∴ $n ≒ 0.011$

$V = \dfrac{1}{n} R^{\frac{2}{3}} I^{\frac{1}{2}}$ 식에 대입하면

$V = \dfrac{1}{0.011} \left(\dfrac{0.4}{4}\right)^{\frac{2}{3}} \left(\dfrac{2}{100}\right)^{\frac{1}{2}} ≒ 2.77\text{m/sec}$

따라서 관내의 유속은 약 2.8m/s이다.

14 정답 ③
$Q = CAV = c \cdot bd\sqrt{2gh}$

$200 \times 10^{-3} = 0.62 \times (0.2 \times 0.05) \times \sqrt{2 \times 9.8 \times h}$

$h ≒ 53\text{m}$

15 정답 ②
전단중심(S)은 전단력의 합력이 작용하는 점으로, 하중이 이 점을 통과하면 단면에는 비틀림이 작용하지 않고 굽힘만이 작용하는 하중작용점을 일컫는다. 단면에 굽힘만을 작용하게 하는 점이란 의미에서 굽힘 중심이라고도 하며, 반대로 하중이 이 점이 아닌 점에 작용하면 단면에는 순수굽힘 이외에 비틀림이 작용하게 되므로 설계 시 주의를 요한다. 전단중심의 위치는 각 요소의 전단력으로 인해 발생하는 모멘트 합이 '0'이 되는 점을 찾음으로써 구할 수 있다.

16 정답 ④
$D = 2\text{m} = 200\text{cm}$이 되므로 레이놀드수($R_e$) $= \dfrac{VD}{v}$에 대입하면,

$R_e = \dfrac{50 \times 200}{0.0101} = 990,000$이다.

17 정답 ②
홍수량 $Q = \dfrac{1}{360} CIA$에서 $I = \dfrac{6,000}{(5+35)} = 150$이므로

$Q = \dfrac{1}{360} \times 0.6 \times 150 \times 20 = 5.0\text{m}^3/\text{S}$이다.

18 정답 ②
20분 동안의 최대강우강도는 다음과 같다.
- $I_{5 \sim 20} = 20$
- $I_{10 \sim 25} = 35 - 2 = 33$
- $I_{15 \sim 30} = 40 - 5 = 35$
- $I_{20 \sim 35} = 43 - 10 = 33$

∴ $I_{\max} = \dfrac{35}{20} \times \dfrac{60}{1} = 105\text{mm/h}$

19 정답 ①
DAD 해석 요소
강우깊이, 유역면적, 강우의 지속시간

20 정답 ③
일반적인 상수도 계통도는 수원 및 저수시설 → 취수 → 도수 → 정수 → 송수 → 배수 → 급수 순으로 이루어진다.

21 정답 ①
축동력 P를 계산하기 위해 전수두를 이용하면 다음과 같다.

(전수두) = (실 양정) + (손실수두)이므로 $P = 9.8 \times \dfrac{QH_t}{\eta} = 9.8 \times \dfrac{0.03 \times (50+5)}{0.8} ≒ 20.2\text{kW}$이다.

22 정답 ③
부유물농도는 $\dfrac{200mg}{L} \times \dfrac{1,000}{1,000} = \dfrac{200g}{m^3} = \dfrac{0.2kg}{m^3}$이다.

슬러지의 비중이 1.1이므로 슬러지 단위중량 = $\dfrac{1,100kg}{m^3}$이다.

슬러지발생량은 (처리수량) × (제거된 부유물 농도) × $\dfrac{100}{100 - (\text{함수율})}$

× $\dfrac{1}{(\text{단위중량})}$ 으로 구한다.

$\dfrac{3,000m^3}{day} \times \dfrac{0.2kg}{m^3} \times \dfrac{70}{100} \times \dfrac{100}{100-95} \times \dfrac{m^3}{1,100kg} = \dfrac{7.64m^3}{day}$

따라서 슬러지의 양은 약 7.6m³/day이다.

23 정답 ⑤
슬럼프 150mm 이하의 된비빔콘크리트에 내부 진동기를 사용하지만, 얇은 벽 내부 진동기의 사용이 곤란한 장소에는 거푸집 진동기를 사용한다.

24 정답 ①
유효 부산물(메탄가스) 생성은 혐기성 소화의 장점이다. 호기성 소화법의 장점으로는 상징수 수질 양호, 악취발생 감소, 운전용이, 저렴한 최초 시공비 등이 있다.

25 정답 ④
KDS 57 70 00
급수관을 지하층 또는 2층 이상에 배관할 경우에는 각 층마다 지수밸브와 함께 진공파괴기 등의 역류방지밸브를 설치해서 보수나 개조공사 등에 대비해야 한다.

26 정답 ④
TBM 공법은 터널 전단면을 동시에 굴착하는 공법으로 굴착단면이 원형이고, 암반자체를 지보재로 활용한다.

오답분석
① 터널내의 반발량이 크고 분진량이 많은 공법은 숏크리트 공법이다.
② TBM 공법은 암반을 압쇄하기 때문에 초기투자비가 크다.
③ 터널의 품질관리가 어려운 공법은 NATM 공법이다.
⑤ 숏크리트와 록볼트를 사용하는 공법은 강지보재 공법이다.

27 정답 ⑤
- 수동토압계수(K_p)

$$K_p = \frac{1+\sin\phi}{1-\sin\phi} = \frac{1+\sin30°}{1-\sin30°} = 3$$

- 주동토압계수(K_a)

$$K_a = \frac{1-\sin\phi}{1+\sin\phi} = \frac{1-\sin30°}{1+\sin30°} = \frac{1}{3}$$

∴ 수동토압계수와 주동토압계수의 비

$$K_p : K_a \to \frac{K_p}{K_a} = \frac{3}{\left(\frac{1}{3}\right)} = 9$$

28 정답 ③
부재축에 직각인 스터럽(수직스터럽)
1. RC 부재일 경우 : $\frac{d}{2}$ 이하
2. PSC 부재일 경우 : 0.75h 이하
3. 어느 경우이든 600mm 이하

위의 경우 중 RC 부재일 경우에 해당되기 때문에 간격(s)은 $s = \frac{d}{2}$
$= \frac{450}{2} = 225$mm 이하이다.

29 정답 ③
정수위 투수시험의 공식은 $k = \frac{QL}{hAt}$ 이다.

$$k = \frac{86.3(cm^3) \times 20(cm)}{40(cm) \times \frac{\pi \times (10cm)^2}{4} \times 5\sec} = 10.988 \times 10^{-2} \text{cm/sec}$$

30 정답 ③
현행 구조기준에서는 벽체 및 슬래브에서의 휨 주철근의 간격은 중심간격을 규정하며, 두께의 3배 이하, 450mm 이하로 규정하고 있다.

31 정답 ④
인장철근의 겹침이음길이
1. A급 이음 : $1.0l_d$ 이상, 300mm 이상
2. B급 이음 : $1.3l_d$ 이상, 300mm 이상

32 정답 ②
$V_u \leq \phi V_n$
$0.1 \leq 0.75 V_n$
∴ $V_n = 0.133$MN

33 정답 ③
횡방향 비틀림 철근의 간격은 $\frac{P_h}{8}$ 이하, 300mm 이하여야 한다.

34 정답 ③
부재는 곡선으로 주로 축방향 압축력을 지지한다. ③은 케이블의 특징이다.

35 정답 ④
$I_p = I_x + I_y$
$= \frac{bh^3}{12} + \frac{b^3h}{12}$
$= \frac{bh}{12}(b^2 + h^2)$

36 정답 ①
$$[\text{세장비}(\lambda)] = \frac{[\text{기둥의 길이}(l)]}{[\text{최소 회전 반경}(r)]} = \frac{l}{\sqrt{\frac{I}{A}}}$$

37   정답 ④

오답분석

① 콘크리트의 건조수축 발생 시 표면에는 인장 응력이 발생하고 내부에는 압축 응력이 발생한다.
② 건조수축의 진행속도는 외부 환경의 상대습도와 밀접한 관련이 있다.
③ 물과 시멘트의 비율이 클수록 크리프는 크게 발생한다.
⑤ 흡수율이 낮은 골재를 사용해야 건조수축을 억제할 수 있다.

38   정답 ①

전단탄성계수 $G=\dfrac{\tau}{\gamma}$ 에서

$\tau = G \cdot \gamma = (8.15 \times 10^5) \times (750 \times 10^{-6}) = 611.25 \text{kg}_f/\text{cm}^2$ 이다.

다음으로 원형 단면의 단면 2차 극모멘트를 구하면,

$I_P = I_x + I_y = 2I_x = 2 \times \left[\dfrac{\pi}{64}(7.5^4 - 6^4)\right] \fallingdotseq 183.397 \text{cm}^4$ 이다.

여기서 비틀림응력 $\tau = \dfrac{T \cdot r}{I_P}$ 에서 비틀림력은 $T = \dfrac{\tau \cdot I_P}{r}$ 이므로

$T = \dfrac{611.25 \times 183.397}{\dfrac{7.5}{2}} \fallingdotseq 29,893 \text{kg}_f \cdot \text{cm} = 29.9 \text{t} \cdot \text{cm}$ 이다.

따라서 비틀림력 T는 $29.9 \text{t} \cdot \text{cm}$ 이다.

39   정답 ②

면적의 정밀도 $\left(\dfrac{dA}{A}\right)$ 와 거리정밀도 $\left(\dfrac{dl}{l}\right)$ 와의 관계

$dl = 0.2 \times 600 = 120 \text{mm} = 0.12 \text{m}$ 이며, $\left(\dfrac{dA}{A}\right) = 2\left(\dfrac{dl}{l}\right)$ 이다.

따라서 $\dfrac{dA}{A} = 2\left(\dfrac{0.12}{10}\right) \times 100 = 2.4\%$ 이다.

40   정답 ②

3점법에 의해 계산하면 평균유속은 다음과 같다.

$V_m = \dfrac{1}{4}(V_{0.2} + 2V_{0.6} + V_{0.8})$

$= \dfrac{1}{4}\{0.662 + (2 \times 0.442) + 0.332\}$

$= 0.4695 \text{m/s}$

서울교통공사 직업기초능력평가 + 직무수행능력평가 답안카드

서울교통공사 직업기초능력평가 + 직무수행능력평가 답안카드

직업기초능력평가

번호	①	②	③	④	⑤	번호	①	②	③	④	⑤
1	①	②	③	④	⑤	21	①	②	③	④	⑤
2	①	②	③	④	⑤	22	①	②	③	④	⑤
3	①	②	③	④	⑤	23	①	②	③	④	⑤
4	①	②	③	④	⑤	24	①	②	③	④	⑤
5	①	②	③	④	⑤	25	①	②	③	④	⑤
6	①	②	③	④	⑤	26	①	②	③	④	⑤
7	①	②	③	④	⑤	27	①	②	③	④	⑤
8	①	②	③	④	⑤	28	①	②	③	④	⑤
9	①	②	③	④	⑤	29	①	②	③	④	⑤
10	①	②	③	④	⑤	30	①	②	③	④	⑤
11	①	②	③	④	⑤	31	①	②	③	④	⑤
12	①	②	③	④	⑤	32	①	②	③	④	⑤
13	①	②	③	④	⑤	33	①	②	③	④	⑤
14	①	②	③	④	⑤	34	①	②	③	④	⑤
15	①	②	③	④	⑤	35	①	②	③	④	⑤
16	①	②	③	④	⑤	36	①	②	③	④	⑤
17	①	②	③	④	⑤	37	①	②	③	④	⑤
18	①	②	③	④	⑤	38	①	②	③	④	⑤
19	①	②	③	④	⑤	39	①	②	③	④	⑤
20	①	②	③	④	⑤	40	①	②	③	④	⑤

직무수행능력평가

번호	①	②	③	④	⑤	번호	①	②	③	④	⑤
1	①	②	③	④	⑤	21	①	②	③	④	⑤
2	①	②	③	④	⑤	22	①	②	③	④	⑤
3	①	②	③	④	⑤	23	①	②	③	④	⑤
4	①	②	③	④	⑤	24	①	②	③	④	⑤
5	①	②	③	④	⑤	25	①	②	③	④	⑤
6	①	②	③	④	⑤	26	①	②	③	④	⑤
7	①	②	③	④	⑤	27	①	②	③	④	⑤
8	①	②	③	④	⑤	28	①	②	③	④	⑤
9	①	②	③	④	⑤	29	①	②	③	④	⑤
10	①	②	③	④	⑤	30	①	②	③	④	⑤
11	①	②	③	④	⑤	31	①	②	③	④	⑤
12	①	②	③	④	⑤	32	①	②	③	④	⑤
13	①	②	③	④	⑤	33	①	②	③	④	⑤
14	①	②	③	④	⑤	34	①	②	③	④	⑤
15	①	②	③	④	⑤	35	①	②	③	④	⑤
16	①	②	③	④	⑤	36	①	②	③	④	⑤
17	①	②	③	④	⑤	37	①	②	③	④	⑤
18	①	②	③	④	⑤	38	①	②	③	④	⑤
19	①	②	③	④	⑤	39	①	②	③	④	⑤
20	①	②	③	④	⑤	40	①	②	③	④	⑤

※ 본 답안카드는 마킹연습용 모의 답안카드입니다.

성 명

지원 분야

문제지 형별기재란
( )형 Ⓐ Ⓑ

수 험 번 호
⓪①②③④⑤⑥⑦⑧⑨
⓪①②③④⑤⑥⑦⑧⑨
⓪①②③④⑤⑥⑦⑧⑨
⓪①②③④⑤⑥⑦⑧⑨
⓪①②③④⑤⑥⑦⑧⑨
⓪①②③④⑤⑥⑦⑧⑨
⓪①②③④⑤⑥⑦⑧⑨

감독위원 확인
(인)

서울교통공사 직업기초능력평가 + 직무수행능력평가 답안카드

서울교통공사 직업기초능력평가 + 직무수행능력평가 답안카드

직업기초능력평가

번호	①	②	③	④	⑤	번호	①	②	③	④	⑤
1	①	②	③	④	⑤	21	①	②	③	④	⑤
2	①	②	③	④	⑤	22	①	②	③	④	⑤
3	①	②	③	④	⑤	23	①	②	③	④	⑤
4	①	②	③	④	⑤	24	①	②	③	④	⑤
5	①	②	③	④	⑤	25	①	②	③	④	⑤
6	①	②	③	④	⑤	26	①	②	③	④	⑤
7	①	②	③	④	⑤	27	①	②	③	④	⑤
8	①	②	③	④	⑤	28	①	②	③	④	⑤
9	①	②	③	④	⑤	29	①	②	③	④	⑤
10	①	②	③	④	⑤	30	①	②	③	④	⑤
11	①	②	③	④	⑤	31	①	②	③	④	⑤
12	①	②	③	④	⑤	32	①	②	③	④	⑤
13	①	②	③	④	⑤	33	①	②	③	④	⑤
14	①	②	③	④	⑤	34	①	②	③	④	⑤
15	①	②	③	④	⑤	35	①	②	③	④	⑤
16	①	②	③	④	⑤	36	①	②	③	④	⑤
17	①	②	③	④	⑤	37	①	②	③	④	⑤
18	①	②	③	④	⑤	38	①	②	③	④	⑤
19	①	②	③	④	⑤	39	①	②	③	④	⑤
20	①	②	③	④	⑤	40	①	②	③	④	⑤

직무수행능력평가

번호	①	②	③	④	⑤	번호	①	②	③	④	⑤
1	①	②	③	④	⑤	21	①	②	③	④	⑤
2	①	②	③	④	⑤	22	①	②	③	④	⑤
3	①	②	③	④	⑤	23	①	②	③	④	⑤
4	①	②	③	④	⑤	24	①	②	③	④	⑤
5	①	②	③	④	⑤	25	①	②	③	④	⑤
6	①	②	③	④	⑤	26	①	②	③	④	⑤
7	①	②	③	④	⑤	27	①	②	③	④	⑤
8	①	②	③	④	⑤	28	①	②	③	④	⑤
9	①	②	③	④	⑤	29	①	②	③	④	⑤
10	①	②	③	④	⑤	30	①	②	③	④	⑤
11	①	②	③	④	⑤	31	①	②	③	④	⑤
12	①	②	③	④	⑤	32	①	②	③	④	⑤
13	①	②	③	④	⑤	33	①	②	③	④	⑤
14	①	②	③	④	⑤	34	①	②	③	④	⑤
15	①	②	③	④	⑤	35	①	②	③	④	⑤
16	①	②	③	④	⑤	36	①	②	③	④	⑤
17	①	②	③	④	⑤	37	①	②	③	④	⑤
18	①	②	③	④	⑤	38	①	②	③	④	⑤
19	①	②	③	④	⑤	39	①	②	③	④	⑤
20	①	②	③	④	⑤	40	①	②	③	④	⑤

※ 본 답안카드는 마킹연습용 모의 답안카드입니다.

성 명

지원 분야

문제지 형별기재란 ( )형 Ⓐ Ⓑ

수험번호

감독위원 확인 (인)

GUIDE 기업 & 채용 분석

01 ▶ 회사소개

서울교통공사는 서울지하철 1~8호선, 9호선 2·3단계 구간(288역, 311.7km)을 운영하는 세계적 수준의 도시철도 운영기관이다. 매일 700만 명이 넘는 시민들이 서울교통공사의 수준 높은 교통서비스를 이용하고 있다. 서울교통공사는 사람과 시스템, 제도와 인프라를 최우선 가치로 하여 시민 누구나 행복한 일상을 누릴 수 있도록 항상 최선을 다하고 있다.

02 ▶ 미션

> **안전한** 도시철도, **편리한** 교통서비스

03 ▶ 비전

> 사람과 도시를 연결하는 **종합교통기업** 서울교통공사

04 ▶ 핵심가치

(안전 우선) (도전 혁신) (고객 지향) (지속 경영)

05 ▶ 경영목표

| 시스템 기반 최고 수준의 안전 운행 | 미래 성장동력 발굴 및 조직 경쟁력 강화 | 더 나은 서비스를 통한 고객만족도 제고 | 지속가능한 경영관리 체계 구축 |

06 ▶ 인재상

- 안전분야 최고를 지향하는 인재
- 혁신을 주도하는 인재
- 열린 마음으로 협력하는 인재

서울교통공사 기술직 신입사원 채용안내

1. 지원자격
- 연령 : 만 18세 이상자(단, 공사 정년 범위 내)
- 학력 : 제한 없음
- 자격내용

승무	기관사면허(제2종 전기차량 운전면허) 소지자
자동차운전	제1종 대형 운전면허 취득 후 중형 이상 화물차 운전경력 1년 이상으로 공고일 기준 최근 3년간 무사고 운전자로서 경력증명이 가능한 자
보건관리	접수마감일 기준 간호사 면허 소지자로서 사업장 보건관리 실무경력 1년 이상으로 경력증명이 가능한 자

- 병역 : 병역법 제76조에서 정한 병역의무 불이행 사실이 없는 자
  ※ 단, 복무 중인 경우 단계별 전형절차에 응시가 가능하고 최종합격자 발표일 전일까지 전역이 가능한 자
- 근무조건 : 주·야간 교대(교번) 근무가 가능한 자
- 공사 인사규정 제17조(임용결격사유)에 해당하지 않는 자

2. 전형절차
서류전형 → 필기시험 → 인성검사 → 체력검정 → 면접시험 → 신체검사 결격조회 → 최종합격

3. 필기시험
- 시험과목 : NCS 직업기초능력평가 및 직무수행능력평가(전공)

직렬	공통과목	직무수행능력평가(전공)
승무	NCS 직업기초능력평가 (10개 영역)	기계일반, 전기일반, 전자일반 택 1
차량		기계일반, 전기일반, 전자일반 택 1
전기		전기일반
정보통신		통신일반
기계		기계일반, 전기일반 택 1
건축		건축일반
토목		토목일반

- 일부 직렬의 과목은 생략하였음
- 평가문항 및 배점 : NCS 직업기초능력평가 40문항(50%) + 직무수행능력평가(전공) 40문항(50%) / 90분간
  ※ 단, 직무수행능력평가 선택과목 간 난이도 차이로 인한 점수 편차 해소를 위해 조정점수 적용

※ 위 채용안내는 2024년 채용공고를 기준으로 작성하였으므로 세부내용은 반드시 확정된 채용공고를 확인하기 바랍니다.

온라인 모의고사

서울교통공사 기술직 온라인 모의고사

기술직(기계일반)	ATPM-00000-86E0A
기술직(전기일반)	ATPN-00000-88216
기술직(전자일반)	ATPO-00000-68816
기술직(통신일반)	ATPP-00000-616DC
기술직(건축일반)	ATPQ-00000-D5334
기술직(토목일반)	ATPR-00000-5E692

(기간 : ~2026년 8월 31일)

※ 쿠폰 등록 후 30일 이내에 사용 가능합니다.
※ 쿠폰 등록 및 응시는 윈도우 기반 PC에서만 가능합니다.
※ 모바일 및 macOS 운영체제에서는 서비스되지 않습니다.

 합격시대 홈페이지 접속 (www.sdedu.co.kr/pass_sidae_new) → 홈페이지 우측 상단 '쿠폰 입력하고 모의고사 받자' 클릭 → 쿠폰번호 등록 → 내강의실 → 모의고사 → 합격시대 모의고사 클릭 후 응시하기

     1600-3600 평일 9시~18시 (토·공휴일 휴무)

PC/모바일 무료동영상 강의
무료서교공특강 제공

1 시대에듀 홈페이지 접속(www.sdedu.co.kr)

2 「서울교통공사」로 검색 후 무료특강 클릭

3 서울교통공사 기출특강 수강

※ 해당 강의는 본 도서를 기반으로 하지 않습니다.